KB249730

한국인의 직업윤리

한국인의 직업윤리

배 영 기 저

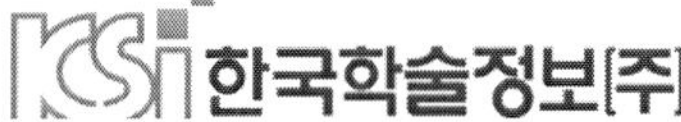

책머리에

21세기의 주역세대인 오늘의 대학생들에게 급격한 역사적 변화—정보화·산업화·기술화·도시화·조직화·지식화—에 직면하여 인간상실의 현상—철학의 빈곤, 가치관의 전도, 정신의 방황, 사고의 경직성—이 문제되고 있다. 이러한 원인은, 교육 본래의 기능인 '인간정화의 원천'인 동시에 '사회발전의 열쇠'라는 교육목표를 포기한 채 지나친 지식교육의 강조로 인하여 사고력, 분별력, 판단력, 창의력, 문제해결력과 같은 고등 정신기능은 물론 도덕적 품성이나 공동체적 규범윤리가 상실된 데 있다.

이러한 인간상실의 몰가치관의 세대로 하여금 정치, 경제, 사회를 새롭게 정립시킬 기반으로 우리 자신의 내면세계를 새롭게 바꾸도록 함과 동시에 한국사회에 사는 한국인의 사회윤리와 가치교육에 적합한 한국적 공동운명체적 삶의 양식인 '국민공동생활의 원리'를 본 교과의 제Ⅰ부를 통하여 구현, 심화시키고자 하였다. 그리고 무엇보다 중요한 것은 인간관에 대한 새로운 가치전환과 인식정립이다.

지금까지 인간은 개별과학—철학·문화인류학·심리학·교육학·미학·생물학·정신분석학—의 관심의 대상으로 연구되어 왔다. 그러나 오늘의 인간학은 종합과학의 대상으로 인간을 연구하게 되었다. 그 종합과학의 대상으로서의 인간학의 가장 중요한 중심과제 중의 하나가

'인간의 사회성'과 '인간의 윤리성'의 조화 있는 계발이다. 즉 인간의 창조성을 회복하여 공동체적 자아를 인식함으로써 미래사회에 적응할 수 있는 가치관을 확립하는 과제를 안고 있다.

이러한 교과의 목적을 효과적으로 달성하기 위하여 인간과 욕망, 인간과 자유, 인간과 권력, 인간과 직업, 인간과 언어, 인간과 환경, 인간과 논리, 인간과 노동, 인간과 사고 등을 체계 있게 이해함으로써 인간의 자기 정체성을 확립하고자 한다. 특히 미래사회가 요구하는 개방사회의 인간관과 한국인의 특수성을 조화시켜 한국인의 본래성을 규명하는 일도 중요한 과제가 아닐 수 없다. 그러기 위해서 한국인의 사상, 문화, 환경, 역사와 결부하여 새로운 인간관의 해석을 제시하여 줌으로써 미래 정보사회, 다원적인 가치사회에서의 효과적인 윤리적 선택을 할 수 있는 능력과 판단을 가질 수 있게 하고자 하는 데 그 의의를 두고자 한다.

그리고 제Ⅱ부에서는 주로 직업윤리와 관련하여 기술하였다. 현대의 다원화된 고도산업사회는 직업의 분화를 필연적으로 가져오게 되는데, 이와 같이 직업을 올바르게 선택하여 그 직업을 통하여 삶의 방식, 사고양식, 그리고 사회관·인생관을 건전하게 확립하기에 이르게 되므로 직업과 인생은 불가분의 관계이다. 그러므로 직업은 단순히 생계유지의 수단만이 아니라 사회생활과 봉사의 수단이요, 자아실현의 목적이 되기도 한다.

과학기술과 기계자동화의 급속한 발달로 인하여 인간은 직업의 몰개성화를 재촉받게 되는 오늘날에 있어서 직업윤리의 중요성이 더욱 강조되기에 이른다. 따라서 본 교과를 통하여 서양 직업윤리의 중심사상인 검약정신과 한국 전통사회의 직업정신인 두레, 향약, 계와 같은 협동정신을 다시 현대적 시각으로 재조명하여 봄으로써 새로운 산업사회의 직업가치관을 창출하는 바탕으로 삼고자 한다.

인간이 일(work)하기 시작한 것은 아마 지구상에서 삶을 시작하면서부터였을 것이다. 인간은 먹고, 마시고, 거처를 마련하기 위하여 자연을 변화시키며 자연물을 가공하는 일을 해야만 했다. 이처럼 일을 하는 것은 인간뿐만 아니라 천지만물을 창조하신 하나님도 엿새 동안은 일을 한 후 일곱째 되는 날은 일을 하지 않고 쉬었다고 기록하고 있다.

이와 같이 신성하였던 '일'이 어느 날 인간이 하나님의 명령을 거역하고 선악과를 따먹어 신의 형벌을 받고부터 수고와 고통을 당하면서 힘들게 '일'을 해야만 살게 되었다. 이때부터 인간은 일에 대하여 부정적인 인식과 태도를 가지게 되었다. 그래서 성서뿐만 아니라 다른 여러 곳에서 일의 당위성, 일의 숙명성을 강조하게 되었다. 이를테면 성서에는 "땅이 저주를 받아 수고스럽게 일을 해야 땅이 열매를 맺을 것이다.", "얼굴에 땀을 흘리고 밥을 먹는다.", "손을 게을리 놀리는 자는 가난하게 되고 손을 부지런히 놀리는 자는 부하게 된다.", "누구든지 일하기 싫거든 먹지도 말라."라고 했으며, 탈무드에서는 "자기가 하는 일을 보람으로 생각하면 한평생이 천국이요, 자기가 하는 일을 의무로 생각하면 한평생이 지옥이다."라고 하였는데, 이것은 모두 일의 당위적 숙명성과 맥을 같이하고 있는 것이다.

이처럼 일의 개념이 '힘든 노력'이라든가 '괴로운 짐'으로 나타나면서 '노동'이라는 개념으로 바뀌게 되었다. 노동은 정신노동과 육체노동으로 구분되어 노예는 육체노동을 맡고, 자유인은 정신노동을 맡게 되었으나 모두를 고통이나 괴로움의 대상으로 인식하였다. 그런데 노동 자체가 고통스럽고 힘든 것이기도 하지만, 노동의 대가와 보상이 노동자들에게 충분히 돌아가지 않는 많은 부분이 있다는 사실이 최초로 사회적 문제로 제기된 것은 18세기에 들어와서이다. 더 정확히 말하면 1844년에 Karl Marx의 『경제학·철학초고』가 탈고된 지 88년 후인 1932년에 파리에서 발견되면서 사회과학도의 관심이 집중되기 시작하였다. 그 이전까지는 일의 당위성, 노동의 의무성만을 강조하는 맹목적인 노동윤리를 강요하게 되었다.

그러나 19세기의 산업사회에 접어들면서 일과 노동의 개념은 다시 '직업'의 개념으로 변화를 맞이하게 된다. 즉, 부정적인 일에서 긍정적인 직업관의 성립을 일깨우게 된다. "일이나 노동은 하기 싫으나, 직업은 있어야 한다."는 논리적 모순에서 인간의 정체성이 정립된다. 육체적 고통인 일을 통하여 물질적 보상을 받는 동시에 직업을 통하여 정신적 보상과 함께 사회적 지위를 결정하여 주는 두 가지 측면을 공유하게 된다. 그러므로 일이나 노동을 고통과 괴로움과 희생의 대상으로만 볼 수는 없다. 노동이 가져오는 성취의 기쁨, 노동결과의 보람, 노동이 남과 사회에 미치는 공헌과 봉사를 생각하게 되었다. 일이나 노동을 통하여 자기의 능력을 발휘하고 실현하며, 또한 사회적 업적과 인정을 받게 된다. 즉, 일을 한다는 새로운 자각이 직업윤리의 사회적 기초가 되고 있다.

그 후 고도의 산업사회로 넘어오면서 직업의 분화가 급속히 증폭되자 새로운 차원에서 경제활동에 대한 윤리문제가 제기되지 않을 수 없게 되었다. 특히 직업에 대한 윤리적 문제가 산업화라는 사회구조적 변화를 겪는 과정에서 불가피하게 중요한 교육과제로 대두되었다.

따라서 본 저서에서는 아직도 한국에서의 직업윤리의 선행연구가 제대로 이루어지고 있지 않은 실정에서, 새로운 직업윤리의 교육학적 이론의 체계를 제공한다는 측면에서 미흡하나마 그 의의를 두고자 한다.

직업이란 말은 근대의 산업혁명 이후에 쓰이기 시작한 근대적 개념이다. 직업은 단순한 일이나 노동과는 달리 사회의 양상과 구조에 따라서 많은 변화와 영향을 받아 여러 가지로 해석되어 왔음을 앞에서 밝혔다. 따라서 이 책에서는 서구에 있어서의 직업에 대한 천직의식, 소명의식, 직분의식, 생계유지 등이 직업윤리관을 세우는 데 중요한 교육적 기초임을 밝히고자 한다.

다음으로 한국의 전통사회에 있어서 직업관의 시원이 되고 있는 두레, 품앗이, 향약, 계, 동제, 천명사상 등이 초기에는 사회교육적 기능을 어떻게 하였는가를 고찰한 후 이를 단순한 농경사회의 인보사업의 하나로만 볼 것이 아니라 이와 같은 협동생활은 오늘날 새마을 정신으로 되어 있는 근면, 자조, 협동의 동일시 대상으로서의 교육적 의의를 찾아 볼 수 있다는 측면에서 현대적 직업윤리의 개념으로 재해석하고자 한다.

일찍이 Emile Durkheim은 "사회는 인간의 어머니이며, 인간은 사회의 아들이다"라고 하였듯이 인간을 낳고, 기르고, 가르치는 현대 산업사회에서 생활하는 현대인은 어떤 존재양식, 의식구조, 생활태도를 지녀야 하는 것은 중요 관심사가 아닐 수 없다. 그 가운데에서도 현대 직업은 더욱 더 세분화, 전문화, 계열화, 정보화의 추세로 변화되어감에 따라서 이에 적응·대처하기 위하여 기술의 습득, 교육수준의 고도화, 정보체계의 활용과 같은 외재적인 일도 중요한 만큼, 직업에 임하는 인간 자체의 직업윤리의식의 내면화가 더욱 중요한 삶의 양식으로 인식되지 않으면 안 되는 단계에 들어서게 되었다는 사실이다. 즉 현대인에게 새로운 직업관의 전환이 이루어져야 한다는 것이다.

새로운 직업관이란 결국 세계화의 트렌드 속에서 상대에 대해서 다름을 인정한 연후에 공존·공생·공영의 상생의 틀을 만들어 갈 수 있는 능력을 키워 나가야 한다. 민주화의 트렌드도 마찬가지로 열린 마음으로 한국인의 자긍심을 굳건히 가지게 될 때 민족의식의 문화 토대가 마련된다. IT(정보기술)가 아무리 발달하여도 제조업의 기초가 이루어질 때 가능하듯이 21세기는 한국인의 CT(문화기술)가 세계를 선도할 것을 바라보면서 한국인의 직업세계에 두레의식이 다시 용솟음치는 날 강소국의 위력을 떨쳐지리라고 본다.

끝으로 한국학술정보(주)의 채종준 사장님을 비롯하여 박혜경 님·편집팀의 여러분에게 수고로움에 대해서 감사의 마음을 전하여 드리는 바입니다.

2006년 1월 10

숭의도서관에서　배　영　기　씀

개정혁신판을 내면서

대학에서 '직업윤리'를 비롯하여 많은 교양과목을 20년 넘게 강의하여 왔다. 그중에서도 가장 애착이 가는 교과목은 특별히 다른 과목과는 달리 '직업윤리'를 강의하여 오면서 항상 느끼는 것은 시간과 공간에 따른 특수성과 보편성의 갈등을 겪지 않을 수 없다는 것이었다.

그래서 이번의 교재 내용은 시간적으로 오늘의 시점에서 공간적으로 한국인이 지녀야 할 직업윤리의 특수성은 무엇이어야 하느냐에 비중을 두고 책명마저 '한국인의 직업윤리'로 결정하게 되었다. 물론 그렇다고 시간과 공간을 뛰어 넘는 보편적인 인간 윤리적 명제를 소홀히 취급하지는 않았다.

다만 이번의 개정증보판을 통해서 급변하는 현대사회에서 젊은이들 사이에 유행어처럼 되고 있는 '직업은 필수, 결혼은 선택'이라는 말의 의미를 심도 있게 다루고자 하였다. 즉, 일거리가 없으면 먹을거리도 놀거리도 함께 없다는 냉엄한 현실을 직시하면서, 그러한 일거리 속에 존재하는 인간의 윤리적 정체성은 어떠해야 하는가에 대한 지속적인 각성을 촉구하고자 하였다.

우리나라도 이미 대기업에서는 학력 위주로 신입사원을 선발하는 것을 지양하고 능력위주, 인간의 성실성을 바탕으로 하고 있는 사람을 채용하는 방향으로 나가고 있다. 여기서 직업윤리 교과목을 통해서 학생들에게 올바른 직업관을 세우는 것이 얼마나 필요한가를 일깨워 주고자 한다.

첫째, 오늘날과 같이 급변하는 시대에 기업이 살아남기 위해서는 무엇보다도 개방화시대에 걸맞은 기술혁신의 상품을 만들어야 하며, 이렇게 만들어진 상품을 국경을 초월하여 모든 소비자에게 판매함으로써 그 이익을 나눌 수 있는 국제기업으로 탈바꿈하여야 한다. 이러한 새로운 환경에 효과적으로 적응할 수 있는 주체는 역시 인간이다. 여기서 말하는 인간은 기술과 도덕성을 겸비한 전인적인 인간을 일컫는다. 이웃 일본에서도 대기업의 신입사원 선발 시에는 반드시 대학에서의 교양 또는 전공과목인 '인간론', '사회론', '일본국가론'의 성적을 다른 외국어나 전공과목보다 우선적으로 꼽는다. 신입사원의 인성과 근노의식을 깊이 알아 볼 수 있는 가장 정확하고 합리적인 방법이기 때문이다. 이것은 머리는 좋으나 회사를 위하여 열심히 일하지 않는 사람보다는, 인간관계가 원만하거나 심성이 좋은 사람이 회사를 위하여 더 열심히 일한다는 경험에서 그러한 사원을 채용하는 것이 기업발전을 위하여 장기적으로 이익이 된다는 경영판단에 따른 것이다.

일찍이 토플러(A. Toffler)는 "기술혁명이 오기 전에 의식개혁이 전제되지 않으면 안 된다"고 경고하였다. 오늘날 한국의 기업체들이 신입사원을 채용할 때 기능적인 면의 능력은 자격증의 유·무로 판단하지만 인성(人性)을 중요시하는 이유도 바로 이런 맥락에서 찾을 수 있다.

둘째, '직업윤리'는 한 기업의 구성원으로서 요구되는 윤리관을 파악할 수 있게 한다는 점에서 필요하다. 여기에는 노동윤리 및 직업윤리의 정립과 애사심, 애품심, 애원심을 고양시키는 내용들이 속한다. 좋은 상품을 만들기 위해서는 노사갈등이 첨예하게 대두되지 않아야 한다. 노사분쟁이 격심한 기업체는 그렇지 않는 기업에 비하여 생산성이 떨어질 뿐만 아니라 불량품이 속출하여 수출의 길이 막히고 만다. 국경이 없는 무역시대에 자급자족의 상품생산만으로는 기업이 지탱하기 어렵다. 기술의 낙후로 인한 조악품도 문제지만 근로윤리(Work Ethics)의 결핍에서 오는 불량품은 국제시장에서 밀려나기 마련이다.

미국인들이 기업을 발전시킨 것은 Know-How라는 말이었다. 일의 기술과 방법이 기업을 발전시키는 꽃으로 보았던 것이다. 이 노하우가 일본에서는 Know-Why로 바뀌었다. '어떻게'라는 기계적인 기술이나 방법보다는 일하는 사람들이 '왜' 그렇게 해야 되는가를 알아야 마음속에서 우러나 일을 하게 된다는 것이다. 여기에 바로 애사심, 애품심, 애원심의 핵심이 있다. 즉, 모든 능률과 이윤은 근본적인 것이 되지 못하기에, Know-Why가 한국에서도 강조되어야 할 때이다. '왜'에 답하는 경영이 기업문화의 꽃이기에 이 꽃을 가꾸는 애사심, 애품심, 애원심이야말로 근본을 생각하게 하는 근로윤리의 원천이 되어야 할 것이다. 이제 기업체에서 '직업윤리'는 기업의 생명과 인간의 생명을 하나로 연결시켜 볼 줄 아는 도덕적 품성을 개발시켜 줌으로써 노사간의 새로운 인간관계를 창출하여 기업과 근로자가 함께 共生하는 직업윤리를 심화시켜 줄 것이다.

셋째, '직업윤리'과목이 기업체의 입사시험 과목으로 개설되면 대학, 전문대학, 그리고 각종 기술학교 등의 모든 전문인력 양성기관의 교육 방향을 기업체에서 필요로 하는 윤리관 확립교육으로 유도할 수 있을 것이다. 기업에서 요구하는 올바른 직업인의 윤리관으로는 내적으로 직업을 자기사명 및 천직으로 인식하는 것, 직업을 통하여 자기가 속한 공동체와 일체감을 가지려는 노력, 자기의 기술과 지식에 관한 확신, 자기가 담당한 업무에 대한 자부심을 갖고 최선을 다하는 것, 자긍심을 갖고 모든 부정과 불공평을 물리치는 결연한 자세, 자기를 규율하고 규제하는 기준을 스스로 확립하는 것 등을 들 수 있다. 또한 외적으로 직업인으로서의 책임을 다한다는 것이 사회와 국가발전에 공헌한다는 사실을 인지하고, 나의 발전은 회사와 국가발전의 초석임을 자각하며, 집단의 존속, 사회의 안녕과 질서를 위해 직업에 헌신하는 자세 등을 들 수 있다.

이러한 내·외적인 직업윤리관의 확립은 기업발전 및 국가발전을 위해 신입사원들에게 필수적으로 요구되는 사항으로서, 각 기업체에서도 이러한 태도형성을 위해 많은 교육과 연수를 실시하고 있다. 그러나 이러한 윤리관 형성은 단기간에 이루어질 수 있는 성질의 것이 아니기에 각 기업체에서의 단기간의 교육이나 연수로는 그 기대하는 효과를 달성하기 어렵다. 따라서 그것은 장기간의 인간교육 프로그램을 요구하며, '직업윤리'가 입사시험 과목으로 채택될 경우 각 대학 전문대학, 기술학교 등에서는 회사의 요구에 맞는 직업윤리교육 프로그램을 개발하고 실시하게 될 것이다. 이것은 산학협동의 새로운 장을 여는 계기가 되며, 장기적으로 볼 때 기업체에 큰 이익을 가져다 줄 것이다.

개인윤리와 사회규범과의 조화, 새로운 노사윤리의 정립 등이 우리 기업이 살아남을 수 있는 근본 토대임을 생각할 때 '직업윤리'는 단순한 교과차원이 아닌 기업과 국가의 장래가 걸려 있는 중요한 과업이다. 그리고 이러한 방향으로의 전환을 위하여 기업 경영자들의 과감한 결단을 기대한다.

현대사회에서의 직업윤리는 노동윤리와 기업윤리를 삼위일체적으로 함께 아우를 수 있는 새로운 가치교육적 차원에서 다시 조명되어야 할 것을 요구하고 있다. 따라서 한국인의 직업윤리의 화두로 '상생'이라는 사회과학적 개념을 도입함으로서 혁신개정판을 다시 출간하게 되었다.

2006년 1월 10

남산 연구실에서 배 영 기 씀

차 례

제 1 장
21세기 한국과 한국인의 모습

'미래는 주어지는 것이 아니라 만들어 내는 것'이라는 평범한 진리 속에 국가의 미래상을 밝히고 민족의 나아갈 바를 모색하는 일은 매우 중요하며 현재 세계 선진국은 국운을 걸고 미래연구에 투자를 하고 있다.

과연 21세기는 어떤 시대가 될 것인가를 살펴보고, 더 나아가 21세기의 한국의 미래상과 그 미래상을 위한 노력을 알아보려고 한다.

인간의 역사를 인간의 해방사로 파악하는 사람들은 21세기를 인간해방의 완성 세기로 기대하고 있다. 과학기술의 발달로 인한 자연으로부터의 해방, 민주주의 실현으로 독재자의 억압으로부터의 해방이 모두 이루어지리라 보는 것이다.

과학기술의 발달로 사회적 관심이 물자의 생산·분배에서 다른 데로 옮겨질 것이며, 국가중심체제가 무너지고 삶의 공간구조가 바뀔 것이다. 즉, 직장보다는 동호인 같은 생활감정을 중심으로 설계된다. 또한, 인류

보편사회의 의식이 강해질 것이다. 그러나 과학기술을 잘못 관리했을 경우 핵폭탄 같은 무서운 무기로 인류의 종말을 고하게 될지도 모른다.

인간의 행위는 힘으로 규제된다. 미래사회는 어떤 힘으로 통제될 수 있는가? 행위규제의 힘은 강제력, 권위적 힘, 교환적 힘 등 세 가지가 있는데 강제력은 효과가 없으며, 교환적 가치는 생활의 풍요로 통제력이 떨어진다. 대신 성취감, 보람, 영예 등 비물질적 보상체계가 발전되리라 본다. 그러므로 미래는 권위에 대한 승복을 바탕으로 하는 자율규제가 사회통제에 핵심적인 방식이 될 것으로 보이나 어떤 권위, 도덕적 가치가 될는지 예측이 어렵다.

20세기에서 21세기로 옮겨가는 이 시대는 인류 문명사상 최초로 겪는 질적 전환기이다. 인간은 처음으로 궁핍을 벗어날 수 있는 능력을 가지게 되고 이에 따라 모자라는 물자의 배분이라는 익숙한 정치통제 체제가 더 이상 의미를 가지지 못하는 미지의 시대로 들어서게 된다. 그리고 인간이 스스로를 멸망시킬 수 있는 능력을 가지는 시대로 접어들게 된다. 제2의 문명시대인 것이다.

제 1 절
21세기의 세계: 미국, 유럽, 극동의 삼각축

2차대전 후의 세계 정치·군사질서는 이원적이었다. 자본주의와 사회주의의 냉전시대였던 것이다. 소련의 몰락과 동구의 변화에 의한 탈냉전시대는 이원적 집단안보체제의 붕괴와 경제적 위상의 변화를 초래한다.

여기서 우리는 21세기 탈냉전 시대의 미국, 유럽, 극동을 축으로 하는 새로운 국제사회 현실을 이해하고 받아들일 필요가 있다.

아시아에서 미국과 일본 간의 경제경쟁은 이미 일본에 유리하게 변하고 있으며, 유럽통합(EC)은 유럽의 세계질서를 구성하고 있다. 유럽통합은 단일시장이나 단일통화의 단순한 경제적 차원을 넘어 정치·군사적으로 유럽의 독자적 입지를 강화하겠다는 정치적 성격을 강하게 띠고 있다.

구조적으로 세계질서는 미주와 유럽 및 아시아가 서로 대립하고 갈등을 빚으면서도 동시에 필요에 따라 협조하고 협력하는 삼각의 구조가 될 것이다.

세계 정치·군사질서가 삼각 정립의 방향으로 재편됨에 있어 당면 문제 3가지

첫째, 미국과 유럽의 관계로서 정치·군사문제에서의 유럽의 독자성과 미국과의 유대를 어떻게 조화시켜 나가느냐는 점.

둘째, 아시아에서 정치·군사적 균형이 어떻게 형성되느냐에 관한 문제로서 이는 기본적으로 미국의 아시아정책 및 일본과 중국의 위상 변화와 긴밀한 연관관계를 갖고 있다.

셋째, 러시아 동구 등 사회주의 국가들과 새로운 관계를 어떻게 수립하느냐는 문제로서, 이는 이들 국가들을 새로운 군제 정치·군사질서체제에 어떻게 수용하느냐는 문제로 귀결된다.

1. 21세기의 세계경제의 네 가지 시나리오

현재 진행 중인 우루과이라운드는 공산품뿐 아니라 금융 통신 등의

주요서비스와 농산물의 교역도 자유화할 것을 촉구하며, 관세뿐 아니라 비관세장벽의 완화를 위한 광범위한 무역자유화 협상인데 비해 세계는 80년대 지역을 단위로 경제통합을 내용으로 지역화 추세로 가고 있다(EC, 미국·캐나다 자유무역협정, 아시아·태평양 경제각료회의 등). 또한 미국 경제력의 상대적 쇠퇴로 세계경제는 미국, 일본, EC을 극으로 하는 다극화 현상을 보이고 있다. 정보기술의 발달과 기술의 혁신으로 세계적 규모의 경제구조와 기업의 국제화현상도 두드러질 것이다.

그러나 개도국들의 인구증가로 국제적 불안이 심화되고 식량·에너지는 충족되나 환경문제가 크게 대두될 것이다.

현재 일본에 비해 뒤지고 있는 미국의 개혁과 EC통합을 통한 개혁의 성공 여부로 세계경제는 4가지 시나리오를 만들어 낸다.

		미국의 개혁	
		성 공	실 패
EC의 개혁	성 공	세계적 균형발전	유럽 영광의 재현
	실 패	태평양시대 개막	세계적 위기 도래

2. 2천년대의 패권을 노리는 열강들의 기술전쟁

국가발전과 가장 밀접한 관계가 있는 과학 및 기술개발의 측면에서 환경의 변화와 새로운 질서의 특징은 다음의 몇 가지로 요약할 수 있다.

첫째는 기술개발 속도의 가속화다.

둘째는 양에서 질 중심으로의 변환이다.

셋째는 기술의 고리화현상이다. 과학기술만이 독자적으로 존재하지 않고 생활과 기업이 연결되어진다.

넷째는 기술의 복합화 현상이다. 여러 가지 기술과 기술의 접목이 활발해지고 있다.

다섯째는 기술의 국제화이다.

21세기를 주도할 과학기술 분야로는 신소재 및 신물질 분야, 정보·통신·전자분야, 생명과학 분야, 환경·에너지·자원 분야, 우주·항공·해양 등 공간이용 기술로 보인다. 여기서 21세기를 향한 선진 각국의 과학기술 정책을 살펴보면 ① 기초과학 연구를 집중 지원한다. ② 기술전쟁에서 이기기 위한 투자경쟁과 전략을 마련한다. ③ 환경을 보전하며 삶의 질을 높이는 방향으로 나간다.

세계 각국은 과학기술이 21세기를 향한 자국의 국가 발전과 삶의 질 향상을 위한 가장 중요한 수단과 견인차라는 인식 아래, 국제화라는 타협과 경쟁이 공존하는 거센 물결 속에서 자국이익 중심의 정책 수립에 부심하고 있다는 결론이다.

3. 또 다른 전쟁 '지구 살리기'

냉전구조의 종식에 따라 새로운 세계질서가 태동하면서 환경문제가 국제정치문제의 중요한 과제가 되고 있다. 미래는 얼마나 깨끗한 환경 속에서 질 높은 삶을 누릴 수 있는 나라가 되느냐로 선진국 혹은 세계 지배국이 될 수 있다는 가능성이 높아지고 있기 때문이다.

그러나 현재 지구는 18세기 산업혁명을 거치면서 산업화 과정에서 실로 위험한 지경에 놓여 있다. 화학연료 사용으로 인한 온실효과로 지구가 갈수록 뜨거워지고 있으며, 오존층의 파괴로 생태계 혼란이 예상되고 사람들은 각종 피부암으로 고통 받기 시작했다. 1982년 유엔에서 '지구상의 모든 생물종의 존재권리'를 발표할 정도로 생물종이 멸종되어 가고 있어 20~30년이면 4분의 1이 멸종할 위기에 놓여 있다. 바다는 육상으로부터, 선박 등 해양활동으로부터, 해양 광물자원의 탐사·채굴, 대기의 오염으로 죽어 가고 있다. 하늘에서는 산성비가 내리고 밀림은 사막화되어 가고 있다.

지구를 살리는 길이 인류가 살아가는 가장 기본적인 요소로서 앞으로는 환경문제를 둘러싸고 선진·중진·후진국 간에 대립은 더욱 가중될 전망이다.

제2절 한반도 주변국의 변화

아시아에서도 탈냉전의 과정이 진행되고 있다. 그 주요 특징을 살펴보면

첫째, 소련연방의 와해를 계기로 미국과 소련의 군사력 균형에 상당한 불균형 상태가 생겼으며 이로 인해 정치·군사적 불안이 심화되고 있다는 점이다.

둘째, 소련의 붕괴는 소련을 구심점으로 했던 아시아 사회주의권의 엄청난 타격을 가하고 있다. 북한, 몽고 또는 월남 등의 국가는 경제적 개방의 점진적 추구와 정치적 통제강화라는 이율배반적 노력으로 나아가는 경향을 보인다.

셋째, 일본의 부상이다. 세계 GNP의 15%를 생산하는 경제력을 바탕으로 국제사회에서 발언권 강화를 시도하고 있다.

넷째, 미국의 아시아정책 변화이다. 미국의 새로운 아시아전략은 수레바퀴전략으로 표현된다. 미국이 축이 되어 아시아 우방국가들과 쌍무적 군사협력 또는 동맹관계를 심화시킴으로써 집단 안보체제를 형성한다는 것이다.

한반도를 둘러싼 위와 같은 국제기류 속에 북한과 일본 및 미국이 국교정상화의 단계에 돌입하게 되면 한반도에는 실제로 4강의 교차승인이 현실화될 것이다. 한국정부의 북방외교는 소련에 이어 중국과 수교를 맺었다. 북한과 일본의 수교 그리고 북한과 미국의 관계개선으로 한·중 수교의 실현을 전망해 볼 수도 있다. 이러한 4강의 교차승인은 한반도의 탈냉전에 기여하겠지만, 반면에 북한의 국내 정치·경제상황의 불안정, 덩 샤오핑 사후 보수적인 군에 의한 중국의 개방정책 위축, 주변 강대국의 세력균형에 의해 분단고착화를 심화시킬 수도 있다.

제3절 2020년 한국사회의 모습

21세기의 경제와 기업에 대하여 알아보자. 기업은 주변 환경의 변화에 따라 끊임없이 자신을 적응시켜 나가야 살아남을 수 있다. 이에 따라 21세기에 나타날 주요 환경변화 요인과 기업에 미치는 영향을 다섯 가지로 정리하여 본다.

첫째, 세계경제의 지구화(Globalization)와 국내시장의 개방이다.

국내시장에서의 외국기업의 비중 증가, 국제기업 협력의 증가와 국내 기업의 전문화, 기술과 혁신능력이 기업 성패를 좌우하고 기업의 국제화가 증가된다.

둘째, 컴퓨터와 정보통신기술의 확산에 의한 정보혁명이다.

중간관리자층을 축소시키고 기업의 분권화와 분산에 기여, 정보통신산업의 비중 증가, 공장 사무실 유통업 등에서 자동화 증가를 가져온다.

셋째, 2000년 전후로 예상되는 북한체제의 붕괴에 따른 남북통일은 한국경제에 엄청난 충격을 줄 것이다. 노동집약적 산업 재기의 발판이 마련되고 한국경제권에 북한은 물론 중국 동북 3성까지 포함되는 한국경제 재도약의 발판이 마련되는 한편 사회적 문제가 증가하리라 예상된다.

넷째, 정부주도형 경제구조가 점진적으로 규제의 완화로 정부역할의 변화를 초래하며 사회보장과 복지기능 등을 강화한다. 북한 붕괴로 정부기능이 확대된다.

다섯째, 환경·삶의 진로의 가치관이 변화한다.

성장제일주의 가치관에서 환경·삶의 질의 중요성이 대두하며 환경산업 등 새로운 성장산업이 등장한다.

이러한 환경요인으로 한국기업의 변화모습을 그려보면 우선 기업의 소유와 경영이 분리되는 법인자본주의 형태가 될 것이고, 재벌기업의 계열사간 횡적 유대는 크게 약화되고 현재 10대 재벌이 반 이상 탈락한다. 기업은 자기혁신을 통해 국내 시장의 개방으로 외국기업의 비중이 커지고 해외진출보다는 한반도 경제권 형성에 몰입한다. 최첨단산업 외에는 일본의 기술을 따라잡고 노조가 경영에 참가하는 노사공동체 시대가 온다.

─정보화사회: 21세기 인류사회를 변화시키는 가장 큰 요인 중에 과

학기술의 발전에 의한 '정보의 홍수'를 들 수 있다. 세계가 산업화사회에서 정보사회로 옮겨가면서 정보(지식)는 권력의 원천이 되고 있다.

2000년까지 정보통신업에 52조원 투입 예정으로 각종 정보통신망 및 시스템을 이용하여 지역정보센터와 인텔리전트 시티를 건설하는 등 국민생활향상과 지역균형발전에 기여하여 국가 전체의 발전을 도모하게 된다.

신문 방송 등 언론매체는 전문화 언론으로 탈바꿈하고 서상회의, 전자우변 등 통신형태의 변화와 가사자동화, 사무자동화, 공장자동화, 판매자동화 등으로 생활의 변화를 가져온다.

그러나 국민의 '알 권리'와 개인의 프라이버시를 보호하는 문제 사이의 갈등을 잘 극복하는 점과 정보의 고른 배분 문제를 깊이 고려하여야 한다.

－주택·교통: 핵가족화에 따른 가족구성원 수의 감소와 이에 따른 가구 수의 증대 및 인구 고령화에 의한 노인인구의 증가는 주택 수요를 증가시킬 것이며 특히 대도시의 인구집중으로 주택수급의 지역적 불균형으로 인하여 도시 내의 재개발에 의한 토지의 고도 이용이 촉진될 것이며 주거지의 외연적 확산에 의해 교외화가 더욱 보편화될 것이다.

2020년까지는 대지 공업용지 공공용지 등의 용도로 총4000~4500㎢의 용지가 추가로 개발되어야 한다. 이는 현재 도시적 용도로 이용 중인 토지를 능가하는 수준이다.

－농업·농촌: 우루과이라운드 농산물협상 등으로 이어지는 일련의 흐름은 앞으로 농산물 교역질서가 더욱 자유화되는 방향으로 개편되어 나갈 것이다. 따라서 한국의 농업도 현재와 같은 수입제한이나 가격지지 정책으로 지탱되는 생사구조로는 더 이상 유지되기가 어려우

며 보다 자유로운 국제경제 질서의 틀 속에서 살아남을 수 있는 체질 개선이 이루어져야 한다. 농촌경제의 핵심이 되는 기간산업은 여전히 농업이 되겠지만 광공업 부문의 취업인구가 크게 증가할 것이고 부가가치가 높은 관광산업과 휴양·레저산업이 농촌경제의 활성화를 위한 새로운 소득원으로 부각될 것이다. 그리하여 2001년에는 농가의 농외소득률도 49.3% 정도로 올라갈 전망이다.

－생활문화: 21세기 한국인들의 가정과 사회적 환경, 의·식·주의 생활양식의 변화를 살펴본다. 우선 21세기에 국민생활과 사회문화에 영향을 끼칠 요소로는 기술혁신과 정보사회로의 이행, 인구의 고령화, 지방시대의 도래, 국민욕구 수준의 향상 및 의식의 변화 등을 들 수 있다.

핵가족화로 가족관계의 변화와 가사자동화로 여성의 사회참여가 확산될 것이다. 공장, 사무자동화로 노동시간이 단축, 자유시간의 증대로 여가를 중시, 오락·교육여행 등의 선택적 지출의 비용이 증가될 것으로 전망된다.

국민소득의 향상은 삶의 질을 추구하는 고도의 소비사회로 전환, '생활을 지탱하기 위하여'에서 '생활을 풍요롭게 하기 위하여'의 선택적인 소비형태로 바뀔 것이다.

－복지·보건: 산업화와 도시화는 핵가족화, 노인에 대한 가족부양 기능의 감소 및 노인 단독세대의 증가를 초래할 것이다. 노인인구에 대한 국민연금제의 정착 및 개별적인 노후대책이 사회적으로 확산되는 가운데 부유한 노인 인구가 증대될 것이며 이는 경제적 차원의 부양 이외에 복지 서비스에 대한 요구 증대 및 어린이 보육을 위한 가족복지사업의 증대를 요구할 것이다. 14세 이하의 저연령층의 감소로 경제활동인구는 2020년까지 지금보다 약간 높은 70% 수준을 유지할

것으로 보이며 직업복지에 대한 수요가 증대할 것이고 반면에 교육에 대한 복지수요는 상대적으로 감소될 전망이다.

첨단과학기술의 의학 분야의 적용으로 21세기는 생명과학과 의공학 분야가 중요한 기초과학 연구 분야로 부상하여 하이테크에 의존하는 의료가 될 것이다. 따라서 항암제, 노인성 치매 치료제, 항바이러스 제제, 정신질환 치료제에서 괄목할 만한 발전이 있을 것이다. 광학기술, 레이저, 유전공학을 이용한 치료방법의 발전 및 방사성 면역검정 방법들이 개발되어 임상적으로 암 진단과 암 면역요법에 사용될 것이다.

제4절 번영과 복지로 가는 길

─과학기술: 21세기 시장에서 살아남을 수 있는 상품, 산업경쟁력이 높은 상품을 만드는 열쇠는 과학기술에 있으며 국가의 과학기술정책의 효과와 효율성이 관건이다.

미국은 일본에 열세를 만회하기 위해 상무부 및 국방부가 중심이 되어 새로운 정책·조직 및 연구지원을 증가시키고, 일본은 기초연구에 투자를 계속 늘려 가고, 독일은 산·학의 공동연구, 협력연구 등 연구의 효율성을 높이고 프랑스는 정부 주도로 공동연구 방식을 꾀하고 있는데 과연 한국의 길은 무엇인가?

첫째, 모방전략에서 방어전략으로 기술 개발전략을 수정해야 한다.

둘째, 산·학·연 연구개발체제를 발전시켜야 한다.

셋째, 중·장기적 안목의 연구개발 투자를 지속적으로 확대해야 한다.

넷째, 인력양성 및 기술관리 지원체제를 강화해야 한다.

다섯째, 기술정보망을 구축하고 공유해야 한다.

여섯째, 기초과학 및 연구에 투자해야 한다.

한반도는 우리 민족의 영원, 유일한 존재기반이며, 문화유산의 총체다. 통일된 국토 공간 구조는 국토의 일체성을 회복시키고 기존의 남과 북의 구조를 가급적 수용하고 국토의 미래상을 설계하고 장기 종합계획을 세워 이에 접근하고 국토를 보전, 친환경적 가치에 입각하여 관리하여야 한다. 따라서 서울 중심의 단핵구조를 다핵적 구조로 개편해 나가고 평양-서울-대전을 잇는 중서부 지역을 중추관리 기능 지역으로 정비해 나가야 한다. 통일한국의 수도는 서울이어야 하며 일정의 준비기간을 거쳐 서울이나 평양이 아닌 제3의 장소로 이전하는 것이 바람직하다.

-자원·식량·에너지: 우루과이라운드에서 논의되고 있는 관세화가 수용되고 관세의 상당액이 2000년까지 30% 정도 삭감될 경우, 쌀 소비량은 감소하는 대신 축산물의 소비량이 크게 늘어날 것이다. 식량작물의 생산은 쌀이 감소하고 있는 반면 축산물의 생산은 크게 늘어나고 있는 실정이다. 남북통일이 이루어질 경우 쌀 수요증대를 대비하여 쌀 생산기반을 적정 수준까지 유지할 필요가 있다.

에너지자원의 블록화, 지구환경문제 대두 등의 국내외 에너지 여건 변화와 한국의 에너지 수요전망을 고려하면 에너지 공급의 불안정은 지속될 전망이다. 인구증가와 경제성장에 따라 국가 총소비량은 무연탄만 감소할 뿐 2020년까지는 석유가 현재 소비량의 3배, 유연탄은 3.5배로 늘어날 전망이며 국내자원의 고갈에 비례하여 해외자원의 의존도가 급증할 것이다. 이러한 추세는 21세기에도 지속되어 중화학공업이 주도하는 산업구조의 고도화에 따라 에너지 및 원자재의 수요가 급격히 증가될 것으로 전망된다.

－환경대책: 이산화탄소가 두 배 증가할 경우 강우량의 감소로 100년 후에는 해안선이 현재의 위치에서 20㎞ 이동하게 될 것이므로 서해안과 남해안의 낮은 지형은 대부분 침수될 것이다. 농업은 온도가 상승하면 중부지방은 난대, 남부지방은 아열대, 제주지방은 열대가 되어 농업생태가 전반적으로 바뀔 것이다.

　지구온난화의 간접적인 영향은 지구환경의 국제협약을 통한 국익의 손실이다. 현재의 추세대로 가면 2005년에는 국내의 이산화탄소의 방출은 현재의 두 배를 넘길 것으로 예상되고 있다. 결국 국제환경협약에 의해 한국이 협약준수에 따른 경제적인 불이익을 감수하거나 그렇지 못할 경우 무역규제를 당하게 될 것이다.

－사람과 일: 공급 측면에서는 노동력의 연령구성이 고령화되는 전반적인 추세로 중·장년의 노동인구 증가로 새로운 대책을 요구할 것이다. 진학열과 고학력화로 인해 25세 이하의 저연령층이 감소세를 보일 것으로 전망된다.

　산업구조의 변화와 노동 대체형의 기술진보로 말미암아 경제성장에 상응하는 경제 전반에 걸친 고용흡수력은 점차 감소될 전망이고, 특히 제조업부문의 국민총생산의 하락과 기술진보로 이 부문의 취업자가 점차 감소할 것이다. 반면 서비스부문은 수요가 계속적으로 증가할 것이다.

제5절 풍요로운 삶을 여는 통일한국

1991년은 소련 및 중공에서의 공산정권 붕괴로 북한의 노선에 변화가 온 시기로, 통일 여건이 개선된 새로운 통일 지평을 여는 원년으로 보아야 할 것이다. 북한의 중심이 되는 체제인 레닌 체제가 파시스트형 개발독재로 변질되어가고 있다. 이것은 남북 간의 관계에 어떤 영향을 끼칠 것인가? 남북한 간의 경제교류 및 협력은 증대될 것이나 정치통합은 점차로 더 어려워질 것이며 결과적으로 북한체제의 성격변화가 예측대로 진행된다면 남북한 간의 공존시대가 오래 지속될 수밖에 없을 것이다.

북한체제 능력의 변화는 남북한 관계에서 긴장을 완화시키고 협력을 증대시키는 긍정적 결과를 가져오리라 보지만 북한정권의 방어적 자세를 강화시키게 될 것이므로 정치통일협상을 더욱 어렵게 만들 것이라 예상된다.

개발독재를 지향하는 북한과는 당분간 정치통합은 어려울 것이므로 공존관계를 안정시키고 그 토대 위에서 교류와 협력을 증대시켜 나간다면 통일에의 우회통로가 열릴 것이다.

통일의 민족공동체는 민족적 일체감과 역사적 전통을 존중하면서 자유민주주의의 이념적 건강성을 복원하는 것이어야 한다.

정치체제의 궁극적 목적은 인간적 가치의 구현이 보장되는 것으로 구성원이 동일한 정치적 권리를 가지며 시민사회와 국가권력이 균형 잡힌 관계정립을 이룬 민주사회에서 가능한 것이다. 인간적 가치 구현이 보장된 공동체가 존재의미가 있는 것이며 자유와 평등은 그에 있어 상호보완적인 가치가 된다.

위와 같은 민주공동체의 구현을 위해서는 다원주의, 공공성 그리고 공정성의 가치를 지녀야 한다. 그러기 위해서는 시민 각자가 공공정신을 가지고 사회적 책임의식을 지니며 사회문제에 관심을 갖고 적극 참여해야 한다. 이때 자유와 평등의 양대 가치를 변증법적으로 지양하면서 인간적 삶을 보장해 줄 수 있는 원리가 바로 공정성인 것이다.

정부는 그 행위를 통하여 무엇이 윤리적이며 공익에 부합되는 것인가를 시민에게 모범적으로 보여주어야 한다. 정부 정책의 윤리성 개선은 공무원뿐 아니라 도덕적이고 인격적인 시민이 정책과정에 참여하여 공익 개념을 숙지할 때 가능하다. 정부 운영도 민주성과 형평성을 강조하는 방향으로 나아가고 있는 경향이 강하며 정부의 비대화와 더불어 능률적인 운영이 요구되고 사회문제에 정부와 시민이 공동으로 탄력 있게 대응하는 정부가 21세기의 이상적인 정부이다.

-법·질서: '자율 민주사회'를 만들려면 질서의 본질과 기초에 대하여 성찰함으로써 공통의 인식이 보편화될 때 비로소 진정한 의미의 질서의식이 생긴다.

자율민주의 기초는 인간의 존귀성을 인정하며 개인의 자유인권을 보장하는 데서 비롯된다. 인간은 불완전한 존재이므로 자유민구적 기본질서에서의 근본은 인내와 관용, 겸손과 절제에 있다.

가장 소중한 가치는 인간의 존엄성이며 서로 다른 인간이 각자의 존엄과 가치를 전체로서 조화를 이루는 사회가 바로 우리가 지양하는 사회이다. 고로, 자유란 질서 안에서의 자유, 자유의지로 받아들인 법과 규율 아래서의 자유를 의미하게 되고 질서는 자유의 제한요소라기보다 오히려 자유의 내적 한계인 것이다.

-교육: 한국교육은 시대적 변화로부터 크게 지체되어 있고 그것은 교육이 사회계층 상승이동의 도구적 수단이라는 가치체계에 인습적으로 고착된 때문이다. 21세기에는 한국교육은 내면적 자기갱신을 통하여 혁명적 변화를 이룩하여야 할 것이다. 21세기 한국교육이 길러낼 전인적 인간은 정보기술을 잘 활용하고 탐구, 실험하는 창의적 인간, 자유민주주의적 이념에 살고 공동체적 의식을 지니고 협동하는 민주

적 인간, 개별적 독특성과 고유의 가치 및 행동체계를 소유한 주체적 인간이다. 이를 위해서는 현재의 교육과정을 개정하고 세 가지 인간상의 모습을 교육의 내용으로 구현하여야 한다.

21세기의 한국교육은 교육의 인간화, 양질화, 정보화, 복지화, 개방화라는 기본 특성을 지니고 그것은 곧 21세기의 한국교육이 사람이 자신의 삶을 의미 있게 창출하고 영위해 나가기 위하여 선택하는 삶의 한 부분이 됨을 의미한다.

−사회문제: 미래에는 가족구조에 큰 변화가 예상되고 사회환경 변화가 예상되어 노인 문제와 청소년 문제의 사회문제가 심화될 전망이다.

중·고교 교육은 엘리트주의적 청소년관에 근거하여 입시위주의 파행적 방식으로 운행되어 왔으며 청소년의 전인교육 욕구를 충족시켜 주지 못했다. 이러한 경향은 미래에는 더욱 심화될 것이며 청소년 문제는 더욱 증대될 것이다.

고령화 사회로 진행되면서 노인 문제가 대두되고 과거의 가치관이 많이 바뀌면서 노인문제는 더욱 심화되었다. 이의 개선을 위해서는 노인들의 경제적 위상을 증진시키기 위한 대책이 필요하다.

−여성정책: 개인적 사회적 차원에서 모두 여성의 사회참여가 요구되나 남성에 비하여 상대적으로 열악한 환경에서 일하고 있다.

고용비율은 증가되나 기혼여성, 시간제 근무 등이 증대되고 있고 남녀간 임금격차가 심하므로 개선이 요구된다.

여성정책은 궁극적으로 남녀 모두에게 이익이 되는 정책이며 더 나은 사회를 위한 방안이다.

−참여문화: 민주정치하에서 제도정치권이 갈등조정 능력이 부족할 때 자신들의 권익 옹호를 위하여 시민운동이 발생한다. 한국 시민운동은 비조직화가 문제이며 점차 다양화, 활성화를 통하여 자율적이고 민

주적인 시민운동을 전개할 수 있다.

-문화예술: 우리 민족의 문화예술은 체제와 이념의 논리로 양분되어 있고, 민족문화 예술의 동질성 회복을 위해서는 남북문화예술 교류가 시급하다.

　이를 위해서는 한민족공동체 문화의 확립을 목표로 적극적 대화와 활발한 교류를 통하여 문화통합을 이루어야 한다.

-의식구조: 미래에 대한 전문적 연구는 미래의 가능성에 대하여 기꺼이 획득하는 목표로 발전시키게 하고 재창조적인 가치에 기여한다. 우리는 가치들과 가치변화를 객관적으로 연구하며 그 본성을 학문적으로 검증하여 가치 영향 예측의 탄생을 위한 지적 기초를 제공할 수 있다.

제6절 시간과 일의 관계

1. 시간의 의의

　시간이란 무엇인가? 시간과 인간의 관계는 어떻게 되어 있는가? 시간과 일의 관계는 무엇인가? 시간 속에 일이 있는 것과 일 속에 시간이 있는 것과는 어떤 차이점이 있는가? 인간은 시간 속에서 태어나서 시간 속에서 살다가 시간 속에 묻혀 죽어가는 존재이기에 시간에서 잠시도 떨어져서 살 수 없는 존재이기도 하다.

　나는 지금 원고 쓰는 일을 하면서 시간을 활용하고 있다. 황영조는 바르셀로나에서 8천 3초라는 시간 속에서 42.195km를 주파하여 온 세계인의 기립박수를 받았다. 시간 속에 이루어진 위대한 업적이기에 시간의 흐름과 함께 겨레의 가슴속에 영원히 고동칠 것이다.

이탈리아 격언에 "시간이 인간을 위해 만들어졌지 인간이 시간을 위해서 만들어진 것은 아니다"라는 말이 있다. 그렇다. 시간이 인간을 따르는 것이 아니라 인간이 시간을 쫓고 있을 뿐이다.

요즈음 휴가철이라고 하여 모두가 산으로 강으로 떠난다. 인간이 자연의 품 안에 안겨 보기 위하여 자연 곁으로 가까이 가는 것은 매우 좋은 일이다. 어쩌면 자연도 인간이 오기를, 문을 열어 놓고 기다렸을지도 모른다. '여름'이라는 말이 '열음(Openess)'과 같은 뿌리를 지니고 있는 것을 보아도 여름은 '열음'인 동시에 '여럼[결]'의 뜻을 함께 함축하고 있다.

또한 여름이라는 것은 영어로 'Summer'이다. 이 말은 조금만 새겨 들어보면 '청춘'이라는 뜻과 '대들보'라는 뜻이 함께 있음을 알 수 있다. 나는 '직업윤리' 과목을 강의하는 첫 시간에 학생들에게 Summer의 어원적인 해석을 들려준다. '청춘'은 인생의 '대들보'와 같기 때문에 여름은 결코 우리가 회피해야 할 더움[피서]이 아니라는 것이다. 우리가 즐겨 쓰는 불어인 바캉스(Vacance)도 방학, 휴가라는 영어의 'Vacation'이다. 이 'Vacation'은 '멍청이', '얼빠진 이'라는 뜻이 있다. 그러므로 얼빠진 멍청이가 되지 않기 위하여 Vacation 동안 열심히 땀을 흘려 일하는 Vocation으로 바꾸어 보낼 줄 알아야 한다.

그러기에 옛 사람들은 "여름불도 쬐고 나면 섭섭하다"고 하였고, "여름에 하루 놀면 겨울에 열흘 굶는다"고 하면서 '매미와 개미'를 비유하는 우화를 들려줌으로써 일의 미덕을 가르쳐주었다.

2. 시간에 대한 인간의 세 가지 태도

인간과 인간의 일(Work)을 둘러싸고 있는 영겁의 시간 중에서 계절적으로 여름을 가장 아껴 써야 할 이유와 인생에 있어서는 청년기를 가장 효과적으로 보내야 할 이유를 함께 그 자의를 통하여 살펴보았다.

얼마 전에 새로운 현실(The New Realities)이라는 책으로 우리에게 잘 알려진 P. F. 드러커는 시간과 관련한 글에서 다음과 같이 쓰고 있다.

"효율적인 경영자란 절대로 자기 업무의 계획수립으로부터 일에 착수하지는 않는다. 먼저 자신의 시간이 어떻게 사용되고 있는가에 대한 분석부터 시작하고, 그 다음으로는 그 시간의 관리에 전념한다. 그럼으로써 비생산적인 시간의 낭비를 삭감해 나갈 수 있다. 그리고 마지막으로 자기 뜻대로 사용할 수 있는 시간을 가급적 계속적인 긴 단위로 정리해서 매듭을 짓는다."

이 말은 시간이 일에 우선한다는 것이다. 일의 계획보다는 시간의 계획이 먼저 짜여야 한다는 논리다. 사실 요즘 대기업체에서 '재테크'보다는 '시테크'를 중요시 하는 경향을 보이는 것도 그러한 이유에서이다.

소크라테스는 일찍이 "너 자신을 알라"고 하였지만 요즘은 "너의 시간을 알라"는 말로 대체하여 쓰기도 한다. 시간은 알려는 자신의 결심만 있으면 실천에 옮길 수 있으나, 자신을 알려는 의지가 강렬하면 할수록 자꾸만 알 수 없는 미궁 속으로 빠져들어 간다.

그러기에 우리는 여기서 자신을 알기 위해서 먼저 시간을 알 필요가 있다. 시간을 대하는 태도를 알게 되면 '자신'의 내면을 짐작해 볼 수 있는 잣대를 가지게 된다. 시간을 대하는 인간의 태도는 크게 세 가지로 구분하여 볼 수 있다. 첫째는 인간이 시간에 떠밀려 가는 삶,

둘째는 시간에 굴복하는 삶, 마지막으로 시간을 적극적으로 이용하는 삶이다. 우리는 이 세 가지 시간을 선택하는 삶의 양식으로 일생을 살아가고 있다. 어떤 양식을 선택하느냐 하는 것은 전적으로 자기 의지의 결정 문제이다.

현대인은 대부분 시간에 쫓기며 바쁜 생활을 한다. 다시 말해서 시간의 포로, 시간의 노예라고 할 수 있다. 이를테면 산의 정상에 올라가서도 시간에 쫓겨 절정경험(Peak Experience)을 못하고 하산하는 것과 마찬가지이다. 그래서 우리의 옛 문인인 김천택은 "잘가노라 닫지말며 못가노라 쉬지말라 / 부디 궂지 말고 촌음을 아껴쓰라 / 가다가 중지 곧 하면 아니 감만 못하노라"고 읊었다.

한편, 시간에 굴복하며 사는 삶은 어떤 것인가? 시간에 굴복하며 살다보면 시간에 떠밀려 바쁘게 사는 사람이 행복해 보인다. 왜냐하면 시간은 영원히 붙잡을 수 없을 뿐더러 시간에는 정산도 하산도 없기 때문이다. 시간은 그저 아무 말 없이 무심하게 흘러갈 뿐이다.

한번 흘러간 시간은 다시 돌아오지 않는다. 그래서 누군가 시간을 '통과의 신화(myth of passage)'라고 말한 이유도 여기에 있다.

비트겐슈타인은 "사후에는 시간이 없는 상태가 될 것이다. 죽음과 함께 시간이 없는 시간(Timeless Time)이 시작될 때 영원히 인간은 굴복 당하고 만다"고 했다.

하루가 천년 같고, 천년이 하루 같다는 성경말씀처럼, 현대인은 시간의 화살에 맞아 질식되고 말았다. 이제 우리는 시간을 적극적으로 이용하는 삶의 태도가 어떤 것인지 초점을 맞출 필요가 있을 것이다. 우선 시간을 적극적으로 활용하는 삶의 태도는 '시간의 과거를 잊지 말며, 시간의 현재를 정확히 알아야 되며 그리고 시간의 미래를 희망으로 가득 채워야 한다'는 대전제가 필요하다. 앞에서도 시테크가 현대기업의 요체가 되고 있다는 말을 하였다.

어느 날 B. 프랭클린이 경영하는 서점에 한 손님이 책을 들고 물었다. "이 책 얼마요?", "1달러입니다.", "조금 싸게 안 될까요?", "그러면 1달러 15센트 주십시오." 손님은 프랭클린이 잘못 알아들은 줄 알고 "아니 깎자는데 왜 더 달래?" 하고 말하자 그는 "1달러 50센트만 냅쇼"라고 하였다. 손님이, "아니, 이거 점점 비싸지잖아?" 하고 화를 내자 프랭클린은 "아, 시간은 돈보다 더 귀한 것인데 손님께서 시간을 소비시켰으니 책값에 시간비를 가산해야 할 것 아닙니까?" 하였다. 그래서 영국 속담에는 "시간은 돈이다: Time is money", "시간은 금이다: Time is gold", "시간과 시간은 끈으로 묶을 수 없다: Time and Hour are not to be tied with a rope", "시간은 위대한 교사이다: Time is the great teacher" 등의 시간과 관련된 많은 속담이 전해 오고 있다. 시간이 이처럼 귀중하기에 모든 사람의 손목에 시간을 재는 시계를 차고 살게 되었는지도 모른다. 이제 시계는 11시 59분인데 1분이 지나면 다시 돌아오지 않는 새날이 온다.

3. 과거, 현재, 미래의 시간 고리

J. F. 실러는 "시간의 걸음에는 세 가지가 있다. 미래는 주저하면서 다가오고, 현재는 화살처럼 날아가고, 과거는 영원히 정지하고 있다"고 하였다. 쇼펜하우어도 "보통 사람은 시간을 소비하는 것에 마음을 쓰고, 지혜로운 인간은 시간을 이용하는 데 마음을 쓴다"고 하였다.

한때 「한 많고 설움 많은 과거를 묻지 마세요」라는 노래가 유행한 적이 있다. 슬픈 추억의 과거일랑 되도록 빨리 잊어버리라는 뜻이다.

그러나 슬픈 과거를 잊는다는 것은 현실적으로 불가능한 일이다. 오히려 잊으려고 노력하면 할수록 더욱 생각나는 것이 괴로웠던 과거라고 말할 수 있다. 일상적인 일들은 쉽게 망각의 세계로 돌릴 수 있으면서도 극히 즐거웠거나 괴로웠던 사건들은 절대로 잊지 못하는 것이 인간의 상정이다. 인간을 '망각의 동물'이라고 말하는 이유는 그만큼 잊기가 쉽지 않다는 사실을 역설적으로 표현하는 말이다.

물론 우리는 슬픈 과거뿐만 아니라 즐거운 과거도 가지고 있다. 그리고 즐거웠던 과거의 첫사랑, 생일잔치, 졸업선물, 결혼식 등과 같은 아름다운 추억은 언제나 우리의 삶을 풍요롭게 만든다. 그러므로 우리는 즐겁거나 슬프거나를 막론하고 과거를 잊지 않으려고 노력해야 한다.

한 조사에 의하면, 정상적인 부부에게 있어서도 물리적인 시간으로 따지면 상대방을 사랑한다고 느끼는 순간보다는 미워하는 순간이 훨씬 많다고 한다. 그러나 그들이 상대방을 미워하는 순간에도 즐거웠던 옛날을 추상함으로써 증오의 감정을 사랑의 감정으로 승화시킬 수 있는 것이다. 여기서 과거는 잊어야 할 대상이 아니라, 오히려 플라톤이 주장했던 바와 같이 매일매일 새롭게 상기해야 할 대상인 것이다. 슬픈 과거는 우리에게 교훈을 주고, 즐거운 과거는 우리에게 위로를 준다.

그런데 과거가 우리에게 교훈적일 수 있는 이유는 그것이 바로 현재와 연결되어 있기 때문이다. 현재란 바로 과거의 조각들이 짜여져 생긴 조각보와 같은 것이다.

트리다드 섬에 사는 사람들은 '오늘을 위한 오늘'이라는 말을 사용한다고 한다. 그것은 현재의 삶에 최선을 다하지 못하는 사람은 결국 자신의 인생을 소비하고 있을 뿐이라는 뜻이다.

오늘날 우리에게 진정 중요한 것은 '저기'가 아니라 '여기'이며 '어제'가 아니라 '오늘'이다. 그러므로 성실한 사람은 언제나 오늘을 위하여 최선을 다하며 산다.

이렇게 보면, 우리가 과거에 지나치게 집중 혹은 집착하는 것은 그 만큼 현재에 충실하지 못하기 때문이라고 말할 수도 있다. 과거가 중요한 이유는 결국 그것이 현재와 밀착된 과거일 때 의미가 있기 때문이다.

모든 사람은 아름다운 과거의 추억을 가지고 있으며, 비록 슬펐던 일까지도 시간이 지남에 따라 그것을 미화시키려는 경향이 있다. 어느 시인은 "과거는 언제나 아름답다"고 말했다. 그러나 과거는 어디까지나 과거이며, 현재는 어디까지나 현재일 뿐이다. 과거는 추억이며, 현재는 현실이다. 그러므로 성서는 "너희들은 이전의 일을 기억하지 말며, 옛적 일을 생각하지 말라"고 충고했던 것이다. 과거는 현재와 연결될 때 그 의미를 갖는다.

행복한 결혼생활은 언제나 현실적인 기대에 근거를 둔다. 백설공주와 같은 아내, 혹은 백마를 타고 오는 왕자와 같은 남편을 고대하는 사람은 절대로 행복할 수 없다. 현실의 아내는 언제나 낭만이 결여되어 있는 듯한 여인이며, 현실의 남편은 언제나 월급봉투에만 매달리는 고달픈 남자이다. 삶은 현재에서 숨쉬고 있다. 그래서 개방된 결혼의 저자인 조지·오닐은 우리에게 "적당한 양 이상의 과거를 갖지 말아야 한다"고 설파했던 것이다.

그러나 우리가 진정 현재의 삶을 알려면 미래에 대한 시각, 전망, 소망을 가져야 한다. 현재의 가치는 언제나 미래를 전제로 해서만 가능한 것이다. 학생의 공부는 졸업이라는 미래의 시간에 비추어 볼 때 의미가 있으며, 돈벌이와 성공도 가정과 사회의 행복이라는 마지막 목표가 있기 때문에 중요하며, 현재의 결혼생활 혹은 직장생활도 미래의 성취에 비추어 볼 때 의미가 있는 것이다. 기독교가 미래의 부활을 약속하는 것도 그러한 맥락에서 볼 때 더욱 이해하기 쉬워진다.

인간은 유사 이래 전지전능한 신에 가까이 하려는 욕망을 버리지 못하고 있다. 바벨탑의 비극과 프로메테우스의 형벌은 모두 신이 되고 픈 인간의 욕망, 절대로 버릴 수 없으면서도 또 절대로 소유하지 말아야 하는 욕망이 만들어 낸 사건이다. 어쩌면 사람은 사람으로 만족하지 않는 듯한 속성이 있다. 사람은 초인이 되려고 노력하고, 하나님이 되려고 애쓴다. 이것을 I. Kant는 '이성의 간교'라고 표현했다. 인간의 이성에는 분명히 한계가 있다. 이성으로 알 수 있는 진리가 있고 이성으로는 알 수 없는 절대자가 있다. 말로 표현할 수 있는 진리도 있고, 말로는 표현할 수 없으나 몸으로는 표현할 수 있는 진리가 있으며, 말이나 몸으로도 전혀 표현할 수 없는 진리도 있다. 이성은 이러한 자기 한계를 너무나 잘 알고 있다. 다시 말해서, 인간의 이성은 자신의 한계 내에서 존재를 인식하고 있다. 그럼에도 불구하고, 이성은 이성의 한계 속에 머물지 않고 이성이 알 수 있는 영역 밖의 것을 알려고 발버둥치는 간교한 성격을 가지고 있다. 그것이 바로 Kant가 말한 인간 이성의 간교이다.

중세 철학자들은 이러한 인간의 역설적인 모습을 '존재와 비존재의 중간에 있는 실제'로 표현했다. 진실로 존재하는 것은 시간의 제약을 받지 않고 영원히 실재하는 것이다. 하나님과 같이 영원히 존재하는 실재이다. 그리고 비존재란 문자 그대로 전혀 존재하지 않는 것이다. 그러면 인간이란 어떤 실체인가? 인간은 완전한 존재도 아니며, 그렇다고 해서 완전한 비존재도 아니다. 이런 의미에서 인간은 '중간적인 존재'일 뿐이다. 인간이 끝없이 완전한 존재가 되려고 발버둥치는 이유가 여기에 있다.

이렇게 보면, 우리는 왜 인간이 하나님이 되려고 애쓰며, 왜 인간의 시간을 팽개치고 영원한 시간의 입장에 서려고 애쓰는지를 알 수 있다. 왜 이성은 이성 이상이 되도록 발버둥치는지를 이해할 수 있다. 그러나 우리는 여기서 냉정히 인간을 바로 볼 필요가 있다. 인간은 인간의 말을 해야 되며, 신의 말을 하지 말아야 한다. 그러한 행위는 인간적인 입장에서 보면 인간을 배반하는 행위이며, 신의 입장에서 보면 신을 거역하는 행위일 뿐이다.

사람이 다시 사람으로 돌아왔을 때, 인간의 입장에서 시간을 볼 때, 건방지게 시간을 초월하려는 노력과 마치 우주의 축에서 시간을 보고 있다는 착각에서 탈피할 때, 시간은 확실히 인간에게 시작과 끝을 요구한다. 그리고 그 '인간적인 시간'에 순응하는 것이 우리가 걸어야 할 길이다. 이 길만이 인간의 길이다. 그리고 인간의 시간이다.

시간에는 태어나는 시간과 죽는 시간이 있고, 기뻐하는 시간과 슬퍼하는 시간이 있고, 성공한 시간과 실패한 시간이 있다. 이러한 사실을 우리는 일반적으로 '때가 있다'고 표현한다.

모든 일에는 때가 있다. 그리고 그 때를 놓치면 다시 오지 않는 경우도 있다. 봄이 되어야 강남에 갔던 제비가 날아오고, 가을이 되어야 단풍이 진다. 동양에서는 학문이란 분명히 평생에 걸쳐서 하는 것이지만 젊은 날의 일촌광음을 소중하게 여기라는 말이 있다. "소년은 쉽게 늙고 학문은 어렵게 이루어지니, 짧은 시간이라도 가벼이 해서는 안 된다. 아직 연못가 봄풀의 꿈을 깨닫지도 못했는데, 뜰 앞의 오동잎은 벌써 가을 소리를 내며 떨어진다", 서양에서도 "쇠는 달았을 때 때려라"라는 속담이 있고, 일반적으로 우리도 "좋은 기회를 놓치지 말라(불실호기)"는 말을 한다.

그럼에도 우리 주위에는 시작도 끝도 없는 반복의 삶을 영위하는 사람들이 너무나 많다. 기차가 만들어진 철도를 달리듯이 습관화된 타성에 이끌려서 신년결심도 없고 연말반생도 없이 살아가는 사람들이 너무나 많다.

이런 사람들은 영원과 순간, 시작도 없고 끝도 없는 시간과 분명히 시종이 있는 시간, 우주의 측면과 인간의 측면을 착각한 사람들일 뿐이다. 시간은 사람을 기다려 주지 않는다.

제 2 장
인간과 윤리에 관한 본질적 이해

제1절 인간에 관한 문제의식

1. 인간에 관한 물음

오늘날 많은 사람들은 인간의 문제가 심각하게 제기되지 않으면 안 될 절박한 상황에 봉착되어 있다. 그러나 이러한 절박한 인간의 문제를 이해하며 규명하는 시각에 있어서 요청되는 문제 상황과는 매우 걸맞지 않는(irrelevant) 논의만 풍성할 뿐 실제에 있어서는 매우 단편적인 접근에 머무르고 있다. 말하자면 종래의 인간관을 답습하고 있을 뿐이지, 보다 인간의 본질에 대한 진실하고도 살아있는 탈전문영역적 시각(meta disciplinary perspective)에서 인간존재의 근원적 의미연관을 규명함에는 소홀하고 있다. 그러므로 인간의 본성은 의미연관의 맥락 위에서 자연과 사회와 신을 연결하는 상호관계성으로 파악하지 않으면 안 된다. 이를 Landmann은 '거시적 인간이해의 방법(approach of micro-anthropology understanding)'이라고 하였다.[1] 이러한 입장에 동조하는 학자로는 고전적 인간학의 태두인 Scheler를 비롯하여 Plessner, Rothancker, Gehlen, Portmann 등을 들 수 있다.

따라서 본고에서는 거시적 인간이해의 총체적인 문제를 전부 다룰 수는 없으므로 지금까지의 인간사유의 족적을 살피는 뜻에서, 일찍이 로마의 Terentius가 "나는 인간이다. 인간에 관한 것은 그 어떤 것도 나에게 무관하지 않다(Homosun: human: nihil a me alienum puto)"라고 말하면서 인간에 관계되는 문제에 대해서 강렬한 인식을 역설하였던 것을 연상하면서, Socrates의 "너 자신을 알라"라는 델포이 신전의 비문에 새겨진 글을 가지고 인간이 추구해야 할 인식의 최종목표로 삼고자 한다. 여기서 잠시 '너 자신을 알라'는 2인칭에서 '나는 누구냐?'라는 1인칭 의문문으로 다시 바꾸어 본다. 왜냐하면 인간의 본성을 사유함에 있어서는 '너 자신을 알라'라는 2인칭 명령문은 본질의 범주를 빗겨 갈 우려가 있을 뿐 아니라 무수히 쏟아지는 인간에 대한 질문의 폭을 좁히기 때문이다.

나 자신부터 "나는 누구요?" 하는 물음에 대해서 비정하게 느끼면서도 "나는 나요" 또는 "나는 사람이요"라는 대답을 편안한 마음으로 입 밖에 내뱉지 못하는 까닭은 무엇 때문인가? 그것은 삶의 주체가 단순하지 않다는 공유의식에서 아와 비아가 어느 정도 분리되어 가는 하나의 과정으로 나의 모습을 드러내고 있는 증거이다.[2]

---

1) 김태창, 「인간 이해를 어떻게 할 것인가?」(도서출판 주류, 1985), pp.50~55.
2) 배영기, 「인간을 어떻게 볼 것인가?」(도서출판 세화, 1987), p.7.

사람을 인간이라고 한 것은 인간의 관계성, 사이(간)성, 사회성 속에서 인간본성의 귀납적 접근인식의 한계를 설정하고 있다. 물론 해부학적 인간관이나 계량적 인간관을 전연 배제하자는 뜻은 아니다.

2. 존재론적 인간이해

인간에 대한 정의는 이루 다 헤아릴 수 없을 정도로 많은데, 학자들은 각자 자기 나름의 견해를 표명하고 있다. 일찍이 희랍의 소크라테스가 인간을 이성적 동물이라고 한 것을 비롯하여, 아리스토텔레스는 사회적 동물, 그리고 파스칼은 생각하는 갈대, 카시러는 상징적 동물, 듀이는 도구를 사용하는 동물, 호이징거는 놀이를 할 줄 아는 동물, 칼 막스는 생산적인 동물, 니체는 권력의 화신, 프로이드는 Libido적 동물, 다윈은 진화하는 생물, E. 프롬은 파괴적 동물이라고 한 것 등 이루 다 헤아릴 수 없이 많다.

어디 그뿐인가? 학문의 영역에 따라서 고고학에서는 진화하는 존재로, 신경생리학에서는 뇌가 있는 존재로, 생태학에서는 매일 32만 명씩 번식과 동시에 3천 2백만 톤씩 오물을 내뿜는 존재로, 물리학에서는 자연을 볼 줄 아는 존재로, 사회학에서는 역할(role)을 담당하는 존재로, 경제학에서는 교환하는 존재로, 법학에서는 정의를 실현하는 존재로, 사회윤리학에서는 차등과 평등이 함께 보장된 인간으로, 교육학에서는 인간과 사물을 보는 방법을 배우는 존재로 규정하고 있다.

특히, 한의학에서의 인간관은 우주의 모습을 닮은 존재로 보면서 머리가 둥근 것은 하늘이 둥글기 때문이며, 하늘에 사지가 있으며, 지구에 5대양 6대주가 있듯이 인간에게도 오장육부가 있으며, 지구의 바다가 차지하는 면적이 70%이듯이 인체의 수분도 70%이며, 땅속에 수맥과 광맥이 있듯이 인체에도 정맥과 동맥이 있으며, 하늘에 천둥과 번개가 있듯이 사람에게도 화냄과 기쁨이 있다고 보면서 인체도와 천체도를 일치시키고 있다. 그래서 인간을 소우주로 보고 있는 것은 전통적인 동양인의 인간관의 흥미로운 일이 아닐 수 없다.

또한 종교에서 보는 인간관도 다양하다. 이를테면, 불교에서는 깨달음의 존재로, 기독교에서는 내세에 영생하는 부활의 존재로, 유교에서는 군자가 될 수 있는 가능성의 존재로, 이슬람교에서는 알라를 위한 샤히드가 되는 것이 최후의 영광이다.

더욱이 인체구조에 대한 역사적 해석은 새로운 인간관에 접근하는 시도가 되고 있다. 이는 인체의 구조를 생리적 기능별로 상관시켜 하나의 인체기능사관으로 전개하는 것이다.3)

인체구조를 생리기능적으로 대별하면 이성(정신, 사유)으로 개념화할 수 있는 머리부분, 오성 또는 감성(의지, 정감)으로 표현되는 가슴(심장) 부분, 본능에 비유되는 배(위, 장) 부분, 마지막으로 비교적 자율성의 폭이 넓은 다리(발)의 4부분으로 대별할 수 있다. 이를 다시 역사관에 비추어서 보면 머리(이성)는 그리스의 Helenism적 Logos라고 할 수 있고, 가슴(오성)은 로마의 Hebraism적 Pathos라고 할 수 있고, 배(본능)는 근세의 Modernism적 Eros라고 할 수 있으며, 그리고 다리(행동)는 Mechanism적 Chaos(불확실성의 시대)로 해석하고 있다. 물론 여기서의 Chaos는 합리적 성향(rational orientation)에로의 긍정적 성격임을 부연으로 달고 있다. 물론 이러한 인체기능사관에 많은 논의의 여지를 남기고 있지만 다음의 도표를 제시함으로써 부

---

3) 김동규, 「인체의 기능에서 본 역사」(한·일 사상 세미나. 1986. 12), pp.29~31.

족한 설명을 보충하고자 한다.4)

Developing Body	① 생리적 특성	②정신 작용	③관념	④ 인류사 (主流國)	⑤ 기독교 사관	⑥ Hall	⑦ Freud
(Head)ⓐ • 사고 • 판단 • 명석…	(Logos) • 이성 *Helenism	• 신비주의 • 관념주의 (Humanism)	고 대 철인정치 (Greece)	Animism (Toterm Shaman)	Chaos / Opeming 유아/이동	Superego	
(Heart)ⓑ • 열정 • 정감 • 용기…	(Pathos / Mythos) • 오성 *Hebraism	• 종교주의 (Humanism)	중 세 전제정치 (Rome)	(구약) Cain / Abel	Storm / Stress 청년기	Ego	
(Stoma)ⓒ • 욕망 • 저장 • 수탈 • 본능…	(Eros) • 감성	• 경험주의 • 물질주의 • Capital- ism	근 세 제국주의 (England)	(신약) 무신 / 유신	Take and taking 성인기		
(Foot / Leg)ⓓ • 이동 • 근면 • 분주 • 자율성…	• 합리성 • 개인주의	• Commun- ism • Mechan- ism • Pragmat- ism • Anti-Hu- manism • Egoism / Individu la-ism	현 대 자본 / 공산 (U.S.A / U.S.S.R)	공산 / 민주 복지사회	Closing / Anguish / Complex 노년기	id	

물론 신이 인간을 창조하였다면 인간은 역사창조의 주체자였다는
이원적 사유에서 일원적 사유는 당연히 배제될 수밖에 없으며, 한 가
지 위 도표에서 제시한 것이 분명한 것은 인체구조가 머리 부분에서
하향하여 다리 부분으로 가까워질수록 정신적 가치에서 물질적 가치
로 이행되고 있듯이 인류역사도 정신문명에서 물질문명에로, 인간주의
에서 탈인간주의에로 이행되어 온 역사적 산물이 창출되어 가고 있다

---

4) 김동규. 상게서, p.47.

는 것은 누구도 부인할 수 없는 현실이 되고 있다.

3. 가소론적 인간이해

예수와 석가는 다같이 1인칭("나는 길이요……", "유아독존……")을 사용하여 인간이해의 첫 포문을 열었는데 비하여, 소크라테스는 2인 칭("너 자신……")을 사용하여 인간이해를 시도하였다는 점에서 여러 가지 의미를 시사할 뿐만 아니라 인간의 본질을 가소성에로 전환한 것은 일대 코페르니쿠스적 사건이 아닐 수 없다. 2인칭의 인간관은 자아와 타아를 객관화하여 분리시켜 생각할 수 있는 실마리를 제공하 였다. 그것은 인간의 양면성이라고도 할 수 있고, 인간의 자기동일적 모순이라고도 표현된다.[5]

희랍신화를 굳이 들먹이지 않아도 인간은 야누스처럼 두 얼굴을 가 진 존재이다. 천진난만하기는 천사와 같고, 잔인하기는 야수보다 더하 며, 교활하기는 여우와 같으나, 지혜롭기는 뱀과 같다고 했고, 짐승처 럼 본능적이면서 신과 같이 이성적이다. 컴퓨터를 조작할 만큼 정확하 면서, 어떤 때는 장님보다도 더 주먹구구식이다. 생명과학자가 기업의 번창을 빌며 돼지머리 앞에 절할 때 더 공손히 하는가 하면, 학력이 높은 주부일수록 입학철에 점쟁이에게 더 잘 간다는 통계는 이미 오 래전에 보고서로 발표된 바 있다.

Alexis Carrel은 이러한 양면성을 더욱 재미있게 비유하고 있다.[6]

---

5) P. T. Raju, The Concept of Man(London: George Allen & Unwm, 1966). p.19.
6) Alexs Carrel, Man, The unknown(Prenfice Ilallco, 1935. p.190.

그는, 인간의 본성 속에는 전투적이면서 화해적이고, 순교자이면서 기회주의자이고, 사랑의 여신이면서 증오의 화신이고, 의를 위해서 자신을 바치는가 하면 불의를 위해 다른 사람의 목숨을 뺏기도 한다. 또, 가난이 미덕임을 강조하면서 없는 것을 굴욕으로 느끼고, 밖에서는 만인의 평등을 외치면서 집안에 들어와서는 말 못할 폭군으로 변한다. 어디 그뿐이겠는가. 후각은 개보다 못하고, 뜀박질은 말보다 못하며, 힘은 소에 훨씬 못 미친다. 그러함에도 어찌해서 인간은 만물의 영장일 뿐만 아니라, 역사의 주체자로 군림하게 되는가. 그것은 재론의 여지없이 Homo Sapiens요, Homo Faber요, Homo Obligatus요, Homo Eractus이며, 더 나아가 Homo Ludens요, Homo Economics이기 때문이라고 하였다.

그러나 Locke[7]는 이러한 인간의 양면성을 부정하고 나선다. 왜냐하면 인간에게 있어서 성선설이나 성악설을 주장하게 되면 이는 대립적인 개념이어서 이편에서 저편을 설명할 수 없으며, 저편에서는 이편을 설명할 수 없게 된다. 그의 설명을 빌리면 동물은 완성되어서 태어나지만, 인간은 태어날 때 한 장의 백지와 같다. 백지 위에 하얀 회칠을 하였을 때보다는 검은 잉크 칠을 하였을 때가 확연히 드러나며, 같은 면적일 때 흰색보다 적색이 크게 보이는 것이다. 이는 마치 하얀 백지와 같은 어린이가 좋은 말보다는 욕설을 먼저 배우는 것을 봄으로써 백지(어린이)의 속성을 알 수 있다고 하였다.[8]

이러한 로크의 백지설(white paper theory)에 의하면 인간은 선한 것도 아니고 악한 것도 아닌, 다만 악할 수 있는 가능성의 존재라

---

7) John Locke, Second Treatise on civil Government(Bobbs-Merrill 1954), p.207.
8) Ibid, p.211.

는 것이다. 따라서 인간은 위에 열거한 이성과 감정, 지성과 본능, 이기심과 이타심과 같은 양면성의 본성을 가지고 있지만, 이것은 어디까지나 외면적으로 나타난 현상일 뿐 본질은 아니며, 결과일 뿐 원인은 아니라고 하였다.9)

어떤 사물이 우리에게 좋게 보이기도 하고 나쁘게 보이기도 하는 것은 원래 그 사물자체에 양면성이 있어서가 아니라 그것을 받아들이는 인간의 의지와 능력에 따라 투각되어지듯이 인간의 본질 자체도 마찬가지이기 때문이다.

인간의 눈으로 개를 보면 개가 보이지만, 개의 눈으로 인간을 보면 개로 보인다. 우리는 암시의 효과가 얼마나 큰 것인가를 두 가지 실험 결과를 통해 알 수 있다. 즉, 갑에게는 카페인을 뺀 커피를 주고, 을에게는 카페인을 넣은 우유를 주었더니, 갑은 잠을 못 자고 을은 잠을 잘 잤다든가, 사형시킬 사람을 데려다가 동맥을 자르는 시늉만 하고 밑에 있는 양철통에 물(피)이 떨어지게 하면서 카운트다운을 시작했더니 정말로 죽어 버렸다는 사실이다.10) Skinner의 말대로 "나는 인간이 인간의 모습을 제외하고 어떤 속성으로든 조작(operation)할 수 있다"는 주장을 통해서도 인간의 가소성의 무한함을 알 수 있다.

4. 실증적 인간이해

실존주의적 입장에서 비대상적 대상으로서의 인간은 본질에 후행하

---

9) Ibid, p.213.
10) Rorentz, Studies in Animal and Human Behavior(Harvard University Press, 1970). p.178.

는 실존에서 이념에 선행하는 실존으로 이행한다는 설정의 적극적 인간관에 의하면 Conte에 있어서와 같은 경험적 사실확인에만 그치는 실증주의적 인간관은 하나의 대상에 지나지 않다는 데 대해서 이론의 여지가 없다. 그러나 초월자에 대한 의미 있는 표현을 보류한다고 해서 실증적 인간관이 완전히 배제될 수는 없다.

Alexis Carrle[11]의 『인간의 불가사의』에 의하면, 모든 생물은 일정한 라이프 스펜(life span)을 가지고 살아가는데, 인간은 뇌세포를 제외하고는 모두가 고정적이 아니고 새로운 것으로 바뀌어 오면서 척추는 신경이나 근육과 함께 한 개의 나눌 수 없는 조직을 형성하고 있다고 한다. 기능적인 관점에서 보면 근육은 단순히 뇌의 일부에 불과하며, 그 근육과 뼈의 힘을 빌려 인간의 지성은 이 세계에 자신의 흔적을 남기게 된다고 하였다. 인간은 골격의 형태 덕분에 환경을 극복하여 왔다. 또한 정신의 작용은 근육의 리드미컬한 수축에 의해 조력을 얻게 되므로 운동은 사고를 자극하는 원인이 되었다. 그래서인지 아리스토텔레스는 중요한 철학·과학 문제가 머리에 떠오를 때마다 제자들과 걸어 다니면서 토의하는 습관을 가졌다고 한다. 따라서 내장도 근육도 골수도 대뇌도 기능적으로는 하나다.[12]

A. Geheln(1904~1976)[13]은 그의 저서 『인간의 탐구』에서 -인간의 본성과 세계 안에서의 인간의 지위-라는 부제를 달고 설명하기를, 인간과 동물과의 비교 관점에서 인간은 살고 있을 뿐만 아니라 자기의 삶을 이끌고 간다는 명제를 도출하고 있다. 인간은 기본적으로 다른 생물에 비해서 결핍존재(Mangelwewesen)이기 때문에 자유로

---

11) Alexis Carrel, op. cit., p.120.
12) *Ibid*, p.171.
13) Arnold Geheln, *Anthropologische Forschung*(Reinbeck, 1961), p.127.

운 자연 속에서 살아가기가 불가능하다. 그래서 인간의 이러한 결핍을 보상하기 위하여 인위적인 자연 즉, 문화를 이룩하지 않을 수 없었는 바 그것이 이른바 인간본성에서 우러나온 문화존재라는 것이다. 그 한 가지 예로서 생물은 삶의 전문화가 되어 있으나, 인간은 비전문화되어 있으며, 동물은 수태시에는 성교가 불가하나 인간은 임신 중에도 성교가 계속되며, 동물은 영양이나 환경이 안정되었을 때 발정하나 인간은 환경과 건강이 나쁠 때 발정이 더욱 왕성하다는 것이다. 후진국은 질병이 많고 가난한 환경임에도 불구하고 다산하는 것 등이 이를 입증하고 있다.14)

M. Landmann, O. Bollnow로 이어지는 사람다움(anthropinon)을 주장하는 학자들은 한결같이 인간의 진화론을 부정하면서 철학적 인간학의 초점을 Homo sapiens에 맞추고 있다.15)

일리노이대학의 해부학교수인 Hary Monson이 인체의 성분을 분석한 결과, 인체는 칼슘 2.25*kg*, 인산염 500*g*, 칼륨 25*g*, 나트륨 168*g*, 마그네슘 28*g*, 철 28*g*, 동 28*g*으로 구성되었으며, 그의 전체 체중의 65%는 산소, 탄소 18%, 수소 1%, 질소 30%를 포함하고 있어 소위 트레이드코스트로 86.7%, 돈으로 환산하면 우리 돈으로 약 800원에 해당된다고 하였다. 그러나 예일대학의 헤럴드·모로위치 교수는 호르몬과 DNA를 포함하면 인체는 약 650만 달러에 이른다고 하였으며, 미연방정부가 공식적으로 제시한 인간의 생명 값은 40만~700만 달러로 되어 있다. 연방항공국은 65만 83센트, 직업안정건강국은 350만 달러, 환경청은 400만 달러~700만 달러, 시카고대학의 킵·비스커시 통계학교수는 근로조건에 따른 근로자의 월급×1만 배=

---

14) *Ibid*, p.160.
15) 이규호, 「사람됨의 뜻」(제일출판사, 1969) p.91.

x달러이어야 한다는 것이다. 그러나 미국 생명보험협회는 이를 외면하고 있다.16)

인류사상 최초로 (미국 유타대학에서) 인공심장이식수술을 받은 치과의사 바니·B·크라크는 플라스틱 특수금속을 배합한 인공심장을 600만 달러에 구입하고, 15만 달러의 수술비를 부담하여 28일간 생명을 유지하면서 신문·방송국의 1회 4분 인터뷰를 하는 데 11만 달러를 받았다. 작년 6월 LA에서의 '베이비 제시'사건은 전 미국을 뒤흔든 의료 윤리논쟁의 대표적인 케이스인데, 우리나라도 의과대학에서의 의료 윤리문제는 중요과목으로 점점 시간이 늘어나고 있는 추세이다.

여기서 인간의 생존가치(survival value)를 계량화하는 것은 인간의 실존가치(existent value)를 상대적으로 약화시키는 결과를 가져오는 오류를 범할 여지를 지니고 있음을 지적하자는 데 있다.

5. 관계적 인간이해

교육사회학자 E. Durkheim17)은 "인간은 사회의 아들이요, 사회는 인간의 어머니"라는 명제하에서 인간의 사회성을 강조하였다. 인간은 일생동안 자기학대의 연속에서 성장하고 있다. 동물은 탯줄을 한 번만 잘라주면 되지만, 인간은 세 번 잘라 줘야 한다. 첫 번째는 모태로부터 영양을 공급받았던 탯줄이요, 두 번째는 다른 사람에게 의존하려는 심리적 탯줄이며, 세 번째는 모든 것을 자기에게 유리한 방향으

---

16) United Nations, *Urbanization and Planning*(1980), p.51.
17) Emile Durkheim, *Education and Socialogy*(Translated ans with an instroduction, by SHERWOOD D. Fox, 1956), p.22.

로 해석하는 자기중심적인 사고와 선입견 및 고정관념의 탯줄이다. 이세 가지 탯줄은 어느 것이 더 우선하고 어느 것이 덜 우선한다고 할수 없을 정도로 똑같이 중요하다. 모태의 탯줄이 끊어지지 않는 사람을 하나의 인간이라 할 수 없듯이 몸집은 다 커서 어른이 되었는데도부모나 다른 사람에게 의지만 하려는 사람도 사람의 탈을 쓰고 있으나 인간일 수는 없다. 또한 이 사회는 기본적으로 '너와 나'의 관계 속에서 균형을 이루고 있는 줄 모르고 자기의 아집과 독단에만 사로잡혀 도그마에서 헤어나지 못한다면 결코 사회화된 인간(socialized man)이라고 할 수 없다. 이런 맥락에서, 앞에서 말한 인간의 불완전탄생과 같은 설명이 가능하게 된다. 한 가지 예로서 어린 아이와 방안에서 숨바꼭질을 하노라면 장롱 앞에 가서 두 손으로 눈을 가리고 돌아서 있는 것이 숨는 것의 고작이다. 자신의 눈만 가리면 아무것도 찾지 못할 것이라고 안다. 말하자면 아와 비아를 분리하여 인식하기 시작하는 초보단계인데 이를 비아의 객관화 단계라고 할 수 있다. 그 후점차 자라면서 꼭꼭 숨어라, 머리카락 보인다고 하면서 온몸을 감추어숨게 된다. 즉, 아와 비아를 완전히 분리하여 인식을 한다. 자신도 술래를 볼 수 없어야 할 뿐만 아니라 술래도 자신을 볼 수 없어야 한다고 생각하는 단계인데, 이는 자신도 대상화 하여 인식하는 자아의 객관화 단계인 것이다.

그 후 다시 청소년기가 되면 자기 자신을 객관화하는 단계를 넘어서 자신의 의식 또는 인식도 대상화하여 사유하게 된다. 3+4=7이라는 계산은 손가락을 세지 않고도 의식 속에서 7이라는 숫자가 조작된다. 이를 나는 무엇인가, 우리는 무엇을 해야 되는가의 인식 또는 의식의 객관화 단계라고 한다. 어른의 단계에 들어가면 나와 너를 코스모스화하는 초월의 경지에 도달하는가 하면 또 혼자 웃고,

혼자 말하고, 혼자 자신의 그림자를 밟으며 두리번거리는 자폐증에 걸린 사람과의 사고의 세계는 하늘과 땅만큼이나 차이가 있다. 그러나 인간의 본질적 차이는 촌척도 있을 수 없다.

나는 무엇인가, 인간은 무엇인가? 이와 같은 실존적 질문에서, 나는 누구인가, 우리는 무엇을 원하는가와 같은 사회·윤리적 물음에로의 전이가 인간이해의 새로운 시각이 되고 있음은 이미 앞에서도 여러 번 지적되었다.

인간은 소아적 껍질을 깨고 밖의 것과 하나가 되지 않고는 결코 바람직한 인간이 될 수 없다. 혹자는 무슨 놈의 탯줄을 세 번씩이나 끊느냐고 불평할지 모른다. 그러나 하다못해 오동나무도 세 번 갈라 줘야 속이 찬다고 했듯이, 인간도 탯줄을 세 번 끊는 그것이 바로 베이컨이 말한 4가지 우상(idol)을 극복하는 길이요, 현상학과 철학자들이 말하는 판단 중지를 실행하는 길이며, 석가가 말한 미망을 끊는 길이다.

인간이 자기중심적 사고와 고정관념에서 얼마나 탈피할 수 있느냐의 길이가 인격의 척도인 것이다. 1975년 미국 하버드대학교에서 한 가지 실험결과를 도출하였는바, 정상적인 사람의 눈에다가 사물이 이지러져 보이도록 안경의 렌즈를 변형시켜 쓰게 하였다. 그 결과 처음에는 이지러진 사물의 형상으로 말미암아 심한 두통이 일어나고 정신착란 증세를 보이더니 일주일이 지난 뒤에는 벌써 적응이 이루어져 두통이 없어지고 모든 것이 정상으로 돌아오게 되었다. 그러나 여기에서 놀라운 사실은 관념의 적응이 이루어진 것이 아니라 육체의 적응이 이루어진 것이다. 즉, 그의 관념이 렌즈에 맞춰 수정된 것이 아니라 그의 눈알의 수정체가 렌즈에 맞춰 돌아갔다는 사실이다.[18] 석가

---

18) Lyons, Science and Human Behavior(McMillan Co, 1979), p.211.

의 사성체가 어찌해서 몇 천년간 진리로서 이어져 내려오고 있는지를 짐작케 하는 실험이다.

일찍이 히포크라테스는 인간에게 있어서의 기질(기질)을 담즙질(choleric), 다혈질(sanguine), 우울질(melancholic), 점액질(phlegmatic)의 넷으로 분류한 바 있다. 이의 반응을 상징적으로 불(영광), 공기(열정), 물(냉정), 흙(강인)으로 설명하고 있다.[19]

E. Fromm은 성격의 유형을 수용정향, 착취정향, 저축정향, 시장정향의 네 가지로 분류하여 설명하고 있다.[20]

M. Buber는 인간의 본질은 참다운 만남을 통해서 바뀐다고 한다. Karl Barth의 말대로 하나님은 하늘에 계시고 사람은 땅 위에서 살고 있는 한, 인간은 만남에서 그 원형질이 형성된다. 예수와 바울의 만남, 공자와 안연의 만남, 마르크스와 엥겔스의 만남, 듀이와 칠 패트릭의 만남, 페스탈로치와 프뢰벨의 만남, 퇴계와 율곡의 만남 등은 인간의 내면과 외면을 함께 바꾸어 놓았다.

인간이 자기를 성찰하기에 앞서 투영된 모습을 재투사시켜보는 기회를 가지는 것은 매우 중요한 일이다. 그러기 위해서 다른 생명체를 관찰하는 것을 넘어서 하나의 의미를 투여하여 볼 필요가 있다. 예를 들어, 게는 왜 옆으로 기어갈까? 학은 왜 외다리로 서서 잠을 잘까? 하늘소는 왜 단성일까? 살모사는 왜 어미를 죽이고 태어날까? 뻐꾸기는 왜 꾀꼬리둥지를 빌려서 부화하여 날아갈까? 박쥐는 왜 거꾸로 매달려서 잠을 자야 편안할까? 거미는 어떻게 자신의 체액으로 허공에 집을 짓고 살까? 두꺼비는 알을 배어 일부러 뱀에게 잡히고, 뱀은 두꺼비의

---

19) E. Fromm, Man for Himself(Routledge & Kegan Paul, 1967), p.296.
20) Ibid, p.78.

독성을 이기지 못하여 죽고 만다. 그 후 뱀의 뱃속에서 부화된 새끼 두꺼비는 죽은 뱀을 자양분으로 삼아 다시 성장해 간다. 이러한 생물의 제 현상을 보노라면 인간의 생물학적 취약성은 여실히 드러나고 만다. 그런데도 인간은 외부와의 공생적 관계와 퇴행적 관계를 부단히 반복하면서 번성해 가고 있다. 인간의 이러한 측면에서 동물행동학(ethology)이라고 불리는 생명과의 분과를 창시한 로렌츠의 업적은 시사하는 바가 크다. 인간도 일종의 동물임에는 틀림없으나 문명의 동물인 동시에 동물 이상의 것이 되고자 하는 억지를 가진 것이 인간이다.

제2절 인간에 관한 새로운 이해

1. 마르크스의 인간관

Marx는 '인간'에 관한 독립적 저작이나 체계적인 연구를 남긴 적은 없다. 그렇다고 하여 흔한 오해처럼 그가 인간문제를 도외시하거나, 인간을 부차적인 것이거나 물질적 운동의 수동적 객체로 여긴 것은 아니다. 오히려 그는 인간을 그 나름의 독특한 방식으로 이해하고 있으며, 사실상 그의 이론체계에서 중심적 주제로 다루고 있다. 그는 인간을 하나의 '순수한' 대상으로 삼아 추상적·보편적으로 분석한 것이 아니라, 인간을 사회관계보다 구체적으로 물질적 생산관계 속에서 이해하고자 한다. 그는 소박한 휴머니스트로서 단순히 인간의 존엄과 가치를 주장하는 것이 아니라, 인간의 존엄과 가치를 무의미하게 만들어 버리는 상황을 분석하고, 인간을 인간답게 살 수 없도록 억압하는 비인간적 요소를 분석하는 데 중점을 두고 있다.

그는 인간의 본질을 어떤 고정된 것, 주어져 있는 것으로 전제하지 않고(인간 스스로가 일정한 조건하에서 만들어 놓은), 사회관계 속에서 인간을 이해하고자 한다. 다만 마르크스에 있어서 '인간적'이란, 사회적 존재로서의 인간의 본질적 힘들이 전면적으로 발전된 것을 의미하고, 사유재산에 의해 전도된 비인간적 모습을 지양하여 참된 인간적 본질에로 재통합시키는 노력까지 포함한다. 이렇게 보면 그의 인간본질에 관한 규정이 완전히 무규정적인 것은 아니고, 그가 인간을 사회관계의 총체로 보려고 했음을 알 수 있다.

그는 '인간은 무엇인가?'라는 인간의 본성에 관한 질문 대신에 인간이 구체적 생활관계 속에서 어떻게 자신을 만들어 나가는가 하는 것, 즉 "인간이 자연과 마주하여, 자연을 인간 자신들의 생활에 알맞도록 만들어 놓은 그들의 사회 속에서 어떻게 살아 나가고 있는가?"하는 질문을 제기한다. 이에 따르면 인간은 항상 특정한 사회·역사적 관계 속에서 실재하는 존재자이지, 이 모든 관계를 벗어나 순수하게 존재하는 어떤 추상적인 존재자가 아니다.

또한 마르크스는 유물론적 관점에서 인간을 이해한다. 이것은 그가 인간을 물질덩어리로 보거나 그의 의식적 요소를 완전히 부정해 버린다는 의미는 아니다. 그에게 있어서 인간은 정신적 존재라기보다는 자연적 존재이다. 즉, 인간은 이념과 정신을 담고 있는 존재로 파악되는 것이 아니라, 자연적이고 살과 피를 지닌 존재이며, 특정한 사회·역사적 관계 속에서 자기 자신의 노동에 의하여 물질적 생활을 마련해 나가면서 그에 기초하여 자신의 인간적 삶의 실현을 추구하는 존재자이다. 이때 노동하는 주체인 인간은 자신의 삶과 사회적 삶을 생산하는데, 이러한 노동은 인간의 본질적 힘(wesens kräfte)을 구체적으로 발현하는 것이며, 자기를 실현하는 생명활동(Lebens Tätigkeit)이다.

자연적 존재인 인간은 노동을 통해 결핍과 욕구를 충족시키고 극복해 나가는데, 이때의 대상은 인간의 밖에 독립되어 대상적으로 있는 어떤 것이다. 마르크스는 현실의 대상을 인간과 현실적으로 마주하고 있는 것, 인간에 저항하고 있는 것(gegen-stand)으로 파악한다. 그는 자연(대상세계)을 사고의 외부로 실재하며 사고에 앞서는 것(das erste)으로 본다. 물론 이러한 입장은 감각적, 수동적 유물론에서처럼 대상, 현실, 감각성을 단지 객체나 직관의 형식으로만 받아들이는 데 그치는 것이 아니라, 감각적이고 인간적인 활동의 실천(sinnlich-menschliche Tätigkeit, praxis)으로, 주체적인 것의 대상화[21]로 파악하는 실천적 유물론이다.[22]

인간은 자신의 노동에 의해 인간과 무관한 것으로 있는 대상을 인간적 대상으로 만든다. 이때 현실적 인간은 대상에 의해 조건 지워지는 존재자일 뿐만 아니라 대상을 형성·변형시키는 주체이기도 하다. 생동하는 본질적 힘을 지닌 인간은 현실적이고 자연적인 대상과 관계하여 자기를 자기 밖에 객관적으로 실재하는 것으로 만든다. 즉 자신을 외화(외화)한다. 이때 그러한 산물은 인간 삶의 외화·표현(lebensäuberung)이다. 마르크스는 이처럼 직접적 대상과 본질능력을 종합시

---

21) 자기-대상-화. 자기를 자기 밖에 있는 대상으로 객관화함. 대상화된 산물은 주체의 다른 모습, 작품이다.
22) K. Mark. Thesen uber Feuerbach. 1. 마르크스는 유물론의 입장에 서면서도 현실을 주체적인 것으로, 실천의 입장에서 파악하는 관념론의 긍정적인 요소를 받아들인다. 다만 관념론에서는 이 요소가 추상적으로, 비감각적으로, 비대상적으로 이해되는 데 그쳤다고 비판한다.

키는 데서, 그리고 인간의 생명활동의 산물에서 이루어지는 인간의 자기대상화에서 인간이 자신을 참으로 확인할 수 있게 된다고 본다.

여기에서는 이러한 개략적 이해에 기초하여 마르크스의 초기저작(특히 경제-철학 초고)에 나타난 관점을 중심으로 그의 인간관을 소개하고자 한다. 본론에서는 유적존재로서의 인간과 노동(생산)하는 주체자이면서도 그로부터 소외된 인간을 정리할 것이다.

2. 유적 존재로서의 인간

마르크스에 따르면 인간은 유적 존재(gattungs wesen)이다. 이것은 그가 포이에르바하의 인간학의 영향하에서 이 개념을 수용하면서, 그 추상적 성격을 비판하고 그 개념을 사회·역사적 세계의 보다 구체적인 영역으로 옮겨 놓은 것이라고 할 수 있다.

포이에르바하는 인간을 동물과 구별하면서, 인간은 개체로서의 자기 자신뿐만 아니라 인간 '유'의 구성원인 자기도 의식한다고 지적한다. 인간은 개별적 실존이 아니라 공동체, 즉 인간과 인간의 결합에 의해서만 실재한다고 본다. 인간들은 다양하고 상이한 성질들을 지니고 있는데, 이들이 함께 결합될 때라야만 비로소 '완전한' 인간이 될 수 있다. 인간 '유'는 모든 현실적이고 '가능적인' 인간특성들의 총화로서, 이러한 유는 각 개인의 불완전함과 유한함에 대비되는 무한하고 보편적인 것이다.

다만 인간들은 이러한 유의 완전성을 초자연적이고 초인간적인 신이란 대상으로 소외시키고 그것을 숭배한다. 이때 신은 인간 '유'의 완전성이 초월적 존재로 소외·대상화된 것에 불과하다(신의 본질=인간의 본질).

그런데 포이에르바하는 이런 유적 본질을 개인들 간의 나-너의 결합, 사랑의 공동체에 국한시키기 때문에, 그의 참된 인간주의에는 사회적 의미가 충분히 살려지고 있지 않다. 마르크스는 이런 논의를 받아들여 인간을 유적 존재로 보고, 인간은 동물과 달리 보편적이며 자유로운 존재로서 '생산'한다고 본다. 그러나 그는 동시에 포이에르바하의 인간 개념이 추상적이라고 보고 인간을 사회·역사 속에서 이해하고자 한다.

마르크스에 있어서 인간은 유적 존재이다. 이 의미는 인간이 공동체를 이론적, 실천적으로 자기의 대상으로 삼고 자기를 보편적이고 자유로운 존재로, 생동하는 유로 본다는 것이다.23) 마르크스는 인간의 유적 성격을 자유로운 인식적 활동과 생산, 특히 물질적 생산·노동의 측면에서 설명한다24)(인간은 자연을 가공하여 자신의 물질적 욕구를 충족시키고 생활을 영위한다). 즉 그는 자연을 사회화하는 생산과정의 사회적 성격에서 인간이 유적 존재라고 주장한다.

이때 인간의 노동은 '세계형성'을 담당하는(의식적인) 생명활동이다. 동물 역시 생명활동을 하는 '개체'이나, 동물은 그것의 활동과 구별되지 않는다. 이에 반하여 인간은 그의 생명활동 자체를 그의(의지와 의식의) 대상으로 삼는다. 인간의 생명활동은 의식적 활동이다. 이 점에

---

23) K. Marx, Ökonomische-Philosophische Manuskripte(Frühe Schriften (hrg) H. J. Lieber P. Furth. Stuttgart, 1971), S.566.
24) "생산적 삶은 유적 삶이다. 그것은 삶을 생산하는 삶이다. 유적 특징은 일종의 생명활동에 있다. 그리고 자유로운 활동은 인간의 유적 특징이다"(Marx. 상게서, S.579). 또 마르크스주의자인 오이저만 역시, 마르크스가 포이에르바하와 달리 물질적 생산에서 출발하여 이것을 인간의 특수한 유적 활동으로 고찰하는데, 물질적 생산은 사회적 성격을 지니는 것으로 개인의 활동성의 다른 모든 형식들의 기초를 이룬다고 지적한다.(T. Oiserman, Die Entstehung der Marxistichen Philosophie, S.299. 참조).

서 인간은 동물과 구별되며 유적 존재로 나타난다. 마르크스는 인간이 대상적 세계를 실천적으로 자기의 것으로 생산해 내고 비유기적인— 아직 인간의 욕구에 알맞게 동화되지 않은—자연을 가공하는 점에서, 인간은 자신의 의식적인 유적 존재임을 확인한다고 본다. 따라서 이러한 생산—인간세계의 생산—은 인간의 능동적인 유적 생활이다.25) (즉 이런 생산은 유적으로 이루어진다.)

> "……동물도 생산한다……. 그러나 그것들은 직접적으로 자기 자신, 혹은 그 새끼를 위해 필요한 것만 생산할 뿐이다. 인간이 보편적으로 생산하는 데 반하여, 동물들은 일면적으로만 생산한다. 동물들은 직접적·육체적 욕구에 지배받아서만 생산하는 데 반하여 인간 자신은 육체적 욕구와는 자유롭게 생산한다. 즉, 그는 그의 욕구로부터 자유로워야만 비로소 진지하게 생산한다. 동물은 다만 자기 자신만을 생산하지만, 인간은 전체 자연을 재생산한다. 동물의 생산물은 직접적으로 그것의 물리적 육체에 속한다. 반면에 인간은 그의 산물과 육체에 속한다. 반면에 인간은 그의 산물과 자유롭게 대립한다. 동물은 단지 그것이 속해 있는 종(species)의 기준과 욕구에 따라 형성하지만, 인간은 모든 종의 기준에 따라 생산할 수 있고, 언제나 대상에 내재적 기준을 설정할 수 있다. 따라서 인간은 또한 미적 법칙에 따라 형성한다."26)

따라서 인간은 그 본질상 자유롭고 보편적인 즉, 전면적 본질을 갖고 있다. 인간은 그가 전면적인 방식으로 현실을 동화시키는 것과 마

---

25) 이러한 생산 활동을 통해 자연은 인간화된 자연(Vermenschlichte Natur), 인간의 작품, 인간의 고유한 현실로 나타난다. 따라서 노동의 대상·산물은 인간의 유적 생활(Gattung-sleben)이 대상화·객관화된 것이다.(Marx. 상게서. SS.567~568. 참조).
26) Marx. 상게서. SS.566~567.

찬가지로 현실에 대해 전면적인 방식으로 관계한다.

이처럼 노동은 인간의 유적 본질을 실현시켜 주는 것으로서, 인간의 내적인 고유한 힘(wesenskräfte)을 실천하는 생명활동이다. "인간은 의식에서만 자신을 이론적으로 이중화(verdopplung)하는 데 그치지 않고 제작을 통하여 현실적으로 자신을 이중화하기 때문에 그는 그 자신에 의해 창조된 세계에서(객관화되어서 대상으로 있는―역주) 자기 자신을 보게 된다."27)

인간은 노동을 통해 노동 산물에 자기를 외화·객관화함으로써 대상의 형식으로 있는 자기(대상화된 자기)를 확인할 수 있게 되며, 이것은 또한 유적 생활이 대상화된 것이기도 하다. 이처럼 노동의 산물, 대상은 고립된 개인이나 단순한 다수의 개인들의 대상인 것이 아니라, 인간 특유의 보편성이 구체화(realisieren)된 것이며, 유로서의 공통성, 보편적 본질이 드러난 것이다.28)

인간은 본질적으로 사회적 인간이며 그의 노동과 그 산물에서 다른 인간과 현실적으로 만나게 된다. 이렇게 볼 때 인간은 생산 활동에서 자신과 타인을 이중적으로 긍정하게 된다. 즉 자신의 생산 활동에서 자기 생을 표현하는 기쁨을 누리고 그 생산물을 타인이 사용·향유하는 데서, 자신의 노동에 의해 타인의(인간적) 욕구를 만족시키는 기쁨을 동시에 누리게 된다. 이렇게 하여 각자는 타인과 유와의 매개자로 확증되며, 각자는 자신의 활동과 삶의 표현에 의해 자신의 참된 본질, 공동적 본질, 유적 본질을 확인하게 된다.29)

---

27) Marx. 상게서. S.567.
28) M. Marcuse, The Foundalion of Historical Materialism in Studise in Critical Philosophy, pp.21~25.
29) K. Marx, Ö konomische Meft MEGA. 113, S.546f.

마르크스는 이러한 물질적 생산의 유적 성격뿐만 아니라 인간 간의 관계에서의 사회성도 고찰한다.("인간의 본질은 저마다의 개별적 인간에 내재하는 추상성이 아니다. 현실적인 인간의 본질은 사회적 관계의 총체(ensemble)이다.")30)

먼저 그는 인간의 욕구를 사회적 산물로 이해한다. 즉 인간의 욕구와 그 충족 형식은 항상 특정한 사회·역사적 형식으로 나타나며 인간의 제각각도 사회적 형식을 갖는다는 것이다. 예컨대 자본주의 사회에서는 소유에 종속된 비인간적인 감각31)이 지배적일 것이다. 인간의 역사로 이해하는 마르크스는 인간적 감각과 감각기관의 형성을 역사 속에서의 인간적 실천, 노동의 결과로 이해한다.32)

또 인간의 사회적 행위는 유적이다. 다른 사람과의 현실적인 결합에서 자신을 표현하고 확인하는 행위(와 정신)는 공동체적인 행위(와 정신)로서, 인간의 사회성을 나타내는 것이고 그것 자체가 사회관계의 내용이 된다. 마르크스는, 개인의 고유한 실존은 사회적 활동에서 그

---

30) K, Marx, Thesen uber Feuerbach. 6번째 테제.

31) 마르크스에게서 인간 본질의 풍부함은 욕구의 풍부함에서 형성된다. "……부유한 인간은 곧 인간 삶의 표현(Lebensäußerung)의 총체성을 요구하는 인간이다. ……"(같은 책. S.605), 그러므로 성숙한 사회에서는 감각의 완전한 해방이 이루어질 것이며, 인간화된 감각으로 사물을 보게 될 것이다.(E. Fromm, 소유냐 삶이냐, M, Marcuse, 에로스와 문명 참조)

32) 대상과 감각의 발생은 동시발생적인 역사적 과정이다. 이에 따라 자연과 현실 일반에 대한 인간의 실천적 관계는 '인간적'대상으로서의 대상에 대한 생산이 된다. "왜냐하면 오관뿐만 아니라 이른바 정신적 감각·실천적 감각(의지·사랑 등), 한마디로 '인간적' 감각, 곧 감각의 인간성은 비로소 그것의 대상의 존재를 통해, '인간화'된 자연을 통해 생성된다. 오관의 형성은 지금까지의 전반적인 세계사의 노동(의 결과)이다. 자연 그대로의 실제적 욕구에 사로잡혀 있는 감각은 단지 편협한 감각만을 가질 뿐이다. 굶주려 지친 인간에게는 음식물의 인간적 형식이 존재하지 않고, 단지 음식물로서의 그것이, 추상적인 존재만이 있을 뿐이다."(Marx. 전게서. S.601)

의미를 얻게 되는데, 개인이 다른 사람과의 직접적 결합이 드문 실험실 내에서의 학문적 작업을 수행하고 있는 경우에도 그는 사회적 행위를 수행하고 있다고 본다. 즉 이때 개인의 행위의 재료는 사회적 산물로서 그에게 주어진 것이기 때문이다.33) (마르크스는 언어 역시 사회적 산물이라고 본다)

또 마르크스는 '의식' 역시 사회적인 것이라고 본다. 개인의 '보편적' 의식은 비록 그것이 현실생활로부터 추상한 것이고, 현실과 적대관계에 있지만 공동체나 사회적 실체의 살아 있는 이론적 형식이다.34) 개인의 보편적 의식의 활동은 개인의 사회적 존재로서의 '이론적' 현존이다. 이처럼 인간은 그의 유적 의식에서 현실적인 사회생활을 확증하고, 사고에서 그의 현실적 실존을 반영한다(wiederholen, 역으로 유적 생활은 유적 의식에서 자신을 확인하고 사고하는 존재로서 보편적으로 존재하게 된다).

마르크스는 사회를 개인과 대립되는 추상으로 설정하지 않는다. 개인은 사회적 존재이며, 그의 생의 표현은(타자와의 연대라는 직접적인 형태로 나타나지 않더라도) 사회적 생활의 표현이며 그 확증이다. 개인적 생활과 유적 생활은 일치하는 것이다.35)

마르크스는 이에 기초하여, 유태인 문제에서, "현실적이고 개별적인 인간이 그 자신에게서 추상적인 공민(staatsbürger)을 흡수하고, 그가 개별적인 인간으로서의 그의 일상생활, 개별적 노동, 개별적 관계들에서 유적 존재가 될 때야만, 자신의 고유한 힘(forces proper)을 사회적 힘으로 인식하고 조직함으로써 이 사회적 힘을 정치권력의 형태로 그 자신으로부터 분리시키지 않을 때에만 비로소 인간적 해방이

---

33) K. Marx. 전게서. S.596f.
34) K. Marx. 전게서. S.597.
35) K. Marx. 전게서. S.597.

완성된다."36)라고 주장한다.

인간을 유적 존재로 보는 마르크스의 이러한 견해는 그의 자본주의 사회비판에 그대로 이어진다. 그는 시민사회(Bürgerliche gesellschaft, 부르주아 사회)에서의 사적 생활과 공적 생활의 분리(즉 사인 bourgerois와 공민 citoyen의 분리), 사유재산에 기초한 사회에서의 만인투쟁, 자본주의적 '생산양식'에서의 '노동의 소외'로 유적 생활과 개인적 생활이 소외되고 추상화되어 고립·분열된 개인적 생활이 유적 생활을 도구화하는 전도된 현상 등을 비판한다. 또한 이러한 문제점은 국민경제학에서 고립된 개인을 경제적 주체로 보고, 사유재산이 인간의 본질적 속성에 기초한 것처럼 파악하는 데에서도 잘 나타난다. 이런 체제하에서는 개인이 사회로부터 분리될 뿐만 아니라 사회가 개인적 이해에 종속되기에 이른다. 따라서 마르크스의 공산주의 사회란 계획표는 이처럼 파괴된 유적 본질을 회복시키려는 시도라고 볼 수 있을 것이다.37)

제3절 '일'의 인간화 방안

일의 인간화는 하나의 이상적 목표며 윤리적 규범이라 하겠다. 인간

---

36) K. Marx. Zur Juden Frage, in Fruhe Schriften. S.479.
37) 마르크스의 공산주의 개념에서 개인이 배제되고 억압된다고 볼 수는 없다. 그는 새로운 사회를 "개인들의 자유로운 연합체"라고 표현하기도 한다. 따라서 절충주의적 해석의 위험을 무릅쓰면서도 그의 이상이 개인과 공동체의 파괴된 관제를 양자의 건전한 결합 또는 매개된 통일을 추구한다고 표현하는 것이 옳을 것이다.

이 일의 주인이 되어야 하며 일이 인간을 마음대로 부리고, 인간의 본성과 자유를 억압해서는 안 된다는 윤리적이며, 철학적인 가치관과 규범을 우리의 구체적인 일터와 직장에서 실현해 보자는 운동이다. 그러나 이러한 규범과 가치관을 현실적인 일의 구조와 질서 속에서 실현하기는 여간 어렵지 않으며, 또한 산업구조와 경제체제 전반에 미치는 영향을 고려하지 않고 일방적으로 실행할 수만도 없다. 인간의 자율성이나 자유, 보람의 요구는 일이 능률이나, 생산성 경제성의 요구와 부딪치며 모순관계에 놓여지게도 한다. 기업 경영가나 경제인들은 이를 너무 도전적이며 이상적인 것으로 보고, 현실적으로는 실현 불가능한 것이라고 생각하기도 한다.

그러나 인간의 역사는 항상 불가능한 것 같은 꿈과 이상들을 실현하는 데 그 가치가 있었고, 새로운 문화의 창조가 있었다. 인간은 현실적으로 주어진 삶의 조건과 형태를 그대로 보존하며 답습만 하는 동물이 아니라 항상 새롭게 시도해 보고 수정하며 변혁해 가는 존재다. 그래서 새들처럼 날아 보고 싶은 꿈과 이상을 인간의 신체구조로서는 불가능한 일이었지만, 비행기를 만들어 실현하게 되었다. 멀리 있는 것을 보고 싶고, 듣고 싶은 욕망이 전화를 만들고 텔레비전을 만들게 하였다. 일의 인간화도 우선 이것이 인간의 보편적인 꿈과 이상이 된다면, 이를 실현하려는 인간적인 노력과 시도들이 많은 새로운 방법과 대안을 만들어 내게 되리라고 생각한다.

여기서 우리는 단번에 갑자기 일이 인간화되는 그런 변화를 기대할 수는 없다. 이것은 역시 일의 구조와 조직 그리고 일이 있는 계약관계와 생산관계, 경제제도 안에서 일어나야 하기 때문에, 갑자기 이러한 틀을 무시하고 일이 인간의 멋대로 바뀔 수는 없을 것이다. 자유를 존중한다고 모든 일하는 사람들이 하고 싶은 대로 해서 일의 질서를 깨뜨릴 수는 없을 것이다. 그것은 일도 되지 않으며, 결국 인간을 돕지 못하게 된다. 자율성이나 창의성을 존중한다고 모든 노동자가 제멋대로 물건을 만들어 내면 개선은 있을지 모르지만 아마 쓸모는 없게 될 것이다. 기계를 사람의 신체구조의 리듬에 편리하게 맞추다 보면 아마 경제성 있는 생산은 전혀 못하게 될지도 모른다. 아마도 어떤 사람에게는 어떤 종류의 일도 일이라는 그 자체만으로 싫고, 일에 구속당하기 싫어하기 때문에 고정된 어떤 일도 하지 않는 것이 완전한 인간화라고 생각할지도 모르겠다. 이런 사람은 일이란 없어져야 할 존재이고 놀이만이 있어야 올바른 인간화가 이루어지는 것이라고 생각할 수도 있다.

그러나 우리가 거론하는 일의 인간화는 이러한 극단적이고 일방적인 것을 의미하지는 않는다. 일을 무시하고 없애려는 것이 아니며, 일의 능률과 업적, 생산성을 경감시키려는 것도 아니다. 단지 일이 지나치게 능률과 업적, 생산성에만 매여 있어 인간을 고독하고, 괴롭고, 보람을 못 느끼고, 여유가 없이 사는 것 같지 같게 만드는 요소들을 시정하고 개선해 보자는 것이 바로 현실적인 목표며 과제이다. 이것은 어떤 절대적으로 보다 낳은 상태에 도달하기 위한 노력의 방향이며, 실천적인 규범이라고 할 수 있다. 다시 말하면 지금보다 나은, 인간적인 일의 형태와 조건을 만드는 데에 의미를 두는 운동이다. 이것은 노동자들만의 가치관이 아니며, 기업가와 공공기관, 국가사회 전체가 인간을 위해, 우리 모두를 위해 가지는 이상적 목표며 당위적 규범이다. 이를 실천하는 길은 우리가 현재 가지고 있는 일의 조건과 형태들을 인간이라는 입장에서 반성해 보고 생각해 봄으로써 시작될 수 있다고 여겨진다.

위에서 살펴본 대로 일의 인간화의 방향과 과제는 대체로 이해되며 공감할 수 있는 것이다. 자유나, 자율성, 여유와 의미, 육체와 정신의 조화, 그리고 창의성과 예술성, 대화와 협동성, 일의 다양성과 융통성 등, 오늘의 일의 구조가 요구하는 복종성, 기계적 반복성, 규칙성, 질서, 권위주의적 명령계통 등과는 반대되는 요소와 가치들을 추구하고 있다. 이러한 인간적인 요구들은 점진적으로, 현실적으로 가능한 것부터 단계적으로 실현해 보는 것이 좋을 것이다. 이를 실현하는 데는, 즉 일의 새로운 형태와 조건을 만들어 가는 데는 일의 물적, 기술적 형태와 조건에서 바꾸어 나가는 방법과, 일의 인간적, 조직적 형태와 조건에서 개선해 가는 방법의 두 가지로 크게 나누어 볼 수 있을 것이다.

일의 물적, 기술적 형태와 조건에서는 주로 일 자체를 인간에게 해롭지 않게 만드는 일, 즉 사고나 질병을 적게 하는 일, 피로와 권태를 줄이게 하는 일 등을 들 수 있으며, 또한 일하는 장소의 공기, 열, 빛, 소리 등을 사람에게 적합한 것으로 한다든지, 심리적으로 정신적으로 타격을 받지 않게끔 일의 종류와 구조, 양, 시간 등을 조절하는 것을 말한다. 이를 위해서는 작업장의 환경이나, 기계, 시설 등 물적, 기술적인 것들을 개선하고 바꿀 필요가 있게 되며, 이것은 물론 비용과 돈이 드는 것으로 경제적 투자를 해야만 하는 것이기도 하다. 혹은 기술적으로 불가능하기 때문에 새로운 연구와 실험을 해야 하는 것일 수도 있다. 이때에도 상당한 투자가 연구와 실험에 배분되지 않으면 이러한 일을 할 수 없게 된다. 일의 인간화는 역시 비용이 드는 일이다.

그러나 일의 인간화는 일을 둘러싼 사람들의 관계와, 즉 명령복종의 관계, 지시감독의 관계와 여기에서 발생하는 긴장과 갈등의 관계, 모순과 적대의 관계를 개선함으로써도 상당한 정도로 이룩될 수 있다. 이것은 일을 하고 시키는 조직관리의 체계를 개선함으로써 얻을 수 있는 것이기 때문에 돈이 드는 것이 아니라, 사람 사이의 관계를 고침으로써 실현할 수 있는 것이다. 가령 상하 명령복종의 관계를 협의와 대화의 관계로 바꾼다든지, 규칙이나 규정을 통해 모든 일을 얽매이게 하는 것보다 가급적 일하는 사람에게 자율성과 책임을 부여하게 한다든지, 노사간의 관계를 동반자적(partnership)이며, 공동 결정적(co-determination)으로 만든다든지 함으로써 보다 인간적인 일의 조건을 만들 수가 있게 된다.

일을 둘러싼 사람들 사이의 관계가 동반자적으로 바뀐다는 것은 노사관계나 혹은 상관과 부하의 관계, 감독자와 피감독자의 관계, 과장이나 국장과 부원 사이의 관계가 권위주의적인 상하관계에서 대화와 협력과 조화의 관계로 바뀜을 말한다. 여기에는 상관이나 명령권자, 감독자가 스스로 권위주의적인 자세를 고치고 친절하면서 의논하는 자세를 가질 필요가 있으며, 또한 아랫사람이나 부원들은 스스로 책임을 다하려는 자세, 권위주의적인 명령과 감독, 제재가 없이도 자기 일을 해내는 자발적인 자세가 필요하다. 그래서 이러한 관계를 만드는 데는 양측이 모두 성숙한 자세를 갖는 것이 필요하다고 주장되고 있다. 양측은 또한 서로가 서로를 아끼는, 동지적 의식, 즉 연대의식(solidarity)을 굳게 가져야 동반자적이며 협력적인 관계를 이룰 수가 있다. 이를 위해 무엇보다 요구되며 강요되어야 하는 것이 서로간의 대화와 의논, 합의(consensus) 과정이 증대되고 심화되어야 한다는 것이다. 서로 만나서 대화하는 것은 항상 협력관계를 위해 필수적이며 아주 생산적이다. 서로의 사정을 알리고 아는 것, 정보의 교환, 상대편의 제안을 이해하는 것은 공동결정이나 합의과정에서 꼭 전제되어야 할 중요한 요건이다. 직장에서도 직책관계뿐만 아니라, 인간관계를 원활히 하고, 의사소통의 길을 편하게 만들어 놓는 것이 무엇보다 효과적이고 인간적인 방안이 될 수 있다.

그밖에 일의 인간화를 위해서 자유시간을 유용하게 쓰는 일은 매우 중요하다. 노동 사회학자들이 조사한 바에 의하면, 직장에서 일하는 동안의 자율성이나 창의성은 자유시간에 하는 일의 자율성이나 창의성에도 영향을 주는 관계에 있다고 한다. 반대로 휴가나 자유시간을 자발적이고 창의적으로 보람 있게 보내는 사람은 일에서 역시 스스로 책임 있게 창의적으로 해낼 수 있는 능력을 가진다고 한다. 이런 점에서 휴가와 자유시간의 중요성이 점점 강조되고 있으며, 이것은 인간의 삶을 위해서 뿐 아니라 일을 위해서도 그렇다. 보다 인간적인 일의 조건을 만들기 위해서는 자유시간과 휴가를 충분히 갖게 하는 것이 중요하다는 이야기다. 여기서 인간의 하루의 24시간의 삶과, 한 주 7일의 삶, 일년 12개월의 삶에서 얼마만큼을 일하며, 얼마만큼을 자유롭게 창의적으로 자기가 하고 싶은 일을 하게 하느냐 하는 것이 인간화를 위한 중요한 물음이 된다. 이러한 것은 사회발전의 정도에 따라 기준이 다른 것이 되겠지만, 일과 자유시간의 균형과 조화는 일을 위해서도 인간의 삶을 위해서도 중요한 문제며 과제인 것 같다.

제4절 윤리의 본질적 이해

도대체 윤리의 본질은 무엇인가? 이러한 물음에 대하여 학자들의 견해는 서로 엇갈려 있다. 우선 이 물음에 접근하기 위해서 우리의 경험세계에 나타난 윤리현상 또는 도덕현상의 유래와 성격을 잠시 살펴볼 필요가 있다.

인간은 시시각각으로 어떤 행위를 하게 마련이다. 즉, 삶이란 곧 행위의 연속이라 하여도 과언은 아니다. 그런데 우리들이 하는 행위 가운데는 마음대로 해도 좋은 것과 그렇지 않은 것이 있다. 예컨대 거주이전의 자유는 헌법으로 보장하고 있으나, 남의 땅이나 공원에 집을 짓고 살 수는 없다. 또 선택된 자유는 있으나 선택된 것으로부터는 규칙을 지켜야 하는 것이다.

따라서 인간의 행위 뒤에는 끊임없이 제약이 따르게 마련이며 사회적 존재인 인간은 이러한 사회적 제약을 받으면서 생활을 영위해야 한다. 사회적 제약에는 강제적인 성격을 띠고 있는 것과 비강제적인 성격을 띠고 있는 것이 있는데 법은 전자에 속한다고 할 수 있고, 관습과 도덕(윤리와 동일개념으로 사용함)은 후자에 속한다고 할 수 있다. 예컨대 "소득이 있는 사람은 세금을 내야 한다"는 법적 규범에 속하는 것이며, "악수를 청할 때는 왼손을 내밀어서는 안 된다"는 관습적 규범에 속하며, "자식은 당연히 부모에게 효도를 해야 한다"는 도덕적 규범의 예라고 할 수 있다.

이 세 가지 가운데 가장 중요한 것이 도덕적 규범이다. 왜냐하면 인간의 행위의 동기, 과정, 결과가 아무 문제가 없을 경우에는 판단의 어려움이 따르지 않지만 그렇지 않을 때는 많은 충돌이 야기되기 때문이다. 이러한 충돌이나 마찰이 발생하였을 경우에 법은 정당성과 부당성을 분별해야 할 필요성이 있게 되며, 관습은 존중과 타파가 모호하여 판단의 어려움이 생길 수 있는데 이때 판단의 기준이 되는 것이 윤리이다. 즉, 윤리에 합당한 법과 습관만이 올바른 규범이 될 수 있게 된다. 모든 사람들이 도덕적으로 완전무결하다면 사실 법과 관습이 따로 없어도 명랑한 질서를 유지할 수 있을 터이지만 모든 사람들이 도덕적으로 불완전한 데서 법의 강제성은 날로 발전되어, 법은 기어가는 데 비하여 행위는 뛰어간다는 말이 있듯이 사회는 법을 따라가기에 바쁜 실정이다. 그런가 하면 법으로 해결할 수 없을 경우에는 도덕이나 관습에 이양되는 경우도 있으며, 도덕이나 관습으로 판단되어 오던 것이 법적 규제의 대상이 되는 경우도 있다.

예컨대, 낙태죄나 간통죄는 법의 대상이 될 수 없다는 여론이며, 남의 물건을 훔쳐서는 절대로 안 되는 것은 도덕률임에도 불구하고 강력한 법의 규제를 받고 있는 것을 들 수 있다. 그 외에도 법의 명시가 있음에도 동시에 정반대의 결과가 발생하였을 시에는 법적 분간이 어려워 도덕적 판단을 원용할 때도 있다. 예를 들어 법적 무기로 간첩을 살상하였을 경우에 처벌과 포상이 동시에 이루어질 때 어떻게 처리해야 할 것인가는 법과 윤리 문제가 동시에 일어난 것이라 할 수 있다.

그러면 이러한 모든 사회규범의 기준(criterion)이라고 볼 수 있는 윤리는 도대체 어디서 온 것이며 우리가 그것을 존중히 여겨야 할 이유는 무엇인가? 윤리는 인간사 이전의 선천적인 것인가, 아니면 인간사와 함께 생성된 역사적 산물인가? 물질에는 물리가 있듯이 인간에게는 인륜 즉, 윤리가 있게 되는 유래를 구명하는 데 있어서 윤리학자들의 일치된 견해는 찾기 어렵지만 다음과 같은 이론에는 대략 긍정적인 경향이다.

1. 절대론적 윤리설

서양윤리사는 서양기독교사와 길을 같이 걷고 있다. 따라서 그들은 윤리의 절대성을 믿어 왔다. 다시 말해서 불완전한 인간은 끊임없는 자기 수정을 위한 행위의 목표를 세워서 보다 나은 완전한 절대적 윤리의 존재를 믿어 왔던 것이다. 절대론적 윤리설에는 목적론적 윤리설(teleological ethics)과 법칙론적 윤리설(deontological ethics)이 있다. 목적론적 윤리설이란, 인간은 누구나 그 무엇의 실현을 위해서 최선을 다해야 할 목적이 있는데 삶의 궁극목적은 아무렇게나 임의로 정할 수 있는 것이 아니라 이미 선천적으로 주어져 있는 절대적인 것이라고 믿고 있다. 즉, 윤리의 근원을 행위 이전의 보다 높은 천상의 목적에 두고 있는데 여기에 속하는 학자로는 Plathon, Aristoteles, Hume, Green, Mill 등을 들 수 있다.

법칙논적 윤리설이란, 인간은 누구에게나 인간으로서 지켜야 할 행위의 법칙이 주어져 있다고 믿는 것이다. 이 행위의 법칙도 인간이 아무렇게나 임의로 정할 수 있는 것이 아니라 인간의 감정, 의지, 행동을 초월하여 절대 불변의 것으로 믿고 있다. 법칙론적 윤리학자의 대표로는 Cudworth, Clark, Butler, Kant, Price, Prichard, Rawls 등을 들 수 있다.

목적론적 윤리든 법칙론적 윤리든 왜 그것이 모든 사람들이 지켜야 할 근원적이며, 선천적이며, 절대불변의 초월적인 도덕률이 되어야 하는지에 대해서 증명할 수는 없다. 다만 절대론적 윤리학자들은 마지막으로 자명한 명증론에 호소하고 만다. 그러나 이 자명도 너와 내가 견해를 달리한다. 마치 식인종에게는 살인이 문제되지 않듯이, 백인은 흑인의 인격을 무시하는 것을 자명으로 여기고 있다.

2. 이성적 윤리관

많은 학자들이 오랜 세월 동안 절대론적 윤리설의 원리를 연구하였지만 만족스런 결론에 도달하지 못하였다. 그러던 중 20세기 초엽에 들어오면서 기존의 윤리설에 대한 강한 반발과 함께 회의(ethical skepticism)가 일어나기 시작하였다. 그 이유는 첫째, 인간의 경험,

과학의 발달, 물질적 자극이 종교적 권위, 정신적 억제, 신앙적 교의로부터 탈출하려는 욕망의 충동으로 인하여 가치전도의 경향으로 도덕적 공백이 생기게 되었다.

둘째, Darwin의 진화론은 창조성에 도전하여 이성을 존중하게 되었으며, Freud는 맹목적 이성보다는 인간의 본능을 분석하게 되었으며, 특히 미국을 중심으로 한 행동주의 심리학의 발달로 인하여 인간의 신비화가 벗겨지면서 계량화가 가능하게 되고, 전통적 인간관에 일대 반기를 들게 되었다.

두 차례에 걸친 세계대전을 치르는 가운데 세계질서에 막대한 혼란을 초래하였을 뿐만 아니라 과학과 기술의 놀라운 발달로 말미암아 사회의 양상과 생활의 조건이 급격한 변화를 일으켰다는 역사적 사실도 우선 큰 원인으로 지적해야 할 것이다. 절대론적 윤리설은 앞에서도 지적하였듯이 대체로 전통윤리를 권위주의적으로 옹호하는 경향이 강하였지만 이러한 경향으로는 새로운 시대의 변화에 적응하기가 매우 어려웠던 것이다.

또한 自然科學의 눈부신 발달로 과학적 방법에 의한 인간연구에도 획기적인 전환이 이룩됨에 따라 종래의 절대론적 윤리설에 대한 회의가 일게 된 것도 큰 원인이 되었다. 종래에는 주로 형이상학적 견지에서 인간을 오로지 이성 내지 양심적인 존재로 이해했다. 여기에 대해서 경험적 인간관은 인간의 이성과 양심도 경험에 따라서 달라질 수 있는 것으로 보며, 인간성이란 고정불변한 선천적인 것이 아니라 가변적인 것으로 보고 기존 인간관을 불신하게 되었다.

특히 문학적 배경을 달리하는 여러 민족 또는 부족에 대한 민속학적, 문화인류학적 연구는 전통과 인종이 다르면 도덕감 내지 양심도 다르다는 사실을 발견했다.[38]

이제 절대론적 윤리설의 근원과 유래가 무엇이든 간에 이 시점에서 요청하는 윤리는 이러한 회의를 극복하여야 하는 과제를 안고 있다. 왜냐하면 시간과 공간의 제약을 받지 않고 보편적으로 타당한 절대윤리의 존재를 의식하는 데 그치지 않고 윤리라는 것 자체를 자의적인 것으로 보는 생각에 이르면, 윤리가 권위를 잃게 되며 도덕적 무정부 상태를 방지할 이론적 근거가 무너지기 때문이다.

이제 우리는 20세기의 새로운 윤리적 과제를 풀기 위하여 새로운 윤리의 잉태를 위한 진통을 겪으면서 새로운 이성적 윤리를 요구하고 있다.

제5절 윤리교육의 의의와 필요성

1. 현대윤리교육의 성격

현대윤리교육은 인간과 윤리와 교육이라는 각기 다른 명사(noun)가 합쳐져 복합명사(complex term)를 이루고 있는 것이 종래의 전통윤리와 차이가 있어, 본 과목의 개념을 규명하는 데도 다소의 어려움이 뒤따른다. 기업윤리니 방송윤리니 공무원윤리처럼 단순히 접두어로서 상식적 일상어로서 정의된 개념으로 이해하는 것으로는 현대의 방대한 사회윤리를 올바르게 설명할 수 없다.

다시 말해 기업윤리는 기업가가 지켜야 할 윤리이며, 공무원윤리는

---

38) 마가렛·미드의, 사모아인의 인류학적 연구에서 그곳 청소년들은 이성에 대한 질풍노도가 없음을 발견하였다.

공무원이 명심해야 할 윤리이듯이 국민윤리는 국민으로서 지켜야 할 윤리를 일컫는다는 것은 상식적으로 명백하지만, 그러나 사회윤리는 이 모든 사람을 다 포함하여 한국인 모두를 포괄하는 윤리라는 측면에서 일반윤리와 차이가 있으며, 거기에 사회윤리의 의의가 담겨져 있다.

사회윤리교육은 국민적 차원의 정치교육, 윤리적 차원의 도덕교육과 교육적 차원의 가치교육이 종합된 것이다. 다시 말해서 사회윤리교육은 정치교육과 도덕교육이 합해진 인성교육이라고 할 수 있다. 여기에서 정치교육은 사회 또는 집단 윤리교육을 말하며, 도덕교육은 개인 또는 자아 윤리교육이라고 한다. 전자가 인위적 윤리라면 후자는 당위적 윤리이며, 전자가 상대적, 변화적인 법이나 제도를 중심으로 한다면 후자는 절대적, 불변적인 규범이나 관습을 중요시하는 것이 특색이다.

따라서 정치교육의 산물을 '훌륭한 시민(good citizen)'에 두고 있다면 도덕교육의 산물은 선인(good man)이라고 할 수 있다. good citizen은 시대와 역사와 국가에 따라 달라질 수 있으므로 만인의 공인이 불가하지만 good man은 시대, 역사를 초월하여 만인이 공인하고 있다. 예컨대 시저는 로마의 good citizen이라면, 안중근은 한국의 good citizen이다. 그러나 예수와 석가는 한국과 로마를 포괄하는 good man이라고 할 수 있다.

이제 국민(정치교육)의 범위를 한국국민으로 좁혀 정치교육에 대하여 살펴보자. 정치교육은 넓은 의미로는 민주주의에 대한 확고한 신념과 가치관을 갖게 하는 것이며, 좁은 의미로는 한국국민으로서 당면하고 있는 정치적 현실에 대한 올바른 인식과 이데올로기 대립으로 인한 남북분단의 고통의 해소, 지정학적 시련, 경제적인 난관 등에 대한 극복의지를 심화시키는 것이다.

도덕교육은 순수 윤리의 입장에서 개인의 자아완성, 인간의 실존적 개체성 자각이라는 종래의 개인주의적인 차원에서 인간을 이해하는 범위를 넘어서, 오늘날에는 인간이 좀더 적극적인 사회화(socialization)의 과정을 통하여 일정한 공동생활의 울타리 속에서 그 공동체의 질서와 제도와 규범 안에서 생활하고, 또 그러한 제도와 규범 안에서 스스로를 완성해 갈 수 있도록 도와주는 데 그 목적을 두고 있다. 따라서 생활공동체의 질서와 제도와 규범 등과 관계없이 존재하는 개인을 생각하는 것은 단순한 관념적인 허구에 불과한 것이다. 그러므로 사회윤리교육은 한마디로 '국민 공동생활의 원리'를 규범학과 사회과학적 접근 방법을 통하여 이해하는 학문이다.

2. 현대윤리교육의 필요성

오늘날 모든 국민들은 제각기 자기 국가의 사회윤리를 바로잡기 위하여 애를 쓰고 있다. 과목명이 꼭 같지는 않지만 미국은 1915년부터 civics(공민과)라는 과목을 통하여 '건전한 시민으로서의 자질'을 함양하고 있으며, 대학에서는 American Government(미국 정부론)를 통하여 정치교육을 실시하고 있다.

또 우리와 비슷한 분단실정에 놓여 있는 자유중국과 서독에서는 각각 "국민정치사상강좌"와 "국민정치교육"이라는 이름으로 교육을 실시하고 있다.

우리나라에서도 대학에서는 1972년부터 독립과목으로 사회윤리교육을 실시하였으며, 각급 학교에서는 국민정신교육, 반공교육, 도덕교육 등 다양한 이름으로 그 이전부터 교육을 실시하였다. 그런데 일부에서 사회윤리의 중요성이나 필요성에 대한 인식 부족으로 인하여 비판적인 견해가 없지 않음에도 불구하고 그 필요성이 더욱 점고되고 있음은 다음의 몇 가지 이유 때문이다.

첫째, 국가에 대한 일체감 형성을 길러 주고 국민으로서의 바른 생활태도를 효과적으로 가르쳐주기 위해서 인접과목의 부분적인 교육보다는 이 분야의 교육을 보다 책임성 있게 수행하고 통합적으로 실시할 수 있기 때문이다.

둘째, 사회과학교육의 가치중립성은 존중되어야 하지만 사회윤리의 특수한 성격으로 인하여 가치중립적인 입장에서 지식과 정보전달의 기능만으로 본 과목의 교육적 성과를 충분히 달성하기는 곤란하다. 애국적 사명감이나 헌신적 능력이 요구되고 있기 때문이다.

셋째, 현대교육은 단순한 지식 전달이 아니라 국내외적으로 복잡한 상황에 대처할 수 있는 자주적이고 자립적인, 유익한 인재를 육성하여 국가건설에 이바지하여야 하는 점에서, 신생 독립국은 공통된 역사적 짐을 지고 있기 때문이다.

넷째, 남북분단이라는 특수정치 상황에 처해 있는 우리는 끊임없는 북한 공산주의의 도전을 효과적으로 대처하기 위한 이데올로기 교육이 경제건설과 군사력의 증강 못지않게 중요하기 때문이다.

마지막으로, 민주주의 발전을 이 땅에 토착화하기 위하여 국민적 합의와 통합을 이루어야 한다는 사실을 인식한다면 사회윤리교육은 아무리 강조하여도 지나칠 수 없는 것이다.

그러나 일부 사회윤리교육을 담당하는 사람은 국체와 정체를 혼돈하여 협의의 사회윤리교육에만 너무 집착하는 경우가 있으며, 지나친 사회윤리의 역설이 맹목적 애국심으로 흘러 지식인간의 조화를 깨뜨리는 경우도 있다.

다만 오늘날 한국인의 올바른 윤리적 과제는 이성적이며 지혜로운 방법에 의한 해결인데 그것은 도덕적 판단에 어긋나지 않는 것이어야 한다. 이 도덕적 판단의 참고가 되기 위하여 미국의 사회철학자 John Rawls가 제시한 원칙을 살펴보자. 그는 사회제도에 있어서 공정과 불공정을 구별하는 기준에 대하여 다음 두 가지 원칙을 제시하였다.

제1원칙: 기본적인 자유에 대하여 동등한 권리를 가져야 한다.

제2원칙: 사회적 및 경제적 불평등은 해소되어야 한다.[39]

이 두 가지 Rawls의 원칙은 현대 사회문제의 핵심을 지적한 것이기는 하지만 목적적 가치라는 측면에서 중간단계의 절차적 가치가 함께 수반되어야 함을 첨언하여 둔다.

3. 한국 윤리교육의 방향

지난 60~70년대 우리는 한국형 산업혁명을 통하여 경제성장과 사회개발을 이룩하는 데 성공하였다. 우리의 생활조건은 개선되었고, 생활환경도 크게 발전되어 절대빈곤(보릿고개)으로부터 탈피하게 되었다. 물량적인 풍요로움으로 인하여 생활이 편리하게 되었고, 그에 따라 인구의 도시집중 현상을 불러왔으며, 도농 간의 생활공간이 좁혀져 일일 생활권이 형성됨에 따라 전통윤리가 허물어져 갔다. 말하자면 산업화와 근대화의 과정에서 생길 수 있는 각종 선진후발징후(symptom)들이 속속 80년대에 들어서서 드러나게 되어 새로운 윤리적 과제를 낳았다. 그 징후들을 살펴보면 다음과 같다.

첫째, 황금만능주의 풍조가 만연되었다. 이는 우리 정부가 가난을

---

39) John Rawls, A theory of Justice(Harvard University press, 1971), p.30.

탈피하기 위하여 첫째도, 둘째도 수출 증대, 경제 제일, 생산성 향상을 위하여 전력을 집중시킨 영향이 컸다. 그리하여 국민소득 7천 달러의 문턱에 성공적으로 도달하고 보니 국민의 정신적 문제, 가치관의 문제, 윤리적 문제가 앞의 물질적인 문제와 균형을 잃게 되었다. 정신문화의 황폐를 시급히 복구해야 한다.

둘째, 이기주의와 개인주의가 만연하게 되었다. 우리 조상들은 예로부터 서로 의지하고, 도우면서 살아왔다. 핵가족 현상이 확대되면서 노인문제와 청소년문제는 이제 커다란 사회문제로 대두되게 되었다. 현대인은 물질적 풍요 속에 정신적 불안과 불평과 불행이 겹쳐 심한 아노미 현상에 빠져 있다. 우리의 전통적 미풍양속을 다시 생활윤리의 수범으로 받아들여야 한다.

셋째, 상대적 빈곤감이 늘어 가고 있다. 근대화의 촉진을 통해서 절대적인 빈곤은 추방할 수 있게 되었으나, 일부 기업의 이상 비대현상이 갈등과 불만의 요인이 되어 사회통합이나 일체감 형성에 역기능이 될 수도 있을 것이다. 특히 도시 고소득층은 의료혜택이 주어진 반면, 농촌 저소득층은 의료혜택이 주어지지 않고 있는 것은 사회윤리적인 측면에서도 균형을 잃고 있는 것이라 할 수 있다.

넷째로, 자주 한국을 회복하는 일이 아직도 우리들의 민족적 과제로 남아 있다. 자주 한국의 조건으로 두 가지를 꼽을 수 있다. 하나는 식민지 의식의 일소요, 다른 하나는 조국의 통일이다.

마지막으로 우리가 민주주의를 표방한 지 반세기가 지나면서 아직도 민주주의의 뿌리를 정착하지 못한 것은 부끄러운 일이 아닐 수 없다. 참다운 민주주의 건설 위에 국민의 단결과 협동과 노력이 산출된다는 사실을 이제는 깨달아야 한다. 이데올로기에 대한 대응력도 정치 내부적 결집과 상대적 개념으로 파악하는 새로운 정치적 시각이 정립되어야 한다. 특수한 사정에 처한 한국의 고유한 문제를 풀기 위해서는 21세기의 국제화, 개방화, 민주화에 걸맞은 새로운 윤리적 처방이 요구되는 이유가 여기에 있다.

제 3 장
직업윤리의 의미

제1절 직업의 윤리적 의미

사회는 상호 작용하는 개인들의 집합체이다. 그 개인들의 관계는 각자에게 역할을 부여하는 제 원칙과 실천에 의해 지배되며 그 제 원칙과 실천은 각 개인들의 행동에 대해 각기 특정적인 의미를 갖게 한다.[1] 그리고 개인들이 사회에 대하여, 혹은 사회 속에서 일정하게 특징적인 의미를 가지고 존재하게 하는 형식적인 위상이 바로 직업이다.

직업은 경제적으로 보상이 되는 성인들이 일상적인 활동[2]으로 간단하게 정의될 수 있으나, 한 걸음 더 나아가 세계와의 관계에 있어서의

---

1) Stanley I. Benn, Society in E, p.153. 정병조. 현대사회와 불교의 영향 「사상과 정책」 경향신문사, 1984 여름호, pp.70-71에서 재인용.
2) 김태길 외, 「삶과 일」, 정음사, 1986. p.142.

노동의 어떤 분야에 대한 종사3), 혹은 각 개인의 그 사회에 대한 역할 분담 및 자아의 실현을 목표로 하는 어느 정도의 계속적인 노동이나 일4)로 정의될 수 있을 것이다. 이러한 정의들에서 두드러지는 용어들은 경제적 보상, 세계(혹은 사회)와의 관계, 관계로서의 사회적 역할 분담, 그리고 자아실현 등이다. 노동에 대한 경제적 반대급부가 따르지 않는 직업이란 자본주의 사회의 시각에서 볼 때는 사회봉사나 취미활동 등의 영역에 포함시키는 것이 더 자연스러울 수 있을 것이다. 그리고 세계 혹은 사회와의 관계와 관계로서의 역할분담은 자아와 사회가 상호 공유할 수 있는 의미 충족의 요건으로 파악될 수 있을 것이며, 자아실현이란 직업이 창출해 내는 자아에 대한 존재 의미 충족, 더 적극적으로는 자아의 타아에 대한, 그리고 사회에 대한 의미 획득일 것이다. 즉, 직업은 개인과 사회를 경제적 급부 충당 및 양자 간의 적극적 의미 획득이라는 현실적이며 본질적인 매개 동기들로 결속시키게 된다. 따라서 이러한 기본적인 측면을 고려할 때, 직업이란 정신적 육체적 에너지의 소모에 따라 그에 대한 보수로서 경제적 급부를 받아 생활을 유지하는 지속적인 사회 활동으로서, 개인적 능력, 적성, 개성의 사회적 수용과의 합치, 사회적 합법성, 사회적 역할 분담 등이 그 조건으로 제시되어야 하는 활동5)이라고 할 수 있겠다.

사회의 전 구조의 움직임이 사회 전체와 개인이라는 양극의 상호작용을 기초로 하여 이루어진다고 볼 때, 직업은 이 양극을 연결하는 통로에 해당한다. 따라서 전체는 개인의 역할 분담, 곧 직업을 통해서 유지되며 개체는 직업을 통하여 전체에 귀속된다.6) 이러한 매개적 의미로

---

3) 고범서, 「변혁기의 사회윤리」, 한림대학 출판부, 1986, p.178.
4) 이한구 외, 「직업과 윤리」, 한국정신문화연구원, 1985, p.26.
5) 성기중, 직업윤리, op cit, p.15.

서 '직업'은 그 용어 자체 안에 이미 현실적인 가치와 본질적인 가치를 동시에 함유하면서 사회와 개인간의 연결 통로적 의미를 가지고 있다. 직업이라는 말은 주지하다시피, 서구어에서는 본래 소명이라는 뜻으로 사용되어 왔다. 예컨대, 독일어의 Beruf, 영불어의 vocation, 영어의 calling, 라틴어의 vocation 등이 그것이다. 그러나 이밖에도 직업은 영어로 occupation(일자리를 잡는다, ~에 종사하다), business (사무, 업무), job(사건, 일), besogne(부담스러운 일)로, 독일어에서도 gewerb(얻는다, 번다는 뜻과 생업이라는 의미)로 낮추어 사용되기도 한다.7)

불교에서는 직업의 실질적 내용이 되는 노동을 '업이론'으로 설명하고 있는데, 업이론에 따르면 인간의 운명은 외부의 영향을 전혀 받지 않으며 모든 것은 업에 의해 인간 스스로가 만드는 것이다. 그리고 업은 인간의 개인적 운명뿐 아니라 인류의 공동운명, 심지어 국토와 기후의 상태에도 영향을 미친다.8) 즉, 불교에 있어서 업으로서의 직업은 현세와 내세를 결정하는 운명의 다림줄인 것이다. 원시나교에서는 상생과 양생양심9)이 강조되는 노동을 주요 내용으로 하는 직업이 운위되고 있다. 이러한 측면에서 보면, 직업은 하늘이 맡긴 일, 떳떳한 일, 나누는 일(직분으로서의 직업), 전생의 허물을 차생에서 보속한다는 뜻을 가지고 희생과 봉사를 한다고 하는 의미로 이해해도 좋을 것 같다.10)

이러한 관점에서 볼 때, 사회의 개체적 존재로서의 인간에게 맡겨진 천부적 소질과 특질이 생계 수단이라는 매우 직접적이고도 현실적인

---

6) 이한구, 직업과 윤리, op cit, p.39.
7) 진교훈, 직업윤리 일반의 방향에 관한 연구, op cit, p.286.
8) 윤병식, 불교와 노동, 윤병식 외, 「종교철학과 노동의 의미」, 한국정신문화연구원, 1985, p.12.
9) 유인회, 유교와 노동, Ibid, pp.70-72.
10) 진교훈, op cit, p.287.

매개 동기에 의해 사회 속으로 투사되는 것이 곧 직업이라고 할 수 있다. 그리고 이러한 투사의 정향이 그르게 표시되는 데에서 윤리적 문제가 되는 것이며, 이 투사의 정향을 사회와 개인 모두에게 긍정적으로 방향 지워 주는 데에서 직업윤리적 의의가 성립하게 되는 것이다.

개인적 특질의 사회에로의 투사는 곧 노동으로 나타나며 이 노동은 인간성을 나타내는 특별한 표시일 뿐 아니라, 이 표시는 인간의 내면적 특성을 결정하며, 어떤 의미에서는 인간의 본질 자체를 구성한다.11) 그러나 신속화, 자동화, 분업화, 기계화, 물량화, 주물화 등의 특징들에 의해 표현되고 있는 현대 산업사회의 기술 지배(technocracy)현상 112)은 이러한 투사에 왜곡을 가져왔을 뿐 아니라, 투사 이전의 개체적 존재로서의 인간 자신에게도 변질된 심보에 따른 인간소외의 문제와 그에 따른 투사의 왜곡이 그것이다. 따라서 기술은 인간정신이 낳아 놓은 노동의 협력자일 뿐 아니라 인간의 지성으로 이루어진 노동의 산물이요 인간의 자연 정복에 대한 역사적 확신이기도 하다13)는 선언은 투사의 왜곡을 돌이키지 않고는 심정적 호소로 머물고 말게 되어 있다.

이미 언급된 기술의 진보가 다니엘 벨(Daniel Bell)에 의해 조언된 '후기 산업사회(Post-Industrial Society)'14)에 들어오게 되면서, 정보 중심의 기술진보를 특징화하고 있다는 사실은 이미 일반적인

---

11) Pope John Paul Ⅱ, Laborem Exerces,(1981), 「On Human work」 (Boston Daughters of St. Paul, 1981), p.5.
12) 진교훈, 철학적 인간학 연구(Ⅰ), 경문사, 1984, pp.79-81.
13) 「On Human Work」, op cit, pp.19-20.
14) Daniel Bell, The Coming of Post-Industrial Society,(New York: Basic Books, 1973), 이밖에도 갈퉁(Galtung)은 이러한 사회를 신근대사회로, 토플러는 초산업사회로 칭하고 있다. 오택섭, 정보화 사회의 사회적 특성, 「현대사회」, 현대사회연구소, 1984 가을, p.32에서 재인용.

것이 되었다. 정보중심의 사회는 1, 2차 산업의 급격한 퇴조와 함께 서비스업의 급증 현상을 야기했고, 서비스산업 위주의 사회 구조는 고도의 전문적 교육을 거쳐 일정한 자격 또는 면허를 취득함으로써 독점적으로 전문적 기술과 지식을 사용하는 전문 직업15)을 양산시켰는데, 그 최대의 특성이 이타주의적이어야 할 전문 직업16)이 사회적으로 잘못 투사될 경우에 파급될 비윤리적 독점성과 대사회적 책임 구조와 그에 따른 직업의 전문화는 정보 통신의 혁명을 그 정점으로 하고 있는데, 정보 통신의 혁명에 의한 '정보의 폭증'(information explosion) 현상은 문화지체(cultural lag)를 부추기면서 우리로 하여금 적절한 대응책을 강구하도록 요청하고 있다. 김경동은 이러한 상황적 특징과 관련하여, 무엇보다도 정보 통신 혁명의 급격성으로 인한 각 부문에의 문화지체현상은 당분간 심각할 것이며, 개인 수준에서 국민 일반이 기습에 익숙지 못함으로써 생기는 비능률과 불편, 낭비 등에서 비롯하여, 직접 직업적 활동에 종사해야 하는 이들의 재적응 기간에 발생하는 문제들이 이미 드러나고 있다고 지적하고 있다.17)

이와 더불어, 산업 사회의 구조적 급변에 따라 고질적인 병폐로 지적되어 온 노동 의미 상실과 그에 따른 인간소외의 문제, 그리고 이기적 쾌락주의가 지배하는 직업관의 유행 또한 직업윤리의 정체성 확립을 요청하고 있다. 후기 산업 사회의 대량생산 체계의 역기능 현상들은 인간으로부터 그의 가장 소중한 개성, 창의성, 자의성, 자기반성을

---

15) Morris L Cogan, The problem of Defining a profession, (Philadelphia: The Annals of the American Academy of Political & Social Science, vol, 297.1955), pp.105-111.
16) 이한구, 직업과 윤리, op cit, p.50.
17) 김동경, 정보 통신 혁명의 사회적 함의, 「정보와 사회」 서울대학교 출판부, 1986, pp.7-11.

약탈함으로써 사람들로 하여금 소외의식을 가지도록 만들었고[18] 이러한 현상은 직업의 본래적 의미나 기능, 목적 등에 대한 급속한 회의를 초래하였으며, 직업에 대한 회의는 전체로서의 사회가 그 절대적 구성요소인 개체를 상실한다는 부담을 필연적으로 수반하게 되었던 것이다.

정리해 볼 때, 바람직한 직업윤리의 부재와 사회적 변동에 따른 사회정체성의 의미 상실은 변화의 상호작용이라는 차원에서 이해될 수 있다. 즉, 직업윤리와 사회정체성 양자는 '직업윤리→사회정체성', '사회정체성→직업윤리'라는 상호적(reciprocal)인 관계, 또는 상호 작용하는 역동적 관계를 형성한다. 이 말은 독립변수와 종속변수의 관계를 가지는 양자 중에서 어느 것이 전자이고 어느 것이 후자인가를 상황에 따라 결정하게 된다는 것이다. 물론, 양자를 모두 취급하는 것이 유용한 접근이겠으나, 주제의 성격상 본 논문에서는 직업윤리를 하나의 독립변수로 간주하는 관점에서 직업의 내재적 특성에 대한 검토를 통한 직업윤리의 방향설정에 제한을 두고 다루어 가고 있다.

제2절 직업윤리의 특수성과 일반성

1. 직업윤리의 특수성

직업윤리의 특수성은 각 직업의 개별적 차이에서 유래한다. 즉, 직

---

18) 진교훈, 철학적 인간학 연구(Ⅰ), op cit, p.83.

업의 다변화 현상은 각 직업별 특징과 그에 따른 가치, 태도의 차이를
극대화시켰기 때문에, 일률적인 직업윤리 일반으로 각 직업의 윤리적
정향을 대표한다는 것은 직업생활에서 제기되는 문제들에 대한 해결
기능을 가지고 있어야 할[19] 직업윤리의 성격을 충족시키지 못한다.
따라서 직업윤리의 특수성은 직업윤리 자체가 가지는 특수한 성격이
라기보다는 직업의 다양성에 따라 직업윤리를 일반화할 수 없는 직업
윤리 일반화의 한계성을 말하며, 각 직업의 성격에 따라 그 내용이 달
라질 수 있는 직업별 윤리로 표현할 수 있다.

　직업윤리의 특수성, 곧 작업별 윤리는 그 성격상의 특징을 'mores'
(사회적풍습)[20]으로 지칭하여 표현할 수 있는데, mores로서의 직업
윤리는 구속적일 뿐 아니라 타율적이며, 이에 대한 위반은 제재를 수반
하기 때문에 사람들은 그 의미에 반대하더라도 그에 따르지 않을 수 없
다. 이러한 특수성으로서의 직업별 윤리는 롤즈(J, Rawls)가 규정한
규칙의 관항개념(practice conception of rules)에 해당하는 바, 곧
어떤 사람이 관항에 의해 규정된 직책을 맡고 있다면, 이러한 그의 직
책상의 행동에 관련되는 제반 문제는 그 관행을 규정하는 규칙에 의해
서 해결된다.[21] 따라서, 직업별 윤리는 직업에 따라서, 그리고 그 직
업이 소속된 사회에 따라서 상대성을 갖는 규칙이나 관항으로서의 외
적 규제력[22]이라고 하는 것이 더 타당할 것이다. 즉, 필요를 충족시키
려는 노력으로부터 생겨나는 개인의 습속이나 사회의 풍습이 성장해
감에 따라 거기에 암시되어 있고 그 속에 내재된 사회 복지에 대한 철

---

19) 이한구, 직업과 유리, op cit, p.57.
20) 성기중, 직업윤리, op cit, p.43.
21) John Rawls, Two Concepts of Rules, philosophical Review 64(1955),
　　pp.3-32.
22) 이한구, op cit, p.57.

학적, 윤리적 일반화를 포함하는 습속(folkways)[23]이 외적 규제력으로 작용하면서, 각 사회에 따라 특수한 상대적 관계나 규칙이 바로 직업윤리의 특수성에 해당한다. 따라서 직업별 윤리, 곧 직업윤리에 있어서 특수성을 가지는 윤리는 보통성이 불가하며, 결과적으로 직업일반의 윤리로 보편화시키기에는 그 성격이 매우 제한적임이 밝혀진다.

2. 직업윤리의 일반성

직업윤리의 일반성은 직업별 윤리의 보통화 불가의 원칙에도 불구하고 직업인과 직업사회 전반에 걸쳐 보편적으로 적용될 수 있는 직업윤리를 말한다. 물론, 보편적으로 타당한 직업윤리란 있을 수 없기 때문에 이 직업윤리는 시간과 공간의 제약을 받는 상황윤리로서 종래의 이론적이고 형식적인, 그리고 획일적인 규범윤리로서는 설명할 수 없다.[24] 따라서 직업윤리의 보편적 적용이라 함은 일정한 시간과 공간의 제한 속에서 각 직업별윤리에 공통적으로 적용될 수 있는 내적 규범을 지칭한다.

제한적 보편성으로서의 직업윤리는 그 성격상의 특징을 'ethos'(사회정신, 혹은 기풍)[25]으로 지칭하여 보다 단적으로 표현할 수 있다. 즉, 보편적 세계정신으로서의 에토스가 아닌 사회적 상황과 시대적 특징이 공유하기를 요청하는 제한적 의미의 기풍이다. 에토스적인 노동의 윤리

---

23) W. G. Sumner, Folkways, (New York: New America Library, 1960) p.v.
24) 진교훈, 직업윤리 일반의 방향에 관한 연구, op cit, p.280.
25) 성기중, op cit, p.43.

는 직업별 윤리와는 달리 제재에 의해 사람들에게 강제로 행위를 요구할 수는 없다. 따라서 이러한 내면적인 도덕적 기풍을 배양하기 위해서는 심정에의 호소가 기본적인 요소로 등장한다. 그러나 칸트(I. Kant)의 보통적 진리인 선의지에 의한 의무론적 호소가 목적론적, 공리주의적 가치의 보완을 강력하게 요청받고 있듯이[26], 심정에의 호소에 그쳐 온 이러한 심정윤리 계열의 이론은 목적론적인 실질가치 창출이라는 측면에서의 적극적인 보완을 필요로 한다.

심정적인 윤리로서 보편성을 갖춘 규범을 '규칙의 요약개념'(Summary Conception of Rules)[27], 즉 과거 의사 결정들의 요약으로서의 앞으로의 행동에 지침이 되는 원리로 보고 있는 롤즈는 행위의 결과의 효용성만을 염두에 두는 '행위 공리주의'(Act-Utilitarianism)의 약점을 보완하기 위해 '규칙 공리주의'(Rule-Utilitarianism)를 지적하면서도, 한편으로는 "만약 우리들의 행동이 한 개인에게 불행한 결과를 가져온다면 사회 전체의 행복을 증진시킬 목적이라도 그 행동은 하지 않아야 한다."[28]고 주장함으로써, 보편적 정의론에 의해 의무논적 호소와 공리적 가치의 대립적 관계 해소를 시도하고 있다. 롤즈의 이러한 입장은 직업윤리의 일반성, 혹은 제한적 보편성이 지향해야 할 심정윤리와 책임윤리[29]의 적절한 보완에 대하여 시사해 주는 바가 크다.

이러한 입장에서 볼 때, 직업 일반의 윤리, 곧 직업윤리의 보편성이란 심정에의 호소를 그 특징으로 할 수밖에 없으면서도 규칙이나 관항

---

26) Ewing은 칸트의 형식주의에 공리적 가치의 보완이, Paulsen은 목적론적인 보완이 필요하다고 본다. W. Sahakian, Ethics, op cit, p.179.
27) John Rawls, op cit, pp.3-32.
28) John Rawls, Justice as Fairness, philosophical Review, 67(1958) pp.164-194.
29) Max Webex, Politik als Beruf, 박봉식 역, 박영사, 1977, pp.110-111.

등의 목적론적이며 규제력이 있는 책임윤리적인 보완을 필요로 하는 것이다. 그러나 소박한 기대로서, 직업윤리의 특수성은 이것을 스스로의 생활신조로 발전시켜서 받아들인 사람들에게 있어서는 보편성으로서 내면화되어져 있을 것이고, 보편성 또한 그것이 모든 사람의 표준이라고 할 만큼 도덕적 전형으로 크게 부상된 경우에는 특수성과 같은 직접적인 구속력을 가지게 될 것[30]이라고 생각할 수 있다.

이제, 이러한 특수성과 일반성의 관계를 고려하면서, 실재론적인 입장을 지지하는 쾌락주의와 공리주의, 그리고 이성주의적 입장을 지지하는 자아실현주의와 형식주의를 차례로 분석하여, 각 이론들의 특징이 직업윤리에 적용될 경우 나타나는 긍정적, 부정적 측면들을 고찰해 보도록 하겠다.

---

30) 성기중, 직업윤리, op cit, p.44.

제 4 장
한국적 직업의식 구현

제1절 직업의식의 변천

교육사회학자 뒤르켕이 "사회는 인간의 어머니이며 인간은 사회의 아들이다"이라고 말한 인간을 낳고, 기르고 가르치는 오늘의 산업사회는 어떤 사회인가? 과학과 기술의 혁명을 불러온 제2의 산업혁명을 통해서 경제적인 생산력이 급격하게 향상되고 모든 생산방법뿐만 아니라 인간의 생활방식과 사고방식까지도 기계의 통제를 받게 되었다. 이제 인간의 운명은 두 가지 가능성을 보여준다. 하나는 인간해방의 가능성이고 다른 하나는 인간조종의 가능성이다. 즉, 굶주림으로부터 해방된다는 희망과 기계의 노예로 전락해 버릴 수도 있는 절망이 현대인을 위협하고 있다는 사실이다. 여기에서 사회 윤리적인 자각이 필요하게 된다.

사회가 점차적으로 합리화, 효율화, 기계화, 획일화, 집단화, 도구화의 경향이 인간의 생활·의식·존재의 지배가치로 등장하게 된다. 인간의 이성은 거의 마비되고 기술적인 지능만을 가진 인간이 로봇처럼 양산된다. Kant는 일찍이 인간은 그 자체가 목적이기 때문에 결코 수단일 수는 없다고 경고하였다. H. Marcuse도 산업사회의 이러한 도구화된 인간을 비판하면서 일차원적 인간이라고 불렀다. 또 E. Fromm은 시장지향적 인간이라고 불렀다.

이제 인간은 미래의 도전에 대한 윤리적 각성을 가져야 할 때이다. 인간의 생존을 가장 위협하고 있는 3P, 즉 Population(인구), Poverty(빈곤), Pollution(공해)은 인간의 이성적 판단의 한계를 넘어서고 있다. 또한 지식폭발, 기술폭발, 인구폭발, 도시폭발, 조직폭발의 문제가 윤리적 통제에 관한 한 매우 비관적이다.

여기에서 이성의 복권을 부르짖고 있다. 그러나 산업사회의 물결이 인간을 개별화, 리질화, 원자화를 가속시켜 놓은 결과 윤리적 처방이 어려운 정신적 상황에 놓이게 되었다.

첫째는 현대인의 욕구충족이 너무나 다양하기에 이것을 일률적 방법으로 처방전을 내리기 어렵게 되었다.

둘째는 타자지향성을 띤 수동적인 인간형의 형성으로 말미암아 집단 속의 개체는 말살되어 있다. 특히 매스미디어의 위력 앞에 개인의 무력감을 통감한 인간이기에 가공적 권위나 여론 앞에 쉽게 동조하게 된다.

셋째는 물질과 성적 충동의 만연으로 신념체계와 가치체계가 상실하였다. 이익을 추종하여 결합하고 그렇지 않을 때는 곧 쉽게 분리되거나 분열되고 만다. 이러한 신념체계의 붕괴는 곧 인간으로 하여금 인간답게 살아가기 위한 휴머니즘의 상실을 낳게 한다.

이러한 산업사회의 폐해를 치유하기 위한 윤리적 각성으로 일찍이

A. Toynbee는 동양적인 정의주의, 집단주의, 가족주의에 귀 기울일 필요가 있다고 하였다.

마찬가지로 과거의 종적 윤리체계를 현대의 횡적 윤리체계로 방향을 조종하면서 전통과 개혁의 묘합을 통한 운명복지공동체 의식을 오늘에 재현하는 가치윤리의 확립의 실현을 요구한다.

현대사회에서 직업윤리는 넓은 의미에서 경제생활의 순환과정에서 발생하는 기업윤리, 노동윤리, 노사관계윤리, 소비생활윤리, 유통과정의 윤리 등 모든 경제윤리를 포괄하여 가장 바람직한 '행위'이다. 좁은 의미의 직업윤리는 생계의 유지 및 활동을 돕는 '일'에 대한 바람직한 '태도'이다.

원래 인간은 일에 대한 기본 태도는 부정적이었다. 그러나 인간 사회를 유지 발전시켜 나가기 위하여 일이 필요하였으며 어쩌면 인간의 역사는 일에 대한 부정적 태도와 사회적인 요구 간의 끊임없는 역동적 과정으로 볼 수도 있다.

따라서 직업에 대한 올바른 인식을 갖는다는 것은 윤리의 전제가 아닐 수 없다. 만약 직업이 오로지 의·식·주의 해결을 위한 자구행위만을 의미한다면 그것은 생업이라고 표현하여야 적절할 것이다. 그러므로 직업은 생계수단 이상의 뜻으로 사람들에게 여러 가지 정신적 보상을 주고 있으며 동시에 사회적 지위를 부여하고 있다.

일이 직업의 개념으로 변화되어 오면서 직업은 오로지 개인 본위의 보상획득 행위가 아니고 사회적 역할 및 수행의 의미를 가지게 되므로 이를 통하여 사람들이 사회 전체에 기여를 전제함과 동시에 다른 한편으로 그 기여를 통하여 인간의 공동생활을 형성하고 유지하여 향상시키는 요인이라고 할 수 있다. 사실 사람에게 직업을 제한다면 무엇이 남을까? 사람은 직업을 가지므로 사회적 공동생활을 영위하는 것이며 사회인으로서의 자격이나 명예도 주어지는 것이다.

그러므로 근대자유주의의 발달과정에서 '직업선택의 자유'는 매우 중요한 개념으로 헌법에 의해서 보장되었다. 이러한 직업사상은 어디까지나 인간의 기본적 생활유지의 수단과 사회적 역할이라는 두 가지 측면에서 누구도 박탈할 수 없는 신성한 것으로 보호되었다.

한편 생계수단은 자기발전적 바탕이 되며 사회역할은 사회 및 국가발전의 바탕을 이루는 것이다. 여기서 자기발전의 터전이라 함은 ① 자기의 기술과 지식에 대한 확신. ② 자기가 담당한 업무에 대하여 최선을 다하고 자부심을 가진다. ③ 자기 업적에 대한 대등한 보수를 요구. ④ 자신을 보다 귀중한 존재로 생각하고 모든 부정과 불공평을 물리칠 수 있는 결연한 자세. ⑤ 자기 확신을 가지고 직업의 발전에 전념하는 태도. ⑥ 직업을 합리적, 발전적, 합목적적, 미래지향적으로 유동해야 한다. ⑦ 자신을 규제하는 금기와 규율의 기준이 스스로 확립되어야 한다.

다음으로 사회 및 국가에 기여하는 길이란 ① 직업인으로서 책임을 다함은 사회와 국가 발전에 공헌하는 길임을 깊이 명심하고 최선을 다할 때 국민된 책임을 완수하는 길이다. ② 일찍이 소크라테스는 "나는 작은 국가이고 국가는 큰 나이다"라고 하였듯이 나의 발전은 국가발전의 근본임을 인식할 때 노와 사도 결코 둘이 아니라 하나이다.

제2절 한국인의 직업정신의 문제

국내의 한 자동차회사에 어느 날 미국 현지 판매 책임자가 볼멘소리로 급하게 전화를 걸어 왔다. "자동차 선적을 즉각 중지해 달라"는 것이었다. 한국에서 오는 자동차의 바퀴가 헐렁하게 끼워지고, 나사가 반쯤밖에 조여 있지 않고, 시트 밑에 그리스와 오물이 그대로 깔린 불량품이 많아 "이런 '메이드 인 코리아'를 갖고는 장사는 끝장"이라고 소리쳤다. 회사 측은 부랴부랴 조립공들을 대거 수송선에 태워 미국으로 가는 배 안에서 자동차를 뜯어고치는 법석을 떨었다.

웃어야 할 일인가, 울어야 할 일인가. 한때 서양 사람들은 "세계에서 일본사람들을 게으름쟁이로 보이게 하는 것은 코리아 사람들뿐"이라고 한국인 근로자들의 근면성에 찬사를 보낸 적이 있다. 저임금에 시달리면서도 밤이 깊도록 공장 불을 밝혀 가면서 정성을 들여 값싸고 품질 좋은 수출상품을 만들어 내던 한국인들에게 감동해 마지않았던 것이다.

모든 후진국들에 교과서가 되어 온 코리언들의 감동 스토리는 끝났다. 외국인들은 고개를 갸우뚱거리며 반문하고 있다. 당신들은 임금이 2배나 올라 지금은 싱가포르, 대만, 홍콩과 같은 경쟁국보다 높아졌는데도 어째서 품질은 더 엉망이 되고 있느냐. 그 해답을 찾기 위해서는 오랜 시간이 걸리지 않는다. 블루칼라는 물론이고 화이트칼라의 근로윤리가 땅에 떨어졌기 때문이라는 명백한 답이 나오고 있기 때문이다.

근로의욕의 저하, 근로윤리의 부재 이것들이 한국경제를 망치고 있는 가장 위험한 질병이라고 국내외의 양식 있는 사람들은 이구동성으로 단정하고 있다. 일본인들은 분명하게 말한다. "한국상품의 품질이 떨어진 것은 사회기강이 해이해져 근로의식이 눈뜨고 볼 수 없을 정도로 감퇴했기 때문이다"

일본 근로자들은 작업시간 10분 전부터 준비를 하고 한국의 근로자들은 작업시간 10분 후부터 일을 시작한다. 끝날 때는 반대다. 일본인들은 작업시간이 다 끝나서야 몸을 씻지만, 우리는 작업종료 10분

전부터 퇴근준비를 한다.

국내의 대기업체 몇 군데서 최근에 일을 아주 잘한다는 공장근로자들을 일본의 유망한 대기업공장에 연수를 보냈다. 일본 근로자들이 얼마나 강도 있게 일하는가를 보고 오라는 주문을 했다. 처음 며칠간 일본 근로자들과 함께 일을 해본 한국 근로자들은 비명을 질렀다. 작업 중간에 커피 한 잔 마실 수 없고, 화장실 한 번 다녀오기 힘든 노동강도를 도저히 따라갈 수가 없었던 것이다. 우리의 근로자들이 다른 나라 근로자들에게 비해 아직도 열심히 땀 흘리고 있다는 생각을 갖고 있다면 그것은 이만저만한 착각이 아닐 수 없다.

한국 제조업의 노동생산성은 일본의 39% 수준밖에 안된다.

더욱이 생산현장에 팽배한 '있는 자'에 대한 적개심은 더 큰 문제다. 경영자 혹은 돈 있는 소비자를 골탕 먹이기 위한 태업이 격렬한 노사분규가 잠잠해진 지금에도 없어지지 않고 있다. 얼마 전엔 한 장관급 고위관리가 자동차를 한 대 주문했다. 회사 측은 틀림없이 신경을 써서 불량을 내지 않도록 지시했을 것이다. 자동차의 주인을 알고 그랬는지는 몰라도 새 차는 공장에서 나온 지 하루 만에 주저앉고 말았다.

어느 고급주택 신축현장에선 누군가가 보일러 파이프를 시멘트로 막아 놓아 이 원인을 찾아 제거하는 데 큰 출혈을 한 예도 있다.

소비자는 그가 누구든 왕이라는 생각을 '내가 만든 제품이 세계를 윤택케 한다'는 자부심을 가져야 치열한 세계시장에서 살아남을 수 있을 텐데도, 우리의 생산현장에서는 그와 같은 윤리가 사라졌다.

중간 관리층인 화이트칼라의 관료화, 부패화도 걱정하는 사람들이 늘어나고 있다.

그들은 회사가 이대로 가서는 안 된다고 느끼면서도 아래와 위의 눈치를 살피며 방관자가 되고 있다. 한국의 화이트칼라 생산성 역시 여느 선진외국보다도 떨어지고 있다는 사실을 그들 스스로가 잘 알고 있을 것이다.

우리나라 근로자들이 만드는 수출상품의 불합격률은 현재 4.2%에 달한다. 일본의 1.5%, 대만의 2.5%에 비해 크게 높다.

VCR의 경우 87년 이전까지 불량률은 3~4%에 그쳤지만, 민주화 소용돌이를 치른 89년 이후 7% 이상으로 높아졌다. 전자업계의 임금이 크게 올라간 것을 생각한다면, 근로윤리의 부재가 얼마나 심각한지 말해준다. 한국 상품에 불량품이 너무 많이 쏟아져 나오자 외국소비자들 사이에서는 "이제 메이드 인 코리아는 지긋지긋하다"는 불만이 터져 나오고 있다.

일본에서는 '제조업은 영원하다'는 말이 유행한다. 우리나라는 생산 현장의 근로윤리가 회복되지 않는 한 아무리 시설에 돈을 쏟아 부어도 '제조업은 조만간 끝장'이라는 얘기가 나오고 있다. 군사전쟁보다 더 무서운 경제전쟁에서 살아남으려면 돈과 제도에 앞서 하루빨리 근로의욕과 윤리를 다시 찾아야 한다.

그러함에도 불구하고 우리나라는 현재 신정, 구정, 크리스마스 등 법정 공휴일, 일요일 등 주휴, 연월차 휴가 등을 합치면 우리는 연 93~1백 3일을 쉰다. 다른 나라와 비교해 보자. 일본 1백 1~1백 11일, 대만 75~99일, 싱가포르 71~78일, 홍콩 96일, 미국 1백 21일, 영국 1백 22일, 독일 1백 43일과 대비해 보면 산업 선진국보다는 공휴일이 적은 편이다. 그러나 아시아의 4마리 용 중에서 우리의 공휴일 수가 가장 많다.

후진국이 선진국과 같이 행동하면 그들의 수준은 도저히 따라잡을 수 없다. 선진국의 고도의 산업기술을 '몸으로 때워야 하는' 판에 똑같이 행동한다면 도저히 후진의 수렁에서 벗어날 수 없다.

거기에다 일의 집중도라고 할까, 근무 자세도 구미선진국과 우리는 다르다. 잡담하거나 쓸데없는 전화나 주고받고 하는 그런 일을 저쪽 사람들은 하지 않는다. 점심시간과 일 중간의 커피나 홍차 마시는 잠깐의 시간을 제외하고는 한눈팔지 않고 일에 열중한다. 법정공휴일이 적고 주간 노동시간이 길다고 해서 우리가 구·미·일 등 선진국보다 많이 일한다고 선뜻 주장하기 어려운 것이다.

우리가 이나마 살게 된 것은 값싸고 풍부한 노동력 덕분이다. 거기에다 문맹이 거의 없는 높은 교육열 때문에 비교적 양질의 노동력을 쓸 수 있었다. 새로운 기술개발 없이 값싼 노동력으로 선진국의 기술을 모방 답습하면 어느 정도의 국부를 축적할 수 있다. 그러나 이런 식의 경제발전은 곧 벽에 부닥친다. 더 후진인 나라가 보다 싼 노동력으로 뒤따라오기 때문이다. 경제발전에 나선 상당수의 후진국들이 처음에는 잘 나가는 듯하다가 곧 넘어지는 게 바로 그 까닭이다. 후진국의 경제발전은 값싼 노동력과 저급이나마 어느 정도의 기술이 있으면 착수하는 섬유, 와이셔츠 등 의상제조, 토목건축의 분야에서 기인한다. 그러나 이 분야는 곧 후발국가에 쉽게 추월당한다.

한국의 기업이 아파트나 도로건설 분야 등에서 뛰어난 실적을 올린 적이 있었다. 값싼 노동력과 엄격한 노동규율 덕분이었다. 그러나 우리 노동력의 값이 올라가면서 좀더 값싼 노동력을 가진 나라가 이 분야에 뛰어들었다. 또 이탈리아 등 기술선진국에서 인도 같은 더욱 값싼 노동력을 끌어 쓰면서 한국의 이 분야에서의 강점은 사라졌다. 중동국가의 건설 붐이 저조해지면서 한국의 해외토목산업은 급격한 사양길에 들어섰다. 하버드대의 경영학교수 마이클 E. 포터가 그의 저서『국제산업경쟁론』에서 싼 임금에만 의존, 기술개발을 외면한 나라가 국제경쟁에서 쉽게 무너지는 전형적 예로 든 게 바로 한국의 토목업이다.

어디 토목업뿐이겠는가. 가전제품만 해도 그렇다. 이 분야의 선두인 일본에 대해 값싼 노동력을 내세워 한국과 홍콩이 경쟁에 나섰다. 그러나 기술개발 없이 열심히 일하지 않는 사이 저임금의 말레이시아와 태국이 이제 우리를 위협하고 있다. 일본의 마쓰시타, 산요, 샤프 등 가전제품회사가 처음 단순한 디자인의 소형 텔레비전으로 세계시장에 뛰어들 때는 그들은 무기는 저임의 노동력이었다. 그러나 그들은 쉬지 않고 노력했다. 마케팅과 신제품 생산 연구개발에 과감한 투자를 계속했다. 그 결과 고성능 텔레비전, VCR 등에서 다른 나라가 넘볼 수 없는 수준을 유지, 우리가 따라잡기에는 너무 요원하다. 따라잡기는커녕 말레이시아 태국 등에 우리가 따라 잡힐 지경이다. 그 점에서는 미국의 가전업계의 경우도 마찬가지다. 기술개발을 미루고 값싼 임금을 찾아 생산 공장을 대만 등 아시아로 옮겼다. 일본은 자국의 고임금문제를 공정자동화 등 기술개발로 극복했다. 미국은 끝내 자국 내 가전제품시장을 일본에 내줘야 했다.

저급기술 수준과 우리의 이 정도 '일의 질'로는 국제경쟁에서 살아남을 수 없다.

몇 푼 생겼다고 놀며 써 버리고, 배우고 일하는 것을 게을리 한 결과가 우리 경제의 위기를 몰고 왔다. 기술개발에 동원해야 할 돈을 '과소비', '땅 투기'에 탕진해 버렸다.

일을 하더라도 힘든 일은 피하고 손쉬운 것만 골라 하려는 풍조는 생산직근로를 피하고 서비스업 쪽으로 몰리는 현상을 몰고 왔다. 제조업은 자본집약 기술집약의 성격 때문에 생산성을 높이는 데 서비스업보다 월등하다. 새로운 기술의 도입은 제조업에 적격이지만 서비스업은 그렇지 않다. 예를 들어 컴퓨터나 워드프로세서의 이용으로 서비스업 중에서 사무직의 능률을 올릴 수 있으나 교사, 간호사, 웨이트리스의 생산성은 높일 수 없다.

미야자와 일본 수상의 "미국은 이마에 땀 흘려 일하는 근로윤리랄까, 일하는 윤리관이 결여되어 있다"는 말을 두고 지금 미일 간에 감정싸움이 한창이다. 우리의 '일'이 자꾸 서비스업 쪽으로 몰리는 것을 두고 일본사람은 뭐라고 할까.

우리의 근로의식이나 일의 윤리를 다시 세워야 한다. 근로의식이나 윤리가 그 나라 산업의 운명을 결정한다. 영국인들이 생산 공장에서 일하는 것을 천직으로 여기고 공무원, 군인, 교수, 교사 등을 높이 여기기 시작할 때부터 영국경제의 사양은 예고되어 있었다고 할 수 있지 않을까.

국민들의 직업관이나 근로윤리는 그 나라 경제모습을 정형한다. 이탈리아의 패션업과 가구제조, 스위스의 은행업과 의약제조업, 미국의 금융업과 영화, 대중음악, 프로스프츠 관련산업, 이스라엘의 방위 관련 산업과 농업 등이 그 례가 될 것이다.

물론 '일의 윤리'가 건전하다고 해서 산업의 전 분야에서 강국이 될 수는 없다. 나라마다 주력사업이 있게 마련이다. 독일의 인쇄기제조, 화공업, 고급차 생산, 스웨덴의 대형 화물트럭이나 굴착기 등 채광기계류, 미국의 퍼스널컴퓨터, 소프트웨어, 크레디트카드, 일본의 가전제품, 카메라, 로봇공업, 팩시밀리 등에서는 각각 타의 추종을 불허한다.

우리는 무엇을 내세울 수 있을까. 겨우 제철 정도일까.

무역적자가 늘어나고 있는 이 경제 난국을 타개, 선진국 대열로 진입하는 길은 열심히 일하고 연구하고 학습하는 길뿐이다. '젊어서 노세'는 나라를 망친다. 젊어서 일하세. 젊었을 때는 오류도 많다. 다만 그것을 노년에까지 이끌고 가면 안 된다.

제3절 직장 내에 있어서의 인간관계

1. 조직의 관리전략

직장 내에 있어서의 인간관계들 중 중요한 것은 사용자 내지는 경영자와 근로자와의 관계인데 이 둘의 관계는 결국 일의 능률과 일의 인간화 문제로 귀착되지 않을까 한다. 여기서 일의 능률화란 최소한의 노력과 비용을 들여 최대한의 업적과 이윤을 올리는 것을 뜻하는 것으로 사용자나 경영자가 기대하는 바이고 일의 인간화란 인간에게 적합한 작업장과 작업환경을 만드는 것과 같이 일의 근본적인 성격인 고통성과 소외성을 가급적 줄이고 인간의 신체적 조건이나 삶의 리듬, 그리고 정신 건강에 적합하도록 일의 조건과 형태, 그리고 일하는 방식을 인간적으로 바꾸어 나가는 것[1]으로 근로자들이 요구하는 것이라 하겠다. 아직도 많은 기업체에서는 일의 능률을 어떻게 하면 올릴 수 있을 것인가에 신경을 쓸 뿐 일의 인간화를 위해서는 투자할 생각을 별로 하지 않는 것이 사실이다.

그러나 아무리 일의 능률이 중요하다고 해도 인간은 기계가 아니므로 무리하게 업적만을 강요해서는 안 된다고 생각된다. 왜냐하면 인간이란 직장에서도 역시 자유가 필요한 동물이기 때문이다.

이러한 경영자와 근로자와의 관계는 경영학이나 행정학에서도 주된 연구대상이 되어 왔었는데 이는 인간(근로자)을 어떻게 이해하고 해석하느냐에 따라 조직의 구조나 관리전략이 달라지기 때문이었다. 여기

---

1) 김태길 외 3인 공저, 「삶과 일―현대인의 직업윤리」(서울: 정음사, 1986), p.120.

서는 우선 많은 이론들 중에서도 대표적인 McGregor의 X이론과 Y이론을 살펴보기로 한다.[2]

McGregor는 Maslow의 욕구단계이론을 바탕으로 하여 인간관을 두 가지로 구별하고 그에 따라 관리전략도 두 가지로 나누었는데 X이론은 새 시대의 요청에 부적합한 것이라고 하여 비판한 다음 Y이론을 제시하고 앞으로의 조직관리체계의 Y이론에 따라야 한다고 처방하였다. 이상과 같은 McGregor의 주장을 요약하면 다음과 같이 정리할 수 있다.

(1) X이론

X이론은 한마디로 인간은 자기중심적 존재라는 입장에서 성악설적인 인간해석에 가깝다고 할 수 있다. 조직이론의 계보에서는 Taylor의 과학적 관리법이 X이론의 범주에 들어간다고 볼 수 있는데 X이론의 내용은 다음과 같다.

① 보통 사람은 본질적으로 일을 싫어하며 될 수 있으면 일을 안 하려 한다. 즉, 사람의 본성은 게으른 것이며 외적 강제에 피동적으로 따라갈 뿐이다.
② 보통 사람은 야망이 없고 책임지기를 싫어하며 명령에 따라가려고 한다.
③ 보통 사람은 안전을 원하고 변화에는 저항적이다.
④ 보통 사람은 본래 자기중심적이고 조직의 요구에 대해서는 무관심하다.
⑤ 보통 사람은 속기 쉽고 영리하지 못하며 사기극에 잘 넘어간다.

X이론은 이와 같은 인간관에 입각하였기 때문에 개인은 수동적인

---

2) 오석홍, 「조직이론」(서울: 박영사, 1985). p.240 이하.

존재로 취급되고 관리자는 일방적 지시와 세밀한 감독, 처벌 등 강압적 조치를 취하고 개인의 생리적 조건만 충족시켜 주면 된다고 생각하였다. 그리고 개인은 생산성의 극대화를 위하여 조직이 정해 준 생산조건에 적응해야 하는 존재로 간주되었다.

(2) Y이론

Y이론은 성선설의 인간해석에 가까운 것으로 조직이론에서는 인간관계론이 이 범주에 속한다 할 수 있다.

① 보통 사람의 본성은 일을 싫어하지 않으며, 일을 위해 정신적·육체적 노력을 바치는 것은 휴식을 취하거나 놀이를 하는 것처럼 자연스러운 것이다.
② 외부 통제나 처벌의 위협만이 상책이 아니며 사람은 조직의 목표달성을 위해 자기규제를 자율적으로 할 수 있는 존재이다.
③ 인간이 어떤 일의 성취에 전력투구하고자 하는 동기는 그 일의 성취에서 얻어지는 보상 때문인데 이때 가장 값진 보상은(X이론의 경제적 욕구의 충족이 아니라) 심리적 만족이요 자아실현욕구의 충족이다.
④ 보통 사람은 적절한 조건만 갖추어지면 책임을 받아들일 뿐만 아니라 책임을 맡기를 바라고 있다.
⑤ 인간은 대체로 조직의 문제를 해결하는 데 있어서 비교적 높은 수준의 상상력과 창의력을 발휘할 수 있다.

Y이론은 이상과 같은 인간관에 근거하였기 때문에 세밀한 감독보다는 일반적 감독을 주장하고 작업에 다양성을 부여받는 것과 비공식조직을 중시하였다.

2. 일의 인간화 문제

(1) 일의 인간화의 필요성

현대사회에서의 일은 과학·기술의 발전과 함께 기계화(mechanization)의 길을 걸어왔으며 이러한 기계화는 많은 인간의 일을 덜어 주었고 더 빨리 정확하게 많은 것을 만들어 낼 수 있게 해 주었다. 더구나 오늘날엔 컴퓨터의 사용이 보편화되면서 정신적인 일로 유일하게 남아 있던 사무실 노동마저 기계화되어 정말 일은 완전히 기계가 하는 것 같이 되어 버렸다.[3]

이러한 일의 기계화는 인류에게 많은 편리함과 놀라운 물질문명의 발전을 가져온 것이 사실이지만 인간의 정신과 동작을 기계화시키는 결과를 가져왔고 기계적인 일은 같은 일을 생각 없이 반복하기만 하는 것이기 때문에 일에서 인간의 자율성을 모두 빼앗아 갔다.

사람에게는 생각할 여유가 필요하며, 사람들은 기계적인 노동보다도 창의적인 일을 더 원하는 것인데 기계적인 노동은 인간에게서 생각할 여유와 융통성을 빼앗아 가기 때문에 인간의 본성에 어긋나게 된다는 문제를 제기하였다. 이러한 일의 능률을 위한 기계적 노동이 주는 피해를 최대한 줄여야 한다는 필요성이 일의 인간화 문제를 대두케 한 것이다.

(2) 일의 인간화 방안

일의 인간화는 인간이 일의 주인이 되어야 하며 일이 인간을 마음대로 부리고 인간의 본성과 자유를 억압해서는 안 된다는 윤리적이며

---

3) 김태길 외 3인 공저, 전게서, pp.128~129.

철학적인 가치관과 규범을 직장에서 실현해 보고자 하는 운동이다.4)
그러나 이러한 일의 인간화는 일을 무시하고 일의 능률과 업적, 생산
성을 경감시키려는 극단적으로 일방적인 것을 의미하는 것이 아니라
단지 일이 지나치게 능률과 업적, 생산성에만 얽매여 일하는 보람을
못 느끼게 하는 요소들을 시정하고 개선해 보고자 하는 것이 현실적
인 목표이며 과제라고 할 때 이것은 근로자들만의 가치관이 아니며
기업가와 공공기관, 국가 사회 전체가 인간을 위해 우리 모두를 위해
가지는 이상적 목표이며 당위적인 규범이라 하겠다.

이러한 일의 인간화의 내용으로 우선 들 수 있는 것은 작업 환경을
개선하는 것과 같이 일 자체를 인간에게 해롭지 않게 만드는 것이며,
두 번째는 일을 둘러싸고 맺어지는 인간관계를 개선하는 것을 포함한
다. 가령 상하 명령 복종관계를 협의와 대화의 관계로 바꾼다든지 규
칙이나 규정을 통해 사람들을 일에 얽매이게 하는 것보다 일하는 사
람에게 자율성과 책임을 부여하게 한다든지, 노사간의 관계를 만들 수
있게 된다.5) 또한 갈등은 인간 사회에서 불가피한 것으로, 갈등자체
가 조직 발전에 역기능적이라는 인식을 떨쳐 버리고 갈등이 적절히
조절되면 그것은 오히려 조직 발전에 크게 도움이 된다는 인식 아래
갈등을 조직 내부에서 합리적으로 해결하려는 노력도 필요하다고 생
각된다.

---

4) 상게서, p.133.
5) 상게서, p.136.

제 5 장
현대산업사회의 직업정신

제1절 고용계약의 윤리

현대사회 속에서 일이란 혼자 마음대로 하는 것이 아니며 어떤 조직 속에서 계획에 따라하는 것으로 되어 있다. 말하자면 일은 사회적으로 계획되고 조직된다고 할 수 있다. 개인은 사회의 계획되고 조직된 일을 맡아서 하도록 되어 있다. 이때에 개인들은 일을 맡겨 주는 사회와 계약관계 속으로 들어가게 된다. 이것을 우리는 일의 계약성이라고 한다. 일은 일을 맡겨 주고 시키는 자와 일을 하고 대가를 받으려는 자 사이의 계약관계에서 이루어지는 것이라고 하겠다. 현대사회에서 이루어지는 일들은 대부분 이러한 계약관계에서 진행된다.

일이란 사람이 살기 위한 수단이며 자신의 삶을 보람 있게 하기 위한 행위인데, 왜 자기 마음대로 하지 못하고 남이나 사회가 시키는 대로 해야 하는가, 왜 일은 꼭 계약관계에서만 이루어져야 하는가, 하는 것은 아주 본질적인 문제다. 과거에 원시적인 사회에서 소수의 인간들이 살았을 때는 일이 각자의 취향과 필요에 따라 마음대로 하는 것이었을 것이다. 아침에 일어나서 하고 싶으면 나가서 사냥을 해 오고, 배가 고프면 열매를 따다 밥을 지어 먹고, 필요하면 나가서 낚시를 하면 되었다. 무인도에 홀로 떨어진 로빈슨 크루소는 누가 일을 시키지 않아도 혼자 필요한 것을 만들고 먹을 것을 구해 오며 살 수가 있었다. 그러나 가족이 생기고 부족의 집단생활을 하게 되면서 사람들은 일을 분담하게 되고, 자기 마음대로가 아니라 그 공동체가 시키는 종류와 양의 일을 해야만 하게 된다. 이러한 것이 고대 노예제 사회나 봉건사회를 거쳐 오면서 양태는 달랐지만 일은 모두 사회가 필요로 하고 계획하며 조직하는 일로서 주어졌으며 사람들은 이를 유형·무형의 계약관계에서 하도록 되었다.

물론 오늘날과 같이 모든 일들이 기업화하고 산업구조 속으로 짜여져 들어간 시대에도 혼자 마음대로 하는 일이 없는 것은 아니다. 어디에 매이거나 계약관계에 들어가지 않고 혼자서 자유로이 하고 싶은 일을 하는 자유직업들이 얼마든지 있다. 소설가라든가 예술가, 작가들같이 자기가 하고 싶은 일을 맡아 해내고 대가를 받는 소위 프리랜서(freelancer)들은 어떤 직장이나 일터에 매이는 것이 아니라 자유롭게 일을 하는 사람들이다. 그러나 이들도 자세히 보면 일을 맡기는 사람이나 기관과 어떤 계약관계에 있는 것을 알 수 있다. 고정된 직장이나 근무시간은 없어도 일의 내용과 질, 양은 일의 위탁과 함께 정해져 있으며, 이를 위해 이들 자유 직업가들은 약속된 기한 내에 맡은 일을 해내기 위해 일에 매이게 된다. 사실은 계약관계 속에서 일을 한다고 볼 수 있다. 또 시간은 비교적 자유롭게 쓰지만, 경우에 따라서는 직장에 매인 직업인보다 더 많은 시간을 일하고 노력해야 하는 자유 직업가들이 많다. 역시 자기가 스스로에게 일을 맡기고 대가도 지불하는 것이 아닌 한은, 모든 일들이 다 계약관계에서 이루어지는 것이라 보아야 할 것이다.

일이 계약성을 갖고 일을 시키는 자와(Arbeitgeber) 일을 하는 자(Arbeit-nehmer)가 따로 있는 한 여기에는 윤리적 관계가 문제된다. 특히 현대 산업사회는 대부분의 인구가 크고 작은 기업체에서 고용되어 일하고 있으며 여기서 사람들은 일을 맡아서 하는 노동자라든가 이들에게 일을 시키는 사용자로 나뉘게 된다. 노사간의 윤리문제는 현대사회에서 대단히 중요한 윤리문제이며 사회의 구조와 성격을 결정해 주는 중대한 문제이기도 하다. 노동자와 사용자의 계약관계는 의무와 권리의 관계로 나타났다. 이것은 대체로 취직을 하거나 입사할 때 고용계약서 속에 명시되는데 갑이란 노동자는 을이란 사용자에게 한 달에 며칠간 어떤 종류의 일을 해줄 의무를 지며, 그 대신 얼마만큼의 급료와 복지비, 가족수당을 받을 권리를 갖게 되는 것을 말한다. 이것은 반대로 을이란 사용자는 갑이란 노동자에게 얼마만큼의 일을 시킬 권리를 갖고, 그 대신 얼마만큼의 대가를 지불해야 할 의무를 지는 관계를 말한다.

노사간의 윤리적 관계란, 노동자와 사용자 간에 성립되는 의무와 권리의 계약관계와 또 그 실천 내용이 윤리적이 되는 것을 말한다. 즉, 정의롭고 평등하며 인격을 존중해 주는 관계가 됨을 말한다. 만약 노동자의 의무는 대단히 큰데 권리나 이익은 아주 적다고 하면 윤리적이 못 되며, 또 반대로 노동자가 월급은 많이 받고 혜택도 많이 보면서 하는 의무나 일은 별로 없다면 이것은 윤리적인 관계라 할 수 없다. 또한 노사간의 계약은 아주 정당하게 평등하게 되어 있는데 실제로 시행되는 것은 그렇지 못하고 의무권리 관계가 평등치 못하다 할 때는 비윤리적 관계가 되고 만다. 여기서 생기는 중요한 문제는 일의 대가를 얼마만큼 지불해야 정당하냐 하는 윤리적 문제다. 노동자가 일을 한 대가로 요구하는 권리는 일의 조건이라든가, 휴식시간, 휴가 등이 있지만 무엇보다 중요한 것은 임금이다.

현대 산업사회에서 노동자들의 임금은 여러 가지 경제법칙들에 의해 결정된다. 노동자들의 일은 어떤 재화나 가치를 만들고 생산하게 되는데, 생산된 제품은 시장에 나가 팔리거나 교환이 되며, 상품으로서 돈과 바뀐 액수의 범위 안에서 노동자들의 임금이 결정된다. 노동자들이 보다 많은 임금을 요구하는 것은 어느 시대, 어느 나라에나 공통된 현상이지만, 노동자들에게 지불되는 임금의 총액이 그들이 만들어 낸 상품이 팔린 값보다 많을 수 없는 것은 당연한 일이다. 따라서 임금은 상품의 가격과 함수관계를 갖게 된다. 문제는 상품이 벌어들인 가격의 총액 중 원료나 공장운영비, 설비비, 회사의 이윤이나 배당을 제하고 얼마만큼이나 노동자들에게 임금으로 돌아가느냐 하는 데 있다. 이것은 물론 일의 종류나 기업의 성격에 따라 다르겠지만, 노동력이 창조한 가치가 상품가치에서 차지하는 비율이 높을수록 임금의 비율이 높아져야 하는 것은 당연한 일이라 하겠다.

그러나 오늘날 대부분의 나라에서는 노동자의 임금을 단순히 기업 경영상의 계산에 의해서만 정할 수 없다는 원칙을 인정한다. 임금이란 노동자들의 생활비용과 소득을 말하며, 이것은 인구의 대부분의 사람들이 삶의 조건을 의미하기 때문에 국가나 사회는 이를 단순히 기업 경영상의 문제로만 맡겨 둘 수는 없다. 그래서 많은 나라에서는 최소한 노동의 대가를 법으로 규정하여 최저임금제를 실시하고 있다. 사람이 살 수 있는 최소한의 생계비가 임금으로 지불되어야 한다는 것이다. 이것은 상품이 팔리는 값에 따라 노동력의 대가를 지불하는 것이 아니라, 그 노동력을 제공한 노동자들이 한 달간 일을 하기 위해서는 한 달을 먹고 살아야 하기 때문에 그 사는 비용을 최소한 지불해야 한다는 생존비용의 원칙이다. 물론 여기에는 어떤 정도로 사는 것을 최소한의 생계비로 보느냐에 따라 기준이 달라지는 문제도 있다. 이것은 선진국과 후진국이 다르며, 도시와 농촌이 다르다.

노사간의 계약관계는 임금문제만이 아니다. 일하는 시간과 일의 양 도계약에 의해서 규정되는 문제다. 보통 하루에 8시간, 한 주일에 5일 내지 6일 일하고, 일년에 적당한 휴가를 갖는 것이 관례로 되어 있지만 이것도 나라마다 지역마다 회사마다, 업종에 따라 천차만별인 것을 알 수 있다. 법으로 정한 8시간 이상의 일을 할 때는 반드시 초과수당을 지불해야 하는데 이를 지키지 않을 경우 노동자들이 일방적으로 피해를 보게 되어 비윤리적 관계가 생긴다. 하루에 노동시간을 8시간으로 정한 것은 대체로 인간의 신체적 능력이나 조건, 생활의 리듬, 인간적인 삶의 내용 등을 고려하여 정해진 것이다. 이 이상의 노동을 할 때는 경제적 초과수당으로 충분히 보상할 수 없는 인간적 삶의 지장과 부담을 준다는 것을 윤리적으로 인식할 필요가 있을 것이다.

제2절 노동윤리의 자율적 정착

또한 일을 시키는 자가 고려해야 할 윤리적 사항은 일의 조건과 환경 그리고 위험도에 관한 것이다. 일은 인간의 노동력을 소모케 할 뿐 아니라 인간의 건강을 해치게 하는 원인이 된다. 너무 많이 일을 했을 때 너무 힘든 일을 했을 때 노동자가 지치고 병들어 눕게 되는 경우가 많다. 밤낮 현미경을 끼고 일하는 경우 눈이 상하기도 하고, 시끄러운 굉음을 밤낮 듣고 일할 때 귀가 먹기도 하며 허리를 많이 쓰는 일은 척추질환을 일으키고 또 손가락이 기계에 잘리고 병신이 되는 위험한 일들도 많다. 물론 어느 일이든 위험부담은 따르게 마련이며, 일이란 인간의 체력을 쓰는 것이기 때문에, 사무실 일이나 정신노동도 결국 건강을 조금씩 손상시키는 것은 사실이다. 그러나 작업장의 환경이나(공기, 습도, 열) 설비 등 일의 조건이 가급적 인체에 해롭지 않고, 인간의 건강과 안전을 최대한 고려하여 마련되어야 하는 것은 또 하나의 윤리적 명제라 하겠다.

그 밖에도 노사간의 계약상 고려해야 할 윤리적 문제들은 많지만, 어려운 문제는 과연 기업이나 사업체의 현실이 이런 윤리적 요구들을 얼마만큼 충족시켜 줄 수 있는가에 있다. 그리고 오늘날 노사간의 문제는 윤리적이나 법적인 문제만이 아니라, 노동자와 기업주라는, 서로 이해관계가 다른 두 집단 간의 관계 문제라는 것은 두말할 필요가 없다. 이 관계는 서로의 이해관계에 따라 협력과 조화를 이루기도 하고, 갈등과 분쟁을 일으키기도 하고 다시금 대화와 타협의 관계를 만들기도 한다.

오늘날 산업사회가 생긴 이후 노동자 대중들의 권익을 옹호하기 위한 집단적인 노력이 오랫동안 진행되어 왔고, 이것이 노동조합(Labour Union)운동으로 결실을 맺어 온 것은 주지하는 바와 같다. 결국 노동자들은 조합을 통해 기업주와 협상을 벌이다 안 되면 파업(strike)을 하기도 하며, 파업을 무기로 임금인상이나 노동시간, 작업조건 등의 개선을 얻어내기도 한다. 노동자의 권익을 대변하는 노조와 사용자의 이익의 편에 선 기업주가 대화를 하거나 협상을 할 때 그리고 혹 대결과 투쟁을 할 때에도 양자는 서로를 필요한 상대로 인정하는 기본적인 윤리적 태도를 갖는 것이 중요하다고 생각된다.

이것은 사회적으로 국가적으로도 중대한 문제이기 때문에 노사간의 관계는 대체로 노동법 등을 통해 법으로 규제하고 있지만, 즉 어떤 종류의 단체행동은 허락하고, 어떤 행동은 금지하는 법을 만들어 놓고 있지만 문제는 힘의 대결과 투쟁보다는, 상호 윤리적 인식을 가지고 순리로 풀어 가는 자세가 더 중요하다는 것이다. 기업들은 노동자들을 기업의 가장 중요한 요소로 인정하고 기업이 이들 모두를 위한 것이라는 인식을 가지고 자기의 이윤만이 아니라 노동자들의 이익을 최대한 배려하는 기업운영을 해야 한다. 기업가가 노동자를 수탈하지 않도록 국가나 노조는 감시해야 하며 부당한 해고나 초과노동 감원이나 폐사를 하지 않도록 규제해야 한다.

동시에 노동조합이나 노동자들은 기업가들을 자기들에게 일을 주는 사람으로 존중해야 하며, 기업이 망하거나 문을 닫으면 자기도 실업이 되고 손해를 본다는 연대의식을 가질 필요가 있다. 그래서 우리 사회에서 가끔 보듯이 기업이 곤경에 빠지면 노동자들이 자기 기업처럼 기업을 구하기 위해서 희생적으로 노력하는 정신을 보일 필요가 있다.

기업가와 노동자가 적대적이거나, 이해관계의 대립적인 관계가 아니라, 파트너로서 동반자의 관계를 유지하며, 협동적 유대적 관계가 있어야 기업도 살고, 노동자들도 혜택을 볼 수 있게 된다. 흔히 노사간의 관계는 약자인 노동자들에게 불리하게 되어 있어 기업가들의 윤리의식을 촉구하는 쪽으로 기울어지지만 사실은 노동자들의 의무와 직업의식, 일의 태도와 책임감도 강조되어야 할 부분이다. 노동자들은 계약에 명시된 시간과 일의 양을 지킬 의무를 갖는다. 그리고 일이 소홀히 되거나, 기준에 맞는 생산을 할 수 없을 때는 계약된 의무를 다하지 못하는 것임으로 응분의 책임을 져야 하는 것도 노동자의 윤리에 속한다.

요즘 서구에서는 노동자들의 일에 관한 태도나 윤리의식이 저하되고 있다는 비판이 많이 일고 있다. 과거에 서구의 노동자들은 기독교적인 근면과 성실성의 자세로 열심히 일하여 산업을 발전시키는 데 크게 기여하였지만 오늘날엔 풍요로운 복지사회 속에서 젊은이들이 편안함과 안이함을 찾고 일의 의미를 느끼지 못해, 일의 능률을 못 올릴 뿐 아니라 태만하고 소홀한 현상들이 날로 늘어 커다란 사회문제로 되어 가고 있다. 이를 보고 서구문명이 앞으로 쇠퇴할 것이라고 경고하고 염려하는 사람들이 많다. 이러한 현상은 심지어 미국이나 가까운 일본에까지 나타나 일의 윤리(work ethics) 문제가 새삼스럽게 거론되고 있는 것이 보인다. 우리는 아직 선진국을 향해 더 달음박질해야 할 단계에 있는 나라이기 때문에 아직 이런 걱정은 없지만 일에 대한 성실성과 책임감만은 더 배우고 증대시켜야 할 것으로 보인다. 하찮은 일이라도 자기 일과 직업에 대한 철저한 책임의식을 갖는 것은 사회와 문화를 발전시키는 데 기본이 된다. 이것은 결코 공장에 고용된 노동자들에게만 해당되는 것이 아니며, 사무실 근무자나 관리자 그리고 기업가들에게도 마찬가지로 해당되는 문제다.

제3절 3D기피와 실업의 윤리적 과제

지난 93년 6월 6일자 뉴스위크지는 대량 실업시대의 도내를 예고하는 특집기사를 보도하였다. W. Burger에 의하면 현재 미국의 실업자 수는 8백90만에 이르며, 경제성장이 없으면 앞으로도 새로운 일자리 창출은 불가능하다고, 이는 화이트칼라나 블루칼라를 막론하고 일자리가 줄어들고 있다고 하였다. 이러한 실업의 수렁에서 빠져나올 수 있는 길에 대해서 R. 커크랜드(미 노총산업별회의 의장)는 최근 W. P 기고문에서 다음과 같이 말하였다.

미국 고용주들이 합법적인 파업근로자들을 '영구교체' 하지 못하도록 하자는 법안을 둘러싼 논쟁과정에서 고용주들이 원하는 바는 작업장을 일방적으로 통제하겠다는 것으로 드러났다. '작업장공정법안'(WFA)에 반대입장을 취했던 이들 고용주들은 이 법안을 작업장 내 협동을 위협하는 것이라고 공격했었다.

작업장공정법안은 간단히 말해 "노동자들이 파업할 권리를 가지지만, 그 권리를 행사할 경우 직장을 잃을 수도 있다"는 잘못된 법 혼란을 바로잡아 노동자들이 고용주의 이익 때문에 직장을 잃지 않게 하기 위한 것이다.

1938년 연방대법원 판결 이후 이 같은 법 혼란이 계속 존속돼 왔지만 10년 전만 해도 고용주들이 이 법의 허점을 이용하지는 않았다. 그러나 지금은 고용주들이 근로자들의 단체교섭과 노동자들의 효과적인 대표권 행사를 사전에 저지하기 위한 수단으로 이 허점을 이용하고 있다.

이스턴항공사·그레이하운드 등 굵직한 기업 외에도 이 허점을 악용한 군소업체들이 수없이 많다. 노조가 결성된 많은 기업에서 이 법의 허점은 고용주와 근로자가 대립하게 하는 요인으로 작용했을 뿐 아니라, 근로자들의 파업을 불렀고 파업근로자를 비노조원으로 교체하도록 하는 결과를 낳았다. 많은 경우 고용주들이 노조원들과 협상을 시작하기도 전에 그 노조원 대신 새로운 비노조원을 고용하는 근거로 삼았다.

그 때문에 고용주·근로자 양측의 협상 자세가 경직돼 오히려 파업이 장기화됐고, 수많은 근로자들의 삶을 황폐화시켰다. 그것만이 아니다. 유망했던 기업들까지도 많이 도산했고 나아가 그 기업들이 자리잡았던 지역사회까지 타격을 입었다.

이 모든 것들은 노동법이 예방하고자 했던 바로 그런 문제들이다.

지난 50년 동안 미국의 국가정책은 임금이나 근로조건을 둘러싼 고용주와 근로자들 간의 분쟁을 원만히 해결하기 위해 성실한 단체교섭을 고무한다는 것이었다. 이 정책의 핵심은 근로자들이 고용주들의 보복을 두려워하지 않고 단체행동에 가담할 수 있는 권리를 보호하는 것이다.

정부 측의 단체협상 고무는 상당한 임금과 근로조건을 바탕으로 건전한 시장을 창조해 냈으며, 이것이 미국이 세계경제 지도국으로 부상하는 데 결정적 역할을 해 왔다. 이 같은 정부정책은 약간 느슨해지기는 했지만 지금도 유지되고 있는 것이 사실이다.

그동안 고용주들이 '작업장공정법'을 저지하려는 노력을 펼쳐왔다. 이 법안통과를 저지하겠다는 것은 바로 노동관계의 극단적 대결구도를 그대로 유지하겠다는 것이다.

고용주들이 협상테이블에 앉아 노조 측을 향해 '우리가 제시하는 조건을 받아들여라. 그렇지 않으면 직장을 잃게 될 것'이라고 말할 수 있다면 진정한 협상이 이루어질 수 없다. 주종관계밖에 성립되지 않는다.

그런 정책은 과거에 미국이 선진국으로 발전하는 데 기여했을지 모른다. 그러나 경쟁국들은 지금 노사관계를 그런 식으로 운영하지 않고 있다. 그리고 미국이 앞으로도 경제 강국의 위치를 지키기 위해서는 현재와 같은 노사관계가 계속되어서는 안 된다.

　장래 미국 경제를 위해서도 선택은 분명하다. 근로자와 경영진이 상호 존중을 바탕으로 협력해야 한다.

제4절 실업에 대한 새로운 대응

　우리는 일할 수 있는 능력을 가진 사람들이, 일이 없거나 가졌던 일을 잃게 될 때에 이를 실업이라고 한다. 실업이란 말(unemployed, arbeitlosen) 속에 이미 부정적인 의미가 있다. 해야 할 일이 없다는 것, 있어야 할 직장이 없다는 것, 하던 일을 잃었다는 것이다. 이것은 왜 그럴까? 여기에는 인간이 당연히 가져야 할 일이 없어졌다는 의미가 들어 있다. 즉, 일의 당위성(Norm, Sollen)이 강조되고 있는 것이다. 말하자면 실업자들은 당연히 인간으로서 가져야 할 일과 직장을 갖지 못하고 있다는 것을 의미하게 된다. 일과 직장을 갖는다는 것이 인간의 당연한 권리라는 생각이 그 밑바닥에 깔려 있다.

　일은 인간에게 있어서 의무만이 아니라 권리라는 생각은 이미 오랜 역사를 가지고 있다. 사람은 일할 의무만 있어서는 안 되며 일할 권리도 있어야 한다는 주장이다. 이것은 특히 산업화가 이루어지면서 많은 일이 생산업체들이나 공장에 의해 조직되면서 강하게 부각된 사상이다. 이제까지 일할 의무만 강조하여 왔는데 일을 하고 싶어도 일할 자리가 없을 때, 그리고 일이 사회적으로 주어지지 않을 때에는 일을 할 수가 없게 될 뿐 아니라 생존에도 문제가 되어 인간의 본래적인 삶의 권리가 침해된다는 발상에서 거론되었다. 따라서 일할 권리는 생존할 권리 곧 인간의 생존권과 관련된 권리로 주장된 것이다. 일이 삶의 본질적이고 필연적인 수단이 된다면 삶의 권리와 함께 일의 권리가 보장되어야 한다는 것이다. 이러한 것은 특히 이상적 사회를 꿈꾸던 토마스 모어나 찰스 후리에 같은 사상가들에 의하여 구상되고 주장되었다.

현대사회의 산업구조나 경제적 법칙에서 보면 몇% 정도의 실업자는 항상 있는 것이 오히려 건전한 경제구조라고 주장되기도 한다. 아무리 경제제도가 완벽하게 짜여졌어도 국민들을 100% 완전하게 고용하는 법은 없으며, 오히려 적은 수의 실업자들이 대기하고 있다가 새로운 산업이 발전한다든가 새로운 노동력에 대한 요구가 생겼을 때 이를 메워 줄 수 있어야 한다는 것이다. 이런 의미에서 실업자들을 산업예비군(reserve army)이라고도 한다. 만약 이런 예비군이 없으면 오히려 경제가 새롭게 발전하고 박진력 있게 움직이는 데 지장을 받는다는 것이다. 그래서 선진 산업국가들에서는 국민의 4~5%가 실업자로 있는 것을 오히려 건전하게 생각하는 경향이 있다. 대체로 이것이 10%를 넘어서면 위험한 것으로 보기도 한다.

그러나 문제는 그것이 5%든 1%이든, 국민의 수십만이나 수백만이 일이 없이 실업자로 지낸다는 데 있다. 실업이 된 사람들은 생계에 타격을 받을 뿐 아니라 삶의 보람을 느끼지 못하며 소외감을 느끼게 되어 커다란 사회문제를 일으키게 된다. 실업은 인간에게 여러 가지 고통과 부담을 주며 인간다운 삶을 빼앗는 것이기 때문에 윤리적으로도 큰 문제가 된다. 실업이 주는 경제적, 정신적, 심리적 고통은 이를 당해 본 사람이 아니고는 이해하기 어렵다. 서구와 같이 사회보장제도가 잘 된 나라에서는 실업보험금을 주니까 최소한의 생계에는 별 문제가 없지만 매일 출근을 하던 사람이 아침에 갈 곳이 없이 집안에 틀어박혀 있다는 게 여간 심리적 고통을 주는 게 아니다. 그래서 어떤 사람은 자기 아이들에게 실업자의 꼴을 안 보이기 위해서 직장을 잃었다는 이야기도 하지 않고, 매일 아침 도시락을 싸게 해서 가방에 넣고는 출근하는 척 제시간에 나가서 공원이나 카페에 돌아다니다 퇴근시간에 들어온다는 사람도 있다.

여기에서 기업과 국가와 실업자가 커다란 윤리적 문제에 봉착하게 된다. 기업의 국제 경쟁력을 위해 기업가는 국내공장의 문을 닫고 한꺼번에 수천 명의 실업자를 내어도 좋은가? 노동자들은 기업도 살리고 내 일터의 보장도 받기 위해서 보다 높은 소득과 휴가를 포기하고, 더 적은 돈을 받고, 더 많은 일을 하는 것을 감수할 것인가? 국가나 사회는 경제정책(세금, 관세, 융자, 금융할인율 노동)을 통해 기업들이 국제 경쟁력을 이겨낼 수 있도록 해 주고 대신 국내 실업자들을 대량으로 만들지 않도록 해야 할 것인가? 이런 문제들은 경제적인 정책적인 문제이면서 동시에 윤리적 문제라고 하겠다. 왜냐하면 경제적 합리성의 문제만이 아니라 인간의 문제, 가치와 당위의 문제가 개재되어 있기 때문이다.

실업자들에 대한 대책은 대단히 중요한 사회적 문제이다. 오늘과 같은 사회제도 속에서는 실업은 개인의 문제가 아니라 사회의 문제이기 때문이다. 여기에서 우리는 인간과 일의 문제를 다시금 생각해 보게 된다. 일이 인간의 의무만이 아니라 권리여야 한다는 것이다. 사람은 누구나 일할 권리를 가진다는 이상주의적인 사회 사상가들의 주장이 타당성을 갖게 되는데, 문제는 이를 어떻게 보장하느냐에 있다. 현대의 선진국가에서는 이 문제를 주요한 국가의 과제로 생각하며 이를 제도와 정책을 통해 해결해 가고 있다. 노동의 권리는 법에다 규정할 수도 있지만, 이를 실현하거나 제재할 제도적 장치가 마련되지 않는 상황에서는 형식적인 요건밖에는 별 의미가 없게 된다. 따라서 일의 권리는 그 의무와 마찬가지로 우선 도덕적이며, 윤리적인 명제요 규범으로 확립되어야 할 것이라 생각된다.

제 6 장
미래 중견직업인의 지도성

제1절 중견직업인의 역할분담

중견직업인이란 사회 각 분야에 관한 전문적인 지식과 이론을 교수, 연구하고 재능을 연마하여 국가사회의 발전에 필요한 전문 직업인을 말한다.

따라서 중견직업인이라면 지도자의 기능과 관리자의 역할을 함께 겸비해야 한다. 그러나 양자의 역할과 기능은 엄연히 구별되어 있다. 이에 대해서 네이머스는 관리자와 지도자를 다음과 같이 구분하고 있다. 즉, 관리자는 업무상 옳은 일을 하는 데 신경을 쓰며, 지도자는 옳은 일을 하면서 어떤 일을 어떻게 해야 하는가, 또 어떤 일이 달성되어야 하는가, 어떻게 달성되어야 하는가에 대한 현명한 선택을 하는 데 관심을 집중하게 된다고 하였다.

이와 같이 지도자의 주의와 관심의 면에서 관리자와 차이가 있다. 지도자는 상품이나 서비스를 파는 것보다 자신의 아이디어를 짜는 데 능숙해야 한다. 지도자는 능숙한 전략가이다. 지도자는 미래를 전망하고 전망된 목표를 성취하기 위해 구체적인 단계를 정하여 구성원들의 합의를 구하고, 합의를 구하기 위해 구성원들 간의 다양한 갈등을 해소하며 균형을 유지할 수 있는 기술과 능력을 소유하여야 한다.

한편, 또 다른 점을 찾아볼 수 있다. 관리자는 고용원을 가지고 있지만 지도자는 추종자를 가지고 있다. 관리자는 명령하고 통제하는 일을 하지만 지도자는 영감을 가지고 조직에 힘을 불어넣는 사람이다. 관리자의 권위는 직위와 직명에 따라서 정당화되지만 지도자는 조직 건강과 미래 전망 그리고 조직 구성원들로부터 미래전망에 관한 호응을 불러일으킬 수 있는 의사소통 능력에 따라 그 권위가 정당화된다. 관리자는 안정과 예측 가능성 및 통제 조건을 모색하지만 지도자는 유연성과 변화를 모색한다.

특히 지도자는 인간사회가 유동적이고 변화한다는 인식을 가져야 한다. 지도자는 변화를 피하지 말고 변화를 이용해야 한다. 지도자는 좌절과 실패를 예측할 줄 알아야 한다. 그리고 지도자는 미지의 세계를 탐구하는 하나의 과정으로서 실패를 받아들여야 한다.

1. 미래 중견직업인의 비전(Vision)

21세기의 일터에서 근로자들은 자신들의 상급자에게 어떤 것을 기대할 것인가? 상급자들은 어떻게 행동하고 처신할 것인가? 여기서 우리는 21세기의 일터에서 중견직업인에게 기대할 수 있는 자질이 무엇인가를 밝혀 보는 것은 매우 의미가 있으리라 본다.

21세기의 일터에서의 지도자들은 미래에 대한 비전을 가지고 있어야 한다. 그렇다면 도대체 비전이란 무엇인가? 자신들이 듣고 있는 것, 읽고 있는 것, 또 그것을 위해 살도록 요구받고 있는 것이 비전이라면, 우리들은 그것을 어떻게 알 수 있는가? 비전은 '시장 점유율을 확보하는 것'도 아니며, 분명히 '돈을 버는 것'도 아니다. 비전은 훨씬 더 포괄적이며 강제적인 것이다. 또한 어떤 의미에서 비전은 꿈이며 이상이다.

그러면 이러한 비전은 어디서 오는가? 카리스마적 지도자, 예외적인 지도력의 비결의 저자 제이 콩거(Jay Conger)는 다음과 같이 언급하고 있다.

"비전은 과거의 경험, 창의적인 직관, 기회주의, 우연히 좋은 발견을 하는 재주 등에 의해 가속화되는 매우 점진적인 과정이다"

콩거는 비전과 지도력의 발달을 가져오는 단계를 다음과 같이 6단계로 규명하고 있다.

1. 도너들 버(Donald Burr)가 어린 시절에 느꼈던 비행기에 대한 사랑, 존 들로린(John Delorean)의 자동차에 관한 어린 시절의 흥미, 스티븐 좁스가 고등학교 시절에 가졌던 전기기구 구매에 대한 흥미, 메리 케이 애쉬(Mary Kay Ash)의 판매에 대한 흥미 등과 같이 성인 초기의 흥미 또는 작업 초·중기의 흥미가 비전이나 지도력의 기초가 된다.

2. 미래의 지도들은 이미 자신이 선택한 분야에서 특정 생산물이나 서비스의 형태, 특정 산업을 통해 결점이나 새로운 기회를 발견할 수 있는 능력을 폭넓게 얻었다. 예를 들면 얀 칼즌(Jan Carlzon)은 SAS사의 사장이 되기 전에 여행업계의 수많은 직책에 근무한

경험이 있었고, 루이스 거스트너(Louis Gerstner)는 아메리칸
익스프레스사의 신용카드와 여행자수표 담당 부서의 장이 되기 전
에 재정용역 담당업계 맥킨세이사의 자문위원으로 근무했다는 사
실 등을 들 수 있다.

3. 경력을 쌓아 가면서 혁신적인 아이디어와 전략을 얻을 수 있다. 예
를 들면, 메리 케이 애쉬는 새로운 아이디어로 홈 파티를 통한 화
장품 세일 방법을 개발하였는데, 이 방법은 그녀가 스탠리 가정용
품 판매회사의 판매사원으로 근무한 경험을 바탕으로 청소용품을
파는 것과 같은 기법을 응용한 것이다.

4. 고객의 필요와 시장의 요구에 대해 민감하게 반응했던 한 지도자
의 개인적인 경험을 들 수 있다. 예를 들면 EDS사의 창설자인 로
스 페로트(Ross Perot)는 IBM사에 재직할 당시 많은 고객들이
컴퓨터를 효과적으로 사용하지 못하고 있는 점을 세밀하게 관찰하
여 자신의 새로운 아이디어를 개발하였다.

5. 자신의 아이디어를 시도해 보고 확인할 수 있는 실험 기간을 들 수 있
다. 콩거는 아이디어의 실험 기간에 대해 다음과 같이 언급하고 있다.
　"지도자의 비전이 단순히, 어느 날 갑자기 다소 기적적으로 나타
나는 것이라고 생각하는 것은 잘못이다. 비전의 발상 과정은 훨씬
더 점진적인 것이다. 비전은 계속적인 진화 과정을 거친다. 지도자
는 최초의 아이디어를 통해 그 가능성, 조직과 시장의 반응도를 시
험해 볼 수 있다."

6. 시장, 자원과 기술적 기회 포착을 들 수 있다.
　이상에서 콩거는 "비전(지도력의 생명으로서)은 두 가지 원천에서
온다. 첫째, 지도자는 부적합한 잡초를 뽑아낸 다음 그것을 일관성 있
는 흐름으로 개념화시켜 다양한 정보를 종합할 수 있는 능력을 가지

고 있어야 하며, 둘째, 자신의 비전을 실현시키기 위한 행동의 위험부담을 기꺼이 감수해야 한다"고 말했다.

2. 미래 중견직업인의 신뢰

21세기의 일터에서 중견간부는 신뢰성을 쌓아야 한다. 지도자는 비전을 가지고 있어야 하며, 비전을 전달할 수 있어야 하고, 구성원들이 지도자의 비전을 현실로 바꿀 수 있도록 신뢰성을 쌓아야 한다. 그렇다면 중견간부는 어떻게 신뢰성을 구축할 수 있는가.

첫째, 중견간부는 성공의 발자취에 대한 환상을 가지고 있거나 만들어낸다. 비전을 달성할 수 있다는 것을 그의 구성원들이 믿게 해야 한다.

둘째, 중견간부는 신뢰를 불러일으킬 수 있는 성공적인 경력을 가지고 있어야 할 뿐만 아니라 개성을 부각시켜 신뢰성이 우러나오게 해야 한다. 또한 지도자는 지혜와 지식을 근거로 한 현명한 기지가 있어야 하며, 재능이 있어야 한다.

지도자가 자기 자신의 능력에 대하여 신뢰와 신용을 쌓을 수 있는 방법은 다음과 같은 것들이다.

1. 중견간부는 자신감을 통해 자기 자신의 능력이나 그를 추종하는 사람들의 팀워크에 따른 능력을 의심하지 않는다. 지도자는 항상 다음과 같은 말을 잘 쓴다.

   "우리는 할 수 있다"

   "나는 우리가 할 수 있다는 것을 알고 있다"

   "나는 의심치 않는다"

2. 중견간부는 확고한 신념과 예측 가능성을 통해 중요한 쟁점에서

추종자들이 자기의 입장을 알도록 한다. 존 가드너는 신뢰성에 관하여 다음과 같이 언급하고 있다.

"지도자에게 신뢰성은 윤리적으로 바람직할 뿐만 아니라 실제적으로 필수적이다. 예측 능력이 없는 지도자는 그 추종자들에게 신경질적인 반응을 일으키게 한다. 만일 추종자들이 지도자가 어디에 서게 될지 알 수 없다면 지도자를 중심으로 모이지 못한다"

3. 중견간부는 인습에 매이지 않는 행동을 통해서 앞날을 예견하고 그에 따른 비전을 제시할 수 있어야 한다. 지도자는 다른 사람들이 조용히 말을 자제하는 곳에서는 다변이면서 표현력이 풍부하다. 지도자는 다른 사람들이나 관리자가 자기 동료 이외의 사람에게 형식적이고 폐쇄적으로 행동하는 데 비해 개방적이고 친밀한 태도를 나타낸다. 지도자는 기준이나 규정으로부터 벗어나 참신한 변화를 환영하는 입장에 선다. 이것을 보고 추종자들은 '여기에 정말 다른 무엇인가가 있다'고 느낀다.

4. 중견간부는 공통된 가치, 신념과 포부를 보여줌으로써 추종자들이 지도자는 여러 측면에서 다르지만 근본적으로는 다르지 않다는 생각을 갖도록 해야 한다.

"우리는 같다. 나는 여러분 중의 하나이다. 나도 여러분과 같이 생각한다. 나도 여러분이 원하는 것을 원한다"

5. 지도자는 완전한 자기 자신의 개인적 헌신을 보여주어야 한다. 프레더릭 스미스(Frederick Smith)는 야간 항공 배달서비스를 시작하기 위해 수백만 달러의 자기 재산을 걸었다. 그 당시 그와 같은 서비스를 위한 시장이 존재한다고 생각한 전문가는 거의 없었다. 1988년 스미스의 회사인 페더럴 익스프레스사는 38억 달러의 수입을 올렸다.

제2절 중견직업인의 권한과 책임

미래의 중견직업인은 명령과 통제에 의한 성공의 가능성을 믿지 않는다. 직원들의 헌신을 얻어내는 일만이 성공을 보장할 수 있는 유일한 열쇠가 될 것이다. 미래의 지도자는 권한과 책임을 조직의 말단에 부여할 것이다. 미래의 중견직업인은 모든 직책과 사람들을 믿고 그들이 옳다고 생각하는 일을 해 나가도록 할 것이다. 만약 실패를 하더라도 미래사회의 일터에서는 지도자의 잘못으로 간주할 것이다. 즉, 21세기 일터의 지도자는 다음과 같이 생각할 것이다.

"내가 비전을 전달하는 데 실패했다. 내가 알맞은 환경을 조성하지 못하였다. 내가 사회적·재정적 보상을 적절하게 분배하지 못하였다"

직원들에게 부여하는 권한은 21세기 일터에서 지도자가 가질 수 있는 유일한 동기 유발의 도구라고 할 수 있다. 즉, 직원들이 어떤 일을 달성하도록 하는 일차적인 방법이 될 것이다. 권한 부여는 직원들을 정서적으로 고무하고, 직원들의 동기 유발을 강화한다. 따라서 직원들로 하여금 과업을 어렵게 느끼지 않도록 권한과 책임을 부여해야 한다.

1. 성취를 통해 신뢰를 쌓는다. 지도자라고 해서 항상 성취가 보장되지는 않지만 도전하는 만큼 기회를 얻을 수 있다. 따라서 지도자는 다음과 같은 추론을 얻을 수 있다.

   "작은 성공 뒤에 또 작은 성공을 거듭하여 내가 그들의 타고난 능력을 적절하게 활용시킨다는 믿음을 얻는다면 그들은 결국 어떠한 도전에서도 압력을 받는지의 여부와 상관없이 '아마도'가 아니라 '반드시' 해낼 수 있을 것이다"

2. 항상 업무성과를 진정한 문제로 삼는다. 지도자는 업무 성과를 올

리기 위해 보상체계를 마련한다. 지도자는 직원들의 업무상의 성
취도, 성공과 향상에 대하여 진정으로 격려와 칭찬을 보낸다.

3. 업무를 재미있게 만든다. 지도자는 가끔 긴장을 해소시키기 위해
   논리에 맞지 않는 일을 하기도 한다. 지도자는 스트레스를 해소시
   키고 고안된 '이벤트'를 세심하게 조화시키기 위해 시간을 할애한
   다. 지도자는 다음과 같이 생각한다.
   "무엇보다 긴장하고 있는 사람, 스트레스를 받고 있는 사람, 하
   고 있는 일을 즐기거나 재미있게 하지 못하는 사람은 생산 실적을
   올릴 수 없다"

4. 지도자는 지도성을 가장 중요한 것으로 생각한다. 미래의 지도자는
   통제하거나 명령하지도 않고, 요구하거나 비판하지도 않는 반면, 직
   원들의 문제를 풀어 주기 위해 그들이 무엇을 원하는지 알아본다.
   지도자는 추종자들을 위해 다음과 같은 기회와 경험을 마련해 준다.

제3절 중견직업인의 자질 분류

미래사회의 일터에서 대부분의 직장인들은 지도자를 위해 일을 하
게 될 것이다. 그러나 모든 지도자가 건전한 지도자는 아니다. 지도성
은 항상 선과 악의 조건을 수반하고 있는 것이다. 지도자는 자신의 능
력을 건전하게 사용할 수도 있고 위협적으로 사용할 수도 있다.

그러면 좋은 지도자와 나쁜 지도자, 비도덕적인 사람과 도덕적인 사
람, 기만자와 동기유발을 시켜 주는 사람을 어떻게 구별할 것인가?

　　존 가드너는 지도성에 관하여란 책에서 미국의 가치구조 속에서 일
반적으로 받아들여질 수 있는 지도자에 관한 판단기준을 도표로 다음
과 같이 제시하고 있는 것을 참고하고자 한다.

중견직업인의 자질 분류

무능한 간부자질	유능한 간부자질
○ 추종자들에게 잔인하다. ○ 추종자들이 비도덕적이고 위법적인 일을 하도록 부추긴다. ○ 고집, 증오, 복수, 공포, 미신 등에 호소하여 동기를 유발시킨다. ○ 추종자들을 위축시켜 의존적인 어린아이로 만든다. ○ 자유, 정의, 인간의 존엄성을 보호하기 위해 만들어진 과정을 없애거나 축소시킨다. ○ 권력 그 자체를 궁극적인 목표로 갈망한다. ○ 현실을 왜곡시키기 위한 선전을 한다.	○ 권력을 생의 유일한 목표로 삼지 않는다. ○ 공동의 선을 위해 봉사한다. ○ 강제적인 수단보다는 설득력을 발휘한다. ○ 단순히 '최고'에 집착하는 것이 아니라 동등 속의 '최고'를 원한다. ○ 추종자들을 분신과 같은 조정 대상으로 삼는 것이 아니라 조정 그 자체에 목적을 둔다. ○ 개인적인 발전을 육성해 주고 개발되지 않은 에너지·재능·창의성·능력의 원천이 인간의 세계에 내재해 있다고 믿으며, 공동의 선을 위해 인간의 가능성을 발현시킨다.
○ 다른 사람의 신뢰에 배반하는 판단을 한다.	○ 법률·관습·전통적인 가치를 존중하고 이러한 것을 기준으로 조직을 운영한다. ○ 개인의 솔선수범을 권장하고 말단에 이르기까지 개인적 책임을 부여하며 참여 기회를 보장한다.

위의 표에서도 나타내듯이 모든 전문직업인은 필요한 지식, 태도, 기술, 정보 등 업무와 관련된 유능한 간부자질, 속성 및 특질을 지니도록 다음과 같은 에토스(정신)를 배양해야 한다.

① 자긍심

긍정적인 자기 존중은 인생 여정에서 자기 자신에 꼭 맞는 것을 찾는, 즉 자기 자신이 즐겨 할 수 있는 종류의 일을 찾아내고 행하는 능력이다. 긍정적인 자기 존중은 다른 사람에 대해서도 긍정적인 느낌을 갖게 한다. 긍정적인 지도자는 다른 사람과 접하는 방법에 있어서도 자기 자신처럼 신뢰감과 원숙한 좋은 느낌을 갖는다.

② 낙관주의

지도자는 낙관적이다. 이것은 지도자가 실패의 가능성을 부인한다는 의미가 아니다. 이는 실패했다고 해서 주저앉지 않는다는 뜻이다. 지도자들은 이기기를 바란다. 후퇴할 수도 있지만, 궁극적으로 지도자는 전진이나 성공을 바란다.

③ 호기심

지도자는 전 생애에 걸쳐 학습을 하는 사람들이다. 지도자는 과거와 현재, 특히 미래에 흥미를 갖는다. 지도자는 계속적인 학습자일 뿐만 아니라 빨리 배우려고 하고, 배우는 것을 즐긴다.

④ 행동 지향성

지도자는 주변의 사회를 자신이 좋아하는 상태로 바꾸기를 원한다. 지도자는 능동적이다. 즉, 자신들을 통해 자신들이 변화에 영향을 줄 수 있다고 믿는다.

⑤ 감정 이입

지도자는 감정 이입을 잘한다. 지도자는 사람들을 이해하고 관계를 잘 맺는다. 또한 자기 자신을 이해할 뿐만 아니라 다른 사람의 느낌,

전망, 욕구, 필요를 잘 감지해 내며 그러한 이해를 바탕으로 다른 사람의 행동에 영향을 미친다.

⑥ 가치부여

지도자는 명확하게 규명된 일련의 가치를 지니고 있다. 신중하고 용기 있는 것이 무엇인지, 정직·공정함·겸손이 무엇이며 바람직한 결과가 무엇이지, 수단과 목표 사이의 관계, 어떤 목표 달성을 위해 사용될 수 있는 수단이 무엇인지에 대하여 확고한 신념을 가지고 있다.

지도자가 가지고 있는 가치 기준은 자기 자신의 행동을 규정하고 제한한다.

⑦ 성취욕구

지도자는 무엇인가에 '이끌리는 사람'이다. 항상 무엇이든지 해야 하며, 무엇인가를 성취해야 하고, 무엇인가 되어야 하며, 심지어 자기 자신이나 다른 사람에 대하여 무엇인가를 보이려고 하는 사람이다.

⑧ 의사소통 기술

앞에서 의사소통 능력은 지도성의 전제조건으로 간주될 수 있음을 지적하였다. 의사소통이란 읽고, 쓰고, 말하고, 듣는 능력, 즉 지식과 아이디어를 획득하고 전하는 능력을 의미한다. 지도자에게 요구되는 의사소통 능력은 일반적으로 만족스러운 것에 그쳐서는 안 된다. 지도자는 고도의 독해력을 통한 빨리 읽는 기술, 명확하게 쓰는 기술, 설득력 있게 말하는 기술, 효과적으로 듣는 기술이 필요하다.

⑨ 정치적 기술

정치적 기술이란 타협, 갈등 해소, 여론 조성의 기술을 의미한다. 이러한 것은 가르칠 수 있고 학습될 수 있는 것들이다. 이러한 기술은 모든 사람들이 가지고 있지 않은 것들이다. 또한 특별한 훈련과 경험에 따라 얻어질 수 있는 것들이다.

⑩ 변화관리 기술

지도자는 변화의 대리인이고 변화를 유발시키고 대응하는 사람이다. 지도자는 변화에 대한 일반인들의 반응을 이해하고 예상되는 반발을 극복하는 방향으로 변화에 적응하는 능력을 지녀야 한다.

⑪ 신뢰구축 기술

신뢰를 구축하는 기술도 가르치고 배울 수 있는 기술이다. 사람들이 일에 몰두하는 것을 어떻게 표현하는지, 자신감을 어떻게 보여주며 가치관을 어떻게 공유하는지, 민감성을 어떻게 보여주는지에 관한 것을 가르칠 수 있다. 물론 이러한 훈련의 효과는 개인적인 속성이나 인성 특성의 조화에 달려 있다.

⑫ 권한부여 기술

지도자는 권한을 위임하는 방법을 알아야 하며 조직 구성원들이 업무성과에 대한 책임과 의무를 갖게 하는 능력이 필요하다. 조직 구성원들이 팀을 구성하고 문제를 쉽게 해결할 수 있도록 하려면 이에 대한 적절한 훈련 기회를 제공해 주어야 한다.

제 7 장
직업윤리의 사회적 의의

제1절 직업과 일(Work)의 관계

인간의 역사만큼이나 직업의 역사도 태고의 연륜을 지나오면서 인간은 직업을 가지지 않고는 살아갈 수 없는 사회적 존재 이전에 생존과 직결된 문제로 대두되기 시작하였다. 그러함에도 불구하고 인간은 일은 하기 싫어하면서도 직업은 있어야 한다는 순리적 모순에 처하게 되었다. 그렇다면 직업과 일은 어떠한 관계에 있는가를 파악하는 일은 직업윤리를 정립하는 일의 첩경이 아닐 수 없다.

사람은 누구나 일(work)을 하면서 살고 있다고 말할 수 있다. 일이란 '휴식'과 '놀이(play)' 또는 '여가(leisure)'를 위한 활동을 제외한 모든 '생산적인 활동'을 말한다. 그러므로 아주 어린 아동들을 제외한다면 거의 모든 사람들은 공부를 하든지, 집안일을 하든지, 아니면 다른 여러 가지 생산적인 활동을 하면서 살아가는 것이다.

그러나 그와 같은 모든 '일'이 곧 직업이라고 말할 수는 없다. '직업'이라고 할 때에는 '성인들의 일상적인 활동으로서 경제적으로 보상되는 활동'을 뜻하는 것이다.

직업을 성인들의 활동으로 제한하는 것은 미성년자들이 경제적 소득을 목적으로 일하는 것이 사회적으로 기대되는 활동으로 '제도화'된 것이 아니며, 미성년자들이 장래의 직업을 위해 준비하는 학습활동은 직업이라고 말할 수 없기 때문이다.

또한 직업을 성인들의 일상적인 활동이라고 보는 것은 성인들이 휴식과 여가를 위해 보내는 시간을 제외한 대부분의 시간을 생산적인 활동, 즉 일을 위해 사용하고 있을 때에만 그는 직업을 가지고 있다고 말할 수 있기 때문이다. 우리들은 흔히 일상적인 활동으로서의 일을 하고 있지 않는 사람을 '실직자' 또는 '실업자'로 분류하는 것도 그 때문이다.

그런데 사람들이 일상적인 '일'을 가지고 있다 하더라도 그것이 경제적으로 보상되는 일이 아닐 때에는 직업이라고 부르지 않는 것이 일반적이다. 가령 주부가 집안일을 하는 것은 분명히 성인의 일상적인 활동이고 생산적인 일임에는 틀림이 없지만 그것을 직업이라고 부르지 않는 것은 그러한 가사활동이 경제적 보상을 받는 일이 아니기 때문이다. 그러나 똑같은 가사노동도 주부가 아니라 파출부나 가정부가 할 때에는 그 일이 경제적 보수를 받는 일상적인 활동이기 때문에 우리는 그것을 직업이라고 분류하는 것이다.

어떤 사람들은 전혀 경제적인 보상을 받지 않으면서도 일상적으로 생산적인 활동에 참여하기도 한다. 그런 경우 그러한 활동은 직업이라기보다는 자원봉사활동이라고 부르는 것이 더 적절할 것이다. 자원 봉사자들은 경제적 보상보다는 일 자체에 더 큰 목적을 갖고 있기 때문에 보수에 관계없이 생산적인 활동에 참여하는 것이다.

그러나 직업을 '경제적으로 보상받는 성인들의 일상적인 생산 활동'이라고 정의한다고 해서 직업의 개념이 아주 정확하게 규정되었다고 말할 수는 없다.

어떤 경우에는 아주 나이가 어린 어린이들이 경제적 소득을 위해 일상적으로 일을 하는 일도 있고, 또 어떤 경우에는 어느 정도 경제적인 보상을 받으면서도 소득보다는 일 자체를 위해 일을 하는 사람도 있고 또 시간제(part time)로 일을 함으로써 일을 일상화하지 않는 사람도 있는 것이다. 또 어떤 사람은 물려받은 재산을 가지고 별다른 일도 하지 않으면서 집세만 받아 넉넉한 생활을 해 나아가는 사람도 있다.

그러므로 우리는 직업의 개념을 완벽하게 정의할 수는 없는 것이지만 대체로 성인들이 경제적 소득과 관련해서 수행하고 있는 일상적인 생산적 활동이라고 말함으로써 직업의 개념을 이해할 수 있을 것이라고 보는 것이다.

그런데 이와 같은 직업은 거의 모든 개인에게 있어서 매우 중요한 위치를 차지하는 활동인 것이다. 물론 예외적인 경우도 없지 않겠지만 대부분의 사람들은 미성년기를 장래의 직업적 활동을 위한 준비활동으로 보내고, 성인이 되고 난 후에는 은퇴할 때까지 직업적 활동을 계속하는가 하면, 은퇴한 후에도 자신의 직업과 관련해서 연금을 받으며 살아가게 된다고 할 수 있다면 사람들은 평생을 직업과의 관계를 떠나지 않고 살아가고 있는 것이다.

또 대부분의 사람들은 직업적 활동을 자신의 주된 활동으로 삼아 살아가고 있다. 직업을 가진 사람들은 잠자는 시간과 식사를 하는 시간,

그리고 여가시간을 빼놓은 나머지 대부분의 시간을 직업적 활동을 하면서 살아가고 있는 것이다. 이렇게 본다면 직업은 우리들에게 있어서 가장 중요한 삶의 한 과정이고 삶의 현장이라고 생각하지 않을 수 없다.

이와 같이 직업이 우리에게 중요한 삶의 과정이라고 한다면 우리는 우리의 직업을 결코 소홀히 생각해서는 안 될 것이다. 그럼에도 불구하고 많은 사람들은 직업을 별 깊은 생각 없이 선택하기도 하고, 그럭저럭 남들 하는 대로 적당히 해 나아가면 된다는 식으로 직업 활동을 하는 경우가 많다. 말하자면 우리들은 뚜렷한 직업관이나 직업윤리를 갖지 않은 채로 우리의 직업활동을 적당히 해 나아가는 경우가 많은 것이다.

그러나 우리가 스스로의 직업에 대해 소홀하게 살아간다는 것은 결국 우리의 인생 자체를 소홀히 살아간다는 것과 같은 말이 되는 것이다. 다시 말해서 우리는 우리의 인생에 있어서 가장 중요한 삶의 한 부분을 뚜렷한 목적이나 가치관을 세우지 않는 채로 그럭저럭 살아가는 것과 마찬가지인 것이다.

만일 우리가 자신의 인생을 소중하게 생각하고, 또한 나와 내 가족 그리고 이웃이 함께 엮어 나아가는 공동체 생활을 뜻있고 보람 있게 살아가려고 한다면, 우리는 자신의 직업이 가지는 의미와 중요성 그리고 직업을 통해 무엇을 어떻게 성취해 나아갈 것인가에 대해서도 깊은 생각을 하지 않으면 안 될 것이다. 즉, 우리는 바르고 명확한 직업관을 가지고 우리의 인생을 보람 있게 영위해 나아가는 지혜를 가질 수 있어야 하는 것이다.

결론적으로 직업은 사회적 지위 성취욕구를 만족시켜 주는 성격을 지닌 것이라면 일은 개인적 본능을 만족시켜 주는 근육운동에 가까운 초기노동의 성격이라고 할 수 있다.

제2절 사회적 성취척도의 직업

과거의 전통적인 봉건사회에서는 직업이 곧 그 개인의 신분을 말해주는 것이었다.

서양 봉건사회에서의 귀족은 봉건영주나 기사로서 활동하였으며, 농업이나 상업, 수공업에 종사하는 사람들은 상민의 신분을 갖는 사람들이었다.

우리나라에서도 전통적인 사회에서는 신분에 따라 사농공상의 직업이 서열을 가지고 평가되고 있었다. 양반의 신분을 가진 사람들은 공부를 해서 과거에 급제하고 벼슬길에 오르는 것을 목표로 하면서 살았기 때문에 사 또는 관료가 가장 높은 직업으로 평가되었다. 관료 가운데에서도 무관보다는 문관을 더 높게 평가하였으며 이러한 관직에 오를 수 있는 신분을 (양반, 즉 동반과 서반)이라고 불렀던 것이다.

농업을 비롯해서 공업과 상업은 상민들의 직업이었다. 이러한 상민들의 직업 가운데에서는 농업을 가장 높이 평가했는데 그것은 농업이 가장 중요한 생산직이었기 때문이었다. 농경사회에서 농업은 부의 원천이었으나 부는 토지를 소유한 양반들의 차지이었고, 농민들은 농사를 지어 소출의 대부분을 수조권을 가진 양반들에게 바쳐야 했다.

조선조 중기까지만 해도 공업은 관청에 고용되는 상민들의 직업이었다. 공장들은 관청이 필요로 하는 물품을 만들고 일정한 보수를 받아 생계를 유지해야 했다. 한편 상인들은 관청의 허가를 받아 상업에 종사하여 그중에는 부자가 되는 사람도 있었지만 신분으로 보아서는 아주 낮은 평가를 받고 있었다.

양반과 상민의 사이에 중인계급이 있었는데, 이들은 하급관직이나 기술직에 종사하도록 되어 있었다. 의관, 역관 그리고 기상을 보는 관리들과 같이 특별한 전문적인 기술을 필요로 하는 직업이나 지방관아의 육방관속과 같은 향리의 직업은 중인신분을 가진 사람들이 세습하는 직업이었던 것이다.

그리고 관노, 사노와 같은 노비직과 가강 천한 직업으로 여겨졌던 백정과 같은 직업은 천민들의 직업으로서 상민들도 종사하지 않는 직업이었다.

그러므로 그와 같은 신분사회에 있어서는 직업이 곧 사람들의 신분을 나타내는 것이었기 때문에 모든 직업에는 그 귀천에 따른 서열이 있었던 것이다.

그러나 신분제도가 철폐되고 봉건적인 경제제도가 산업사회의 시장경제로 바뀌면서부터 직업과 신분 또는 직업과 계층의 관계는 크게 약화되고 그에 따라 직업의 귀천의식도 이제는 거의 사라지게 되었다.

현대의 산업사회에서도 직업이 사회적 지위와 아무런 관계가 없게 된 것은 물론 아니다. 직업에 따라 소득이나 권력이나 위세 등에 어느 정도 차이가 있기 때문에 일반적으로 높은 소득을 올릴 수 있거나 사회적으로 존경도가 높은 직업을 가진 사람들이 사회적 지위도 높고, 반대로 소득이 낮거나 사회적 위세가 낮은 직업에 종사하는 사람들의 지위가 낮은 것은 사실이기 때문이다. 그러나 현대사회에 있어서의 사회적 지위는 전통사회에 있어서 신분으로서 세습되는 귀속적 지위가 아니고 개인의 노력과 능력으로 획득될 수 있는 획득적 지위이기 때문에 그러한 지위의 계층화를 반드시 부당한 것이라고만 볼 수는 없다.

어떠한 사회든지 모든 사람이 똑같은 소득과 권위와 위세를 누릴 수 있는 완전히 평등한 사회가 될 수는 없다. 오히려 개인의 능력이나 능력과 관계없이 모든 사람이 똑같은 보상을 받는 사회가 있다면 그러한 사회가 오히려 정의롭지 못한 사회라고도 말할 수 있을 것이다.

정의로운 사회란 개인의 정당한 노력이 정당하고 공평하게 보상받는 사회라고 한다면, 그러한 사회는 누구나 자신의 능력과 노력에 의해서 사회적 지위를 획득할 수 있는 사회일 것이다. 즉, 신분제도와 같은 계층 간의 장벽이 없는 개방적인 계층구조를 갖는 사회에서 모든 사람이 자신의 능력과 노력에 상응하는 보상을 받는 사회라고 말할 수 있는 것이다.

현대의 산업사회는 완전하게 개방적인 사회라고는 말할 수 없다 하더라도 기본적으로는 누구나 자신의 노력과 능력에 의해서 높은 사회적 지위를 획득할 수 있는 개방성을 가지고 있는 사회인 것은 사실이다. 그러므로 이와 같은 개방적인 사회구조에 있어서는 직업에 따라 소득과 위세 등에 차이가 있다 하더라도 그 자체가 곧 사회적 불평등을 의미하는 것은 아닌 것이다.

일반적으로 말해서 직업과 사회적 지위와의 관계는 직업의 종류보다는 각 직업 내에서의 종사자의 지위에 의해서 결정된다고 말할 수 있다. 예를 들어 회사원과 공무원이라고 하는 직업의 종류 사이에 아무런 지위의 차이가 없지만, 회사원 중에서 간부직에 있는 사람이 공무원으로서 하위직에 있는 사람보다는 사회경제적 지위가 높다고 말할 수 있다. 마찬가지로 농업에 종사하는 사람이 회사원보다 낮은 지위를 가지고 있다고 말할 수 없으며, 규모가 큰 농장을 경영하는 농민은 하급직의 회사원보다 사회경제적 지위가 높다고 말할 수 있는 것이다.

그러므로 현대 산업사회에 있어서는 직업의 종류에 따른 사회적 지위의 차이는 거의 없어지는 대신, 각 직업 내에 있어서의 종사상의 지위에 따라 각 개인이 얼마나 많은 소득을 올리고 있고 또 그와 같은 직책이 사회적으로 얼마나 높게 평가되느냐에 의해서 개인의 사회경제적 지위가 정해지는 것이라고 볼 수 있는 것이다.

개인의 사회경제적 지위가 높든 낮든, 일반적으로 모든 개인은 자신의 직업을 통해서 사회 속의 어떤 위치를 차지하게 되고 다른 사람들과 관계를 맺게 된다. 사람들은 처음 만나는 사람과 인사를 나누게 되면 거의 대부분의 경우 서로 직업을 묻게 되고, 상대방의 직업적 지위에 의해 그를 대접하는 것이 보통이다. 예를 들어 우리는 상대방의 직함에 따라 '김 사장'이라든지 '이 부장'이라고 부르기도 하고 '최 선생'이나 '박 경사'라고 부르기도 하는 것이다.

특히 공식적인 관계에 있어서는 개인의 직업이나 직책이 중요해지는데 그것은 그 사람이 자신의 직업적 역할에 의해 공식적인 임무를 수행하게 되기 때문이다. 현대사회에서는 특히 그와 같은 공식적인 역할관계가 중요성을 띠게 되기 때문에 공과 사를 구별하지 않으면 안 되는 것이다.

예를 들어 의사와 환자의 관계에 있어서는 그 개인이 누구이든 관계없이 의사는 의사로서의 역할을 수행해야 하고 환자는 의사 앞에서는 어디까지나 환자인 것이다. 버스 운전사는 그 개인이 누구이든 버스 운전사의 역할을 충실히 수행해야 하며, 학생은 학생다운 행동을 해야 하는 것으로 사람들은 기대하는 것이다.

그러므로 현대사회에서 우리가 사회생활을 한다는 것은, 대부분의 경우에 우리가 자신의 직업적 역할에 의해 다른 사람들과 상호 작용한다는 것을 의미하며, 다른 사람들도 우리의 사적인 개인으로서보다는 직업적 역할에 의해 우리를 대하고 있다는 것을 의미하는 것이다.

우리가 직업적 역할과 지위를 떠나 어디까지나 사사로운 개인으로 돌아갈 수 있는 것은, 직장의 일과 관계없이 백화점에 간다거나 음식점에 갔을 때, 또는 친구들과 어울리거나 가정으로 돌아와 있을 때인 것이다. 그런 경우에 우리는 직업적 역할과 관계없는 백화점의 고객, 음식점의 손님, 친구에 대한 친구, 가정에서의 아버지의 역할을 갖게 되는 것이기 때문이다.

그러나 우리는 우리의 일상생활에서 가장 많은 시간을 직업적 역할을 수행하면서 살아가고 있기 때문에, 나의 사회적 지위와 역할은 다른 무엇보다도 나의 직업적 지위와 역할에 의해 결정된다고 말할 수 있는 것이다. 그러므로 우리의 직업은 우리에게 사회 속에서의 위치를 정해주는 것이며, 직업을 통해 가장 많은 사회관계를 가지면서 살아가고 있는 것이다.

그러므로 직업 활동으로부터 은퇴한 사람들이 가장 적응하기 힘든 일 중의 하나는 자신의 사회 속의 위치가 불확실하다는 점이다. 직업이 없는 사람은 사회생활을 함에 있어 자신의 정체감을 가질 수 있는 중요한 기준의 하나를 갖지 못하기 때문에 경우에 따라서는 사회적으로 고립감과 소외감까지도 느끼게 되는 것이다. 특히 여성들보다는 남성들 그리고 노인보다는 장년층의 개인들은 비록 경제적으로 아무런 수입을 얻지 못하는 일이라 하더라도 자신의 사회적 참여와 정체성을 위해 직업적 활동에 참여하는 것을 대단히 중요한 가치로 여기는 것이다.

제3절 자아실현의 수단으로의 직업

개인에게 있어서 직업은 살아가는 데 필요한 물질적 자원을 정당하게 획득하는 수단이기도 하고, 그 개인의 사회적 지위를 결정해 주기도 하지만, 동시에 개인의 자아를 실현하는 기회를 마련해 주는 것이기도 하다.

사실상 일이란 그 자체가 목적이 되고 보람이 될 경우도 많다. 어떤 사람들은 아무런 경제적 소득도 바라지 않으며 남이 알아주기를 바라지도 않으면서 일하는 것 자체를 즐기거나 그것을 보람 있게 생각하면서 일하기를 원하기도 한다.

필자가 아는 미국의 어느 대학교수는 정년퇴임을 한 후에 자기가 평생을 봉직했던 학교의 뜰을 청소하는 대가로 약간의 보수를 받으면서 학생들과 토론도 하고 책도 읽으면서 여생을 보내고 있었다. 서양에서는 대통령이나 수상을 지낸 사람도 그 자리에서 물러난 뒤에는 회사의 중역이 되거나 대학의 평교수가 되어 다른 사람들과 똑같이 열심히 일하면서 사는 것을 흔히 볼 수 있다.

자유중국에서 퇴직한 전직 장군들이 청소년을 위한 휴양소에서 일하고 있는 것을 볼 수 있고, 우리나라에서도 자녀들을 다 공부시키고 출가시킨 분이 택시운전을 하는 것을 본 일이 있다.

이처럼 일을 한다는 것 그리고 직업을 갖는다는 것은 우리들에게 매우 소중한 경험이며 일 자체에서 얻는 보람은 매우 귀중한 것이다. 이처럼 일하는 것 자체가 큰 보람으로 느껴지는 것은 우리가 일을 통해서 자아를 실현할 수 있기 때문이다.

흔히 인간의 잠재적인 능력은 무한한 것이라고 한다. 그러나 그러한 잠재적인 능력은 사용하지 않으면 계발되지 않는다. 계발되지 않는 능력은 마치 땅 속에 잠자고 있는 지하자원과 같은 것이다.

사람들은 일을 통해서 자신 속에 잠재해 있는 다양한 능력을 발전시킬 수 있고 또 그것을 발휘할 수 있다. 똑같은 잠재적 능력을 가진

두 사람이 있다고 가정하고, 한 사람은 열심히 공부하고 일하는 데 반해 다른 한 사람은 일하지 않고 아까운 시간을 낭비하고 있으면 그 결과는 불을 보듯이 뻔한 것이다. 열심히 일하는 사람은 무엇이든 큰 성과를 거둘 것이고 게으른 사람은 아무것도 얻는 것이 없을 것이다.

그러므로 사람들은 끊임없이 새로운 경험을 통해 스스로의 힘으로 어떤 일을 해 나아갈 때 그만큼 자신의 잠재적인 능력이 계발되고 더 발전해 나아가는 것을 보람으로 얻을 수 있게 된다. 인간의 자아개발은 젊을 때에 그치는 것이 아니고 평생 동안 계속될 수 있는 것이기 때문에 일의 보람은 젊은 사람들만의 것은 물론 아니다. 모든 사람은 자신의 나이나 형편에 맞게 무엇이든 적당한 일거리를 찾아 열심히 일함으로써 자신을 계속 발전시킬 수 있는 것이다.

사람들은 일을 통해서 성취감을 느낄 수 있고 성취감은 우리에게 큰 보람을 느끼게 해 준다. 작은 일이든 큰일이든 우리가 하는 일의 결과는 반드시 하나의 성과로서 나타나는 것이기 때문에 우리는 일을 통해서 성취감을 느낀다.

거리를 청소하는 청소부를 직업으로 삼고 있는 사람은 자신이 청소한 거리가 깨끗해지고 시민들이 깨끗한 거리를 명랑하게 걷고 있는 것을 볼 때 보람을 느낄 것이다. 어린이들을 가르치는 선생님들은 무엇보다도 어린이들이 씩씩하고 훌륭하게 자라 사회에 나아가 나라의 일꾼이 되는 것을 바라보면서 가장 큰 보람을 느낄 것이다.

우리가 그와 같은 성취의 보람을 갖지 않고 일을 한다면 우리들의 직업은 그야말로 힘든 노동 이외에는 아무것도 아닐 것이다. 또한 우리가 돈을 번다는 것만을 유일한 목적으로 하고 일을 한다면, 우리는 그야말로 돈의 노예와 다를 바가 없게 될 것이다.

미국의 어느 마라톤 대회에서 걷지도 못하는 불구자가 참가해서 사흘 만에 골인해서 많은 사람들의 갈채를 받았다고 한다. 그가 만일 일등을 목표로 했다거나 상금을 목적으로 했다면 그는 처음부터 그 경기에 참여하지 않는 것이 나았을 것이다. 그러나 그는 꼴찌를 하더라도 그 경기에서 완주할 것을 목표로 하였고 불구자도 마라톤을 해낼 수 있다는 것을 모든 사람들에게 보여주기 위해서 그 경기에 참여했던 것이다. 그리하여 그는 그 목표를 성취하였고 그러한 그의 노력과 성취에 대해서 전 세계의 모든 사람들이 박수를 아끼지 않았던 것이다. 그는 꼴찌를 했지만 눈에 보이지 않는 금메달을 목에 걸 수 있었던 것이다.

우리는 우리의 직업을 통해서 돈과 지위가 아닌 보다 더 소중한 다른 보람을 찾고 그것을 차지할 줄 알아야 한다. 그것은 스스로 어떤 목표를 세우고 그 목표를 향해 성실한 노력을 다하여 그 목표에 도달하는 과정을 통해 자아를 실현하는 것이다. 그것은 바로 성취의 보람이며 그와 같은 성취가 하나하나 쌓여질 때 우리는 큰일도 성취하게 되는 것이다.

처음부터 터무니없는 큰 성취를 목표로 하는 사람은 실패의 쓴잔을 더 많이 마셔야 할지도 모른다. 운동선수가 먼저 지방대회에서 좋은 성적을 올리고 다음에 전국대회에서 성공을 하게 되면 그때에야 비로소 세계의 정상에 도전할 수 있는 것과 같은 이치이다. 물론 꿈을 크게 갖는 것은 좋지만 실력도 쌓아 놓지 않고 무모하게 큰 목표만을 추구한다면 그는 아무것도 성취하지 못할 것이다. 그러므로 우리는 언제나 결과보다는 과정에서 더 많은 것을 얻을 수 있다는 마음가짐으로 성실하게 목표를 추구하는 과정에서 성취의 보람을 찾아야 할 것이다.

자아실현의 과정은 또한 창조의 과정이기도 하다. 우리는 과업을 수행함에 있어 항상 전부터 해 오던 방식이나 남들이 모두 하고 있는 방법으로만 일을 해 나아갈 수는 없다. 때로는 나 자신이 새로운 방식을 고안해 내어 독창적으로 일을 해야 하고, 그러한 방식으로 성공했을 때에는 그것은 창조의 기쁨과 함께 보람을 우리에게 안겨 줄 것이다.

창의적인 문제해결은 개혁 또는 혁신(innovation)을 가능하게 하는 것이고, 그러한 혁신을 통해 조직이나 사회가 발전하는 것이다. 그러므로 우리가 일을 한다는 것은 많은 경우 창의성을 요구하며 창의적인 문제해결은 혁신을 낳고, 혁신은 발전을 낳는다. 따라서 이와 같은 창조적인 자아실현이야말로 우리에게 커다란 보람을 주는 것이며 직업적 활동은 우리에게 그러한 창의성을 발휘할 기회가 되는 것이다.

화가가 돈과 지위만을 목적으로 그림을 그린다면, 그러한 화가가 그린 그림은 대중의 기호에 영합하는 상품에 불과한 것이다. 창조적인 예술가는 작품의 상업적 가치보다는 예술적 가치의 창조에 더 큰 비중을 두고 작품을 만들 때 일하는 진정한 보람을 느낄 수 있을 것이다. 정도의 차이는 있겠지만 우리들의 모든 직업활동도 그 성과를 금전적 가치의 기준만으로 수행한다면, 우리는 매우 불행한 직업인이 될 수밖에 없다.

우리는 어떤 직업에 종사하든지 자신의 잠재적 능력을 발전시킬 수 있고, 스스로의 성실한 노력으로 성취의 보람을 누리며, 창의성을 발휘하여 창조의 보람을 추구하는 방식으로 자신의 일을 수행해 나아간다면 우리는 행복하고 현명한 직업인으로서 인생을 살아갈 수 있을 것이다.

우리의 마음가짐에 따라서 직업은 우리에게 고역이 될 수도 있고 보람의 원천이 될 수도 있다. 따라서 우리가 어떠한 직업가치관을 가지고 살아가느냐 하는 것은 우리의 일생에 커다란 영향을 미치게 될 것이다.

제 8 장
한국 전통사회의 직업윤리의 근저

제1절 동제와 천명사상을 통해 본 인보의식

1. 동제

동제는 한 마을(부락)의 수호신을 숭상하고 동신에게 제사 드리는 의식이다. 그러기에 동제는 부락제·마을 제사라고도 하는데, 그 역사는 고대부족국가 시대의 제천의식에서 비롯된 전통이다. 고려시대의 팔관회는 고구려의 동맹의식을 계승한 것으로, 왕이 친히 제사를 지내던 국가적 대제전으로 발전하기도 했었다. 유교가 성하던 조선시대 이후에는 음사라 하여 억압을 받았지만, 오늘날까지 줄기차게 전해 내려오고 있다.

동제의 성격은 태초 이래의 농경의례이며, 세시풍속의 하나다. 아직까지 풍요다산을 상징하는 여성신앙의 성격이 강하며, 전국을 통하여 남성신앙의 3배나 되는 분포를 보이고 있다. 그리고 동제의 기능은 일상 세속생활에서 마을사람들이 다같이 신성기간을 갖고 근신하며, 이를 통하여 마을사람 전체의 일체감이나 화목과 단합을 조성하는 데 있다. 그러므로 동제는 한 마을(부락)의 수호신을 숭상하고 동신에게 제사 드리는 의식이다.

한 마을에서 사는 사람들이 재해를 면하고, 행복을 구하기 위하여 마을 전체가 한 집단이 되어 신의 보호를 받고자 신명에게 기원하는 것이다. 제주는 같은 마을에 사는 40세 이상의 원로로서 출산·장의 등에 부정스러운 일이 없는 깨끗하고 신임이 두터운 사람으로 택하며, 이 밖에 화주·축관 등을 신선·복선·합의선에 의해 선정한다.[1]

그런데 동제는 각 지방에 따라 그 명칭은 다르나, 그 내용적인 면에서 볼 때는 비슷하다. 이를테면 경기·충청 지방에서는 산신당, 강원·경북 지방에서는 성황당, 전남·북·경남 지방에서는 당산이라고 한다.

동국세시기에 의하면, 제사가 있을 때에 제주 이하 역원들은 수일간 밤에 목욕재계하고 근신하며 출입을 금한다. 대상의 신은 주로 산천신·서낭신으로 마을 근처에 신당·신단·신목을 정하고, 신역으로 삼아 금기를 실시하는데 마을에 재해가 있을 때에는 수시로 지냈다.

동제를 전후하여 신당·신단 영역은 성역으로서 그 주변에서 엄격히 격리된다. 왼쪽 방향으로 꼬아진 왼새끼를 둘러치고, 황토가 깔려진다. 금줄은 제주 집 주위에, 때로는 마을 입구에도 쳐진다. 마을에 금줄이 쳐질 때는 외인의 출입이 금지되고 출타 중인 부락민의 입내

---

1) 고승제, 한국촌락사회의 협동연구, 「한국학 입문」(학술원, 1983), p.527.

와 이미 마을에 체류 중인 외인의 출거도 금지되었다.

제사를 지내고 나면, 마을의 회의를 열어 마을의 질서와 협동을 다지고 있어, 태고 이래의 제정일치의 성격을 그대로 가지고 있다. 이어서 농악이나 가면극들을 곁들여서 한때의 축제 분위기를 이룬다. 사실 농악놀이는 이미 살핀 것처럼, 전통사회에 있어서 부락민의 오락·신앙·노동 등의 모든 공동생활의 중심을 이루었고, 또한 부락민 모두가 협동하여 공동의 인보의식을 북돋울 수 있는 향토적이며 정서가 깃든 행사이다.

이 축제는 바로 민속예술이나 민속문화를 보존하고 고취시킨 핵심이었다. 또 제사가 끝난 다음 제사상에 올린 각종 음식은 마을의 모든 사람에게 나누어 주어 함께 음복을 하게 된다. 그것은 신의를 고루 분배하고 집단성원끼리의 일체감을 북돋우려는 의미를 지니고 있는 것이다. 그러니 우리 조상들은 동제를 통하여 마을 수호신에게 제사 지내면서 신에 대한 믿음을 키웠고, 공동축제 형식으로 상부상조 정신을 길러 나갔던 것이다.

서양문명에 의해서 영향을 받지 않은 상태의 한국사회는 대체로 여성을 중심으로 한 무속적 문화와 남성적 유교문화의 이중조직으로 되어 있다. 전자는 보다 고문화에 속하고 무식 하층인의 것으로 경멸과 탄압을 받아 왔으며, 후자는 신문학에 속하고, 유식 상층계급의 문화다. 이 두 가지는 대립을 하면서 이중적인 기능을 하고 있는데, 이것이 동제(부락제)에도 반영되어 있다.[2]

이러한 동제의 이중구조는 바로 이러한 한국사회를 반영한 것이다. 동제에는 두 가지 유형이 있으니 하나는 유교풍의 동제이고, 다른 하

---

2) 상게서, p.530

나는 무속의 무제이다. 유교풍의 동제는 유교의 영향을 받은 점에서 새로운 것이라고 할 수 있어도, 그 본질적인 신앙은 유교에 의해 생긴 것이 아니고 훨씬 오랜 것이라고 생각된다. 다시 말해서 유교풍의 동제도 무제와 마찬가지로 역사가 오랜 것으로 무제와 함께 이중적인 구조를 가지고 내려오다가 유교식으로 치장한 것에 불과하다. 그런데 이들이 때로는 혼합하는 경우도 있으나, 별신굿이나 골매기-부낙수호신-처럼 남녀 혼합의 축제가 되는 경우도 있다.3)

그런데 동제는 각 지방에 따라 그 내용적인 면에서 볼 때는 비슷하다. 이를테면 경기·충청 지방에서는 산신당, 강원·경북 지방에서는 성황, 전남 북·경남 지방에서는 당산이라고 한다.

경북 안동 하회 마을의 동제에 있어서는 촌락의 지도권을 장악하고 있는 양반층이 제2선에 있으며, 상민이 적극적으로 참여하여 왔다는 것은 흥미로운 일이다. 당제가 끝난 당일에는 평상제 때도 대동회가 개최되며, 여기서 머슴의 '새경', 동 행정 책임자의 보상, 도로 공부, 사공의 보수 등을 위한 모곡이 논의되며, 촌락의 1년간의 생활방침이라고도 할 수 있는 일들이 토의되는 것이다.4)

이러한 뜻에서 동족집단의 사회결합이 동족조직을 중심으로 이루어지고 있다면 비동족 촌민들의 사회결합이 동제를 중심으로 행해져 왔다고 생각할 수도 있겠다. 물론 이 촌락에 있어서 동족집단의 질서가 그대로 촌락사회를 규제하여 왔지마는 당제의 기능과 권위가 촌락사회의 결합에 큰 역할을 해 왔음을 간과할 수는 없을 것이다. 당제가 가지는 촌락사회에 있어서의 종교적·경제적 또 사회적 기능은 10년

---

3) 최길성, 「무속에 있어서 집과 여성」, 한국무속의 종합적 고찰(고려대학교 민족문화연구소, 1982). p.94.
4) 김택규, 「민족부락의 구조연구」(서울: 일조각, 1979). p.252.

마다 행해져 왔던 대도제의 유희적 오신항사인 별신굿에 더욱 구체적으로 반영되어 있다.5)

이와 같이 동제는 마을의 공동체적 생활을 총괄하며 집대성하는 데 대단히 중요한 민속이었다. 오랜 옛날부터 마을의 공동생활을 영위함에 있어서 의례적이며 비의적인 종교적 신앙에 바탕을 두는 동제와 의사결정 기관으로서의 동회를 결합시키고, 또 더 나아가서 축제적인 부락굿과도 연결시킴으로써 인간의 마음을 하나같이 공동생활에 투입하게 한 지혜를 재음미해 보아야 한다.

2. 천명사상

한국인은 옛날부터 인간의 생멸과 고락이 하늘의 뜻에 따라 이루어진다고 믿고, 의지에 따르려는 경향을 지녀 왔다. 이와 같이 하늘의 뜻을 헤아려 천이 인간에게 부여한 명령을 천명이라고 하였다. 그렇다면 하늘이 우리 인간에게 어떠한 명령을 내렸는가? 종교적으로는 천도를 믿도록 명령하였고, 철학적으로는 천리에 따르도록 명령하였으며 생명적으로 천명에 순응하여 살아가도록 명령하였다. 이러한 천명사상은 개인적으로는 도덕적 완전, 또는 인간적 완성을 명령하였을 뿐만 아니라 사회 혹은 국가적으로도 민생의 구안을 완수할 수 있도록 명령하였다. 그 방법으로서 민생 가운데에서 '지'와 '덕'을 겸비한 사람에게 이 사명을 달성하도록 하였다.6)

'천'의 개념에 대해서 첫째, 인간과 만물을 태어나게 하는 만유의 본

---

5) 손인수, 「한국인의 도와 미풍양속」(서울: 문음사, 1988), pp.226~232.
6) 중용, 천명지위, 졸성지위도, 성인봉천명, 교치사민.

원이라고 생각하는 것, 둘째, 전권과 활력을 가지고 하사를 살피는 자라고 생각하는 것, 셋째, 천이란 자연법칙에 있어서 인사의 규범과 도덕의 기본으로 규정하였다.7) 이와 같이 천에 대한 의미가 다양하게 사용되고 있지만, 대체적으로 인간의 능력을 초월한 전능자, 불위자, 주재자의 의미를 내포하고 있다.

명의 개념은 선천적으로 자연만물에게 부여한 이치이며, 받은 자 즉, 인간이나 물건들은 명을 부여받은 줄도 모르고 모든 이치를 부여받고 있다. 맹자에 의하면 선천적인 본성 또는 후천적인 본성이 일어날 수 있는 모든 인욕의 소이연은 하늘로부터 명되는 것이라고 하였다.

그래서 시경의 대아증민편에 보면 "천생증민 유물유칙 민지병이 호시의덕(天生蒸民 有物有則 民之秉彛 好是懿德)"이라고 하였다. 즉, "하늘은 백성을 낳고 물건이 있으면 반드시 법칙이 있고, 백성들의 상성은 의덕을 좋아한다."고 하여, 하늘은 만물을 만들었고 모든 만물은 하늘의 본질의 표현이라고 하였다. 그래서 천은 모든 만물의 창조자로 생각하였으며 인간도 만물과 같이 천으로부터 창조되어진 것이라고 하였다. 고로 만물 중에는 천의 본질이 각각으로 분여되어 있기 때문에 부여된 사물의 입장에서 본다면 모든 사물 자체 내에서 천의 본질을 부여받고 있어서 사물당연의 법칙을 구유하고 있는 것이다. 이와 같이 자체 내에서 구유하고 있는 법칙이 곧 천으로부터 받은 명령이요. 이것이 즉 천명인 것이다.

이 같은 법칙을 부여받고 있는 천을 서경에서는 '천강하민'이라 하여 모든 인간은 하늘이 만들었다고 믿고 있으며, 창조적이며 숭배하는 인격적 신을 상제 또는 호천상제, 황천상제라고 하여 천지만물의 창조주

---

7) 인계초, 「중국학술사상변천지대세」(대만: 중화서방, 1936), p.6 재인용.

인 동시에 만물을 주관하는 것으로 믿고 있는 것이었다.8)

그러나 순자는 천을 '천행유상('이라 하여서 창조적인 신이나 인격적인 신이 아니라 항상 생성 발전하는 자연상이며 이 자연적 현상을 생성하고 변화하게 하는 원인적인 이치로 생각한 것이다.9)

백성은 천지의 것 중에서 '생'을 받았는데 이것이 이른바 명이며, 이 명으로서 예의의 동작을 행하면 이것이 곧 정명이라고 하였다. 사람이 다른 동물의 금수나 또는 초목, 혹은 토석에 비하여 우수하다는 것은 바로 이 같은 것이라고 하겠다. 그래서 시서나 좌전에서는 도덕을 가지고 있는 성품을 하늘이 부여하였다고 하였다. 그래서 공자도 이르기를 "도지장행야여명야도지장폐야 여명야(道之將行也與命也道之將廢也 與命也)"라고 하여, 행하거나 폐하는 것도 명 즉, 천명으로서 선천적으로 불가변한 것이며 숙명적인 사태인 사리로 부여되어져 있기 때문에 그러한 현상이 나타난다고 하였다. 중용에서도 "천명지위성(天命之謂性)"이라고 하였으며, 음양오행의 이치를 천이 만물에게 부여한 것이라고 하였으며 맹자는, "진기심자 지기성야 지기성 즉지천의("盡其心者 知其性也 知其性 則知天矣)"라고 하여 성과 천의 필연의 관계를 말하고 있다. 소위 측은(惻隱), 수오(羞惡), 사양(辭讓), 시비(是非)의 마음을 추구하면 이것은 인의예지의 성에 근본하고 있으며, 인의예지의 성에 근본하여 일어난다는 것을 알면 곧 성은 천에서 부여되어진 것임을 안다는 것이다. 이것으로 보아서 명은 천에 근본을 두고 있으며 인간의 성품은 명에 근본을 두고 있음을 알 수 있다.

---

8) 정종부, 『유교철학사상개념』(서울: 형설출판사, 1981), pp.155~156.
9) 각강공, 좌전성공 십삼 년, 「민수천지지중이생, 소위명야, 시이유동작 체의지 즉이정명야(民受天地之中以生, 所謂命也, 是以有動作 體儀之則以定命也)」

이제 다시 정치상의 '천명설'을 살펴보면 위에서 이미 말한 바와 같이 지덕을 겸비한 자가 즉위하는 것이 '천명'에 의한 것이라고 한다면, 그와 반대로 지덕을 갖추지 못한 자가 악정을 행할 때에는 물론 자격이 없는 것이다. 왜 그러냐 하면 이와 같은 군주는 백성의 '성명'과 '수명'을 보호, 완수 할 수 없으며, 또한 그의 정치와 교화의 의무를 다할 수 없기 때문이다. 그러나 하늘은 이러한 퇴덕자를 볼 때에 곧 그 자리에서 사명을 빼앗는 것이 아니라 먼저 그가 다스리는 땅에 천멸과 지변을 내리게 하여서 그의 각성을 재촉하는 것이다. 그래도 회개하지 않거나 회개할 기미가 없으면 부득이 그때에 가서 새로운 유망한 유덕자에게 '혁명'의 명령을 내려서 그의 사명을 대체하게 하는 것이다.

그 예를 들면 탕왕과 무왕이 하와 주를 방벌한 것과 같은 것이다. 그래서 유덕자가 득위하는 것도 천명이요, 부덕자가 실위하는 것도 천명이라고 하였다. 여기서 그의 정치는 민본주의인 것이니 이것은 '민심즉천심(民心卽天心)'에서 나온 사상인 것이다. 그러므로 민심이 떠나는 것은 곧 천심이 떠나는 것이요, 민심이 돌아오는 것은 곧 천명이 그 통치자나 임금에게 내리는 것이다. 이는 오늘날의 정치인에게 공인의 직업관을 부여함에 있어서도 같은 원리가 적용되는 것이라 하겠다. 이상과 같이 천명사상은 시대에 따라 그 해석의 내용이 조금씩 변천되어 왔다. 즉 신격적 존재인 상제, 천자, 도덕적 천, 정치적 천, 이법적 천 등으로 그 의미가 확대되어 왔다.

이러한 천명사상은 한국인의 의식구조에서는 천상으로부터 지상으로 하강한 인과 천의 천인일본사상, 또는 천인합덕사상으로 발전되었다. 그러므로 한국인에 있어서의 천명사상은 하늘과 땅에서 동시에 펼쳐지면서 갖가지 인간의 생활공동체와 윤리의식과 결합하게 되는 것이 단군신화에 나타나 있다.

단군신화에서 환웅이 거느린 풍·우·설은 고대의 농업과 축산에 직접적인 영향을 미치는 자연조건이고, 곡·명·병·형·선·악 등은 인간사회의 정치적·종교적 문제를 총괄한 것으로 볼 수가 있는데 그러한 모든 것이 천제에 의하여 주재된다는 것이다.

우주의 모든 변화현상을 주재하는 궁극적인 존재가 천이라고 말할 때 그 변화는 천명에 따를 수밖에 없다. 인간의 사회적 삶에서 나타나는 모든 변화현상도 천도의 유행이라고 말할 수 있겠지만 당위적으로는 천명에 맞게 변화를 수행하여야 한다는 것이다.

이렇게 천은 의지를 가지고 사람에게 덕을 부여하기도 하고 생사를 좌우하기도 하며, 때로는 예에 어긋나면 버리기도 하고 인간의 마음을 샅샅이 알아내는 주재자인 동시에 윤리적인 면이 공존하기도 한다. 그렇기 때문에 천이란 속일 수도 없는 존재이고 항상 경배와 존경의 대상이 되기도 하여 인간으로서는 도저히 어찌할 수 없는 경외의 대상인 절대자로서의 존재라고 말할 수 있다.

우리 민족은 전통적으로 천의 섭리를 거역하지 않고 천을 숭배하며 천명을 알아 이에 순종하면서 생활해 왔다. 이는 우리의 고전문학의 작품들 속에서도 나타나고 있는데, 천명을 순하면 복이 오고, 천명을 역하면 화가 온다는 철저한 순명정신에서 생활하여 왔음을 엿볼 수 있다.

첫째, 인간은 천의 질서에 순천하는 존재이다.

둘째, 인간의 생활은 공동체 속에서 순명한다.

셋째, 인과응보를 믿는 업(karma)의 존재이다.[10]

---

10) 장덕순, 『한국고전문학의 이해』(서울: 일지사, 1973), p.43.

이러한 천명사상은 한국인에게 운명관을 심어줄 우려도 고려해 보아야 하겠지만 그보다는 천명에 순종하는 지극한 노력, 포기하지 않고 최선을 다하는 인간의 성실에는 하늘도 감응한다는 소위 '지성이면 감천'이라는 삶의 태도를 갖게 하였다.

따라서 고난의 천명에 의하여 발생되기 때문에 달게 감수하면서 자신의 당연사로 여기고 그 가족이나 이웃 및 공동체와 고난을 분배하여 같이 나누고 싶어 하는 인보미덕이 존재하였던 것이다.

제2절 「향약」과 「계」에 나타난 연대의식

1. 향약

향약은 권선징악과 상부상조를 그 정신으로 하는 향촌의 규약이다. 이 향약이 우리나라에 소개된 것은 주자학의 전래와 거의 같은 시기로 잡고 고려 말기부터 당시의 선비들 사이에는 알려져 있었던 것으로 향약이 실제적으로 널리 시행된 것은 조선왕조 중엽 이후부터이다.

중종 때 정암 조광조, 사서 김식 등의 진언에 의하여 전국 각지에 반포되어 지방의 유학자들 사이에 점점 보급되어 나갔다.

그 모체를 이룬 것은 송의 남전여씨 문중에서 그 향리를 교도하기 위하여 약속한 여씨향약이었다. 그 뒤 여씨향약은 주자의 가감·증보에 의하여 더욱 완비되어 『주자대전』에 오르게 되었다. 따라서 우리나라에서 시행된 향약의 근간은 주자가 뒤에 이를 증손한 주자증손여씨

향약에 두고 있다. 그 4대 강목은 다음과 같다.11)

① 덕업을 서로 권하는 것-덕업상권(德業相勸)

② 과실을 서로 규제하는 것-과실상규(過失相規)

③ 예속으로 서로 사귀는 것-예속상교(禮俗相交)

④ 환난으로 서로 위로하는 것-환난상휼(患難相恤)

향약의 이 4대 강령을 보면, 그 어느 것 하나 인간적 가치와 상부상조의 연대의식이 아닌 것이 없다. 이에 조선왕조 중종 12년(1517)에 각 도의관찰사로 하여금 주자 증손여씨향약을 인쇄하여 널리 퍼지게 하였다.

이와 때를 같이하여 경상도 관찰사로 부임한 안국이 실제로 향약을 시행하여 풍속교화에 크게 이바지함으로써 향약의 필요성은 더욱 강조되고, 이에 각 지방에서 향약의 시행을 보게 되었다.

여씨향약에 그 바탕을 두면서 우리의 실정에 맞도록 입안된 것이 퇴계의 예안향약과 율곡의 서원향약·해주향약이다. 퇴계는 동향의 선배 농암 이현보의 뜻을 받아 여씨향약을 참작해서 예안향약을 만들었는데, 그 뒤 영조 때의 퇴계학파 최흥원이 그의 향리인 부인동(경북 달성군 공산면 신무동)에서 시행한 동약은 퇴계 계통 중에서는 가장 정비된 것으로 보고 있다.

예안향약은 가정생활의 기본윤리로부터 향리생활의 기본윤리에 이르기까지 그 대체를 규정하고 있는데, 이 예안향약은 여씨향약이 4대 강목 중 특히 과실상규에 중점을 두고 입안했다. 퇴계의 예안향약은 그의 학문의 전승과 아울러 그 문하생에 의하여 널리 알려졌다. 이를테면, 영남의 풍산 김씨, 하회 유씨, 상주 정씨, 진주 임씨 문중에서

---

11) 현상윤, 『조선유학사』(서울: 민중서관, 1949), pp.24~25.

시행되었다.

율곡의 서원향약은 예안향약에 비하여 그 체제와 내용이 훨씬 잘 짜여져 있다. 이 서원향약은 그의 학문의 전승에 따라 충청도·황해도에서 널리 행하여졌다. 그러니 조선시대 유고윤리가 민간에 널리 보급된 것은 향약에 힘입은 바가 컸다.12)

율곡의 해주향약에서는 환난상휼에 해당하는 항목에서 보듯, 그 기반을 향토연대의식에 두고 있다. 즉 약원들 가운데 수재와 화재를 만났을 때, 남의 무고를 입어 억울하게 되었을 때, 극히 가난한 사람이 있을 때 상부상조하는 예절을 말한 것이다. 율곡의 향약이 후세에 끼친 영향은 대단한 것이어서 영·정조에 이르기까지 각지에서 실시된 향약은 대부분 그의 향약에 의거해서 된 것이었다. 다산도, "민가를 몇 집씩 묶어 향약을 실행하게 하는 것은 옛날 향당주족 제도를 본뜬 것이다. 위엄과 은혜가 골고루 젖게 되면 이를 힘써 실행하는 것이 좋을 것이다.13)"고 했다.

위에서 보는 것처럼 향약은 일종의 민간 자치단체이다. 이는 주현을 단위로 하는 것이 원칙이었으나, 지방에 따라서는 소규모의 향약으로 그 적용의 지역적 범위를 좁혀 동약으로 발전된 곳도 많았다.

실학파의 순암 안정복은 또 면 단위 이하의 촌락사회, 즉 향사의 통합원리를 아래와 같이 여섯 개의 항목으로 정리·요약하고 있다.14)

① 불은 서로 경계한다.

② 도적은 서로 방어한다.

③ 우환은 서로 구원한다.

---

12) 이이, 「율곡전서」 66권, 해주향약조, 18면.
13) 정약용, 「목민심서」 예전육조, 교민조, 221면.
14) 안정복, 림관정요, 부록, 향사법, 향사지정조, 15면.

④ 희경은 서로 축하한다.

⑤ 법령은 서로 두려워한다.

⑥ 조부는 서로 삼간다.

이처럼 6항목의 통합원리를 열거한 다음에 '사소한 일은 향사에 보고하여' 처분토록 하고, '대단한 일만을 관에 보고한다.'는 지침을 제시해 주고 있다.

여하튼 도학이 생활화되기 시작하던 조선왕조 중종 12년에 시작된 이 향약 운동이 바로 우리 역사상 처음으로 시도된 촌락 단위의 도덕·복지운동 및 노동의 공동체를 형성하였다. 조정의 뒷받침으로 뜻 있는 선비들의 마을마다 마을의 약속이란 향약을 만들어 마을단위로 도덕화·복지화를 시도, 교화하기 시작했다.

그런데 지방의 탐관오리는 이 향약의 기능이 활발할수록 부정행위를 할 수 없었던 관계로 향약의 성장·보급을 억제하는 경우도 적지 않았다. 그러므로 이러한 탐관오리로 말미암아 조선시대 말년에 향약이 점점 쇠퇴하게 되었다고 보는 실도 있다.[15]

이 향약 교화는 그 후 고종에 이르기까지 지속됨으로써 한국인을 도덕적으로 성숙시키고, 상부상조하는 윤리정신을 체질화시켜 법 없어도 살 수 있는 그런 이상적인 인간과 촌락형성에 큰 역할을 했던 것이다. 실로 향약을 통한 상부상조의 정신은 우리 전통사회가 공동체를 유지하는 기본정신으로 되었다.

그것은 바로 근대적 직업윤리의 기초였다. 이 같은 촌락 단위의 아름다운 도덕 복지화 전통이 약 1백 년의 근대화 과정에서 많은 손상을 입게 되었다. 특히 향약의 교육이 유학의 본당인 동시에 교육의 장

---

15)「한국사회의 규범문화」(한국정신문화연구원, 1980), p.436.

인 향교에서 가르쳐져 일반 백성들의 생활에까지 큰 영향을 끼치게 되었으며, 도의정신의 배양, 권선징악, 상부상조, 효제·충신 등이 향리인에게 고취되었다. 이이는 중국의 여씨 및 주자의 향약에 다음과 같은 교육내용의 항목을 덧붙여 경향 간에 실시하여 한때 성황을 이루었다.

① 조, 부, 공역의 완납
② 범죄 예방과 소송의 조정
③ 법령의 준수 및 그 보급
④ 관공리의 횡포 감시
⑤ 절도의 적발 및 취체
⑥ 류민 및 부랑자의 취체
⑦ 무죄자의 원억
⑧ 우마도살의 취체
⑨ 경비·경찰의 보조

향약의 조직을 보면 다음 각 읍의 향교 또는 향청을 중심으로 하여 도약정〔회장〕, 부약정〔부회장〕 및 직일〔간사〕 등의 임원을 두고 향정, 이장 등이 그것을 겸하였고 향리를 단위로 상인과 노예까지 포함시켰다. 그리하여 사림들은 중앙에서 임명된 지방관들보다도 오히려 강한 세력을 가지게 되었다. 어떻든 향약은 애초에 관주도적으로 형성된 지방 자치단체의 규칙이라 하겠으나 결과적으로는 관민이 일체가 되어 서민들의 생활개선과 복지증진 및 단합을 위한 전체 국민을 대상으로 하는 농촌진흥 또는 지역사회의 복리증진 사업으로서 사회교육의 일환이었다고 하겠다.16)

---

16) 남정걸, 전게서, pp.48~49.

그러므로 향약은 지역사회의 주민들 간에 협동정신을 진작시키는 상부상조의 운동이었고, 또 자기 고장의 향토 연대의식을 길러 주었다. 이에 따라 자연적으로 유발되는 재난과 같은 것에 직면하여서는 주민들 자신의 노력으로 이를 극복해 나갔다. 그러므로 향약의 정신을 현대사회의 실정에 맞도록 고쳐 그 교화적·자치적인 정신을 바탕으로 올바르게 운영하기만 한다면, 오늘날에 있어서도 건전한 지역사회의 발전을 이룩함에 있어 큰 효과를 거둘 것은 물론이려니와 산업사회의 직업관을 형성하는 기본이 될 것이다.

2. 계

향약이 유림이나 양반에 의해 지도되었던 것이라면, 계는 가난한 농민들을 중심으로 상호 경제적인 공동의 이익을 협력하여 타개하기 위하여 만들어진 것으로 조선사회 이전부터 성행하였다.

따라서 우리나라 지역에서 가장 전통적이면서 또한 지속적이며, 가장 보편적인 협동조직을 든다면 계라고 말할 수 있다. 이는 상부상조의 정신을 더욱 항구적으로 실현하기 위하여 조직된 것이다. 따라서 계는 공통된 이해를 가진 사람들의 지연적·혈연적 상호협동으로 조직된 것이기에 이익사회(gesellschaft)적 조직이라기보다 공동사회(gemeinschaft)적 조직으로 보아야 한다.

그리고 이 계는 계회 또는 회라고 부르는데 이는 '사람들의 모임', '사람들의 결합'이란 뜻이다. 따라서 계는 우리나라 최초의 자생적인 농민조직인 동시에 집단성·결합성을 의미하는 순수한 한국의 단체개념이다. 다산의 아언각비를 보면 계의 본뜻은 깨끗하다는 결과 같은 뜻으로 물가에 가서 몸을 씻으며, 회음하는 신사를 계라 했다 한다. 여기서 말하는 계제는 푸닥거리를 말하는데, 향촌에서 갹금하는 것도 모두 계라고 한다.

그러기에 다산은 계를 계로 표기해야 한다고 주장하고 있다. 계제로서의 뜻을 지닌 계는 마을의 모든 성원이 참여하는 공동체(community)적인 회취를 말하고, 다산이 계로 표기해야 한다고 한 뒤의 계들은 결사체(association)적 모임으로서의 계를 뜻한다고 하였다.17)

계의 기풍은 삼한시대부터 널리 퍼지고, 신라시대에는 더욱 발전하여 여러 가지 형태의 계가 조직되었다. 이미 삼한시대부터 이웃끼리 계를 조직하여 혼례나 상례 또는 회갑과 같은 큰일이 닥칠 때 도왔다는 기록이 있다.

가배계·향도계 등은 신라 초기의 사회상을 잘 반영하고 있다. 그러나 계의 기원은 문헌상으로 신라의 가배계 향도계까지 거슬러 올라가나, 아직 통일되고 일치된 견해가 없으며, 그 학설만도 19종에 달하고 있다. 그런데 고려에 들어와서는 국가와 서민 단체와의 상호관계가 평범하여 신라시대의 계의 정신을 계승하였을 뿐 적극적으로 조장되지는 않았다.

고려시대에 성행된 계는 동갑계·현무계·등하불명계 등이다. 의종 때는 문무 간의 반목을 없애고, 우호적 교제를 행하기 위한 문무계도 조직되었다. 이 밖에 신라·고려시대에는 궁중경제와 사원경제가 전체 경제활동의 중심을 이루고 있었던 관계로 궁중과 사원에 의하여 경영된 보가 있었다. 그런데 보는 계와 비슷한 점이 많으나, 이것은 어디까지나 자본의 공급을 주로 하는 이익사회적 조직으로 공동사회적 조

---

17) 「한국민속대관(1, 사회구조·관혼상제)」(고려대학교 민족문화연구소, 1980). p.390.

직인 계와는 성격을 달리하였으나, 조선시대에 와서는 계가 점차 보의 성격을 따르게 되었다. 조선 중기에 이르러 국가재정의 파탄과 관리의 착취가 심하여 서민의 생활이 곤란하게 되자, 이것을 완화하기 위한 보조기관이 필요하게 되었다.

조선시대 초기에는 충효계·목족계·소학계·종계·풍수계 등이, 중기에는 유교사상에 기인한 혼상계, 치자계급과 서민사회의 상하관계를 잘 나타내는 군포계, 관용품을 조달하는 수단으로 공계 등이 성행하여 그 시대의 사회상을 잘 나타내고 있다.18)

계는 조선시대 이후 동일 지방에서 수 명 또는 수십 명, 많을 때는 수백 명이 회취하여 동일 목적 아래 일정한 규약을 정해 조합 또는 결사단체를 만들어 상호 금품을 갹출하여 자본으로 삼고 식리 활동을 하였고, 노동을 제공하여 생산상의 단순협업을 수행하였으며 촌락자치와 공공사업을 위한 여러 가지 협동을 하였다.19)

조선시대의 계는 양반에 의하여 지도되는 향약과는 다르다. 향약은 위로부터 유교적인 도덕규정을 강요하는 것이었으나, 계는 현실적인 이익은 물론 친목과 공제를 목적으로 하여 자발적으로 이루어진 것이다. 종계·동갑계·혼상계, 동계·우계·농구계 등은 모두 그러한 것이었다. 그러므로 계는 자생적인 농민 조직으로서 농촌사회 내부에 오랜 기간 동안 존속·발전되어 온 가장 보편적인 농민 조직이라 할 수 있다.

계의 종류도 시대와 지역에 따라 다양하나, 계의 전성기라 할 조선

---

18) 1982년 9월 고려대학교 도서관에서는 국내 최고로 추정되는 계회문을 찾아내었다. 세조 12년(1466)에 해당하는 연대로, 옛날 선비들이 우의를 다지고 평생 상부상조 할 것을 맹약하는 금란반동회문의 맹약 5장의 내용은 길흉경조·양신강호·과악면책·오령속금·고행삭적(吉凶慶弔·良辰講好·過惡面責·忤令贖金·苦行削籍)이다.
19) 김삼수, 「한국사회경제사연구」(서울: 박영사, 1964). pp.39~40.

시대 후기에는 다음과 같은 계의 종류가 있었다.[20]

① 사교를 목적으로 하는 계—이 범주에 속하는 계는 경제적인 면보다도 계원들의 친목과 풍기 유지를 주요한 기능으로 하는 것으로, 사교의 수단으로 활쏘기를 하는 사계와 사정계, 농한기에 계원들이 일정한 장소에 모여 시문을 교환하는 시계, 교화적 사고 단체인 향약계, 수신계, 동의계, 과거에 동방급제한 사람끼리 사교의 수단으로 조직한 동년계, 대동계 등이 있었다. 선조 때 정여립의 대동계, 이몽학의 동갑계회 등은 그 대표적인 것이었다.

② 공공사업을 목적으로 한 계—도로, 교량, 보, 제언 등의 건설·수리와 토목에 관한 것과 서당·동사 건립의 교육적·종교적 사업, 조세 부담에 대한 것, 혼상구·농구의 공동 구입 및 공동 사용, 산림의 공동관리, 동사의 제전과 기우제의 거행 등을 근본적인 기능으로 하는 동계 혹은 이중계, 부락 공유산림의 보호와 식수를 함으로써 그것을 이용함을 목적으로 한 송계, 주기적으로 내습하는 한재와 수재의 대항책으로 조직된 보계와 제언계가 이에 속한다.

③ 상부상조와 보험을 목적으로 한 계—계원 가족의 장례식에 필요한 일체의 비용을 지급함을 목적으로 한 연반계, 혼상구를 공동 구입하고 계원의 필요에 따라 대여하는 서일계·상여계, 정초의 비용을 마련하고 세찬을 공동 구입하는 세찬계 및 종계 등이다.

④ 산업단체로서의 계—계원이 상호 협동하여 금전과 노동을 출자하여 이것에 의한 생산, 판매, 구입, 금융 등의 산업적 목적을 달성시키려는 것으로, 여기에는 공동으로 기구를 구입하여 생산에 종사하는 선계·어망계, 기금을 적립하여 필요에 따라 물품을 구입하는 보미계,

---

20) 김택규, 「민족부락의 구조 연구」(서울: 일조각, 1979), pp.252~253.

서책계, 양우계, 공동 노동으로 필요 물자를 육성하는 송계·삼림계, 공동 노동과 출자로 수리를 시설하는 복계·수리계, 저축 금융, 이식을 목적으로 하는 저축계·식이계·취리계, 부업 장려를 목적으로 한 가마니계 등이 있었다.

위에서 살핀 이중계의 경우에 있어서는 마을 주민들의 합의에 따라 1년에 춘추의 두 차례씩 응분의 추렴을 걷어 이식하거나 이른바 '마을 공동답'을 사들여 그 수확을 충당할 정도였다. 또 나무를 함부로 자르지 않게 하고, 새로 나무 심기를 장려하기 위해 조직했던 송계 또는 송금계 같은 협동 조직은 당번을 정해 자진해서 도벌 행위를 감시하였다.

만일 적발되면 계장의 처분으로 30대 내지 50대의 태형을 하게 하는 등 현대적인 자치 행정 기능까지 담당했던 것이다. 이같이 우리의 전통에서는 계의 조직을 효과적으로 잘 운영해 나감으로써 이웃 상호간에 어려운 상황에 처하게 되었을 때 서로 도우면서, 또 모든 생활을 해 나가는 것에 있어서 서로 협동하는 생활 풍습이 이루어졌다.[21]

이처럼 계는 단순한 친목을 목적으로 하는 계로부터 저축을 목적으로 하는 계 및 마을 공동체 형성에 이르기까지, 구체적인 목적에 따라 수많은 종류로 구별되지만, 그 본래의 취지인 상부상조의 정신에 있어서는 마찬가지다. 특히 관혼상제를 대비하는 가정에서는 각종 계를 조직하여 계원 중에 일이 닥치면 호혜적 교환체제로 지역사회의 협동기능을 수행하였다.

이들의 회의 이름에 금란을 사용한 것은 역경계사에 나오는, 친구가 동심을 갖게 되면 금이라도 쪼개서 나누고, 그 향기는 난과 같다는 말

---

21) 상게서, p.256.

에서 따온 것이다. 또 중국에서는 맹약을 맺을 때 동물의 피를 마셨는데, 이 같은 전통을 세조 때에도 시행한 것을 알 수 있다.

이와 같이 조선시대의 계는 공익, 상부상조, 공동노동 및 사교 등을 목적으로 하였으며, 그중에서도 상부상조의 계가 전통적으로 주류를 이루어왔다. 그러므로 19세기 중엽 일부의 서구 사회가 고도 자본주의 단계에 있을 때의 사회적 공동생활이 개체 중심의 이기주의였을 때에, 한국을 본 구미인, 이를테면 구교의 달레(Clande Charles Dallet)와 개신교의 게일(James Scarth Gale)은 한국인의 협동과 상부상조의 정신을 아래와 같이 대단히 높게 평가하였다.[22]

"여러 직업 계급은 자기들끼리 단결하고 조합(계)을 만들어 필경에는 특히 서울과 큰 도시에 있어서는 꽤 강대하게 되었다. 이런 동업조합이 어떤 것들은, 이를테면 관, 제조업자, 기와장이, 석공, 보부상들은 성문율이나 규정에 의하여 자기들 직업의 독립권을 가지고 있다. 그들 회원의 유일한 목적은 상부상조하고, 노동 수단의 편의를 도모함에 있다. ……이 협동정신은 위로는 왕족으로부터 아래로는 최하급의 노예에 이르기까지, 조선 사람들 사이에 널리 퍼져 있다. ……마을마다 조그만 단체를 이루고, 모든 세대가 빠짐없이 추렴해야 하는 공동기금을 가지고 있다.

그 돈은 토지나 이자로 투자되고, 그 수익은 부가세와 결혼, 장례 등의 공익사업과 그밖에 뜻밖의 비용을 치르는 데 쓰인다. ……한마디로 말하여 같은 종류의 일이나 공동이해 관계를 가진 사람들은 자기들끼리 엄밀한 의미에서의 노동자들의 것과 비슷한 협동조합 또는 단체를 이루고, 자기들의 직업이나 환경에 의하여 그런 단체의 어느 것에도 속하지 않는 사람들도, 필요한 경우에 원조와 보호를 얻기 위하여 다소간에 상당한 금액을 내고 그것에 가입한다."

---

22) C. C. Dallet(정기수역), 「조선교회사서론」(서울: 1966), pp.176~177.

그는 또 가장 조직적인 동업조합(계)의 하나를 보부상에서 찾고 있음과 동시에, 그들의 '신의'를 다음과 같이 서술하고 있다.[23]

> "거의 언제나 사람과 마소 등으로 행해지는 국내 상업은 오로지 그들의 손 안에 들어 있다. ……전국에 8천 내지 만 명으로 퍼져 있는 그들은 반수, 부반수, 감사, 감독 등의 지휘 아래 도와 군으로 나뉘어 있다. 그들은 자기들끼리 서로 알아보기 위하여 암호를 쓰고, 만나면 어디서고 서로 인사하고 매우 깍듯한 경의를 아낌없이 표시한다.
>
> 그들은 엄격한 규율에 복종하고 그들의 우두머리는 조합원의 범죄와 위반 행위를 사형으로 처벌하는 때도 있다. 그들은 정부가 자기들 일에 간섭할 권리가 없다고 주장하고 있으며, 그들이 수령에게 판결을 구하는 것을 본 사람은 아무도 없다. 그들은 대개 정직하고 성실한 것으로 알려져 있으며, 매우 먼 지방에 보내는 꾸러미나 짐을 그들에게 부탁할지라도 받을 사람에게 어김없이 전달된다."

우리 전통사회의 보부상들은 신분과 직업이 가장 낮고 또 교육을 받지 않았을 뿐만 아니라, 무산계급의 상인이다. 그럼에도 불구하고 상인으로서의 자격에 있어서는 후세의 우리들에 대해서는 물론 다른 나라의 상인들에 비하여도 오히려 자랑할 만한 품위를 지녔고, 또 그들의 업무에 충실하였다.

또한 보부상은 우리 민족의 독창적인 문화적 산물인 것이다. 만일 우리 민족이 그 정화가 있다고 한다면, 보부상은 조선 민족의 유일한 창조문화이며 정신이며, 광휘이다. ……보부처럼 조선민족의 장처와 미점을 형에 넣은 역사적 산물은 없다.[24]

---

23) 상게서, p.119.
24) 류자후, 「조선보부상고」(서울: 정음사, 1948). p.30.

이같이 우리 전통 사회의 계에는 엄격한 규정이 있어서, 그 규정을 어기는 계원은 신의를 저버린 자로서 도의적인 규탄을 받았다. 우리의 전통사회에는 도의적인 규탄이 법률적인 처벌 이상으로 불명예스러운 인격상의 타격을 주었던 것이다. 이름과 명예를 지키는 일이란 바로 부끄럽지 않은 나로서, 부끄럽지 않은 친구로서, 부끄럽지 않은 부모로서, 부끄럽지 않은 사회인으로서 할 일을 다 하는 일이다.

그러므로 오늘날 계의 정신이나 보부 규범은 사회교육의 중요한 내용인 동시에, 이러한 종래의 고귀하고 찬란한 선조들의 미풍양속을 경애와 신의에 뿌리박은 상부상조의 전통으로 이어받아 명랑하고 따뜻한 협동정신을 북돋우는 일이야말로 국민교육헌장정신에도 부합되는 공동생활의 원리가 될 것이다.

제3절 두레와 품앗이를 통한 협동정신

1. 두레

'두레'의 어원에 대해서 이병도의 해석에 따르면 이는 납입·납취의 어인 '드레'에서 나온 것으로 결사·종당을 의미한다고 하였고,24) 손인수는 두레라는 말은 원주의 '둘레', '둘려'에서 나온 것으로 결사를 의미하는 말이기에 농촌사회의 상호 협력을 위해 마을 단위로 조직된 민간단체라고 하였으며, 송석하는 두레는 고석의 우리 사회 조직상의 부락의 지위까지를 추측할 수 있는 제도라고 하여 삼국지나 후한서 한조의 기록들 중의 농공시군기의 가무음식이 두레가 아닌가 추측했고, 최상도는 농악과 같이 농번기에 농부들이 서로 농작을 차례로 도와가며 행하는 음악적인 성격이라 하였고, 한만영은 지역 단위의 집단 노동조직인 두레에 농악이 따라다닌 것을 '두레패'라고 한 데서 유래되는 것으로 보고 있다.[25]

두레의 조직은 촌락 단위로 구성되어 있으며, 두레의 장을 두령(좌상 또는 영좌)이라 하고 그 밑에 간사역을 공원이라 하여 두레의 사무를 맡아보게 하였다.

또 두레마다 그것을 대표하는 기의 표시가 있고, 유흥으로는 농악을 연주하였다. 인접한 촌락의 두레와 두레 사이에는 그 세력의 우열관계와 탄생의 선후관계를 따져 '선생 두레'·'제자 두레' 혹은 '형 두레'·'아우 두레'라 하여 기로서 깍듯한 예의를 표하였다. 따라서 두레는 주로 농촌에서 모심기와 김매기의 공동작업을 목적으로 조직된 중요한 인보사업의 하나이긴 하였으나, 그 기능이 점차 확대되어 경제단체, 군사단체, 근로단체, 경기단체 및 유흥단체의 기능을 수행하기도 하였다.[26]

두레의 명칭은 지방에 따라 다르게 부르는 경우가 적지 않았다. 경기도의 장호원에서는 두레를 '농기'라고 불렀고, 경북의 대구 지방에서는 '동네논매기'라고 불렀다. 그리고 두레를 '사계'라고 부르기도 하였다. 농기라고 부르게 된 것은 두레의 선두에 농기를 앞세웠던 사실에서 온 것이고, '동네 논매기'는 두레의 작업이 논매기였던 사실에서 온 것으로 풀이할 수가 있다.[27]

---

25) 남정걸, 전게서, pp.26~27.
26) 이병도, 「한국사」(고대편), 진단학회(서울: 을유문화사, 1965), p.302.
27) 이병도, 「두레와 그 어원에 대한 재고찰」(이병기 박사 송수기념 논문집, 1966), p.388.

두레의 행사는 주로 두레꾼 중에서 가장 나이 많고, 농사 경험이 풍부한 사람이 농사 작업단의 사기를 북돋우기 위하여 농악대를 조직하여 운영하였는바, 농악은 농부들의 작업수행에 있어서 전체의 균일적 통일성과 피로의 감소 이외에도 오락·신앙·음악으로 모든 공동생활의 행사에 윤기와 힘을 주었다. 농악은 그 구성면에 있어서 기악과 무용과 창이 병합되어 이루어진 종합예술이라 할 수 있다. 농악대 편성은 영기·농기·날라리·나발·꽹과리(상소·부소·종소)·징·장구·북·소고·포수 등인데, 상쇠·징·장구를 대표로 하고 있다.

그러기에 두레패의 구성은 상쇠재비가 있고, 기재비가 있고, 징·꽹과리·북·장구·바라〔동발〕 등을 치는 사람과 피리를 부는 사람과 상모를 돌리는 상모재비가 있다. 군률 비슷하게 두레의 규칙을 지키는 수단은 농악이었다. 두레꾼들은 아침이면 북소리를 듣고 농자천하지대본이라고 쓴 농기 밑에 집합하여 새납〔호적〕과 바라(동발)로써 빚어내는 농악에 맞추어 논매기하러 나갔던 것이다. 두레꾼들은 논두렁에 농기를 꽂아 놓고 10분쯤 상모를 돌리며 놀다가 모두 논에 들어가서 모내기와 김매기 등을 시작하는데, 이때 상쇠는 선창을 해서 소리를 주고, 다른 대원들은 후창으로 이 소리를 받아 가며 작업을 했다.[28]

특히 작업이 거의 끝날 무렵이나, 해가 질 무렵에는 상쇠가 빠르게 쳐서 두레꾼들이 용기를 내어 일할 수 있도록 사기를 돋워 주었다. 하루 일을 끝내고 마을로 돌아올 때도 아침에 일터로 나갈 때와 똑같이 농기를 앞세우고 한 줄로 서서 농악에 맞추어 춤추고 노래를 불렀는데, 이때 두레꾼들이 쳐내는 꽹과리 소리 등은 그냥 쇳소리가 아니라, 우람한 두레꾼들의 생활감각과 자연의 숨소리가 어울려 순수 그대로

---

28) 손인수, 「한국인의 화합과 상부상조의 관행 연구」(국민윤리 연구 20호, 1984), pp.4~5.

의 근면·자조·협동의 교육적 의의를 발휘하였다.

2. 품앗이

품앗이도 두레나 계와 마찬가지로 상고시대부터 전해 내려오는 공동체적 협동생활에서 나온 생활양식의 전형적인 하나이다.

일손이 부족할 때에는 이웃 농가로부터 도움을 받고 일로 갚는 '품앗이'를 하기도 하고, 한 사람이 할 수 없는 힘든 일인 경우에는 여러 사람이 힘을 합쳐 일을 해내는 등 마을의 이웃 농가들 간에 협동하는 생활방식은 농경문화의 중요한 부분이었다. 이런 상호부조의 전통은 마치 '사회보험'과 같은 기능을 수행해 왔다. 이와 같은 협동 및 상부상조의 풍습은 아직도 농촌에 뿌리 깊게 남아 있고, 미풍양속의 한 중요한 항목으로 손꼽히고 있다.[29]

또한 품앗이란 품탈 또는 품탈을 뜻하는 말로서 영세 농층이 농번기를 맞이하여 이웃 사람들과 임의의 단체를 조직하여 농경작업을 상조하는 제도를 말한다. 그런데 일본인 학자들은 품을 임금으로 보고, 품탈의 뜻을 임금 노동자의 고용을 배제(탈)하는 제도로 보고 있다. 이것은 그릇된 이해방식이다. 품앗이는 품탈과 더불어 품탈이라는 두 가지의 뜻을 지니고 있다. 품은 노임이 아니라 노동을 뜻하는 말이다. 노동 임금이라면 품삯(고가)이어야 한다. 품탈은 빌린 노동을 갚는다는 뜻이다.

고형대나 품앗이나 할 것 없이 영세 소작농층이나 농업지도자층이

---

29) 이문웅, 비교문화론적 관점에서 본 미풍양속, 「정신문화」(성남: 한국정신문화연구원, 1982). 가을(통권 제14호). p.18.

촌락사회에 흘러 내려오고 있는 생업 협동관행의 원리를 원용하여 집단 청부경작이나 노동력 교환경작의 방법으로 생계를 유지하는 협동노동 제도를 말하는 것으로 볼 수가 있다.

'품앗이'가 노동의 등가적 교환 결합인데 비해 두레는 부락의 모든 성인청장년들이 의무적으로 참가하여 함께 일하는 노동의 인격적 결합체라는 점이 특징이다. 두레에서는 노동을 등가적으로 평가하거나 교환하지도 않는다. 그러기에 두레를 사유재산이 발달하지 않았던 원시 공동체의 유제로 보는 견해가 지배적이다.[30]

이같이 우리 조상들은 평상시에는 농업용수를 대기 위한 물꼬를 끄는 일, 수재를 대비하기 위해 방축을 쌓는 일, 길을 넓히고 개수하는 일 등 공공사업을 벌이는 데 있어서는 물론 집을 짓고 지붕갈이, 모심기, 풀뽑기, 벼베기, 삼갈이 등 농사일을 해 나가는 데 있어서도 마을 주민 전체가 협동하는 두레와 품앗이를 발전시켰는데 이는 부락민 상호간의 단결심과 작업의 생산성을 향상시키는 데 크게 공헌한 것이다.

---

[30] 고승제, 한국촌락사회의 협동연구, 「한국학입문」(학술원, 1983), p.528

제 9 장
서구 자본주의사회 직업윤리의
사상적 배경

제1절 마르틴 루터의 직업 소명론

종교 개혁자로 널리 알려진 루터(1483~1546)는 신학자인 동시에 언어학자, 정치학자, 과학자, 역사가, 교육자, 사회학자의 재능과 조건을 갖추고 있다.[1]

루터는 신학의 근거를 예수 그리스도를 통한 신의 철저한 은혜와 사랑에 두고 인간은 이에 신앙으로써 응답할 것을 강조하였다. 인간은 태어나면서 하나님께 반항하고 자기를 추구하는 죄인이지만 그리스도

---

1) Schwiebert. E. G, Luther and his Times(St. Louis: Concordia Publishing House, 1950), p.2.

로 말미암아 죄를 용서받고 자유로운 군주이면서 섬기는 종이 되는 것이며 신앙의 응답에서 자유로운 봉사, 이 세계와의 관계가 생겨나는 것이라고 하였다. 이런 면에서는 특히 모든 직업을 신의 소명에 의한 것이라고 설명한 것이 루터 직업관에 커다란 영향을 주었다.[2]

소명(vocatio)이라는 말은 루터 종교개혁사상의 주제 중의 하나이다. 그가 1515~1516년 사이에 행한 로마서 강의에서, "우리는 사회 안에서의 모든 신분은 그것에 특정한 요구를 부과하고 있으며 만일 어떤 사람이 대신 거룩한 삶을 산 어떤 사람의 전설을 모방한다면 그 요구가 등한시된다는 것을 직접 주장하고 있음을 알 수 있다. 루터의 소명은 그의 기초 신학과 밀접한 연관을 맺고 있다. 그러므로 율법과 복음, 그리스도의 편역, 자유, 죄 등의 맥락에서 소명이라는 Vocatio 는 독일어의 Beruf와 함께 그 뜻이 분명히 드러나게 된다."[3]

루터가 처음 '소명'이라는 말을 사용하기 시작한 것은 수도원의 삶이 악한 것으로 판단되기 시작하면서, 1521년에 발표한 「수도원의 맹세에 관하여(De Votis Monasticis)」라는 글에서 처음으로 세상의 직업문제를 제시하게 된다. 물론 이때 소명이라는 의미는 '복음의 선언'을 내포하고 있다. 복음을 통하여 인간들은 하나님의 자녀들이라고 부름(the calling)을 받는다. 그 말은 또 각자가 농부로서, 장인으로서, 또 각각의 직업인으로서 하는 일을 의미하는 말로 사용하였다. 루터가 소명론에 대해서 말할 때에는 항상 고린도전서 7장 20절에 근거하여 각자는 그가 부름을 받은 소명에 따라서 지상의 복음을 통하여 하나님의 자녀가 되는 부름이 포함되어 있다.[4]

---

2) 지원용, 「루터의, 사상」(컨콜디아사, 1961), p.50.
3) Erikson, E. H. Young Man Luther(N. Y: W. W. Norton & Co, 1985), p.6.

모든 사람은 자기의 위치(stand)와 직책(office)에 의해서 크리스천의 지상적 일(과제·과업), 또는 노동개념을 가지게 되는데, 이것은 하나님의 명령과 사랑과 이성에 합치되어야 한다. 만약 그렇지 못할 때 '수도원의 맹세'는 악을 행하는 허위의 맹세일 수밖에 없다고 하였다. 크리스천의 복음에 성실하지 못한 맹세는 어떤 이유에서든지 간에 논의되어서는 안 된다.

그런 의미에서 십계명(The Ten Commandments)은 소명(beruf)의 가장 적절한 책임성을 강조하는 말이다.5) 십계명에 나타난 직업윤리와 경제윤리를 연구한 캠벨 모간에 의하면 십계명은 인간이 물질적으로는 물론 정신적으로도 행복한 생활을 누릴 수 있게 하는, 인간의 바람직한 '생활윤리'라고 하였다. 그에 의하며 십계명은 '성스러운 국가의 경제윤리'도 제시하고 있다고 하였다. 이와 같이 십계명은 그야말로 성스럽고 풍요로운 사회의 직업윤리를 밝힌 것이다.6) 그렇지만 그 뜻이나 의도하는 바가 너무나 심오하고 광범위하므로 이를 정확히 이해하여 표현한다는 것은 인간의 능력을 넘어서는 것이기에 여기서는 주로 십계명의 경제윤리적인 측면과 직업윤리적인 측면을 중심으로 살펴보고자 한다.

이스라엘 사회사의 주류가 되고 있는 십계명의 영역을 보면 제1계명으로부터 제4계명까지는 '인간과 하나님'과의 관계율을 규정하고 있고, 제5계명에서부터 제10계명까지는 '인간과 인간'과의 관계율을 규정하고 있음을 알 수 있다. 그런데 특별히 제8계명과 제10계명은 인

---

4) Ibid, p.13.
5) Betcke, Luther's Socioethic(Guetersloh Pub., 1934). p.36.
6) Kambell, Morgan, Handbook for Bible Teachers and preachers(*Baker Book House, 1970), p.55.*

간과 재물과 욕망과의 관계율을 규정하고 있는바, 그 윤리적인 정신은 다음과 같이 구분하여 볼 수 있다.

첫째, 십계명은 무엇보다 인간은 항상 하나님의 섭리를 깨닫고 그에 따라 살려고 노력하는 '겸손'한 사람이 되어야 함을 강조하고 있다. 또한 인간은 열심히 일을 하도록 되어 있고, 또한 해야 됨을 즉, '근면' 해야 함을 강조하고 있다. "제 일을 게을리 하는 사람은 일을 망치는 사람과 사촌간이라.(잠언 18장 9절)"라는 말의 뜻을 알 필요가 있는 것이다. 또한 탐욕을 버리고 자기의 분수를 지키고 분복에 자족할 줄 아는 '검소'한 생활을 통해서 욕망의 억제를 요구한다. 일상생활에서의 언행이나 일상거래에 있어서 청렴과 정직 곧 '렴직'해야 함을 강조한다. 그런데 이와 같은 '근면', '검소' 및 '염직'의 셋은 바로 서구제국을 선진 국으로 만드는 데 정신적 기초가 된 '청교도 윤리(protestant ethic) 의 생활신조'인 것이다.7)

둘째, 십계명은 모든 인간이 누구나 현재 자신이 하고 있는 일이 크 건 작건 간에 하나님께서 정해 주신 직업이라는 '천직사상'을 가지고 능력을 다해서 그 일을 해야 됨을 가르치고 있다. 또한 하나님의 부르 심을 받아서 그 일을 한다는 생각, 즉 '신의 소명의식'을 가지고 열심 히 일을 해야 된다고 하는 생각이 곧 '청교도 윤리의 직업관'인 것이 다. 이러한 직업관은 각종 직업을 골고루 발달하게 만들었으므로 분업 과 전문화를 촉진하였음은 물론 청교도들의 검소한 생활관의 저축과 혁신을 또한 가능하게 하여 서구 자본주의제국들이 선진국으로 발전 하는 데 정신적 기반이 되었던 것이다. 우리나라 조선시대처럼 젊은이 들은 누구나 과거에 합격하여 출세를 하고 권력을 잡아야 된다는 식

---

7) M. Weber, The Protestant Ethic and The Spirit of Capita-
   lism(*Charles Scribner's Sons, 1958*), *p.165.*

의 관직선호형의 편향된 직업관과는 대조적이다.

조선시대처럼 국민의 직업관이 관직지향형 등으로 편중되면 현대 산업사회 발달에 필요한 각종 직업의 균형적인 발전이 불가능하게 된다. 이런 사회는 분업과 전문화가 불가능하게 되니 경제가 침체할 수밖에 없게 된다. 우리나라에는 지금도 많은 사람들이 이러한 편향된 직업관을 갖고 있는 까닭으로 인하여 현대 산업사회의 발전에 장애가 되고 있다는 사실이다.[8]

셋째, 십계명은 사유재산제도가 인간의 본능, 존엄성 및 사회정의의 면에서 볼 때 합당한 제도임을 밝히고 있다.

어느 누구도 남이 열심히 일하여 번 재산을 도둑질하면 안 된다는 십계명은 다른 관점에서 보면 누구든지 열심히 일하여 번 재산에 대해서는 신성불가침의 소유권을 갖고 있다는 것이다.

넷째, 십계명은 열심히 일하는 사람과 적당히 일하거나, 노는 사람들이 모두 평등주의에 입각하여 재산을 공유해야 된다는 공산사상을 근본적으로 부인하고 있다. 또한 도둑질하지 말라는 계명은 현대사회의 각종 부정부패와 불공정거래에 대해 경종을 울려 주고 있다.

다섯째, 십계명은 '있는 사람'들이 항상 사랑의 정신에서 '없는 사람'들에게 가진 것을 나누어 주어야 된다는 점을 강조하고 있다. 이것은 현대의 산업사회가 가장 해결하기 어려운 문제인 분배와 형평의 문제를 사랑의 정신으로 해결해야 함을 강조하고 있는 것이다. 사실 사랑에 기초를 두지 않는 분배와 형평정책 문제를 근본적으로 해결할 수 없는 것은 오늘의 노사문제의 시각에서도 수긍할 수 있다.

중국 당대의 선승인 백문선사는 "일하지 않으려면 먹지도 말라(一日

---

8) 전해종, 「한국전통사회의 직업윤리」(산업사회의 직업윤리, 아산사회복지사업
   재단, 1981), p.48.

不作 一日不食)"고 하였으며, M. 루터는 "손이 쉬려면 입도 쉬어야 한다."고 한 점으로 보아 동서양이 다같이 '놀고먹는 상팔자'에 대해서는 엄중히 경고하였다.

기독교의 구약성서에서는 예수님의 직업이 목수(carpenter)였음을 밝히고 있듯이 기독교의 일(work)의 개념은 직접적이며 동시에 포괄적인 것으로 밝히고 있다. 따라서 성서에 나온 예수님의 제자들은 한결같이 직업을 가진 사람들이었다. 어부인 베드로, 요한은 삯꾼, 바울은 천막공이었다.

직업이 포괄적이라는 말은 노동을 인간이 인간으로서의 삶 가운데 추구하는 것을 지속시키고, 옹호하고, 실현시키려고 하는 보편적이며 영속적인 인간의 활동임을 위한 하나님의 목적인 동시에 하나님을 위한 인간의 의무이기도 하다.9)

히브리 사람들은 손으로 하는 노동을 매우 수고하는 것으로 높이 평가하였다. 게으른 사람들은 개미에게 가서 배우라고 질책하고 있다. 또한 하나님은 정직한 일꾼에게 상을 주며, 일하는 사람들은 법으로 보호받을 뿐만 아니라 주인은 일하는 사람에게 노예이든 자유인이든 가리지 않고 자비로워야 하며, 정당한 보수를 받는 것이 당연하다고 하였다.

이러한 구약의 직업관은 신약에 와서도 그대로 이어지고 있다. 즉, 믿음과 일과 사랑과 수고는 같은 것이며, 사람은 일을 통하여 하나님께 영광을 돌리게 되며, 여기서 사람에게는 하나님이 '부의 청지기(steward-shin)'라는 개념이 싹트기 시작한다.10)

---

9) J. Kostlio, Life of Luther(Elberfield, Vol. 1, Co: 1983), p.77.
10) Joseph Fletcher, Moral Responsibility: Situation Ethics at work(The Westminster press, 1952), p.183.

우리는 청지기론의 등장과 함께 '일'이 어떻게 소명(call)과 관계 지워지는가를 살펴볼 때 첫째, 하나님의 부름을 받은 자는 봉사의 정신이며, 둘째는 평등의 정신, 셋째는 공동체 정신, 넷째는 고난의 정신으로 함축되어 있다.11)

이러한 소명의 직업관은 루터정신에 일관되게 이어지고 있는 중요한 개념이다. 즉, 각 사람은 부르심 받은 그대로 지내라는 바울의 말을 근거로 하여 크리스천의 부르심은 자기 능력의 최선을 다하여 세상의 일을 시행해 나가는 것이라고 했다. 예를 들면 구두수선공은 구두를 잘 수선함으로써 이것을 통하여 하나님을 사랑하고 이웃에게 봉사하게 되므로 Luther에게 있어서 직업은 지상적 이웃 관계와 영적인 노동 개념을 함께 가지고 있다.

인간은 누구나 자기만을 위하여 모든 일이 전개되었으면 하고 바란다. 즉, 모든 일이 자기 자신의 유익을 위하여 봉사해 주기를 희구한다. 따라서 타인들을 위하여 자기 능력의 최선을 위하여 봉사하려고 하지 않는다. 그렇다면 결국 소명은 무의미하게 되고 만다. 여기서 루터는 인간의 나태를 막기 위하여 질서(order)의 개념을 세워서 다른 사람에게 봉사를 가능케 한다. 질서는 성직, 결혼, 정부 안에서 구체적으로 나타난다고 하였다.12)

이상의 Luther의 소명사상은 이웃을 위한 협동과 상린적 행위에 주의 부름으로 승화되고 있다. 하나님이 명령하는 일 가운데 이웃의 복지를 위해 효과 있게 임하는 자는 벌써 믿음을 가진 자이며, 이는 하나님의 참백성의 직분을 수행하는 사람이다.

---

11) J. Kostlio, op. cit., pp.80~81.
12) 맹용길, 「기독교윤리학입문」(대학기독교출판사, 1976), p.134.

제2절 존 칼빈의 금욕적 직업론

루터의 소명관이 세속적 질서개념으로 구체화되어온 데 비해서 칼빈에 있어서는 자본주의적 청교도의 노동윤리로 더욱 발전하게 된다. 즉, Calvinism은 그 독특한 예정론, 신께 영광을 돌리는 깊은 종교적 의미에서의 소명의식과 일반적 직업이 신께 영광을 돌리는 깊은 종교적 의미를 함께 지니게 되는 경지에까지 발전하게 된다. 중세 수도적 신의 경배에서 벗어나 세속적 직업을 통한 신의 경배에 보다 깊은 종교적 의미를 부여하였다. 여기서 칼빈의 세속적인 생활과 직업이 귀중한 종교적 의미를 갖게 되는 커다란 전환점이 형성된 것이다.[13]

기독교 직업관의 새로운 개념인 노동은 이제까지 저주의 대상이거나 기껏해야 수도원생활과는 비교도 안 되는 저급한 성격의 일상생활이 이제는 무엇보다도 하나님께 영광을 돌리며 예정의 확신을 줄 수 있는 근거로 대두됨으로써 기독교의 일과 노동에 대한 개념은 전혀 새로운 국면으로 돌입하게 되었다. 여기에서 Calvin의 천직(vocation) 개념이 도출된다. 즉 칼빈은 영역 주권을 강조하여 각자 모든 인류는 자신에게 부과된 고유한 사명이 있다고 하였다. 이러한 고유한 각자의 사명에 따라서 수도원 밖의 모든 노동과 직업은 외부적인 봉사를 실현하는 데 순종하도록 그들을 움직이게 하는 신의 소명이라는 개념으로 신성시하였다.

칼빈은 로마교의 종교적 일과 세속적인 일과의 구획에 대하여 반대하면서 모든 믿는 자들의 직업은 신성할 뿐만 아니라 평신도도 성직

---

13) Max Weber, The Protestant Ethic & Spirit of Capitalism, trans, by Parsons(London: George Allen and Unwin, 1976), p.145.

자 못지않게 그리스도 안에서 소명을 가진다고 하였다.14)

칼빈의 이러한 보편적, 금욕적, 예정적 직업관은 Weber의 연구 대상의 주요한 테마로 등장한다. 베버는 칼빈을 이해함에 있어서 두 가지 측면을 고려하고 있다. 하나는 프로테스탄트 이외의 물질적 조건이 경제적 심리에 끼친 유물론적 과정을 극복하자는 것이고 다른 하나는 종교적 신념과 관념의 행위가 도덕행위에 따라서 경제적 상황에 끼친 영향을 검토하려는 데 있다.

따라서 칼빈의 종교심리와 베버의 자본주의 정신이 일치하는 데서 자본주의 발전의 비약적 도약을 예견할 수 있게 되었다.15)

Max Weber에 의하면 Calvin의 신학이 하나님께만 영광을 돌리는 (Sola Gloria Dei) 생활을 그 목표로 하고 있음에도 불구하고 그 영광을 돌리는 생활은 중세수도원주의를 배격하고 이 세상 안에서의 일반적, 세속적 생활에서 수행되어야 했다. 이것은 루터와 마찬가지로 개신교의 전통에서 확립된 것이다.16)

그러나 칼빈이 루터보다 한 걸음 더 나아가 세속적 직업에 보다 깊은 종교적 의미를 주게 된 데는 또 다른 중요한 이유가 있다. 칼빈은 이중예정론을 주장하여 어떤 사람은 영원한 멸망에, 그리고 어떤 사람들은 구원에로 예정되어 있다고 믿었다. 이것은 인간이 자기 공로에 의해 구원받는 것이 아니고 하나님의 값없는 은혜로 말미암아 구원을 얻는다는 은총만(Sola Gratia)의 개신교 원칙에 기인한다. 그런데 구원을 받기로 예정되었는지, 안 되었는지를 분명히 외적으로 알 수가

---

14) John Calvin, Institutes of the Christion Religion, Ed. by John T. Mcneil(Philadelpia: The Westminster Press, 1967), p.278.
15) Max Weber, op. cit., p.55.
16) Max Weber, op. cit., p.59.

없다. 그렇다고 해서 불안과 나태 속에 머뭇거릴 수는 없다. 확증은 없어도 성서에 나타나 있는 신앙적 위인들의 삶을 본받아 이 세상에서 얼마나 하나님께 영광을 돌리는 생활을 하느냐 하는 것이 구원을 받았다는 마음의 확신을 갖게 하는 간접적인 요인이 된다고 생각하였다. 그래서 세속적인 생활과 직업이 귀중한 종교적 의미를 갖게 되는 이유가 되고 있는 것이다.17) 금욕주의적인 생활을 통하여 신께 영광 돌리는 세속적 생활은 루터 이후에 확정된 새로운 소명의 개념과 함께 노동과 직업에 대한 새로운 기독교의 이해를 불러왔다. 저주를 받은 노동이라거나 기껏해야 수도원 생활과는 비교도 안 되는 저급한 성격의 일상생활이 이제는 무엇보다도 하나님께 영광을 돌리며 예정의 확언을 줄 수 있는 근거로 대두됨으로 인해 기독교의 일과 노동에 대한 개념은 새로운 국면으로 접어들 것이다.

"일하기 싫은 자는 먹지도 말라"는 사도바울의 훈계가 좌우명이 되었으며 게으름을 피우거나 시간을 낭비하는 일은 엄격히 금지되었고, 심지어는 휴식마저도 내일의 노동을 위한 준비가 아닐 때에는 금지되었다. 근면, 정직, 절제 등의 생활 철학이 삶의 목표와 표어가 되었다. 그렇지 못한 생활은 종교적 죄로 지탄을 받게까지 되었다. 일분일초를 다투어 하나님께 영광 돌리는 생활을 영위함으로써 모든 종교적 의심이나 좌절감이나 잘못된 욕망을 방지하고 이겨낼 수 있었다.

더구나 재미있는 사실은 오랫동안 금욕주의적 경향성 때문에 의혹시되어 왔던 물질적 부에 대한 기독교의 견해가 거의 사라지고 그것을 오히려 하나님의 축복으로 받아들이게 되는 일대 변화가 생기게 된 것이다.18)

---

17) Andr'e Bieler, The Social Humanism of Calvin, Tr. By Paul T. Fuhrmann(John Knox Press, 1964), p.56.

벡스터(Baxter)는, "너는 육신의 죄를 위하여 부해지려면 안 되지만 하나님을 위해서는 부해 지려고 노력해도 좋다."고 단언한다. 성공적으로 물질적인 부를 획득하는 것은 이제는 기독교 실업인의 의무와 책임이 되었다. 이렇게 보면 초대교회에서부터 중세에 이르기까지 청빈과 독신생활과 복종이라는 금욕주의적 이상이 지배해 온 기독교의 윤리적 전통이 세속적이고 물질적인 풍요를 정당시할 뿐만 아니라 오히려 종교적 의미까지 부여하게 되는 일대변혁이 일어나게 된 것이다.[19]

그러나 어쨌든 일과 노동에 대해 이를 수도원적 금욕생활 이상으로 중요시하게 되었고 어떤 직업도 모두 하나님께 영광 돌릴 수 있는 소명이라는 사상은 기독교가 현대의 세속화 신학을 설정할 수 있게 된 근거가 되었으며 현대 산업사회의 모체가 되기도 했다. 여기서 특기할 사실은 일과 노동이 이제는 인간에게 내려진 저주가 아니고 오히려 하나님께 영광 돌리는 소명이 되었던 점과 먹고 살기 위한 삶의 수단과 방편에서 종교적 행위로 승화되었다는 점이다. 부유하거나 풍부하거나 간에 근면하게 일하고 절대적인 생활을 해야 한다는 청교도주의적 전통은 먹기 위해 일하기 때문에 먹을 것이 충분하면 일하지 않는다는 자연적 인간의 태도와는 근본적으로 다른 것이 된다. 더구나 보수나 이익에 얽매이지 않고 종교적인 이유 때문에 근면하게 일한다는 청교도주의의 사상은 그 유례를 다른 어느 곳에서도 발견할 수 없다.[20]

이런 칼빈주의를 토대로 한 청교도주의가 서구 기독교 국가의 자본주의를 발전하게 하는 정신적인 기초가 되었고 이것이 현대 산업사회

---

18) Ibid, p.85.
19) Edward Leroy Long, Jr. A Survey of Christian Ethics(New York: Oxford University Press, 1967), p.83.
20) Ibid, p.85.

와 탈산업사회로의 유도체가 되었다.

오랜 세월 동안 정신적인 노동과 육체적 노동 사이에 그리고 노동 자체에 대해 부정적인 또는 회의적인 태도를 취해 왔던 기독교가 모든 일과 노동을 하나님의 소명으로 생각하여 적극적인 의미를 부여하는 일대 변화를 결과하였다.

그러나 이런 경향성은 현대 산업사회에 돌입하면서 그 종교성이 완전히 상실되고 물질적인 제도로 자본주의가 정착하면서 전적으로 세속주의화하고 말았다. 소명이 완전히 기능적 직업으로 변화된 사실에 직업윤리의 새로운 정립이 요구된다.

결론적으로 Calvin의 금욕적 직업윤리사상은 다음과 같이 요약할 수 있다.21)

첫째, Calvin의 직업에 대한 사상적 입장은 중세 신학자들이나 그의 선조들이 노동이나 직업을 기독교 교리나 신앙생활과는 무관한 세속적인 것으로 생각한 것에 대해서 노동의 의무야말로 자연의 윤리인 동시에 자연의 질서의 핵심이라고 강조하였다.

둘째, 노동이나 직업을 갖기보다는 사색을 중시하는(scholasticism) 풍조에 대해서 노동과 직업이 기독교인의 삶과 엄격히 연관되어 있다는 사실을 일깨워 주었을 뿐만 아니라 복음이 노동을 하나님의 일에 참여하는 것으로 이해하고 있음을 강조했다.

셋째, 무엇보다도 절제와 금욕의 직업정신(vocatio ethos)을 심어 주었다. 또한 다른 사람들의 노동을 남용하거나 그들을 착취하는 것도 죄악이라고 생각했다.

넷째, Calvin은 게으름은 소외된 인간의 한 형태로 보고 "하나님의

---

21) 홍치모, 「칼빈의 경제윤리」(성광문화사, 1985), pp.77~78.

축복이 일하는 자의 손에 있다. 하나님은 분명히 게으른 자가 빵을 먹는 것을 저주하신다.”고 하면서 “다른 사람들의 땀에 의지해서 살아가면서 인류에게 조금도 도움을 주지 않는 자는 아무짝에도 쓸모없는 인간들”이라고 질타했다.

다섯째, 인간은 직업을 통해서 완전히 하나님께 순종할 수 있고 직업이 없이는 인간다워질 수 없고 기독교는 실업을 철저히 배격해야 될 뿐만 아니라 또한 실업은 사회오이라고 규정하였다.

Calvin의 이와 같은 사회에 대한 통찰력은 오늘날의 사회에서 제기되는 문제들의 원형을 세밀히 답변하고 있으며, 인간의 삶의 양식 자체를 소명이라고 하였음을 알 수 있다. 이와 같은 Calvin의 사상은 청교도의 노동윤리를 잉태하여 자본주의 정신(Capitalism Ethos)을 창시하게 되었으며, 이는 다시 M. Weber의 종교란 문화의 경제적, 사회적, 직업적 정신의 이론적 근거를 제공하게 됨을 논증하기에 이르렀다.

제3절 막스 베버의 천직적 직업윤리론

1. Beruf의 윤리적 개염

독일어인 beruf가 직업이란 의미로 사용되어 오면서 그 뜻은 종교적인 ‘거룩한 소명과 세속적 의미’가 동시에 함축되어 있는 개념으로서 종교개혁과 더불어 근세가 물려받은 새로운 유산이다.

M. Weber는 루터의 직업개념을 이해함에 있어서 중세적인 전통주의의 정신에 사로잡혀 그 시대의 정신적 태도에 따라서 성서 번역을 하다보니 beruf의 개념을 ruf의 개념과 혼돈하여 사용하였다고 한다. 이와 같은 M. Weber의 주장에 의하면 beruf의 개념은 루터의 생애 중 성숙기의 개혁 사상의 산물이라고 볼 수 있다. 루터는 1515~1516년에 행한 로마서 강해 가운데 중세기 수도원 생활의 이상적 이미지에 대한 모순성을 언급하기 시작하면서 vocatio나 beruf란 말 자체는 1522년 이전에 나타난 것이라고 하였다.22)

이 말은 루터의 1522년 「De Votis Monasticis」에서 신의 명령, 사랑, 자유, 믿음 그리고 이성에 모순되는 수도원 생활의 반대에서 나타나 있다. 그러나 이 'beruf'나 'vocatio'의 사상은 1512년에 나온 논문 「크리스천의 자유」와 「선행에 관하여」에서 더 명백하게 취급되어 있다.23)

다음으로 베버는 'beruf'의 개념은 루터가 전적으로 타울러(J. Tauler)의 영향을 받은 사상이라고 주장한다. 그러나 오히려 타울러는 평신도들이 승려나 성직자와 평등하게 신의 형상이 주어졌다고 하여 평신도의 신분을 강조한 것은 사실이나, 승려는 고차적인 거룩함을 지니고 있다고 말한 것을 보아 타울러는 평신도나 승려, 성직자의 지상적 신분(status) 그 자체를 하나의 계명(laclung)이나 소명(ruf)이라고 말하였던 것이다.24)

루터의 Berf의 기원을 구약의 경외전 예수 씨락서(11:20-21)에서 찾

---

22) Max Weber, The Protestant Ethic & Spirit of Capitalism, op. cit., p.47.
23) Ibid, p.53.
24) Calhoun, R. L., Work and Vocation in Christian, ed. by Nelson, J. O.(Work and Vocation, 1960), p.106.

고 있으며, 고린도전서 7:20의 말씀에서 기원된 것이 아니라고 한다. 왜냐하면 후자의 경우는 윤리적 성격이 결여된 순전히 외적 지위만을 의미한다고 했다.25)

이렇게 보았을 때에 베버는 루터의 직업 개념을 너무나 '주관적 의미'로 해석했다고 생각할 수 있다.

그와 같이 생각할 수 있는 이유로서는 베버가 신칸트학파에 속하는 프로테스탄트의 영향 아래서 종교적이며 윤리적인 과제를 자신의 지상명령(Categorical imperative)으로 삼고 인간학적인 가치관념을 부여하였다. 그러므로 Weber의 궁극적인 관심은 인간의 의무수행에 있어서 외적 표현이나 혹은 외적 지위보다는 내적 의미의 추구가 더 중요한 대상이었다.26)

이러한 관점에서 볼 때 베버의 고린도전서 7:20의 말씀에 대하여 루터의 복음에 근거한 설교에서 kreois를 beruf로 번역하고 외적 지위나 신분으로 해석한 것은 새로운 직업관의 전환이 아닐 수 없다. 그러므로 beruf의 개념은 종교적 복음의 부르심으로부터 도덕적 소명의 직무(office)나 신분(station)은 단순히 인간 생활의 방편(job)을 포괄하는 것이다.27)

그러므로 베버의 beruf는 신으로부터 인간에게 부여된 천직이 단순히 하늘에 속하는 일이 아니라 이 세상에 속하는 것이며, 신을 위해서라기보다는 이 세상에 속하는 즉, 이웃과 공동체에 대한 봉사의 개념이 강하게 담겨 있다.

---

25) Ibid, p.107.
26) Brunner, E. The Divine Imperative(London: Lutter Wonth Press, 1951), p.150.
27) Ibid, p.158.

2. 자본주의 정신의 직업윤리적 함의

베버는 그의 『프로테스탄티즘 윤리와 자본주의 정신』의 제1장 제2절 「자본주의 정신」과 제2장 제2절 「금욕과 자본주의 정신」에서 근대적 개념의 직업윤리의 기초가 되는 에토스(ethos) 즉, 윤리적 태도에 대해서 규정하고 있다. 베버에 의하면 '자본주의 정신'의 본질을 구성하고 있는 것은 영리욕이나 이윤추구가 아니라 근대 자본주의의 토대를 구성하는 합리적인 산업 경영과 노동조직을 제일 먼저 만들어 낸 사람들의 사고나 행동의 공통적인 핵심이 에토스라고 하였다. 이 에토스는 '자본주의 정신'의 골간인 동시에 경제활동의 모든 심리적인 표상을 결정짓는 윤리적 준칙이라고 하였다.28) 그런데 이 자본주의 정신은 금욕적 프로테스탄티즘의 신앙과 상호 관련 속에서 싹터 근대 자본주의로 옮겨 오면서 도덕과는 무관한 개인적 이익 추구에 기초하고 있는 것이 아니라 의무로서의 일에 대한 엄격한 적임(verantwortungs)에 기초를 두게 되었다. 그에 의하면 근대 자본주의 특징은 정당한 경제적 활동을 통해서 부를 획득하려는 정열이 그것을 통해 얻어진 소득을 개인적인 것에 사용하지 않으려는 태도와 조화를 이루려는 데 있다고 보았다. 그런데 정신(geist)은 의무와 미덕으로서의 천직(vocatio)을 선택하여 그것을 효율적으로 수행하려는 가치에 대한 믿음에 뿌리를 박고 있다.29)

---

28) M. Weber, The Protestant Ethic, op. cit., p.47.
29) *Ibid*, p.126.

칼빈주의의 믿음(교리) →

(예정설)
모든 사람의 구원여부는 태초에 하나님이 이미 결정하였다.

↓

(확인의 문제)
내가 구원받을지 어떻게 아는가?

↓

(일반 신도의 대답: 召命)
기독교적인 소명에 따른 직업활동에서 성공하는 것이 구원의 외적 징후라는 일반 신도의 믿음

↓

(열심히 일하고 물질적으로 성공함)
일과 성공은 기독교적 소명에 충실한 상징이고 칼빈교도들의 특징적인 태도였다.

↓

자본주의 발달에 미친 영향 →

(저축된 자본의 사업에 재투자)
칼빈주의의 '현대적 금욕주의' 때문에 일을 열심히 하고, 금욕생활을 함으로써 돈이 모이면 다시 투자하여, 17세기 영미에서는 자본주의 체제가 시작되었다.

출처: Baldridge. J. U. Sociology, New York: Wiley, 1975, p.397.

앞의 beruf의 개념에서 설명한 바와 같이 이 beruf 속에는 영어의 calling이라는 종교적 관념이 함축되어 있으며 이는 세속적 일상생활에 종교적 의미를 합의하여 다 같이 직업의 신성성을 내포하므로 신에게 소명된 것이어서 천직이라는 의미를 지니고 있다. 따라서 베버에 있어서 천직은 합리적 생활태도로 하여금 세속적 금욕생활을 가져왔

으며, 이는 금욕적 직업윤리에 뿌리를 두었고, 이 금욕적 직업윤리에서 자본주의 정신을 싹틔워 시민적 직업윤리로 발전되었다. 이 과정에서 부가 증가됨에 따라 점차 종교의 변질을 가져와 종교의 형식은 남아 있으나, 정신은 타락되어 감에 따라 새로운 시민적 윤리가 요청되었다.30)

이 시민적 윤리에 의하면 기업가는 형식적으로 정확한 한계를 지키고 도덕적 생활에 결함이 없이 부를 퇴폐적으로 낭비하지 않으며, 신에게서 충분한 은총을 받으면서 영리 생활을 할 수 있다. 이와 동시에 노동자에게는 냉정, 성실, 우수한 노동력을 가진 노동자의 노동을 신이 요구하는 생활목적으로 장려하는 것을 요구한다. 이와 동시에 현세에 있어서 재산 분배의 불평등은 신의 섭리의 특별한 배려에 의한 것이어서 이는 인간으로서는 모르는 신의 비밀의 목적이라고 보았다.31)

이와 같은 시민적 직업윤리가 변화되어 근대 자본주의 윤리를 형성하는 데 크게 기여하게 되었다.32)

이와 같이 Weber의 자본주의 정신의 윤리적 연원으로 16~17세기에 Calvin이 지배하고 있던 불란서의 위그노(Huguenot)지방, 화란, 영국, 스페인 지역을 들면서 이 지방은 근면, 검소, 절약, 정직에 따라서 직업의무(berufs pflicht)를 생활원리로 하고 있음을 발견하였다. 그래서 Weber는 Protestantism의 금욕주의 운동과 자본주의 발달과 어떤 내면적인 상호 연관성이 있을 것이라는 추측을 하게 되었다.33)

---

30) Ibid, p.124.
31) Ibid, p.126.
32) Ibid, p.128.
33) M. Weber, The Methodology of the Social Science, Translated and edited by Edward A. Shils and Henry. A. Finch(The Free

그래서 Weber는 자본주의와 칼빈주의와의 관련성을 찾기 위하여 그의 독특한 사회과학의 방법론이었던 이념형(ideal typus)의 방법을 구사하여 접근과 분석을 시도하였다.33) 그는 자본주의 정신이라는 이념형을 그가 말한 역사적 개체, 즉 역사적 현실에서 상호 관련을 가졌던 여러 가지 복합적 요소들을 그것이 지니는 문화적 의미라는 관점에서 하나의 개념으로 통합시켜 놓은 것으로 이는 베버의 방법론의 중심개염이 되고 있다.

Press, 1949), p.29.

제 10 장
산업사회의 직업윤리관

제1절 산업사회의 윤리적 근저

1. 일과 직업에 대한 윤리적 함의

태초에 인간이 하나님으로부터 가장 평등하게 부여받은 것은 시간이었다. 각자에게 주어진 똑같은 24시간을 무엇을 위해 어떻게 활용하는가에 의해 인간의 모습과 장래가 결정된다는 의미에서 보면 인생에서 성공한 사람은 자기에게 주어진 시간을 가장 잘 활용한 사람들인 것이다. 시간의 활용이란 곧 일을 한다는 것이므로, 에덴동산에서 원죄를 지은 아담과 이브가 이마에 땀을 흘리면서 일할 수밖에 없었던 이래 인간은 삶을 위해 노동(labor)을 필요로 하게 되었다.[1] 그러나 모든 사람들이 일을 하지만 그 일 모두가 노동이 아니라는 차이에서 일(work)은 반드시 노동과 구별되고 있다.

일에 대한 관심은 소위 서구의 전통에서 비롯되었는데 성경(The Bible)에 의하면 일은 인간의 원죄에 대한 벌임과 동시에 인간의 타락된 생활상황을 극복해 나갈 수 있도록 하는 신의 선물이기도 하였다.

베네딕트 수도사들에게는 6세기경부터 일과 순결, 복종을 수도원의 규율로 삼고 있었다는 것은 중요한 노동윤리의식에서 비롯되었다.

프로이드(S. Freud)는 보편적인 인간이 해야 할 것이 무엇인가 하는 질문에 '사랑'과 '일'이라고 대답한 적이 있었거니와, 일은 인간에게 고통만을 주는 것이 아니라 동시에 기쁨을 함께 준다는 데 그 의미가 있다. 다시 말하면, 일은 본질적으로 일하는 사람에게 많은 기회, 즉 ① 부(wealth), ② 행복, ③ 명성(fame), ④ 안정, ⑤ 삶의 의미(meaningfulness in life) 및 ⑤ 친구를 얻을 수 있는 기회를 제공한다.2)

그러나 실제에 있어서 일의 의미는 이들 두 개의 극단에 있는 것은 아니고, 하나의 연속선(continum) 상에서 찾을 수 있다. 다시 말하면, 일이란 매우 바람직한 것이라고 보는 관점과 그것과는 반대로 일이란 바람직하지 못한 것이라고 보는 관점의 양극단에 대부분의 사람들이 놓여 있다.

N. Q. Herrick은 일의 목적과 일의 수단과의 관계를 설명하면서 일의 최종목적은 행복(well-being)에 있다고 보면서, 이 행복은 일의 인간화로 전환되어야 함이 현대 산업사회의 과제라고 하였다.3) 또 P.

---

1) O. J. Harris, Managing People at work(Wiley & Sons, 1976), p.136.
2) L. L. Steinmetz, Human Relation: People and Work, Harper Row, 1979, p.110.
3) N. Q. Herrick, The Means and End of Work(Human Relation,

F. Drucker는 일과 노동과의 관계를 구별하는 입장에서 노동자가 생산성을 제고하기 위해서 성취동기(motivation for achievement)의 5단계설을 제시하였다.4)

① 생산적 차원: 개인에게 자기의 노동에서의 속도, 리듬, 주의력의 지속에 있어서 가능한 한 자유롭게 해 주어야 한다. 일은 획일적으로 설계하는 것이 좋으나 노동은 다양성을 지녀야 한다.

② 심리적 차원: 일은 괴로운 부담인 동시에 필요이며, 저주인 동시에 축복이기도 하다. 일이 인간의 심리적 욕구를 충족시켜 줄 수 있는 것이 되도록 해 주어야 한다.

③ 사회적 차원: 일은 사람과 사회, 그리고 지역사회와의 결합력이다. 일은 사람의 사회적 지위를 결정한다. 인간은 사회적 집단에 소속하여 문제의 사람들과 의미 있는 관계를 맺고 싶어 하는 욕구를 지니고 있는데 일은 이 같은 욕구를 충족시키는 기회(도구)가 된다.

④ 경제적 차원: 일은 생계라는 경제적 요소를 지닌다. 일은 경제가 영속되기 위한 수단을 낳고 경제활동의 위험에 대한 준비를 하며, 내일을 위한 자원을 준비한다.

⑤ 권력적 차원: 조직 내에서 일할 경우에는 언제나 표면화되지 않는 권력관계가 따르게 된다. 어느 조직에도 인간에 의해 행사되는 다소의 권력(권한)이 있게 마련이다.

일과 노동, 직무를 엄격히 개념 지어 구분해서 사용하기는 어렵지만 사회학자들의 최근 연구에 의하면 일은 대개 몸을 움직여서 하는 활동이라는 원초적인 개념으로 인식되고 있으며, 여기에 정신노동도 포

1981)(No. 7.), p.269.
4) P. f. Drucker, Management(New York Book center, 1974), pp.292~312.

함시키고 있다. 그렇지만 산업사회로 접어들면서 일의 개념은 단순히 인간의 생계유지의 수단이나 경제적 반대급체 때문만은 아니라는 인식이 확대되기 시작하였다. 그리하여 일의 내용과 성격이 지니는 도덕적·사회적 중요성과 내재적 가치를 더욱 중요시하는 이해의 변화를 볼 수 있게 되었다.5)

일반적인 수준에서 일에 대한 헌신몰입(commitment)이란, 일 자체를 중시하고, 또한 일을 기피하지 않으며 일이 삶에서 차지하는 가치를 존중하며 일에 임하는 자세와 관념도 다양한 변화가 일어나고 있음이 밝혀지고 있다. 특히 근로자의 일에 대한 헌신몰입을 유인하는 장애요소로 공업화와 경제성장에 따른 분배정책의 뒷받침이 불가결의 요소가 되고 있다. 자본주의적 지향을 유지하는 사회에 있어서는 그 체제의 생산성 자체가 유인체계에 직접 의존하고 있는 만큼 거기에서 파생되는 사회구조의 불균형은 여러 가지 사회적 불안과 일에 대한 태업심리를 유발시키는 요인으로 작용하게 된다.6)

그러므로 공업화의 전개는 그 스스로의 기술적 메커니즘과 경제적 메커니즘의 전개를 초래하게 되어 일반적으로 일에 대한 신성한 정당화의 필요성이 퇴색되어 가고 오히려 재미의 도덕(fun morality)이라는 말까지 생길 만큼 여가에 대한 관심이 높아진다는 관찰을 이미 베버가 예견한 바 있는데7) 대하여 주목할 필요가 있다. 여기에서 산업사회의 진전에 따른 새로운 직업윤리관의 도출이 요구되는 이유가 된다.

---

5) 금경동, 「일과 직업에 대한 태도」(서울대학교 사회과학연구소, 사회과학과 정책연구 제1권 제3호, 1979, 12), p.33.
6) 상계서, p.31.
7) E. Gross, Industry and Social Life(Wm. C. Brown, 1965), p.181.

2. 책임윤리와 심정윤리

앞에서 베버가 예견했듯이, 산업사회의 도래와 함께 직업윤리의 확립에도 많은 어려움이 뒤따르고 있다. 왜냐하면 직업윤리의 성격을 규정하는 학문적 입장의 다양성에 기인하고 있기는 하지만 그보다는 직업의 분화에서 오는 가치관의 혼란이 여기에 가중되고 있기 때문이다. 여기에서 베버가 취하고 있는 입장의 논리적 결과이자 그 입장을 필연적으로 지지해 주는 것은, 인간세계란 불가피하게 획일적인 이념들로 이루어질 수는 없다는 입장이다.

아무리 완전하다고 하더라도 세계의 의미를 그 세계에 대한 분석을 통하여 알아낼 수 없다는 것, 이것이 지식의 나무의 일부를 먹고 살아온 한 시대의 운명이다. 인생과 우주에 대한 일반적 관점은 경험적 지식의 축적을 통해 이루어질 수는 결코 없으며, 우리를 가장 강력하게 움직이도록 만드는 고귀한 이념들은 항상 우리 이외의 사람들에게도 마찬가지로 신성한 또 다른 이념들과의 변증법적 발전 속에서 형성된다는 사실이다.[8]

베버의 이러한 윤리적 지향은, 결국 모든 행동은 두 개의 근본적으로 다른, 해결할 수 없는 대립을 내포한 원칙하에 움직인다는 사실을 지적한다. 베버의 이 독특한 지적은 심정윤리(gesinnungsethik)와 책임윤리(verantwortungsethik)로 나누어서 보게 되었다. 전자는 행위의 결과를 고려하지 않고 순수한 심정에 따라 행위를 하는 것이어서 극단적으로 말하면, "비록 세계는 멸망하여도 정의는 이루어져야 한다(Kant: fait Justice, Pereast mundus)"는 원칙 밑에 행동하는 것이다.

---

8) M. Weber, The Methodology of The Social Science(New York: Free Press, 1949), p.57.

따라서 순수한 의지는 심정의 유무가 선악의 기준이 된다. 후자는 어떠한 구체적 목적을 위하여 행위를 하는 것이어서 결과, 효과 등에 선·악의 기준을 두고 있다. F.H. Kinght의 표현을 빌리면 전자는 오직 "선한 의지가 선임(Nothing is good but The good will)"을 원칙으로 하고, 후자는 "오직 결과만이 선이다(Nothing is good but the results)"라고 하고 있다. 이와 같이 본다면 Luther는 심정윤리를 강조하였고, 칼빈은 책임윤리를 강조하였다고 볼 수 있다.9)

베버가 직업윤리의 한 형태로 제시한 이 두 용어는 한편에서는 마키아벨리 또 한편에서는 칸트가 언급함으로써 책임윤리는 행동인이 무시할 수 없는 윤리적 기초가 되었다.

책임윤리는 단순히 효과를 거두려는 노력과 우리가 달성하기를 원하는 목적에 합당한 수단의 선택에 의하여 규정될 뿐이다. 베버는 이 도덕을 어떤 수단이고 그것이 결국 효과가 있는 한에 있어서는 용인될 수 있다는 것을 주장하는 것은 아니다.

베버는 인간들과 사회는 달성할 목적이나 실현해야 할 가치에 대하여 의견의 일치를 볼 수 있다고는 믿지 않았던 것이다. 베버는 인간이 창조한 가치에 대하여 본질적으로 주의주의적 개념을 가지고 있었다. 그는 보편적으로 타당한 가치의 질서의 존재를 부인하였다. 더욱이 그는 결국 여러 가치가 서로 양립할 수 없는 것이므로 우리들 각자가 부득이 선택하지 않으면 안 된다고 생각하였다. 행동의 영역에 있어서 선택은 우리에게 강요되는 것이며, 그것에는 반드시 희생이 따르는 법이다.10)

다음으로 심정윤리(gesinnungsethik or ethic of conviction)의

---

9) 최문환, 「막스베버연구」(삼영사, 1981), p.29.
10) M. Weber, Polilik als Beruf(금종우역, 서문문고, 1976).

정의를 고찰해 보면 심정윤리란 우리 각자에게 행위의 결과에 대해서 명시적으로나 묵시적으로 조금도 고려함이 없이 자신의 심정에 따라 행위를 하도록 요구하는 도덕이다. 절대평화주의자의 예가 이 점을 잘 예증해 준다.11)

　절대평화주의자는 무기를 잡거나 사람을 죽이는 것을 무조건 거부한다. 사람을 죽이느니 감옥에 가거나 죽는 것이 낫다고 선언하는 자는 심정윤리에 따라 행동하고 있는 것이다. 우리는 그를 정죄할 수는 있으나 그가 틀렸다는 것을 논증할 수는 없다. 왜냐하면 그는 자기 양심 이외에는 어떤 판단자에게도 호소하지 않기 때문이다. 각자의 양심은 그것이 세상을 변경시킨다는 착각을 갖지 않고, 오직 그 자체에만 충실한 것 이외에 그 어떤 만족도 구하고 있지 않는 한 논박할 수 없는 것이다. 왜냐하면 결국 책임윤리는 효과 있는 것을 찾는 것이며, 무엇을 위한 효과이냐를 묻게 되기 마련이다. 온전한 행위는 이 두 태도에 의해서 고취되는 것이나, 그것은 처음에 목적이 없었던 것이 아니었다. 우리 각자가 그 사이에서 동요하고 있는 이 두 태도의 이념적 형식을 엄격하게 표현해 두는 것이 우리를 깨우쳐 줄 것으로 믿는다.12)

　끝으로 베버의 사상에 있어서는, 심정윤리는 종교적 태도의 하나의 가능한 표현으로 여겨진다. 베버에게 심정윤리는 산상수훈의 도덕이다. 베버는 "또 다른 한편 뺨도 돌려 대라"는 것에 관한 예수의 말을 인용하기를 좋아했으나 그것이 숭고한 행위일 수 있고 비겁한 행위일 수도 있다고 덧붙여 말하였다.13)

---

11) Ibid, p.160.
12) Ibid, pp.160~161.
13) Ibid, p.162.

3. 산업사회와 인간소외

베버적 의미에서 산업화는 산업 분야뿐만이 아니라 행정, 상업, 은행 등의 각 분야에 깊숙이 파고들어 인간의 노동생활은 물론 정보나 대중매체의 발달 등 노동 밖의 생활에까지도 영향을 미치고 있다. 합리성의 논리에 따라 이루어진 분업과 전문화의 원칙노동의 단순화, 생산 원가의 절감, 업적의 향상을 목표로 하는 작업에 참여하는 노동자들의 감정과 개인적인 바람을 고려하지 않은 채 노동을 수십 수천 수백만 개의 부분으로 쪼갬으로써 '분업의 육체적이고 심리적인 난센스(nonsense)'를 가져왔다.14)

베버는 관료제하의 냉혈적인 전문인을 그렸다고 하여 몰인간적이고 편협한 인간성을 지녔다고 공박한다. 그러나 그러한 기계적인 인간상을 베버의 인간관으로 보면 큰 잘못이다. 베버는 산업화와 관료제하의 인간을 언제나 슬픈 빛으로 바라보고 있으며, 비전이 없는 산업사회를 쇠우리로 표현할 만큼 비관적이다. 그는 소명감을 지닌 의무의식과 윤리를 고취시키고 인간을 적극적으로 행동하게 함으로써 인간을 질적으로 향상시켰다. 그의 합리성 개념도 과학적 합리성을 초월하여 윤리적 합리성과 결합함으로써 비전을 가진 인간상으로 제시될 것이라는 그의 논리의 예언적 표현이 아닌가 한다.15)

베버는 이러한 인간의 윤리적 각성을 촉구하면서도 인간의 비극적 상황을 극복할 수 있는 대처 방안을 뚜렷하게 제시한 것은 아니다. 그것은 자기가 논증하는 역사적 연구의 테두리를 벗어나고 있다고 보았

---

14) Otto Stammer, Max Weber and Socialogy Todag(N. Y.: Haroer & Row, 1959), p.200.
15) Ibid, p.202.

기 때문이다. 그만큼 신중하게도 이 시대를 경고하면서 "미래에 이 '쇠우리'에 누가 살게 될 것인지 또는 이 어마어마한 발전의 마지막에 이르러 전연 새로운 예언자들이 나타날 것인지 또는 옛 사상이 대대적으로 다시 살아날 것인지 또는 그 아무것도 아니라면 일종의 발작적인 자기만족으로 꾸며진 기계화된 석화현상이 나타날지 아무도 모른다."16)라고 하여 일종의 사명감을 갖고 윤리적 문제에 대해서 정면으로 질문을 제기하고 있는 것이다. 일종의 '이상한 거만성으로서 분석된 기계적 화석화'가 일어날 것을 예견하였던바, 우리 시대는 드디어 자동화로 변해 가고 있는 추세이다. 이것을 마르크스는 소외라는 개념으로 이념화하였다.

마르크스에 있어서 소외란 인간이 그 자신을 세계에 대한 파악의 주체적인 행위자로서 체험하지 못하고 자연, 타인 및 그 자신을 그에게 포함되는 세계가 그에게 소외되어 존재한다는 것을 의미한다. 여기에서 인간이 세계와 그 자신을 객체와 분리된 주체로서 수동적으로 경험하는 것이 곧 소외의 현상인 것이다. 소외현상을 발생시키는 자본주의 사회의 병폐에 대한 마르크스의 처방은 그가 어떠한 사회를 인간적이고 건전한 사회로 보느냐에 잘 드러나 있다. 그는 새로이 도래할 사회에 있어서는 인간은 무엇에도 제약받지 않고 다양한 방면으로 스스로를 표현할 수 있어야 하며 또한 자유로운 노동을 실현할 수 있어야 한다고 주장하였다.17) 그리하여 경제활동이 순전히 사물에 관계되는 것이어야지 노동자와 자본가라고 하는 계급관계 속에서의 인간의 지배 및 피지배관계로 이루어져서는 안 된다고 하였다.

베버에게 있어서도 역시 자본주의의 근본정신이 상실된 상태에서

---

16) M. Weber, The Protestant Ethic, op. cit., p.182.
17) 금상배, 「마르크스인간관과 소외문제」(자아아카데미론총 제7집, 1978), p.868.

나타나는 문제의식은 소외현상이었다. 그러나 베버적 사고에는 마르크스의 불공평한 분배와 거기에서 생겨 나오는 경제적 빈곤문제의 정치적 해결은 없다. 이것으로서는 자본주의의 문제를 극복할 수 있을 것으로 보지 않았던 것이다. 오히려 베버는 경제빈곤만이 아니라 정신적 빈곤의 문제를 꿰뚫고 있는 것이다. 물론 이것도 1905년경에 문제에 대한 심각성을 경고하고 우려하는 제한적인 범위에 한정되었다. 이 문제에 대한 해결책을 제시하려는 것이 아니었을지라도 지금부터 70여 년 전에 이러한 사고가 성숙되어 있었다는 데 놀라움을 금할 수 없다. 자본주의 정신의 빈곤으로 발생하는 '정신이 없는 전문인', '심정이 없는 향락인' 이들이 문화발전의 최후 사람들이 될 것이라는 지적이다. 그리하여 베버는 자신이 가장 소망스럽게 생각되는 윤리적 책임을 다한 것으로 생각하였는지 모른다.

제2절 직업윤리의 사회적 성격

1. 산업사회의 특징과 직업의식

현대사회를 흔히 산업사회라고 한다. 산업사회란 전근대적 농경사회를 탈피하고 공업화된 사회를 말한다. 인간의 꾸준한 의지와 창의력은 자연의존의 생산방식으로부터 자연에 도전하여 자연을 극복해 가는 역사로 발전시켜 놓았다. 인간의 많은 재화들이 공업 속에 축적되고 있으며 공업력을 통해서 인간의 문명은 가속적으로 진보를 거듭하고 있다.

산업화의 객관적 지표는 비농업인구의 양적 증가에 있으며 재래의 직업구조가 질적으로 변형되고 제2차 제3차 산업인구의 비율이 압도적인 다수를 차지할 뿐만 아니라 또한 그 사회적 중요도가 증가한다. 따라서 산업사회에서는 사회활동의 주역이 바뀌고 새로운 인간이 사회세력의 중심으로 부각되고 있다. 그것을 우리는 산업인(industrial man)이라고 부른다.[18]

산업사회에서 생활하는 산업인의 가치체계를 설명하는 여러 학자들의 이론 중에서 특히 A. Toffler는 산업사회의 가치체계로서 표준화(standardization), 전문화(specialization), 동시화(synchronization), 집중화(concentralization), 극대화(maximization), 집권화(centralization)의 여섯 가지를 들면서 이러한 가치체계가 고도의 산업사회로 이행되는 과정에서 또 다른 산업인의 가치체계를 형성하고 있음을 보여주고 있다.[19]

이러한 산업사회에 대한 평가가 어떻게 내려지든 간에 탈산업화된 사회에로의 이행을 불가피한 역사의 진행으로 산업화의 과정을 막을 수도 없으며 또 막을 필요도 없다. 산업사회로의 역사적 추세는 엄연한 현실이며 세계는 보다 건실한 산업사회를 이룩하기 위한 경쟁을 벌이고 있을 뿐이다. 그러므로 우리에게는 산업사회의 특징에 대한 투철한 현실인식의 바탕 위에서 직업관의 확립이 있어야 한다.

산업사회화 과정에서 직업관을 형성하는 데 고려되어야 할 사항을 열거하면 다음과 같다.[20]

① 산업화는 노동자의 이동이 급속해지므로 1차 산업에 종사하는

---

18) Baldridge, J. V., Sociology(New York: Wiley, 1975), p.170.

19) 이해명, 「고도산업사회의 교육과정 및 평가」(서울: 교육과학사, 1986), pp.158~159.

20) 금경동, 「직업평가에 의한 기회구조의 인식」(사회과학과 정책연구 제1권 제3호, 서울대학교 사회과학연구소, 1979. 12), pp.76.

다수의 노동자를 2차 및 3차 산업으로 흡수하는 과정에서 경기변동으로 인한 실업, 잠재실업의 문제가 산업현장에서 해결되어야 함이 선결 요건이다.

② 산업화는 직업구조를 다양화하고 사람들의 역할분화를 촉진하므로 사람들은 전문화를 지향하고 세분된 작업을 담당하는 전문인으로서의 자질을 발달시킨다.

③ 산업화는 사회의 개방성과 유동성을 증대시키므로 직업의 이동, 지역의 이동, 그리고 계층의 이동의 중복을 최소화시켜야 한다.

④ 산업화는 정치권력의 의무를 확장시켜 사회복지·사회보장을 통하여 직업의 안정성을 기해야 한다.

⑤ 산업사회는 직업 충업의 속도가 급속한 데 따른 자기 계발의 능력을 신장시켜야 한다.

⑥ 전통적 유대가 소멸되어 감에 따라 자발적 결사체가 대규모로 형성된다. 그것의 공식적인 주요 목적은 종교적·정치적·경제적 및 직업적 등 다양하다. 그러나 대부분의 경우 그것의 주요 기능은 상호부조와 협동을 통해 재난에 대해 성원의 안녕을 대비하려는 데 있다.

⑦ 산업사회의 도시환경과 새로운 직업구조는 새로운 계층을 형성한다. 전통사회에는 사회계급의 개념이 존재하지 않았으나 경제변화의 결과로서 산업사회에서는 계급대립의 양상에 유념해야 한다.

2. 산업사회의 노동의 성격

산업화의 진전에 따라 새로운 경제제도, 생산조직이 형성되고 그에 따라 산업사회에 부응하는 인간유형이 요구된다.

이러한 산업인(industrial man)은 새로운 사회관, 직업관, 가치관, 근로관, 고용 관계관 등을 전통사회 때와는 전혀 다른 의식의 변화로 기대 혹은 요구하게 되었다.

일찍이 베버가 의미하는 자본주의 정신도 직업윤리와 근로의식을 강조하는 것이었다. 전통과 권위에 따르는 것이 아니라 신의에 따라서 직업을 선택하되 도덕적이어야 하고, 국민복지에 공헌하고 더욱 이로운 것이어야 한다고 하였다. 따라서 근로의식에 있어서 몰주관적이어야 한다. 목가적으로 생활을 즐기는 자연적 태도를 버리고 일정한 목표를 수립하여 빈틈없이 계산·계획하고, 이 계획에 따라서 착실히 사업을 전개하여 그 과실을 축적하기보다는 보다 나은 경영, 일 그 자체를 목표로 삼아야 한다고 하였다.21)

따라서 베버가 자본주의 정신이나 프로테스탄티즘의 윤리도 고전적인 의미에서의 산업인의 노동의식을 규정하고 있으며, 이러한 인간은 프로테스탄티즘이 대량으로 배출된 결과의 산물이며 오늘날의 자본주의가 정착될 수 있는 정신적 바탕이 되었다고 한다.

이러한 베버적 인간형은 리스맨이 말하는 내적 지향형(innerdirectedness)에 부합되는 인간형이다. 내적 지향형은 자율적인 결정을 할 수 있는 인간형이다.22) 근대 자본주의사회가 개인 창의력의 극대적 투입을 요구하는 사회이므로 이에 부응하는 직업교육이 실시되어야 한다.

새로운 산업사회의 산업인의 근로의식은 노·사가 서로 균형적인 입장에서 직업에의 만족감(occupational satisfaction)을 느낄 수 있어야 한다. 그러기 위해서 자신의 성취동기와 부합되고 높은 보수를 받는다고 자족하며, 능력을 개발할 기회가 있고, 자신의 의사결정에 참여할 수 있을

---

21) M. Weber, The Protestant Ethic, op. cit., p.210, D. Riesman, The Lonely crowd(Yale University Press, 1950), p.102.

때 근로의욕(motivation)이 향상되며, 근로의욕이 향상될 때 작업능률
(job performance)이 제고되어 참다운 근로의식(work consciousness)
이 정착된다고 하였다.[22]

경영자는 생산목표의 달성을 위해서 애사심이나 가족의식만을 강조
할 것이 아니라 그보다는 근로자들의 의식과 태도를 파악하여 그들의
요구나 기대를 객관적인 제 조건의 개선이나 의식구조의 변화 등을
통해서 해결하고 향상시키는 한편, 근로자는 책임과 성실성을 지닌 산
업인의 행동을 할 때 직업윤리가 올바르게 정착될 것이다. 따라서 직
업만족도가 높을수록 직업윤리가 바람직하게 형성, 정착된다는 상관관
계를 도출하고 있는 연구는 산업사회의 근로의식의 정향을 결정하는
중요한 시사점을 주고 있다.[23]

3. 산업사회의 직업가치관

금경동은[24] 직업의 사회적 성격을 규명하기 위하여 사람들이 선호하
는 직업이 무엇인가에 대한 연구를 사회구조적 성격과 관련하여 접근하
고 있다. 그에 의하면 어떤 특정 직업을 선호할 때는 그 직업이 가져다
주는 삶의 어떤 가치와 반드시 관련이 있음을 도출해 내고 있다.

즉, 조사 대상의 29.7%가 '곤란에 처한 사람을 돕고 사회에 봉사하
는 일'을 원하고 있으며 그 다음으로 25.7%가 '학식을 넓히고 진리를

22) 배무기, 「직업만족도 결정요인과 직업윤리 관련 노동정책분석」(서울대학교 사
　　회과학연구소: 사회과학과 정책연구, 제1권 제3호, 1979. 12), pp.80~81.
23) 상게논문, p.82.
24) 금경동, 「직업관과 사회구조」(서울대학교 사회과학연구소, 사회과학과 정책연
　　구 제5권 제3호, 1983. 12), p.36.

탐구하는 일'에 종사하고 싶다고 하였다. 그 다음이 '지도자로서의 자질을 갖추어 나라를 다스리는 일'로서 19.5%이고, 이와 비슷한 18.8%가 '재산을 모으고 나라 경제를 발전시키는 일'이었다. 나머지는 신앙과 선교가 3.6%, 예술창작과 문화발전이 2.6%로 나타나고 있다. 위의 비율들이 보여주고 있듯이 직업이 얼마나 자신의 가치관이나 인생관을 구현하는 데에 중요한 의미 내지는 수단이 되는가를 알 수 있으며, 또한 그 중요성 때문에 사회경제적으로 자신에 대한 기대를 사회로부터 받는 수입과 보상보다는 공헌과 위광에 더 큰 비중을 두고 있음을 알 수 있다.

우리는 흔히 현대인의 특징으로 노동의욕의 상실, 직업윤리의 타락, 노동율의 저조 등을 들면서 종래의 노동관, 직업관을 이미 쇠퇴일로에 있다고 지적하고 있다. 그러나 김삼윤이[25] 대학생의 직업관을 조사한 연구에 의하면, 그는 직업의 가치유형을 3가지로 나누고 있다. 즉 ① 인간지향적 가치(people oriented value), ② 보수지향적 가치(Extrinsic Reward-oriented value), ③ 자아발현 지향적 가치(Self Expression-oriented Value)인데, 여기서 직업을 통한 타자에의 봉사와 사회성을 강조한 ①에 응답한 학생은 39명, 물질적 또는 정신적 수입을 강조한 ②에 응답한 학생은 25명, 자기의 소질과 개성을 극대로 발휘할 것을 강조한 ③에 응답한 학생은 무려 179명으로 나타났다. 이러한 분석 결과는 오늘날 젊은이들이 개인주의, 이기주의가 팽배하여 보수지향적인 성향이 강할 것이라는 항간의 이야기가 매우 피상적인 것임을 입증하였다.

따라서 인간이 직업을 가지는 첫 번째 선택여부는 자신의 창의력을

---

25) 김채윤, 「서울대학교 학생들의 직업관념에 대한 가설적 탐색」(서울대학교 문리대학보: 제18권 통권 27호, 1972), pp.164~165.

발휘할 수 있느냐의 여부가 이상적 직업의 조건이 되고 있는 것이다.

이는 산업사회에 있어서 미래 직업선택의 긍정적 직업가치관을 예시하여 주는 것이 된다. 그러나 위의 세 가지가 평행되기 위해서는 사회적 정의가 확립되어야 한다.

이러한 이타적 변화 성향에 대해서 Whyte[26]는, 프로테스탄티즘의 직업정신에 입각한 자본주의는 산업사회에 접어들면서 개인윤리와 함께 사회윤리적 성격으로 변화되어 갔다. 즉 사회윤리에는 과학주의(scientism), 귀족주의(belongingness), 협조주의(togetherness)가 새로운 산업인의 가치를 창출한다는 것이다. 이러한 인간형은 타인을 위한 봉사를 통하여 자신의 위상을 정립하려고 하므로 타지지향형과 내적지향형의 종합적 성격을 형성하기 위하여 다음과 같은 특징을 갖고 있다고 하였다.[27]

① 적응적 성격의 소유자이어야 한다. 상황의 변화에 대해 적극적으로 대처 적응할 줄 알고 중보적 사회활동을 능률적으로 처리할 수 있는 능동적 인간이어야 한다.

② 욕구불만에 대한 고도의 관용성과 욕구충족을 연기할 줄 아는 능력의 소유자이어야 한다. 규율에 따라서 행동하고 규율 속에서 목적을 달성하는 인간이어야 한다.

③ 보다 높은 업적을 쟁취하려고 부단히 노력하는 인간으로, 봉사를 통하여 자기실현의 보람을 느껴야 한다.

또한 T. Parsons는[28] 산업사회의 인간유형의 특성으로 ① 감정 중화성

---

26) W. H. Whyte, The organization man(New York: Simon and Schuster, 1956), p.7.(The Nature and Types of Sociological Theory chap XVII), p.417.
27) 고영복, 「산업사회와 인간교육」(국민윤리 연구, 제5호, 1976), p.279.
28) T. Parsons, Theories of society(New York: The Free Press, 1961), p.395.

(affective neutralize), ② 한정성(specificity), ③ 업적성(achieve-
ment), ④ 보편성(vniversalism), ⑤ 개인지향성(individual orienta-
tion)을 들고 있다. 즉, 감정중지성이란 감정에 따르지 않는 것을 말하
고, 한정성이란 기능인적 역할에 충실하는 것을 말하고, 업적성이란 사람
의 행동과 능력을 중요시하는 것이고, 보편성이란 편협성을 탈피하는 것
을 말하고, 개인지향성이란 자율적 행동을 하는 것을 말한다.

그러므로 산업사회의 바람직한 직업가치관은 사회윤리적 행동 양식에
기초를 둔 것이어야 하며, 이러한 행동양식은 그 민족의 전통적 사회윤
리관의 역사적 맥락으로부터 전개되어 나온다. 따라서 현대인에게 확고
한 세계관과 인생관을 제시하여 주기 위하여 현대 윤리학이 설정한 몇
가지 원칙은29) 직업가치관에도 시사하는 바가 크리라고 생각한다.

첫째, 도덕률은 인간존재의 사회·역사의 맥락으로서의 현실성을 무
시해서는 안 되며, 둘째, 도덕률은 인간의 존엄성, 자율성이 존중되는
실천적인 것이어야 하고, 셋째, 도덕률은 자기행위에 대한 선택의 자
유, 선택한 행위에, 대한 책임능력도 함께 강조되어야 교육적이라고
할 수 있다.

4. 직업선택의 사회적 성격

직업이 대대로 세습되던 전통적인 전근대적 사회에서와는 달리 현
대사회에 있어서는 모든 직업은 당사자에 의해서 선택되어 지는 것이
일반적이다. 각 개인이 어떤 직업을 선택하느냐의 문제는 비단 당사자

---

29) 황원영, 「교육철학」(대은출판사, 1985), pp.271~272.

뿐만이 아니라 사회전체에 대해서도 커다란 의미를 가지는 것이다.

현대인의 사회생활이란 다름 아닌 직업생활을 의미하는 것이다. 흔히 일컬어지는 '성공'이니 '행복'이니 하는 것도 따지고 보면 그것은 직업생활에 있어서의 성공여부, 직업에 대한 만족도 등에 크게 의존하는 것이다.

대부분의 성인은 물질적 수입이나 세력과 같은 이른바 외적 보수(extrinsic rewards)를 직업을 통하여 향유한다.30) 그리고 사람들이 유지 또는 향유하는 생활수준이나 생활양식도 직업에 의해서 결정되는 것이다. 사람들의 사회적 지위나 위신의 고하도 직업에 의해서 결정되는 것이며, 자기가 가지고 있는 소질이나 개성의 발현여부도 각자가 가지는 직업에 의존하는 것임은 말할 필요조차 없으며, 자아를 욕망의 최대한으로 충족할 수 있느냐 하는 문제는 각자가 가지는 직업에 의존하는 것임은 말할 필요조차 없다. 자아를 욕망의 최대한으로 충족할 수 있느냐 하는 문제는 각자가 가지는 직업에 의존하는 것임도 말할 필요조차 없다. 자아를 십분 발현함으로써 최대의 생산적인 활동을 할 수 있느냐, 그리하여 자아의 욕망을 최대한으로 충족할 수 있느냐 하는 문제는 각자가 가지고 있는 창조적인 능력을 발휘할 수 있느냐에 달려 있는 것이다. 사회성원의 객관적 평가는 말할 것도 없고 자신에 대한 스스로의 평가도 무엇보다도 자기에게 적합한 직업을 가졌느냐의 여부에 따라서 규정되는 것이다.

모리스·로젠버그(M. Rosenberg)는 직업선택에 작용하는 요인들을 다음과 같이 설명하고 있다.31)

---

30) M. Rosenberg, Ocoupations and ualues(The Free Press, Glencoe, Illinois, 1957), pp.6~7.
31) Ibid, pp.14~15.

첫째, 모든 의사결정의 이면에는 가치관이 개재되어 있다. 직업선택도 전기한 타율적 여건이 허용하는 한, 개인의 가치관에 입각해서 이루어지는 것임은 말할 것도 없다. 어떤 사람이 특정직업을 선택하는 데에는 거기에 무엇인가 마음에 드는 좋은 것이 내포되어 있다고 믿기 때문일 것이다. 여기서 '마음에 드는 좋은 것'이란 개인에게 내재화되어 있는 가치관의 일부에 의해서 규정되는 것이다. 사실 전기한 바와 같이 우리가 어떤 사람에게 그가 가지고 싶어 하는 직업이 무엇인가를 묻는다는 것은 따지고 보면 그가 인생에서 무엇을 바라는가를 묻는 것과 별로 다름이 없는 것이다. 말하자면 사람들은 가장 중심적인 가치관을 직업을 통해서 추구하려는 경향이 있는 것이다. 그러므로 직업선택을 하게 되는 과정을 정확하게 이해하기 위해서는 무엇보다도 개인의 일반적 가치관의 규명이 필요한 것이다.

둘째, 직업의 선택은 사회의 여러 가지 사물에 대한 개인의 인식을 규제하는 태도에 의해서 커다란 영향을 받는다. 그러한 태도 가운데에서 이른바 인간관은 특히 중요한 작용을 하는 것이다. 이를테면 인간을 근본적으로 이타적인 존재로 보는가, 이기적인 존재로 보는가, 믿을 수 없는 존재로 보는가, 또는 관대한 존재로 보는가, 그렇지 않은 존재로 보는가, 말하자면 인간관 또는 인간에 대한 신뢰도 여하는 직업의 선택에 중대한 영향을 미친다는 것이다. 실제로 직업활동이란 따지고 보면 대인관계의 맥락 속에서 이루어지는 것인 만큼 인간에 대한 느낌이 어떠한가에 따라서 선택하게 되는 직업의 종류가 달라질 수 있다는 것이다.

요컨대 개인의 직업선택은 개인과 사회에 다같이 막중한 영향을 미치는 중대한 문제인 것이다. 그런데 실제에 있어서는 사람들이 모두가 처음부터 이상적이고 적합한 직업만을 선택하는 것은 아니다. 그 한

가지 이유는 대부분의 사람들은 자기의 재능이나 자질을 정확하게 알지 못하기 때문이다. 사실 개인의 재능이나 자질은 일정직업에 취업함으로써 비로소 알려질 수 있는 성질의 것이기도 한다. 그리고 비록 모든 사람이 각자의 재능이나 자질을 정확하게 알고, 거기에 알맞은 직업을 가지기를 원한다고 하더라도 그것이 반드시 그대로 실현되는 것은 아니다. 사회의 현실적인 직업구조가 그것을 제약하는 경우가 많기 때문이다.

여기에서 Zaccaria는 직업사회화의 지도방안을 제시하고 있다.[32] 그에 의하면 직업사회화의 제1단계는 인식의 단계(초등학교 1~3년)이며, 제2단계는 적응기(초등학교 4~6년), 제3단계는 탐색기(중학교 1~2년), 제4단계는 준비기(중학교 3~고등학교 3년)로서 이 4단계를 거쳐서 직업선택이 이루어진다고 하였다. 따라서 준비기에서는 본격적인 직업기능을 연마하도록 직업적 훈련이 이루어지도록 집중적인 교육이 필요하다고 강조하고 있다.

모든 종류의 직업은 거기에 종사하는 사람에게 요구하는 행동의 유형을 가지고 있다. 그리하여 그러한 직업적 활동이 요구하는 행동유형은 무엇보다도 거기에 알맞은 퍼스널리티의 유형을 가지고 있는 사람들에 의해서 가장 잘 수행되어질 수 있는 것이다. 이를테면 훌륭한 군인이 되는 데에는 무엇보다도 건전한 신체와 강인한 정신을 겸비한 퍼스널리티를 가진 사람이라야 할 것이다. 말하자면 일정직업이 요구하는 행동유형과 퍼스널리티 구조 간에는 최소한 어느 정도의 조화가 이루어질 수 있어야만 하는 것이다. 여기에 퍼스널리티가 직업선택에 미치는 작용을 인정하지 않을 수 없는 것이다.[33]

---

32) J. S. Zaccaria, Theories of Occupational Choice and Vocational Development(Boston: Houghton Mifflin, 1970), pp.20~21.

로젠버그에 따르면 개인의 가치관, 태도, 퍼스널리티 등이 직업선택에 미치는 주요 요인이라는 것을 기술하였다. 그런데 그러한 가치관, 태도, 또는 퍼스널리티는 다른 한편으로는 개인이 선택하게 될 직업에 의해서 크게 영향을 받는다는 것도 잊어서는 안 될 것이다. 이를테면 어떤 개인과 가까운 관계에 있는 직업, 또는 자기 주변의 직업을 가지고 싶어 하는 사람은 미리부터 그러한 직업에 알맞은 방향으로 자기의 가치관, 태도, 또는 퍼스널리티를 수정하게도 된다는 것이다. 그리하여 아버지를 이어서 앞으로 의사가 되려는 학생은 미리부터 의사적인 가치관, 태도, 퍼스널리티를 갖추게끔 되는 수가 있는 것이다.

앞에서 우리는 직업선택에 미치는 가치관의 영향을 약술하였다. 그리고 모든 사람이 반드시 자기의 가치관을 완전하게 실현할 수 있는 직업을 선택하지는 않는다는 것도 전기하였다. 말하자면 가치관과 완전히 부합, 또는 일치되는 선택이란 그렇게 쉬운 것이 아니라는 것이다. 가치관과 실제의 선택이 일치되지 않는 경우 양자 간에는 어느 정도의 갈등이 불가피할 것이다. 그러나 시간의 흐름과 함께 양자의 거리는 점점 축소되어, 드디어는 그런대로 적합한 상태로까지 나아가게 되는 경우도 없지 않은 것이다.

사회성원이 일상적으로 수행하는 직업적 역할은 단순한 직업적 역할 그것에 그치는 것이 아니라 개인의 속성으로 내면화되는 경향이 있다. 말하자면 직업적 역할이 깊숙이 몸에 배어들어 개인의 퍼스널리티 구조에까지 영향을 미치게 된 것이다. 인간이 직업을 같이 하는 가운데에서 어떤 특정한 퍼스널리티의 유형을 찾아내기가 어렵지 않다는 것은 이 때문이다.

---

33) M. Rosenberg, op. cit., p.20.

개인의 직업선택은 그 당사자뿐만이 아니라 전체 사회에 대해서도 커다란 영향을 미치므로 전체 사회는 모든 사회성원이 적정한 직업적 역할을 수행함으로써 인간자원이 적정하게 배치되고 비로소 원활한 영위를 기할 수가 있는 것이다. 말하자면 전체 사회의 원만한 영위는 모든 성원들이 각자의 소질과 자격에 알맞은 직업을 가지고 거기에 부수된 역할을 원만하게 수행할 때 이루어진다. 그러므로 사회성원이 자기의 소질과 자격의 알맞은 직업을 선택하느냐의 여부는 결코 개인적인 문제에만 머무는 것이 아니라 전체 사회에 대해서도 커다란 영향을 미치는 것이다. 사실 전체 사회는 직업을 통한 개개인의 협동과 봉사에 의해서 영위되는 것이다. 그러므로 각 개인이 사회에 대해서 최대한의 봉사를 하기 위해서는 무엇보다도 그들이 각자 적합한 직업을 가짐으로써 각자의 재능을 발휘할 수 있게 된다.

제 11 장
직업윤리의 교육학적 접근

제1절 인간학을 통한 직업윤리

1. 구조존재론적 인간학

인간에 대한 철학적 이해를 총체적으로 서술하는 일은 불가능하다. 그래서 본 논의에서는 직업윤리교육의 이론적 형성을 위한 현대철학의 인간학을 주로 윤리학적 관점에 한정하여 살펴보려고 한다.

따라서 현대 교육철학에서 구조존재론적 인간학의 접근방법은, 인간이란 무엇인가에 대한 본질적 규명과 또한 인간존재의 의의와 그 존재의의를 생활윤리로 하여 새로운 공동체사회를 확립하므로, 직업윤리교육의 중요한 이론적 바탕을 제공하게 된다. 구조존재론적 인간학이 대두된 이유는 종래의 추상적 탐구의 형이상학적 인간학, 감각론적 시각의 형이상학적 인간학, 비사변적·경험적 인간학 등의 다양한 인간학적 접근이 있었음에도 불구하고 이러한 인간 해석방법은 인간의 본질적 존재(oesse essntiae)에 대한 부분적인 측면의 탐구에 그치고 말았다는 사실이다.[1]

인간의 본질적 존재에 대한 본원적이며 통일적이고 결정적인 명제를 도출해 내기 위해서 인간의 현 존재를 추상적이며 초월적 개념으로서 '무엇'이 아닌 '있음'이라는 실재론적 시각에서 인간의 철학적 이해를 시도하려는 것이 구조존재론적 인간학의 요체가 되고 있다.

구조존재론적 인간학의 접근방법은 인간을 '무엇(What)'보다는 '있음(be)'이 더 중요한 의미를 가지므로 이를 사회학적 시각에서 이해하려는 것이다. 여기에서는 인간의 사회성을 존재 양태의 특징으로 간주한다.[2] 따라서 인간의 사회성을 이해하려고 하는 것은 기본적으로 인간적인 것과 비본질적인 것을 올바르게 구별하고, 인간적인 것을 지키는 일체의 행동, 그리고 인간소외현상으로부터 탈피하여 인간회복을 실현하는 데 필요한 일체의 행동체계, 신념체계, 가치체계의 내면화 및 공동사회성원 상호간의 갈등, 대결, 불신은 상호협력과 신뢰를 바탕으로 하는 인간중심주의 사회공동체를 형성하여 극복하려는 모든 사회성원들의 의지와 실천윤리를 사회생활의 공동원리로 삼는 것이 구조존재론적 인간학이 지향하는 목표인 동시에 직업의 사회성을 형성하는 철학적 바탕이다. 이러한 구조존재론적 인간학이 추구하고 있는 궁극적인 목표는 인간의 본질로는 교육적 인간(homo educandus)인 동시에 사회적 인간(homo sociologicus)이라는 것이며 인간의 실존은 사회와 교육이라는 두 개의 함수관계 위에서 비로소 의미를 지닌다. 다시

---

1) 황원영, 「교육철학」, 전게서, p.168.
2) 황원영, 「교육철학」, 전게서, p.169.

말하면 인간의 사회화와 사회의 인간화라는 두 개의 축 위에 민주적 시민이 양성되는데 이를 개성화 또는 사회화라는 교육적 개념으로 설명하고 있다.3)

현대사회에서의 합리화나 개성화가 다만 수단의 효율화를 의미하고 목적의 반성을 배제하는 것은, 과학에 대한 실증주의적 이해에 책임이 있다고 H. Marcuse는 말하고 있다. 그는 이러한 산업사회에서 과학적으로, 기술적으로, 합리적으로 조종되고 있는 인간을 '일차원적 인간'이라고 지칭하고 있다.

그에 의하면 인간은 원래 이차원적 존재로서 사회에 적응하면서 동시에 사회를 비판하고, 이러한 적응과 비판을 통해서 사회와 자아를 동시에 발전시키는 그러한 존재라는 것이다.4)

E. Fromm도 인간은 시장경제체제 사회 안에서의 사회화를 통해서 이루어진 인간성을 시장지향적 인간(Marketing orientatied man)이라는 특수한 사회적 조건으로 관찰하였다.5)

2. 교육철학적 인간학

최근 교육학의 추세에 있어서 '교육학적 인간학'에 관한 연구가 활발히 진행되고 있음이 여러 가지 자료에서 제시되고 있다. 인간학(Anthropology)

---

3) Emile Durkheim, Education and Sociology(Foreword by Talcott parson, The Free Press, 1956), p.33.
4) H. Marcuse. One Dimensional Man(Studies & Kegan LTD. London, 1964), pp.23~44.
5) E. Fromm, Man for himself: An inquiry into the psycholoy of Ethics(New York: Rinehart and Company, 1947), p.90.

이라는 말이 하나의 학문(science)의 개념으로 취급되기는 18세기말 칸트(I. Kant, 1724~1804)와 피히테(Fichte, 1762~1814)에 의해서 본격적으로 시작되었다고 할 수 있다.6)

그 후 인간학은 19세기로 넘어오면서 그 연구대상은 인간의 육체적인 현상을 다루었다. 그러나 교육학에서 인간학의 제 문제를 다룬 학자는 랑벨트(Langveld)인데 그는 인간을 동물교육(animal education) 즉, 교육을 필요로 하는 생물로 정의하였다.

그러나 셸러(M. Scheler)에 의해서 처음으로 인간학을 '철학적 인간학(Philosopical Anthropology)'으로 규정지었으며, 이는 후에 프레스너(Plessner)의 「개진하는 인간학」, 란트만(M. Landmam)의 「철학적 인간학」으로 이어지고 있다. 이러한 셸러의 인간학은 특수과학의 성과에서와 특수과학 이전의 경험을 토대로 하여 인간 존재의 본질을 규명하려고 하였다.

이러한 맥락에서 볼노브의 교육적 인간학은 셸러의 이해 아래서 파악되어야 한다.7)

볼노브의 인간학은 인간에 대한 여러 가지 특수과학으로서 생물학, 심리학, 인류학 등을 포괄하고 있다. 이러한 특수과학들은 전체적으로 인간학적 특수과학으로 파악되어야 한다. 볼노브는 이러한 특수과학뿐만 아니라 역사학, 선사학, 종교학, 문학, 예술 등과 같은 인간에 대한 지식을 증진시켜 주는 함축적인 인간학(Implicative Anthropology)이어야 한다는 것이다. 또 그는 인간학적 특수과학과 함축적인 인간학을 합하여 종합적인 인간학(Integrative Anthropology)이라고 하였다.8)

---

6) 윤쾌헌, 실존철학의 교육학적 의의에 관한 연구(건국대학교 대학원 박사학위 논문, 1978), p.40.
7) O.F. Bollnow(이규호 역), 「실존철학과 교육학」(서울: 배영사, 1967), p.2.

볼노브는 이러한 종합적 인간학 위에 특수한 현상으로서 불안, 위기, 축제, 노동 등을 필연적 지체(glied)로 파악하여 그의 인간학의 개념을 형성하였다. 이러한 인간학과 관련하여 인간에 관한 공통적인 견해를 다음과 같이 세 가지 전제에서 출발하고 있다.

첫째는, 인간의 본질은 어떤 초월적인 원리에 의해서 파악될 것이 아니라 다만 인간의 삶의 현상으로부터 이해되어야 한다. 이것은 딜타이의 삶의 철학의 방법론적 원리 이래 현대철학이 언제나 따르는 하나의 방법적인 원칙이 되고 있다.

둘째는, 인간의 본질은 결코 고정적으로나 결정적인 것으로 정의될 수 없다. 인간에 대한 연구는 계속 추구의 대상일 수밖에 없다.

셋째는, 어떤 삶의 형식이나 본질도 지배적이며 절대화해서는 안 된다는 견해이다.9)

볼노브는 이러한 관점과 전제 위에서 교육학적 인간학을 규명하려고 하였다. 그것이 삶과 실존을 연관시킨 포괄적 또는 종합적 인간학인 것이다. 종래의 경험과학의 기반을 뛰어넘어 철학적, 인간학적인 문제 설정을 교육학에 적용시켜 교육 전체를 인간학적 관점에서 새로이 조명한 것은 하나의 독자적 위치를 이룬 셈이다.

볼노브는 사실 그동안 인간학을 가장 중요시해야 할 교육학의 내용 구성이 인간을 의외로 등한시하였음을 지적하고 있다.

첫째로, 교육학은 경험과학적 교육학과 규범과학적인 교육학으로 분열되어 교육학 자체의 본질 속에 인간의 이해가 결핍되어 있었다. 다시 말하여 교육학 자체가 인간 존재의 가치성을 추구하기보다는 다른 외부의 영역으로부터 지시와 자극을 받으려고 생각하거나 기대하였기

---

8) 상게서, p.47.
9) 상게서, p.56.

때문이다.

둘째로, 교육학은 인간학을 관찰하기보다는 이데올로기(ideology)에 사로 잡혔던 나머지 자율적 인간 이해를 소홀히 하게 되었다.[10]

따라서 볼노브가 시도한 교육학적 인간학의 목적은 '실존적 만남'에 두고 있다. 즉 '실존적 만남'의 내용이란 인격과 인격의 교호작용에 의한 만남에서 삶의 획기적인 새 출발을 하도록 추진하여야 한다. 그래서 그는 '만남이 교육에 선행한다'는 인간학적 명제를 제시하고 있다. 만남 속에는 언제나 신뢰와 희망과 사랑의 기능이 작용되어야 함을 강조하고 있다.[11] 이러한 신뢰와 희망과 사랑의 기능은 고정된 교육과정 속에서 이루어지기보다는 순간순간에 일어나는 비연속적인 형태가 인간학적 교육내용을 구성하는 요체로 파악하였다.

또한 볼노브가 인간학적 교육내용의 개념으로 축제를 들고 있다. 인간 삶의 현장인 축제(fest)는 자기발전과 자기형성을 하는데 교의(einander)를 의식할 수 있는 분위기가 되며, 이런 축제의 분위기는 스스로가 인간임을 자각할 수 있는 하나의 계기가 될 수 있고 여기에서 인간은 신뢰와 희망과 사랑의 분위기가 조성된다. 따라서 인간은 지금까지 연속되어 오던 타성에 젖은 자기생활을 반성하여 실존의 윤리성을 되찾을 수 있는 자극을 받게 된다. 이때 자극은 내적 각성과 같은 성격을 띠므로 인간의 본성에는 누구나 Festigkeit을 지니고 있다고 하였다.[12]

볼노브는 교육의 실존적 윤리성의 회복을 들고 있다. 교사는 교육내용을 강구할 때 윤리성이 가장 중요한 내용이 되어야 함을 인식해야 한

---

10) Otto. F. Bollnow, Existenz philosophie(Stuttgart, W. Kohlhammer Verlag, 3rd Edition, 1949), p.179.
11) Ibid, p.180.
12) Ibid, p.182.

다. 그에 의하면 만약 교사가 실존적 윤리성에 등한시하거나, 인간의 자기 형성을 위한 실존을 자각하지 못하다면 이는 동물과 다름없는 자기상실에 빠지게 되어 공익을 위한 사회발전에 기대할 수 없게 된다. 그러므로 볼노브는 인간전체를 이해하고 성장시키는 방법으로 '양심의 호소'(Appeal of Conscientiousness), 결실의 순간(Moment of Fruit Bearing), 그리고 설교(Preaching)의 제 방법을 쓰고 있다. 이는 마치 소크라테스(Socrates)의 조산술의 성격과 유사하다. 소크라테스의 조산술은 끈덕진 질문으로 한 사람의 정신 속에 있는 수면 상태를 한 순간에 깨우치게 하는 것이다. 이와 같은 양심의 각성은 지속적으로 일어나는 것이 아니라 순간적으로 일어나는 것이 특징이 되고 있다.

아동의 학습에 있어서도 지적 착상은 순간적으로 일어난다고 보고 있다. 이처럼 볼노브의 교육방법은 소크라테스의 조산술적 요소와 스프랑거(Spranger)의 양심의 각성이 결합되어 있다.13)

이러한 의미에서 볼노브의 교육학적 인간학의 과제는 교육의 대상인 인간의 삶의 현상으로부터 교육적 인간학을 어떻게 분리해내느냐가 그의 교육학의 과제인 동시에 방법의 문제로 등장하게 된다. 볼노브는 교육현상을 포괄적으로 관찰하고, 깊이 이해할 수 있는 방법으로 실존적인 전인교육은 현대의 인간직업교육에 시사하는 바가 크다.

3. 가치론적 인간학

가치관(value)이라고 하는 것은 어떤 대상 또는 생각(idea)에 부

---

13) Ibid, p.184.

여하는 개인적인 보람(worth)이나 중요성을 말하는 것으로, 이는 인간의 초기에 형성되므로 태도나 신념보다 더욱 오래 지속된다.

그러므로 개인이 갖는 가치체계(value system)는 보다 중심부에 있고 높은 수준에 있어 태도형성에 결정적인 영향을 미치고 있다.14) 가치관은 개인으로 하여금 동기 부여케 하는 깊은 선호도(preference)를 의미하며, 가치의 우선순위에 대한 분명한 태도는 개인으로 하여금 자신의 목적을 효과적으로 달성하도록 도와줄 수 있게 된다.

가치관 중에는 최종적인 가치관(terminal values)과 도구적인 가치관(instrumental values)으로 구별되는데 직업윤리의 과정에서는 후자보다는 전자에 더 큰 의미를 부여하고 있다. 왜냐하면 직업 가치관은 태도 및 행동이 일치되는 가치체계를 가지기를 원하기 때문이다.

Karl Mannheim은 재건시대 인간과 사회에서 지적하고 있듯이, 비동시적인 것의 동시적 공존 (비동시적인 신·구 두 가치관의 충돌현상)의 현상이 발생하고 있는 현대 산업사회에서는 사회적 상호관계의 기초가 되는 책임 의식을 강조한다. 따라서 현대 윤리학의 성격을 규정하는 '우리는 무엇에 대하여 책임을 지는가'의 물음에 대하여 현대 윤리학은 상호 협력적인 사회적 관계의 기본질서와 역할 인지와 역할 기대가 따르는 사회적 역할 행동을 책임의 영역으로 설정하고 있다.

이상과 같은 책임영역이 사회의식으로 정착하기 위해서는 다음의 가치관형성을 목적으로 하는 사회교육학적 노력이 필요하다는 것이다.15)

---

14) C. Kluckhohn, Values and Value-Orientation in theory of action(T. Parsons and E. A. Shils, Harvard University Press, 1951), p.375.
15) 황원영, 「교육철학」(서울: 대은출판사, 1985), p.233.

가 치 영 역	가　　치　　관
생　　　　명	생명의 존엄성에 대한 외경
인간의 존엄성	타인의 인격존중 신조, 종교, 인종, 사회적 지위, 성별의 차이를 초월하여 인간의 존엄성을 바탕으로 한 사회적 관계의 형성 자기확신감
자　　　　유	타인의 창조적 지성과 자율성을 존중하는 태도, 거주이동의 자유, 타율적 속박에도 굴복하지 않는 양심의 자유, 배우자 선택의 자유, 의사, 직업, 종교의 자유
진　　　실 정　　　의	성실성, 정직성, 신뢰성, 근면성, 협동성, 친절성, 공정성의 태도, 자신의 이익보다 사회 전체의 이익을 위하여 헌신적인 노력을 기울일 수 있는 태도, 청렴성
사　　　　랑	이견관용적인 태도, 상호 협력적인 근린관계의 형성, 정의적인 인간관계의 형성, 타인의 창조적 지성을 개발하는 데 적극적인 태도
충　　　　의	연대의식의 형성, 사회발전에 대한 자발적인 참여정신의 형성, 준법정신의 형성
평　　　　화	타협적 태도의 형성, 중재수용적 태도의 형성, 합리적 비판정신의 존중, 자기 자신의 과실을 솔직하게 시인할 수 있는 자기행동 수정적인 태도의 형성

　　그러나 고전윤리학의 '인간의 자유의지가 선택하는 행위의 수행 능력이 책임의 근거가 되어야 한다'는 도덕적 확신은 다음과 같은 이유를 들어 그 타당성이 검토되어야 할 것이다.

　　첫째, 고전 윤리학은 자유 의지가 인격적으로 제약된다는 사실을 인식하지 못한 점이다. 성인이나 도덕적 위인의 자유 의지는 목적지향의 기준은 될 수 있으되 평범한 인간들의 가치 기준이 되기에는 인간은 결핍존재이기 때문에 자유 의지가 선택하는 행위의 수행능력이 책임의 근거가 될 수 없다.

둘째, 고전 윤리학에서 보는 자유의 개념은 성인이나 도덕적 위인에게나 가능한 자기완성적인 성격의 도덕률이기 때문에 인간과 인간의 상호협력적 관계로부터 단절되어 있는 고립적이며 고답적인 것이다. 인간의 자기형성은 타인과의 사회적 상호 관계의 사회화를 통해서 이루어지고 있다는 사실이다. 이러한 사실 때문에 현대사회에서는 타인과의 공존 관계를 단절한 상태의 자유는 책임의 근거가 될 수 없다. 그리고 도덕적 의미의 자유는 인간이 자기 자신과 타인에 대하여 책임을 질 수 있을 때 비로소 가능한 것이므로 도덕적 자유와 의지의 자유는 명백히 구별되어야 할 것이나 고전윤리학에서는 성인이나 도덕적 위인을 지향하는 개인의 도덕적 완성을 목적으로 하고 있었기 때문에 의지의 자유를 강하게 의식하고, 도덕적 의지의 자유에 귀속하고 있었다. 현대사회에서는 고전윤리학의 이러한 한계를 극복하는 사회교육이 필요하다는 것이다.

가치교육은 인간의 태도 및 행동을 위시하여 직업윤리관의 형성과 깊은 관련을 맺고 있다. 그러므로 가치관은 우리가 어떤 대상물 또는 아이디어에 부여하는 보람(worth) 또는 중요성(importance)이며 삶에서 의존하는바 일련의 표준인 가치체계(value system)라고 할 수 있는데, 이 같은 가치체계는 다음과 같은 몇 개의 특성을 지니고 있다.

첫째로, 그것은 퍼스널리티 속에 깊이 자리잡고 있기 때문에 눈으로 볼 수 없다. 우리가 볼 수 있는 것은 그것에 의하여 외면적으로 나타나는 태도, 의견 및 행동 등이다.

둘째로, 그것은 태도, 의견 또는 행동보다 지속적이다. 태도 등은 순간적으로 일어나고 또한 멈추어질 수 있으나 그것은 그렇게 되지 못한다는 것이다.

셋째로, 그것은 여러 가지 요인에 의해 영향을 받으면서 형성된다. A. Ellenson은 이들 요인으로 ① 종교적인 신념, ② 태도, ③ 선입관(Prejudice), ④ 고정관념 등을 제시하고 있으나 B.L. Reece 등은 이보다 더 자세히 아래 도표에서 제시하고 있다.16)

가치관을 형성하는 여러 영향요인

교육제도
동료 집단
매스미디어
가 정
개인의 가치관
사회·경제적 계층
태 도
선입관 고정관념
신념·의견

1950년대의 종업원의 가치관과 1980년대의 그것은 크게 다르다고 보는 R.M. Hodgetts는 미국의 경우를 중심으로 ① 풍요로움에서 연유된 고차원의 욕구충족에로의 경향성과 ② 물적인 것을 얻기보다는 생활의 질이 더욱 중요함을 믿게 되었다는 조사를 아래 표에 제시하고 있다.17)

---

16) B. L. Reece & R. Brandt, Effective Human Relations in Organizations (Houghton Mifflin 1987), p.161.

17) R.M. Hodetts, Management(Harcourt Brace Jovanovich, 1986(4th)), p.471.

종업원의 전통적 및 현대적 가치관

전통적 가치관	현대적 가치관
· 회사에 대한 충성 · 돈과 지위에 대한 욕구 · 관리계층에로의 승진의 욕구 · 직무의 안전과 안정에의 관심 · 개인적 역할보다 작업역할에 의 동일화	· 조직에 대한 낮은 충성심, 즉 몰입 · 달성을 자극할 보상의 욕구 · 공헌에 대한 조직으로부터의 인정 · 직무의 안전과 안정에 대한 관심 의 하향 · 도덕적이고 보람 있는 일의 수행 · 자신에게 결정적인 영향을 미치 는 의사 결정에의 참여 · 작업역할보다 개인적 역할에의 강한 동일화 · 회사에서 일어나는 일에 관한 관 리자와의 의사소통 · 직무상에서의 개인적 성장의 기회

위와 같은 가치관의 변화는 이미 1930년대에 접어들면서부터 서서히 직업윤리의 변화가 일기 시작하여 20세기 후반에 와서는 아래 표와 같은 놀라운 변화를 보여주고 있다.[18]

전통적인 자본주의 윤리와 새로 등장하는 현대적 윤리의 비교

전통적 자본주의 윤리	새로운 현대적 윤리
· 개인주의, 소유권리 및 자기결 정의 프로테스탄트 윤리	· 지역사회, 집단참여 및 책임을 강조하는 사회적 윤리의 성장 과 개인적 행복에 미치는 사회 문화적 영향력

---

18) F.E. Kast & J.E. Rosenzweig, *Organization and Management* (*McGraw-Hill, 1985(4th)*), *p.40.*

전통적 자본주의 윤리	새로운 현대적 윤리
· 자신의 개인적 이익의 극대화를 통한 높은 수준의 사회적 복지	· 협동적인 사회적 행동의 필요
· 노동의 분업과 전문화를 통한 능률의 증대	· 인간적 만족의 측면에서 본 전문화의 한계 인정
· 기업은 경제적 단위	· 기업은 사회경제적 기관
· 이윤의 극대화가 유일한 목적	· 이윤이 주된 목적이기는 하나 사회적 목적을 포함한 복수목적의 충족
· 효과적, 능률적, 경제적 업적의 전체적 강조	· 효과, 능률 및 참여자의 만족 강조
· 기업은 폐쇄적(closed)시스템	· 기업은 환경과 상호 작용하는 개방적(open)시스템
· 시장과 경쟁적 환경에만 반응	· 많은 이해관계자 집단과 사회적 요구에 반응
· 인간은 자연을 개척하고 지배	· 자연의 제약조건하에서 조화를 이루면서 생활
· 기업에 대한 사회적 기대는 제품과 서비스 생산에 한정	· 사회는 기업이 생활의 질에 대한 광범위한 문제를 처리할 것을 기대
· 기업의 업적을 이윤으로만 측정	· 기업의 업적을 이윤과 여타의 사회적 업적지표로 측정

이와 같이 동기 부여에 영향을 미치는 가치관은 인간의 직업 선택에 중요한 영향을 미칠 뿐만 아니라 직업윤리관을 세우는 데 있어서 커다란 시사점을 주고 있다.

제2절 사회교육을 통한 직업윤리교육

1. 평생교육 측면에서 본 직업윤리

인간은 직업을 가지려는 욕구와 함께 배우고자 하는 학습욕구(learning need)를 충족하기 위하여 부단히 노력하여 왔다. 이러한 학습욕구는 학교 교육만으로는 부족하여 일찍이 영·미를 중심으로 한 서구 자본주의 제국에서는 급격한 산업화와 사회변동에 부응하기 위하여 사회교육(social education)을 강조하였다.

유교사상에 나타난 충, 고구려와 신라의 청소년 교육에서 강조한 조국수호의 정신과 훈련, 그리고 역대 왕조를 통해 볼 수 있듯이 국가가 위기에 처하였을 때 상하, 남녀를 막론하고 국가수호를 위하여 애쓴 무수한 사례에서 사회교육의 호국적 기능을 읽을 수 있다. 국가에 대한 바른 태도와 건전한 국가관의 확립, 국가발전에 필요한 국민 자질의 함양, 국민 정신교육의 강화 등 현시점에서 강조하는 교육적 기능은 전통사회의 교육에 이미 뿌리가 박혀 있는 것이다. 이와 같은 호국의 정신은 나아가 전통문화의 이해와 보급 및 발전과도 상통하는 것으로 사회교육이 추구해야 할 목적인 것이다. 이러한 전통윤리의 바탕이 되는 정신은 오늘의 직업인들에게도 부과되는 윤리(ethos)인 것이다.

2. 진로교육 측면에서 본 직업윤리

진로교육(career education)은[19] 그 출발이 미국에서 최근에 발달하기 시작한 교육으로서 직업교육에서부터 발전되었다. 말랜드(S. Marland)는 현시점에서 다음과 같은 사항들이 필요한 것이라고 제안하였다.[20]

첫째, 진로교육의 중핵으로 실업교육이 교양교육보다는 더 강조되어야 한다.

둘째, 고등학교 수준부터의 교육은 학생 개인의 진학 또는 생산적인 일에 취업할 수 있도록 교육되어야 한다.

셋째, 다양한 전달체제에 의하여 일을 위한, 또한 일에 관한 교육이 필요하다.

넷째, 개인에게 개방된 진로선택의 기회가 증대되어야 한다.

결국 진로교육은 생업에 중점을 둔 종합적인 교육프로그램이다. 진로교육은 일의 정보(job information)와 기술발전을 제공할 뿐만 아니라 학생들에게 개인적이고 심리적·사회적·경제적인 일의 중요성과 윤리성을 대비하고 있다. 그렇기 때문에 진로교육은 단순한 직업준비교육에 지나지 않는다는 학자들도 있으나 실제로 진로교육은 정규학교 교육에서 파생되는 문제점과 사회에서 요구하는 문제점을 종합하여 교육현장의 내용을 구체화하고 일의 선택권 함양을 목표로 하는 전 생애의 교육을 의미한다.

K.B. Hoyt는 직업진로교육(occupational career education)의 개념에 대해서 "진로교육은 성공적인 일을 준비하고 실천할 수 있도록

---

19) 우리나라에서는 진로교육 또는 생애교육이라고 번역되고 있는 이 말을 처음 사용한 사람은 알렌(J. Allen)이었으나 이를 본격적으로 발전시킨 사람은 말랜드(S. Marland)였다. 그는 1971년 1월 Houston에서 개최된 미국 전국 중등학교장협회 연차대회에서 생애교육의 중요성을 강조하여 생애교육의 창조자격이 되었다. 본문에서는 진로교육으로 사용함.

20) 장진호, 『평생교육과 사회교육』(대은출판사, 1985), p.142.

도와주고, 직업적인 노작을 위주로 한 경험이 교수방법으로 채택되어야 하며, 모든 개인을 위한 직업적성 교육을 바탕으로 일에 적응하고 만족스러운 능력을 길러 내는 데 있다."고 하였다.21)

또 W.C. Kahl은 "교육적 경험과 교육과정, 교수방법, 상담이 경제적인 독립과 일의 위업에 대한 체제로서 영속적으로 이루어져야 하며 교과과정의 활동은 생애 의식 본체(main body), 계획, 준비단계와 관련이 있으며 직업진로교육은 학생들의 일이나 미래의 교육 내지 일과 교육의 결합을 추구하도록 준비하거나 결정하도록 안내해 주는 종합적이고 조직된 계획이다"라고 하였다.22)

이와 같이 모든 직업진로 교육은 개개인의 일(work)에 적용된 사회의 가치에 적합하고 통합될 수 있는 가치 기준에 따라서 일생 동안 삶의 가치가 가능하고 또 만족할 수 있도록 이행되어 가는 데 온갖 노력을 기울이는 것이다. 특히 성공적인 직업생활에의 준비가 교육의 중요한 목적이 되도록 노작을 위주로 한 경험이 교수방법으로 채택되어야 한다. 또한 진로교육도 직업사회화 교육과 마찬가지로 유아기 때부터 시작해서 자립하여 전 생애에 이르기까지 직업세계와의 관계를 결합한 전반적인 교육영역에 걸쳐서 개인과 사회가 성장 가능성을 최대한 도와주어야 하기 때문이다.

그래서 학교는 지식을 가진 사람을 배출하고 있지만, 산업계의 직업 시장에서는 기술과 행동이 병행될 수 있는 능력을 가진 사람을 요구하는데 이를 충족시키기 위하여 인간중심의 직업교육이 요구된다. 물

---

21) K.B. Hoyt, and others, Career Education: What is and How to Do it(Salt Lake City, Utah: Olympus Publishing Co, 1972), p.21.
22) John B. Stevenson & W. C. Kahl, An Introduction to Career Education(Worthington, Ohio, Charles A, Johnes Publishing Co, 1973), p.38.

론 과업중심 교육이 없는 인간중심 교육은 생각할 수 없으며, 또 인간 중심 교육이 없는 과업중심 교육도 있을 수 없다.23)

결국 생애교육과 평생교육은 각기 학문적·이론적 면에서나 실천적 영역에서 독자성을 유지하면서도 진로교육의 광역적 개념 속에서 생애교육의 영역이 포함되어 있다고 볼 수 있다.

그러나 아직도 평생교육의 개념이 완벽하게 정립되었다고는 볼 수 없다. 진로교육의 개념, 성격, 의미, 방향, 범위 등 원초적인 문제들이 보다 다각적으로 연구·검토·재조명되어야 할 것이다.

모든 교육이 심화되고 안정된 사회에서는 부분적인 통합기능으로서 그 사회의 병리를 쉽게 치료할 수 있어도 정치·경제·사회·문화교육 등 아직 정착되지 못한 허다한 화제가 놓여 있는 사회에서 진로교육 내용의 실현에 많은 어려움이 있을 것이 예측된다.

제3절 직업윤리에서 본 상생교육

직업윤리교육의 목표는 상생에 있다. 즉 직업을 통하여 더불어 사는 데 있다. 그러므로 상생교육에서는 목적가치를 설명하기 위해서 비교 교육적 방법을 엄격히 배격하고 있다. 왜냐하면 비교는 목적가치를 설명하기 위한 방편에만 써야 하기 때문이다. 오늘날 이처럼 만연된 사회악이나 인간악도 알고 보면 모두가 비교 교육에서 비롯된 부산물로

---

23) Carl. R. Rogers, Freedom to Learn(Columbus, Ohio: Charles E. Merrill Publishing Co, 1969), p.270.

규정하고 있다.

즉 비교는 인간을 성장·발전시키는 측면보다는 오히려 인간을 도덕적으로나 정신문명적으로 작금의 퇴락현상의 결과를 가져왔다고 보고 있다.

이를테면 비교 교육이 파생시킨 인간악과 사회악은 이제 그 한계에 이르렀음을 보여주고 있다.

시기질투, 중상모략, 원한, 갈등, 분열투쟁, 불안, 초조, 미움, 원수, 결투살생, 사기절도, 살인강도, 감언이설, 불평불만, 비방비난, 우열귀천, 대립승부, 투쟁전쟁, 열등우세, 비정, 탐욕, 배타심, 이기심, 소유욕, 상대적 빈곤감, 상대적 열등감, 심리질환, 노이로제, 삼체증(잘난 체, 아는 체, 있는 체) 등이다.

이와 같이 인간이 토해 놓은 불행은 모두가 비교 교육의 엄청난 찌꺼기이다. 장미꽃은 장미꽃대로 아름답고, 연꽃은 연꽃대로 우아하며 호박꽃은 호박꽃 나름대로 벌을 불러들이는 꿀의 원료를 지니고 있다.

그런데 장미꽃과 연꽃을 비교한다는 것은 장미꽃의 비극인 동시에 연꽃의 수난이 아닐 수 없다. 더욱이 호박꽃이 장미가 되려 한다면 이는 호박꽃의 비극이 아니라 자연의 순리에 역행하는 일대 카오스(chaos)가 아닐 수 없다.

멸치는 작지만 국물 맛을 돋우어 주고 고래는 크기 때문에 살코기 맛을 더해 준다. 만약 이 두 어물을 비교를 한다면 멸치는 울어야 하고 고래는 쓴 웃음을 지을 것이 뻔한 일이다. 그러나 이 두 어류를 상비하지 않고 상생한다면 영원히 푸른 바다에서 서식하며 번식의 조절을 하면서 서로 필요를 충족시켜 나가기 위해 제각기 종불멸할 것이다.

하물며 인간과 인간, 인간과 사물을 비교한다는 것은 그 본질을 망각하는 본래전도가 아닐 수 없다. 인간은 개개의 본성일 뿐이니 다른 것이 되려 하지 말고 또한 다른 것과 비교할 수 없는 고유이므로 스스로 자신이 서 있는 그 자리에서 본연의 힘을 기르는 그것이 인간 개체를 아름답게 하는 것이다. 피리소리와 기타소리를 비교하는 한에 있어서는 영원히 교향곡을 이룰 수 없다. 바이올린과 첼로는 처음에는 한 뿌리에서 나와서 서로 다투지 않았기 때문에 오케스트라의 자리에 같이 앉을 수 있게 되었다. 서로가 서로를 필요로 하였기 때문에 각자는 고유의 독자성을 구축할 수 있었다.

그렇지만 상비는 서로가 서로를 끌어당기는 것이 아니라 밀어내는 기능을 가지며 배척하는 관계 속에 있기 때문에 거문고는 거문고대로 고고한 소리를 내며, 북은 북대로 투박한 소리를 낼지언정 같이 한 자리에 모여 신나는 한마당 춤을 추게 하지는 못한다. 그대가 아무리 부족한 사람일지라도 그대가 만나는 대상과 조화롭게 어우러지기만 한다면 거기에서 상생의 위대한 창조가 일어날 것이다. 이 창조는 한 포기 접시꽃처럼 담장 밑에서 스스로 홀로 아름답게 자랄 뿐이지 결코 누가 꾸며 주거나 길러 주지 않아도 소박한 멋을 뽐낸다.

참으로 태양, 물, 땅, 바람은 그 어떤 것과도 상비하지 않는 채 존재한다. 그런 면에서 인간도 그 어떤 것과도 상비되어질 수 없는 존재로 태어났다. 이러한 인간을 우리는 어린이 교육에서부터 상비 교육으로 길러 내었기에 오늘과 같은 살생사회에까지 이르게 되었다고 본다. 요즈음 어린이들마저 성인병을 앓고 있는 것은 상비사회에서 얼마나 치열한 경쟁에 시달리고 있는가를 보여주는 하나의 실증이 되고 있다.

최근 미취학 및 초등학교 저학년 어린이들이 스트레스에 시달리고 있다는 연구서가 나와 아동학계의 관심을 모으고 있다. 롱아일랜드 '유아·청소년 정신건강연구소' H. 코플리비츠 소장에 따르면 10세 미만의 어린이들의 상당수가 주변의 사소한 일로부터 스트레스를 받고 있다고 한다.

그에 의하면 흔히 스트레스는 성인들의 전유물로 알려져 있으나 사실은 어린이들에게 있어서도 스트레스가 만연되고 있는데 그 어린이들이 받는 가장 큰 스트레스의 요인은 부모가 무심코 말하는 상비성 언어라고 지적하였다.

상비성 언어란 이를테면 ① 내가 네 나이 때에는 그런 짓을 하지 않았다. ② 네가 하는 일은 형(동생) 같이 왜 매끈하지 못하고 그 모양이니? ③ 남들은 다 돈을 잘 버는데 당신은 왜 아직 이 모양 이 꼴이요? ④ 언니의 반만큼 하면 너는 걱정이 없을 터인데…… ⑤ 이웃집 호돌이 같은 아들 하나만 있어도 부러울 것이 없을 터인데…… 등의 상비성 어법은 아이들로 하여금 반발심과 스트레스만 쌓이게 할 뿐 아무런 교육적 효과가 없는 것이다.

내가 네 나이 때에는…… 할 때 5살 미만의 아이들은 부모의 어린 시절을 상상할 능력이 없으므로 이러한 상비성 발언은 아무 의미가 없다. 설사 조금 나이가 든 후의 일이라 할지라도 아이는 '세상이 달라졌는데 아직도 저런 말을 하다니' 하고 부모를 무시하는 심리만 조장하게 된다.

또 다른 아이와 비교하는 것도 아이에게 열등감만 심어 줄 뿐 별다른 개선의 효과가 없다. 이것은 비록 어린이에게만 국한되는 것이 아니라 어른에게도 마찬가지로 스트레스를 가중시키는 요인으로 작용하여 좌절을 안겨 줄 뿐이다.

어린이가 부모에게 인정받지 못한다는 느낌은 아이에게 상처만 준다. 남편도 집안에서 아내의 인정을 받지 못하고는 사회에서 큰일을 하기가 어렵다는 일본의 한 사회심리학자의 연구는 우리도 주목할 필요가 있다. Maslow도 절정 경험(peak experience)의 성질을 설명하는 데서 절정 경험을 맛보는 사람은 보다 통합적이고, 보다 세계와 일체가 되고, 보다 독창적이고, 보다 자발적이며, 보다 자각적이라는 특징을 지니고 있음을 설명하였다.

상생교육에서 목적설명의 비교는 배격하지만 비유는 환영하고 있다. 적절한 비유는 본질을 이해하는 첩경이 되기 때문이다. 불경이나 성경에는 수많은 비유로 가득 차 있다.

성경에 인간의 존귀함을 설명하기 위하여 예수님은 '공중에 나는 새를 보라 가두지 않아도 잘 살고 있지 않은가, 하고 비유를 들고 있다. 그래서 신학교에는 비유학이라는 과목이 별도로 개설되어 있다. 따라서 상생교육에서도 불식(不息), 부동(不同), 불무(不無)의 내용을 설명하기 위하여 수많은 비유를 동원하여 이해를 돕고 있다. 적절한 비유는 본질을 앞서 나갈 정도로 명쾌한 설명이 된다. 앞으로 상생교육에서 적절한 비유를 개발하여 교육효과를 높이는 것이 중요한 과제가 아닐까 생각한다.

결론적으로 상비 교육은 인간에게 무한한 허상만을 심어 주므로 상생의 실상을 자각하며 아름다운 제 모습의 광채를 발휘해야 할 때이다. 이것은 오늘날 환경교육의 내용과도 일치한다.

상생교육에서는 생명 있는 것은 모두를 서로 살려주기 위하여 먼저 주어야 하며, 늘 주어야 하며 그리고 빈 곳을 채워 주어야 하기 때문에 상비를 철저히 거부해야 한다. 그러기에 상비는 상비일 뿐이기에 상비는 불가능함을 다시 깊이 인식해 둘 필요가 있다.

제 12 장
한국 직업윤리의 문제점

제1절 한국의 직업윤리관의 저해요인

한국의 직업윤리에서 발견되는 문제점은 언제나 전통적 가치에서 비롯되는 것으로 알려지고 있다. 베버는 중국 사회에 있어서 유교의 윤리가 비합리적, 미신적 요소가 강하여 중국 사회의 자본주의 발달과 근대화에 저해 요인이 되었다고 봄으로써, 이러한 특징은 한국사회의 질서에 그대로 반영되고 있다고 본다.[1] 프로테스탄트 윤리를 논하는 맥락에서, 그는 한국사회의 유교는 관료층이 믿는 신분윤리로서 현세적인 성격을 띠고 있으며, 따라서 초월자와의 사이에 내재하는 긴장이

---

1) Max weber, The protestant Ethics and the Spirit of Capitalism, trans, Talcom Parsons,(New York: Scribner's, 1930) p.294.

나 죄에 대한 의식, 그에 따른 구제의 필요성, 현세에 있어서의 행위와 그에 대한 내세적 보상, 종교 의무와 사회정치적 현실 사이의 관계 등의 결핍으로 말미암아 전통에서부터 탈피할 에토스를 가질 수 없었다고 본다.2)

주지하다시피, 한국의 전통사회는 오랜 동안 중앙집권적 관료사회였다. 이 관료사회에 있어서는 엄격한 신분제도와 이로 말미암은 계층의식이 지배적이었으며, 따라서 일반의 의식은 지위지향적인 경향이 매우 강하였다. 그리고 이것은 과거제의 실시에 의하여 더욱 뚜렷하여졌다. 이 과거제도가 남긴 후유증 중에서도 근로정신에 대한 경시 풍조와 직업에 대한 귀천의식은 오늘까지도 숱한 비난의 대상이 되고 있다.3) 또한 농공상, 특히 공상에 대한 천시는 유교의 입장에서의 전통적 관념이며, 이것은 사상적으로나 제도적으로나, 또 실제적으로 그러하였던 것이다. 유교적 입장에서 수기라고 하는 수양론이 우세하고, 과욕, 즉 욕심을 덜 가지는 것을 미덕이라고 존중한 결과로 적어도 이념적으로는 물질을 지나치게 경시해 온 것이 사실이며, 따라서 바람직한 직업윤리의 형성은 요원하였던 것이다.4) 따라서 한국의 전통사회에 있어서 직업윤리 의식의 문제점은 관요사회에 따른 직업차별, 직분의 지위지향적 특성, 물질경시 풍조와 염세사상 등으로 파악될 수 있을 것이며, 여기에 간접적인 영향으로 열악한 풍토조건, 그리고 왜구와 전란의 영향을 포함시키는 견해도 있다.5)

이에 반하여, 유교의 직업관을 긍정적 측면에서 고찰하는 입장도 있

---

2) Ibid, p.235.
3) 진교훈, 직업윤리 일반의 방향에 관한 연구, op cit, pp.289~290.
4) 전해종, 한국전통사회의 직업윤리, 「산업사회의 직업윤리」, op cit, p.48.
5) 진교훈, op cit, pp.289~292.

다.6) 즉, 공자는 믿음의 확립과, 적절성(가), 그리고 분업(례)의 원칙을 준수함으로 노동을 상권, 상양의 정신으로 승화시키려 했다고 보는 것이다. 또한 맹자는 '진정한 즐거움은 남과 더불어 즐기는 가운데 있다'고 본 고로 이러한 그의 입장은 공자의 공생적 노동권을 동요, 해락의 낙생적 인생론의 이념으로 구체화시켰다는 사실을 나타내는 것이라고 본다. 그리고 이러한 소박한 의미의 노동관은 순자에 이르러 매우 구체화되었는데, 그는 인간론에서 인간을 욕구체로 이해하고 이 욕구는 노동에 의해서 충족될 수밖에 없다는 현실론을 전개하고 있다고 한다. 더구나 묵자는 노동이 중요하고 생에 필수적일 뿐 아니라 신성하다는 '노동신성'의 견해를 가지고 있었기에, 염계초는 그를 가리켜 소예수, 대마르크스라고 부를 정도였다고 한다.

이와 같은 상반된 입장에서 일차적으로 파악될 수 있는 것은 현실적 비판론과 이론적 옹호론에 관한 것이다. 그러나 현실적으로 이미 일반화되어 있는 유교의 전통에 관한 부정적 인식이 이론적 규명에 의해 해소될 수 있을지는 의문이며, 유교사상이 직업윤리 형성에 이론적으로든 현실적으로든 부정적인 영향을 끼쳐 왔다는 사실은 어느 측면에서도 부인되기 어려울 것이다.

그러면 이미 언급된 한국 전통사회에서 파악된 직업윤리의 문제점들은 현대 한국사회에 어떻게 반영되고 있는가. 불행하게도 현대 한국인의 직업윤리 의식은 아직도 고루한 전통사회의 의식으로부터 멀리 벗어나고 있지 못하다고 보인다.7) 오늘날 드러나는 직업윤리의 문제점들은 직업에 대한 편견과 차별의식, 시민윤리의식의 결핍, 정밀주의 정신의 결핍, 절제의식의 결핍, 소명(사명)의식이 부족 등으로 파악되

---

6) 유인희, 유교와 노동, 「종교철학과 노동의 의미」, pp.64~105.
7) 진교훈, op cit, p.294.

고 있으며,8) 이러한 문제들은 바람직한 직업윤리의 모색을 통하여 극복되어야 할 시급한 문제들인 것으로 인식되고 있다.

제2절 직업윤리의 방향 모색

베버는 일 자체에 대한 의미를 찾고 주어진 과업에 전심전력하는 태도, 기능적으로 특정한 역할을 담당할 태세와 일을 보편주의적인 기준(정신)에 의하여 달성하고 처리하려는 생각을 키운 칼빈주의적인 윤리관으로부터 소명(calling)의식이 전개되었다고 설명한 데서 근대 사회의 특징적인 직업윤리를 찾아보았다.9)

궁극적인 신앙의 대상을 고려함 없이 칸트적인 의무론의 입장에서 이를 재해석 한다면, 직업인은 직업이 수반하는 효용성이나 작업 외적인 압박과는 무관하게 전적으로 직업에 대한 보편주의적인 정신에 따라, 의무를 향한 의지만으로 자신의 직업 활동에 전념해야 한다고 생각해 볼 수 있다. 칼빈적이든 칸트적이든 이러한 형태의 직업정신은 강한 내적 구속력을 가지고 있다고 보인다. 소명의식에 따른 직업에의 강한 구속력의 측면에서 생각해 볼 때, 칼빈주의적인 직업윤리는 자신과 신에 대한 엄숙하고도 위엄이 있는 모종의 약속을 매개 동기로 하고 있기 때문에, 그 구속역이 매우 강하고 지속적이라고 할 수 있다.

루터(M. Luther)에 의하면, 노동을 하는 것은 인간의 뜰스러운

---

8) Ibid, pp.294-297.
9) 박영신, 사회구조적 변동과 직업의식, op cit, pp.8-9.

임무이며, 어떠한 직업이라도 충실히 행할 때, 그러한 이 행자가 곧 신의 사제가 된다.10) 칼빈주의는, 신은 인간생활의 사회적 구성이 자신의 율법에 합당하기를 바라고, 또 일치하기를 원하기 때문에, 일정한 직업을 통해서 사회의 한 구성원으로서 신의 뜻을 이루는 것이야말로 최대의 임무라고 이해하고 있다.11)

아무튼 프로테스탄트 교도들은 노동을 금욕적 수단으로뿐 아니라, 신의 영광을 위한 신앙의 증거로서 매우 중요시하였다. 그들은 노동을 신의 도구로 이해하여 사치나 무용한 일에 정신을 팔지 않으며 쉬지 않고 수고를 한다. 방종한 본능적 쾌락을 극복하는 일이 프로테스탄트 교도들에게는 절실한 과제로 되어 있었으며, 금욕의 최중요한 수단은 이에 복종하는 사람들의 생활태도에 규율을 확립하는 것이었다. 이러한 방식에 따라 이들은 자기의 생활을 구체적 규범에 질서 지웠을 뿐 아니라, 그것이 사회의 전 조직 속에 반영될 것을 간접적으로 기대하였던 것이다.

새로운 사회 구조와 경제 구조가 새로운 형태의 직업윤리를 요구하는 것은 자연스럽다.12) 그러나 새로운 직업윤리라고 해서 직업에 대한 보편적인 정신으로서, 성실이나 근면, 혹은 절제 등을 거부하는 것은 아니다. 직업의 내용이 되는 노동에서, 인간은 자신의 독특한 존엄성을 획득하게 되며,13) 새로운 사회구조가 결과한 자본이라는 생산의 주요 도구인(instrumental cause)도 실은, 인간의 노동에 대한 보편적인 정신이 이루어 놓은 역사적 유산의 결과14)라는 원칙적인 사실

---

10) 권규식, M. Weber의 프로테스탄트 윤리관과 아세아의 근대화, 경북대 대학원 박사학위논문, 1975, p.4.
11) Ibid, p.6.
12) 고범석, 변혁기의 사회윤리, op cit, p.172.
13) Pope John Paul Ⅱ, 「Laborem Exercens」 op cit, p.7.

이 인식되어야 할 것이다. 이러한 맥락에서, 노동에 대한 사명 혹은 소명의식은 현대의 직업윤리가 요청하는 가장 근본적인 과제임이 분명하다.

인간의 능력이 자기 삶 속에서 온전히 실현되는 것은 직업을 통한 시민 생활은 적극적 실현과 다를 바 없다는 것은 자아실현주의적 직업윤리의 기본적인 내용이었다. 이는 또한, 현실화된 자아는 곧 직분과 의무를 통하여 사회화된 자아와 차이가 없다고 보는 브레들리(F.H. Bradley)15)의 논거로 더 구체화되었다. 그리고 이러한 자아실현적 직업윤리는 초의무적 리타주의의 요소가 결부될 필요가 있음도 살펴보았다. 따라서 자아실현적 직업윤리에서 강조되는 대사회적 역할분담에 따른 책임과, 초의무에서 강조되는 이타주의는, 이타적 책임윤리로서의 직업윤리라는 형태로 우리에게 시사해 주는 바가 크다고 보인다.

베버와 일맥상통하면서도 현대 산업사회의 구조적 위기의 극복을 더욱 치밀하게 논의한 뒤르켕(E. Durkheim)은 현대 산업사회의 위기를 사회적 결속력의 약화 내지는 사회적 권위의 파탄 상태로 인식하였다. 전통사회에서는 사회의 구성원들이 전통적인 권위에 비교적 강력하게 통합되었기 때문에 사회적 결속력의 정도가 높았으나, 구조적 분화과정에 따라, 가족 단위는 개체의 기능적 중요성을 상실하게 되고, 기성 종교 조직체들은 자체의 경직성과 전통성 때문에 더 이상 변화하고 있는 사회적 요구에 어울리지 않게 되었다. 따라서 뒤르켕은 현대 산업사회의 구조적 특성을 수용하면서도 개인의 삶에 사회적 권위를 행사하여, 이를 규제할 수 있는 것은 다름 아닌 '직업집단'(the

---

14) Ibid, p.43.
15) W. Sahakian, op cit, p.76.

occupational association 또는 the professional group)이라고 이해했다.16)

친족 집단이나 종교적 교구 단위나 단순한 신분 계급 집단이 사회적 기능을 담당할 수 없는 구조적 조건하에서, 도덕적 권위를 높이고 이를 교육적 수단을 통하여 사회화하고, 사회적인 결속을 강화시킬 수 있는 사회적 기능을 직업집단이 담당할 수 있다고 본 것이다. 이러한 의미로서의 직업집단이 표방해야 할 도덕적 가치는 양면적인 것이다. 한편으로는 현대 산업사회의 가치를 지배하고 있는 이기주의적 쾌락주의와 구별되는 가치체계로서 개인의 존엄성을 존중하는 인도주의를 신조로 삼고, 다른 한편으로는 현대 산업사회에서 결핍 증세를 보이고 있는 인간 상호간의 이타주의적 정신에 근거한 친근성과 화목을 강조하는 것이다.

외재적으로는 직업인 일반의 행위에 일정한 구속력을 가지는 형태적 조직으로, 내재적으로는 직업인 일반의 심성을 규제하는 이타주의적 에토스로 작용하는 이러한 형태의 직업집단 윤리는 호소력이 매우 크다고 보인다.

그러나 좀더 본질적인 수준에서 볼 때, 외재적인 구속력이든, 내재적인 에토스든 간에 표면과 이면 모두가 요청하는 진정한 의미의 에토스는 이타적 책임으로서의 '양심'으로 파악되어야 할 것이다. 우리의 양심은 바람직한 직업윤리의 제시라는 유의 도덕적인 진보를 위해서 일정한 법, 곧 내재적인 것에서 출발하여 그것의 지속화 및 보편화가 외재적인 규율로 자라 가는 법을 제정한다. 곧, 양심은 우리의 행위를

---

16) Emile Durkheim, The Division of Labor in Society(Glencoe, Ⅲ: Free Press, 1951), 박영신, 사회구조적 변동과 직업의식, op cit, pp.9-10에서 재인용.

위해서, 우리의 도덕적 발전을 위해서, 새로이 법을 만든다.

이러한 보다 고차적인 의미에서,17) 양심은 자아실현의 수단이기도 하며, 또한 우리가 해야 하는 것 말고도 그 이상의 것까지도(예를 들면 적극적인 능동적인 이타주의와 초의무에 해당하는 것들) 행할 수 있게 하는 자유의 수단이기도 하다는 이유 때문이다.

---

17) Modem Ethical Theories, op cit, p.196 참조.

제 13 장
한국 전통사상의 탐색

제1절 한민족의 정신적 원류

1. 한민족의 정신적 탐구

한민족의 정신적 뿌리를 규명하는 것은 그리 쉬운 일이 아니다. 학자에 따라서 한의 민족으로 보는 사람도 있고, '수난의 여왕'으로 보기도 하고, 또 어떤 사람은 '은근과 끈기'의 민족성을 가지고 역사의 면면을 이어온 것이라고 표현하기도 한다. 또 다른 사람은 흰 옷을 좋아한다고 해서 백의민족이라고도 하였다. 그러나 이러한 민족성 또는 민족정신의 표현에는 우리 민족성의 한 단면은 표현되고 있지만 포괄적인 표현으로는 다소 부족함을 느끼지 않을 수 없다.

따라서 우리 민족의 정신적 뿌리를 필자는 '바람(風)'을 일으키는 기에서 찾아보고자 하였다. 바람과 기는 알파와 오메가 사이이다. 즉 바람의 뿌리가 기요, 기의 뿌리가 바람이다. 난기류와 한 기류가 맞닿는 곳에 폭풍이 일어나듯이 기의 나타남이 풍이요, 풍의 나타남이 기이다. 따라서 바람은 기요, 기는 생의 원동력이며, 이 생의 원동력에서부터 우리 민족의 삶이 시작되었으며 민족혼이 이어져 내려왔다.

그러므로 바람의 의미를 기상학적으로나 의미론적으로 해석하기보다는 우리 민족의 심리적 저변과 국민적 기혼의 측면에서 살펴봄과 동시에 한국적 인간상을 모색하는 출발점으로 삼고자 한다.

바람이 내포하고 있는 힘은 기(氣), 망(望), 원(願), 기(起), 역(力), 기(技), 작(作), 지(持), 욕(慾) 등으로 해석되어지고 있으나, 나는 여기에서 기를 중심으로 기술하는 데 그치려고 한다.

우리는 노래나 시를 훌륭하게 읊을 때 풍월을 읊는다고 한다. 또 시가에 능하면 풍류라고도 한다. 사람의 생긴 모습이 늠름하면 풍채라고 한다. 이와 같이 시가, 문장, 체를 풍과 관련지어 부르게 된 것으로 보아서 우리 민족은 '바람의 민족'이라고 할 수 있지 않을까? 옛 화랑도를 풍월도라고 부른 것이며, 지금도 기분이 좋을 때를 신바람이 난다고 하거나, 새로운 정신운동을 신풍운동으로 부르는 것은 바람의 정신적 의미를 강조하는 것이라고 할 수 있다. 이러한 지, 덕, 체를 종합된 기로 표현한다면 국풍이라고 부를 수 있다.

그러면 이러한 '풍'이 우리 민족의 정신에서 어떻게 승화, 발전되어 왔나를 잠시 살펴보지 않을 수 없다.

풍류는 지적이므로 오늘날의 표현으로는 '솜씨'에 해당되며, 풍월은 덕적이므로 '마음씨'에 비유하여 볼 수 있고 풍채는 체적이므로 '맵시'에서 그 뜻을 밝혀 볼 수 있다. 우리말의 솜씨, 마음씨, 맵시의 '씨'는 영어 seed인 동시에 원초적인 기발을 의미하고 있다. 따라서 '씨'

는 모든 생명의 근원인 동시에 우주의 형상을 상징하기도 한다. 모든 '씨'가 둥근 원을 이루고 있는 것은 우리 민족의 상징인 태극도나 우주를 포함하여 모든 삼라만상을 원으로 표현하는 것으로도 우리 민족은 기와 풍과 원을 조화한 '씨'의 민족임을 밝힐 수 있으리라고 본다.[1]

2. 국풍사상의 재해석

바람을 이용하여 남의 물건을 훔치는 사람을 바람잡이(함재비, 사물재비)라고 하는 것은 매우 상징적인 의미가 있다. 따라서 바람을 우리 민족기상에 어떻게 주체적으로 활용하느냐의 여부에 따라서 우리 민족이 발전할 수도 있고 멸망할 수도 있게 된다.

바람에 묻혀서 속고 속이며 스스로 멸해 가는 반인간적인 사건이 수없이 많음은 서글픈 일이며, 그러한 바람을 제어하는 능력이 사회질서와 사회에 있음에도 그것들의 기능이 발휘되고 있지 못하는 현실이 더욱 안타까울 뿐이다. 정신이 물질의 노예로 예속되어 버린 황금만능시대에서 오늘의 이런 이야기는 오히려 공허한 소리로만 들릴 것이 뻔하다.

하지만 아흔 아홉 마리의 양을 두고 잃어버린 한 마리의 양을 찾는 데 온 신경을 쓰는 어리석은 인도주의적 사회질서의 확립보다는 일백 개의 사과를 보존하기 위해 썩은 한 개의 사과를 과감히 제거하는 용기가 필요한 것이다. 명랑사회를 건설한다는 명제는 추상적 이론에 머물러 있을 염려가 있다. 구체적 실천목표를 뒷받침해 주는 제도적 장

---

1) 이병도 외, 「한민족, 그 불사조인 이유」(서울: 성화사, 1980), p.17.

치가 아직도 미흡한 상태이다.

바람이 강해지면 돌풍으로 변해서 상승기류를 타게 되면서 불연속선을 만들게 되어, 결국 태양을 가리고 빗방울이 들이치게 만든다. 비가 들이치는 음지엔 독버섯이 피게 마련이고 퀴퀴한 곰팡이 냄새가 사회 구석구석에서 풍기게 된다. 그러기 전에 우리는 바람을 막는 처방을 익혀야 한다.

한편 다원화된 현대사회에서 바람(기)이 국민정신의 활력소의 역할을 담당하고 있음은 부인할 수 없다. 가령 한때의 바람은 스트레스 해소에 필요한 과정이고 한때의 경험을 교훈삼아 더욱 건전한 생활을 지속할 수 있게 된다. 그러나 바람 그 자체는 분명히 정신병의 일종이다. 왜냐하면 바람기는 곧 광기이기 때문이다. 미친 사람이 미친 줄 모르듯이 바람난 사람이 바람난 줄 모르기 때문에 스스로 신바람이 나서 사리분별을 못하고 상승기류를 타고 휩싸여 먼지를 일으키며 세상 위를 맴도는 것이다.

바람은 정신을 마비시키는 마약과 같은 성질이 있어서 한 번 일기 시작하면 마침내는 걷잡을 수 없이 강한 회오리바람이 되어 모든 것을 안고 치솟아 허공으로 사라져 버리는 속성을 가지고 있다. 세상을 몰라서 속고, 너무 잘 알기 때문에 이용당하고, 또 알지도 못하면서 아는 체하다가 당하는 사람들이 모두 바람(기) 탓이다.

인간의 마음 바탕에는 근본적으로 이 바람(기)이 잠재되어 있는 것인데, 언제 어디서 어떤 형태의 바람으로 불어 댈지 모른다. 남녀노소, 빈부귀천, 학력고저, 교양유무에 관계없이 인간 스스로에겐 크고 작은 갖가지 형태의 바람이 순간적으로 또는 긴 시간 동안 일어났다 사라지고 다시 일어나는 것이다. 바람은 곧 욕으로써 이러한 욕은 이성으로 얼마든지 다스릴 수 있기 때문에 바람피우는 사람보다는 바람

피우지 않는 사람에게 더 많은 것이다.

하기야 우리 인간에게 욕이 없다면 창조와 발전도 없을 것이다. 무덥고 답답한 시간에 만들어지는 바람은 오히려 활력소가 되어 생활의 건전한 패턴으로 활용될 수도 있다. 그러나 바람의 심리는 결코 단순한 것이 아니며, 파멸을 자초할 수도 있기 때문에 반드시 주위환경에 미치는 영향을 고려하지 않으면 안 된다.

바람의 심리는 아편의 속성과 같아서 한번 빠져들면 회복하기 어렵기 때문에 이성으로 그 기를 다스려야 한다. 그러기 위해서는 첫째, 넘치는 생의 힘을 창조적이고 생산적인 생활에 쏟아야 할 것이고, 둘째, 자기 분수를 알고 자기답게 현존생활에 충실해야 할 것이며, 셋째, 미래지향적인 인생관을 가져야 할 것이다.

3. 흥과 해: 신바람

싸움을 말릴 때 우리는 곧잘 서로 풀어 버리라고 말한다. '풀어 버린다'는 것은 가슴에 맺혀 있는 욕구불만 또는 억울함을 물로 씻듯이 씻어 없애 버린다는 뜻이다. 사실 누가 더 이익을 보았고, 누가 더 손해를 보았고, 누가 더 잘했고, 누가 더 잘못했고, 이런 따위를 일일이 따진다는 것은 한국인의 전통 기질에는 어울리지 않는 일이다.

서양 사람들은 어떤 분쟁이 일어났을 때 그것을 꼬치꼬치 따져 계산하고 밝힘으로써 이른바 합리적 해결로 매듭을 지으려 한다. 이에 비해서 잘잘못을 따지거나 손익을 계산하지 않고 그냥 백지로 돌려버리는 것이 한국인의 분쟁을 해결하는 전통적인 '풀이(해)'의 방식이다. 때문에 풀이는 딱딱하고 모난 논리가 아니고 그것 이전의 상호 융화요, 상호 관용이요, 상호 포용의 심정적 차원의 가치이다.

우리는 이 풀이를 소중히 여겨 온 국민이었다. 무엇이든 풀어 버리려 한다. 억울한 것도 풀고 분한 것도 풀고, 심심한 것도 풀어 버리려 한다. 이를 테면 화풀이, 분풀이, 원풀이, 심심풀이 등이 바로 그것이다. 따라서 서구의 인간관계 문화가 이치로 따지는 '긴장의 문화'라면 우리의 그것은 심정으로 풀어 버리는 '해소의 문화'라 할 수가 있다.2)

한국의 토속 신앙을 보아도 '살풀이'라는 것이 있지 않은가. 무속에서 무당은 죽은 영혼의 원한을 풀어 주는 역할을 한다. 푸닥거리가 바로 그것이다. '푸닥거리'는 풀어 준다는 데서 비롯된 말이다. 우리의 토속 신앙을 통하여 우리 전래의 심정 구성 유형도 미루어 헤아릴 수 있다. 예술형식도 감정을 풀어 주는 데 가치의 중점을 두었다.

노래를 부르는 것, 시를 짓는 것, 춤을 추는 것, 그 모든 것을 무언가를 풀기 위한 것으로 보았다. 말로 다 풀지 못한 것을 예술의 형식으로 풀려고 한 것이다.

한국인은 풀이의 천재들이었다. 인간의 영욕이 점철된 역사, 그리고 때로는 부조리한 사회 구조, 우리 한국인들은 외세에 짓밟히고 권력자에게 시달리고, 가난에 쪼들리고, 추위와 더위에 부대끼며 살아왔다. 그러나 풀 줄을 알았기 때문에 그 고통, 그 서러움, 그 원한들을 바람에 띄우듯이, 물로 씻어 내듯이 흘려버릴 수 있었다. 하다못해 헛웃음으로라도 풀고, 한숨으로도 풀고, 때로는 노래로도 풀고, 어깨춤으로도 풀어 왔다. 그리하여 뭇 고통으로부터의 해방과 구원을 받아온 것이다. 풀어 버리는 능력이 있는 한 어떤 비극이나 어떤 고통, 어떤 질곡도 한국인의 가슴을 찢지 못한다. 아무리 무서운 독을 퍼먹어도 해

---

2) 김열규, 「한국의 신화」(서울: 일조각, 1978), p.41.

독제가 있으면 겁날 게 없다.

한국인처럼 그 많은 독을 먹고 산 민족도 없지만, 결코 흥겹고 밝은 표정을 잃지 않았다. 다른 민족 같았으면 벌써 자기 상실을 했거나 증발해 버렸을 상황 속에서도 한국인들은 그 고유한 신명을 잃지 않고 자기 생존을 유지해 왔다.

구미의 사회를 지배하는 것은 긴장이다. 그래서 그들의 현대 유행어는 '스트레스'요 '노이로제'이다. 그것을 견디지 못해 정신병원을 찾아가거나 에펠탑, 금문교, 고층 빌딩 옥상에서 투신자살을 하는가 하면, 차를 몰고 1백 마일로 달리다가 교통사고로 죽기도 하고, 마리화나나 섹스를 통하지 않고서도 바위처럼 억누르는 문명의 스트레스를 푸는 방법을 그들은 모른다. 서구에서 자살 안내서란 괴이한 책자가 불티나듯 팔리는 이유가 바로 여기에 있지 않은가 여겨진다.

그러나 한국인은 이 스트레스를 푸는 데 있어 단연 선진국이다. 한국인들은 너나 할 것 없이 별다른 것이 아닌 일에도 체질적으로 곧잘 신명이 오른다. 상춘 시기가 되면 어디서나 볼 수 있듯, 사람들은 흔히 장구 치고 춤추며 노래를 부른다.

도대체 한국인의 어디서 저 해일 같은 신명이 솟아오르는 것일까.

어깨춤이나 가락으로 표현되는 한국인의 신바람은 긴장이 아니라 풀어진 상태에서 얻어지는 활력이다. 그래서 이러한 신바람이 바로 우리 민족의 낙천성을 기르고 긴장을 푸는 고유의 심정을 길러온 씨 밭이다.

그렇다면 그 신바람의 본체는 무엇일까? 익히 알려진 대로 고대 문헌들이 말해 주는 한국의 고대 사상은 바로 '고신도'로 표현되는 단군사상이다. 구한말 학자 이능화(1869~1945)는 한국 무속의 유래를 천왕 환웅과 단군왕검에서 찾으면서 그것이 삼국시대와 고려, 그리고 조선시대에 어떻게 변천되어 온 것인가를 밝히고 있다. 그리하여 무격 기원이 가무강신임을 그는 주장하고 있다.[3] 이와 같이 고대의 단군 사상을 무교로 볼 때, 그 무교의 이념적 측면은 제정일치의 고대 집단 사회에서 '재세이화(在世理化)'로 하늘과 땅의 세계를 연결한다. 또 그 것의 정감적 측면은 사실에서 보는 동맹, 무천 등으로 놀이화되었다.

화랑도 역시 단군 정신의 확장이다. 화랑도에 있어서 중요한 사상의 근간으로 나타나는 현묘지도와 접화군생의 묘합으로 하나의 관절마디를 잇게 한 것이 바로 접신탈아의 경지이다.[4]

하늘의 광명정대함을 인간 세상의 이도(理道)로 잇는 '샤먼'은 무의에 참가한 모든 사람들을 무교의 접신탈아지경에 빠지도록 집단적 놀이에로 인도했다. 무교로서의 단군 정신의 이념과 정감을 잇는 핵심이 바로 '신바람'이다.

신바람의 이론적 추적을 자세히 하기는 어려우나 여하간 우리의 역사가 남긴 동맹, 무천, 영고, 한가위, 팔관회 등은 신바람을 대중적, 집단적으로 표출한 유희였다. 따라서 우리가 신바람의 본질을 이해하지 못한다면 우리 민족의 전통적 심정 형성이나 신라의 화랑도 등과 같은 우리 민족의 집단적 동력의 원천들을 제대로 알지 못할 것이다.

신바람은 두 가지의 의식성향을 나타낸다. 하나는 '푸는 의식'의 성향이고, 다른 하나는 '어떤 것에 미치는 의식'의 성향이다. 푸는 의식과 미치는 의식은 동전의 앞뒤같이 동일한 의식의 두 가지 표출 형태이다. 때문에 신바람을 정감적인 측면, 이념적인 측면에서 잘 다듬어 키울 때, 고대 중국의 문헌이 증언하듯 '인방(仁方)의 나라', '군자불

---

3) 한국정신문화연구원, 「한국의 사회와 문화(전통적 생활양식연구)」(한국정신 문화연구원간, 1980), p.123.
4) 상게서, p.134.

사지국(君子不死之國)'의 전통을 이어갈 수 있다는 것이다.5)

예를 들어 춤을 놓고 신바람을 생각해 보자. 즐거움 가운데 흥이 우러나오고, 흥겨움은 춤으로 표현된다. 환희의 극치이며, 생활 리듬의 최고형태인 춤이야말로 신바람(신명)의 절정이다. 우리 겨레는 예로부터 노래와 춤을 즐겼다는 사실이 중국의 문헌에까지 기록될 정도였으니 참으로 신바람의 원류가 어디에서 연유했는가를 짐작하고도 남는다.

원효대사가 노래와 춤을 추면서 거리를 배회했다는 일화는 잘 알려져 있다. 원효의 춤과 노래가 바로 신바람의 표출 그것이 아니고 무엇이었겠는가. 신바람이 아니고서야 어찌 고명한 스님이 미친 사람처럼 춤을 추며 거리를 누빌 수 있었겠는가.

한국의 춤은 그야말로 흥과 정감, 즉 신바람의 총화라 해도 지나치지 않다. 마음이 무르익어 또 다른 신바람을 불러일으킨다. 어깨가 으쓱으쓱하면서 저절로 '좋다', '얼씨구'하고 감탄이 솟아 나오게 되고 손끝의 움직임에 따라서 유려하게 어깨 곡선이 변화하며 발의 동작까지 곁들여 춤의 표정이 달라지기도 한다. 춤의 종류는 헤아릴 수 없이 많으나 그중 승무와 무무가 대표적이다. "얇은 사 하이얀 고깔은 고이 접어서 나빌레라"— 조지훈의 시 '승무'의 일 절처럼 승무를 출 때의 고이 접은 고깔은 나비 같은 느낌이 들고, 잔잔한 신바람의 선율은 피부에 와 닿는 듯하다.

춤이 신바람을 일으키고, 신바람은 춤을 낳는다. 멈출 듯하면서도 가고, 가면서도 멈추기도 하는 춤, 허리를 굽히는 듯하면서도 사뿐히 옆으로 돌아 나가는 곡선미의 연속인 우리의 춤에서 우리는 은근하면서도 흥겨운 정감, 그리고 신바람의 한 정수를 보게 되는 것이다.6)

아득한 옛날부터 흘러 내려온 우리 민족 고유의 심정 표상인 신바

---

5) 손진태, 「한국민족사개론」(서울: 을유문화사, 1972), p.224.
6) 조지훈, 「한국문화사서설」(서울: 탐구당, 1965), p.78.

람, 이 신바람이 긍정적으로 승화될 때 적극적이며 진취적인 국민성으로 활달한 직분 의식, 주인 의식, 책임 의식으로 뜨겁게 끓는 애국 애족열로 구김 없이 발양될 것이다.

고대광실에 살면서 칠보로 몸을 단장한다 해도, 호의호식하며 부러울 것이 없다 해도 신이 나지 않으면 행복을 느끼지 못했던 반면, 가진 것, 누린 것 없어도 신바람(신명)이 나야 살맛을 느꼈던 민족이 바로 우리 조상들이었다.

‘푸는’ 철학이요. ‘흥’의 철학으로 민족의 본체를 더 규명하기 위해 연구되어야 할 신바람, 그 신바람은 바로 우리만의 고유한 것이며 그 신바람의 힘을 창조적인 방향으로 돌려 민족 발전의 또 하나의 원동력으로 삼아야 한다.

모두 나날이 늘 새로이 신바람 나게 일하고 신바람 나게 살아야 한다. 신바람 난 농·어부, 신바람 난 공무원, 신바람 난 군인, 신바람 난 학생, 신바람 난 주부, 그리하여 이 땅에 신바람 난 사람들이 많을수록 좋다. 신바람이야말로 우리 민족의 저력을 일깨우는 기폭제요, 활력소이다.

제2절 한민족상의 탐구

1. 한국인간상의 정립 문제

이상적 인간상으로 말하면 시대에 따라, 지역에 따라, 그리고 정립하고자 하는 사람에 따라 결코 동일한 것이 아님을 알고 있다. 그리고 오늘날 '한민족장의 탐구'가 시급히 해결을 요하는 문제로 대두되고 있는 것도 역시 시대가 달라지면 이상적 인간상도 달라지리라는 추단에서 오는 결과라고 하겠다. 그렇지만 우리는 한편 오늘날에 있어서도 역시 영국인이라고 하면 '신사(gentleman)'를 연상하게 되고, 미국인이면 '개척자(pioneer)'를, 유대인이면 샤이록과 같은 '경제인'을, 프랑스인하면 '학예인(elité)'을 고정 관념적으로 생각하게 마련이다.

그만큼 위에 든 각국인의 인간상은 오랜 세월에 걸쳐 형성되었고 세련된 것이어서 그것은 역사적 상황이 달라졌건만 여전히 그 나라 그 민족의 이상상으로서의 기능을 지니고 있는 것이라고 하겠다. 이를테면 미국인의 이상상인 '개척자'가 이제는 서부개척 당시의 개척자는 아니지만 형태를 달리하여 우주개발사업에서 유감없이 개척자 정신을 발휘하고 있는 것이다. 그러므로 아폴로 계획에 따라 달에 착륙하여 제일보를 내딛는 우주인을 볼 때, 그것은 곧 미국인의 경우 현대적 '개척자'의 면모를 나타냈던 것이다. 따라서 미국의 경우는 그들이 생생한 역사를 통하여 형성한바 '개척자'라는 이상적 인간상을 오늘에 되살려 새로운 역사적 상황 가운데서 더욱 그 내용을 풍부히 해 가고 있는 것이다.

이와 같이 추론해 볼 때, 우리의 경우 역시 한국의 이상적 인간상으로서의 '선비'가 지니는 사회윤리와 그 성격의 정립은 시급한 과제가 아닐 수 없다.

2. '선비'정신: 멋

선비의 어의는 ① 학식은 있으나 벼슬하지 않은 사람 ② 학덕을 갖춘 사람의 예스러운 일컬음 ③ 어질고 순한 사람을 비유하는 말(good natured man)7)로 정의하고 있으나, 오늘날 한국인의 정신을 규명하기 위한 이상적 인간상으로서의 선비는 학덕겸비인이요, 단아한 문사라는 뜻에서 나아가 수양된 능력인이요, 겸손한 능력인이요, 또한 직업의 여하를 물을 것 없이 도처에 '멋있는 사람'이 있다고 보거니와 그들이 곧 '선비'라고 할 수 있다.

'선비'에 대해서 연암 박지원의 문학작품인 『양반전』과 『허생전』은 두 가지 사실을 알려주고 있다. 전자는 '선비'의 계급적 특색과 일상생활에 있어서의 검속에 대해서 다루었고, 후자는 선비가 통념적으로 경제적 무능인인 양 표현하고 고정관념화하고 있으나, 실은 그런 것이 아니라 도리어 일단 머리를 경제면에 돌릴 때 누구보다도 뛰어난 경제적 능력발휘를 할 수 있는 사람임을 알려주고 있는 것이다.

『양반전』에는 양반 및 선비에 대한 정의가 있다. "본디 양반을 여러 말로 부르노니, 이를테면 글만 읽는 양반은 선비라고 하고, 정사에 관여하는 양반은 대부라 하고, 덕이 높은 양반은 군자라 하느니라"하였다. "선비는 아침 일찍 일어나 글 읽고 굶주림을 참고 추위를 견뎌 내야 하며, 가난은 아예 입에 담지 말 것이며……"하는 식으로 준열한 자기 수양이 있을 것을 연암 박지원은 묘사하였다.8) 그러기에 양반자리가 부러워 그것을 산 부자가 양반 해먹기도 어렵다고 비명을 울리는 장면은 '선비'되기가 얼마나 어려우며 그들의 일상생활의 검속이 얼마나 준엄한 것인가, 이상적 인간상으로서의 최고수준을 항상 지향하며 그것을 견지하는 일의 준열성을 문학적으로 묘파한 것이라고 하겠다.

율곡 이이 역시 일찍이 『격몽요결』에서 입지와 아울러, '지신'에 대

---

7) 이숭녕, 「동아 새국어대사전」(서울: 동아출판사, 1979), p.449.
8) 이가원, 「연암소설연구」(서울: 을유문화사, 1969), pp.227~228, pp.290~291.

하여 논급한 바 있다. 즉, 그는 말하기를 "학자는 반드시 성심으로 도에 향하여 세속잡사로써 그 뜻을 요란하게 하지 않은 후에야 학문하는 것의 기초가 있게 된다"[9]고 하고, 충신을 주로 해야 된다는 공자의 가르침을 상기시켰으며, "학을 하는 것은 일용 행사에 있으니 만일 평시에 거처가 공(恭)하며 집사하는 것이 경하며 남과 사귐이 충(忠)하면, 이것을 위학한다고 하는 것이니, 글을 읽는 것은 이 이치를 밝히고자 할 뿐이다"라 하고, "극기공부가 가장 일용에 절실하다. 이른바 기(己)란 것은 내 마음이 천리에 합당치 않은 것을 말한 것이니 반드시 모름지기 내 마음이 색을 좋아하는가, 명예를 좋아하는가, 임관을 좋아하는가, 안일을 좋아하는가, 안락을 좋아하는가, 진완을 좋아하는가, 이렇게 검찰하여 범백에 좋아하는 것이 만일 이에 부합하거든 일절로 통절히 끊어서 뿌리를 남기지 아니한 후에야 내 마음의 좋아하는 것이 비로소 의리에 맞아서 기(己)의 극(克)할 것이 없게 될 것이다. 이리하여 말 많고 생각 많은 것이 가장 심술에 해로우니 일이 없거든 마땅히 정좌하여 존심하고 남을 접대하거든 마땅히 말을 가리어 간중히 하며, 때가 된 다음에 말하면 말이 간하지 않을 수 없으니 말이 간한 자는 도에 가깝다는 것이다. 학을 하는 자는 한결같이 도에만 향할 것이며 외물의 이긴 바가 되어서는 안 될 것이니, 외물의 부정한 것은 마땅히 일체 마음에 두지 말 것이다"[10]라고 하여 오락에 유혹됨이 없어야 한다고 경고 하였다.

결국 '선비'는 경에 의하여 그 근본을 세우며 이치를 강구하여 선에 밝히며, 힘써 향하여 실을 밝힐 것이니 이 세 가지는 종신사업이라고 하였다. 그리고 생각에 사특함이 없을 것과 경하지 않음이 없음의 이

---

9) 「율곡전서(27권)」, 격몽요결, p.27.
10) 상게서, pp.31~32.

이구는 일생에 애용하여도 다하지 않을 것이니 벽상에 붙여 두고 잠깐도 잊지 못할 것이라 하고 매일 스스로 점검함으로써 학이 진하지 아니한가, 행하기를 힘쓰지 아니한가에 대하여 있거든 고치고, 없거든 더욱 힘써서 부지런하고 게을리 하지 말아야 할 것이라고 하였다.

이 경우에 우리는 '선비'라는 말이 항용 한자로는 '사'로 표시하고, 그것은 '선비를 일으키는 수양 단체'라는 뜻으로 '홍사단'이라는 호칭도 있거니와, 여기서 오해가 없어야 될 것은 우리의 '선비'나 한자로 된 '사'가 결코 공자가 말하듯이 성인, 군자의 뜻으로 '사'가 군자가 되고 마침내 성인의 경지에 도달하게 되는 하위계급의 이상적 인간상이라는 뜻이 아니다. 도리어 선비가 한자로는 '사'로 표현되나 그 본래 뜻하는 바는 도리어 '성인'과 맞먹는 수준의 이상적 인간상의 지칭이라고 말할 수 있다.

그 까닭은 율곡이 그렇듯이 그가 목표로 한 것은 다름 아닌 '성인'이었던 것이다. 이것이 그의 성지요, 성인이 되리라는 준칙에 추호의 양보도 있을 수 없다는 그의 굳은 결의의 표현이 있었던 것을 보아도 우리는 족히 '선비 즉 성인'을 뜻하는 것임을 쉽사리 이해할 수 있는 것이다. 그러므로 성인은 한자로 표시된 우리의 '선비'와 동의어임에 틀림없는 것이다.

'선비'가 흔히 생각하듯이 경제적으로 무능한 자가 아니고 일단 그가 그의 재능을 경제면으로 돌리면, 경제를 업으로 삼는 실업인은 문제도 안 되리만큼 초월한 자임을 명시한 것이 바로 연암의 '허생'인 것이다. 즉, 허생은 비록 가난한 선비로서 오직 독서삼매로 학문 연구에만 몰두하여 당장 식구들의 세 끼를 이어가는 데도 위협을 느낄 정도로 가난하였으나, 일단 상업에 손을 대자 곳곳에서 투기에 성공, 거액을 모으게 되었다. 물론, 그의 경우는 '양심의 투기사업'이었으나 어찌나 돈을 많이 모았던지 '돈을 벌기는 쉬워도 쓰기는 어렵다는 묘한 문제'에 부딪힌 듯 했다고 작자는 묘사하였다. 허생이 상업에 손을 댄 지 5년 만에 그는 거부가 되었다. 뿐만 아니라, 만약에 정말 본격적으로 돈을 벌겠다고 하면, 그가 돈을 빌린 변씨는 문제가 되지 않을 것이라고 호언할 수 있으리만큼 자신 있는 허생이었다. 그러면서도, "돈으로 해서 사람이 달라진다는 법은 없다"고 그는 생각했다.

연암의 교육적 인간상('선비'관)은 이렇듯 높은 도덕의식을 지닌 경제인이요, 선비 또한 뜻을 돈 버는 일에 두지 않을 뿐 경제적 능력의 소유자라는 것이다. 그러므로 그는 그가 추구하는 인간의 이상상을 다음과 같이 묘파하기도 하였다.

"조선이란 나라는 삼면이 바다요, 한 쪽이 겨우 대륙에 붙어 있는 조그만 나라에 지나지 않소. 이런 식으로 물건을 독점하든지 올렸다 내렸다 할 수 있단 말이요……. 그러나 이러한 장사 수법은 조심하지 않으면 아니 되오. 왜 그러느냐 하면, 돈의 이익만 생각하는 것이지 백성이나 나라를 생각하는 것이 아니기 때문이오. 말하자면 소인의 상술이고 망국적인 상술이란 말이오. 이러한 장사꾼이 많을 때 그 나라는 망하지 않을 수가 없을 것이오. 그러니까 결론적으로 말씀인데, 장사에도 높은 도덕적인 각성이 있어야 한다, 이런 말씀이오. 이 각성이 있어 가지고 장사를 한다면 그것은 사람뿐 아니라 국가에도 커다란 도움이 될 것이오. 문제는 돈을 얼마나 벌었느냐가 아니라 도덕적인 각성이 얼마나 있느냐에 있겠지요."11)라고 하여 경제인 역시 돈벌이 이전에 도덕적인 각성이 전제가 되어야 한다고 하였으니, 실로 '선비'란 '도덕인'이요, 또 역사상 '사기의 배양'이 강조되었던 사실들로 미루어 보아도 알 수 있듯이 선비는 '정의인'이요 '지조인'이었다. '학덕겸비

---

11) 이가원. 전계서, p.278.

인'이라고 하는 까닭이 여기에 있다.

한국인의 이상으로서의 '선비'를 운위할 때 우리는 자연 고대 한인의 이상상으로서의 '화랑'을 상도케 되고 또 남성 못지않게 절열사상으로 시종했던 우리나라의 여성상인 '부도인'을 생각지 않을 수 없다. 다만, 우리의 역사 전체의 지배적인 특색으로 볼 때 우리 한국인은 무인적이라기보다는 문무겸비인으로 평상시에 학덕겸비인인 단아한 문사인 '선비'라고 하는 것이 적절할 것 같다. 다만 국가위급인 때에는 자기 일신과 생명을 돌보지 않고 분연히 일어나 외적을 막아내고 의병으로서 활약도 하였던 것이다. 정몽주나 김약항, 또는 사육신의 사례가 보이듯이 선비는 대의를 위해서는 추상과 같고 송죽과도 같은 지조의 꿋꿋함을 보였으니 '선비'가 결코 문약한 존재의 대명사가 될 수 없음을 알 수 있다. 그러므로 오늘날에 있어서도 참된 인간이라는 뜻으로 '선비 같은 사람'이라고 하는 까닭이 여기에 있다.

그리고 여기에 또 하나 일러둘 것은 '선비'가 결코 남성만의 이상상으로 좁게 생각할 수 없다는 점이다. 즉, 한국의 여성상 역시 역사상 그들이 남긴 행적들로 보아 '사여'라는 말이 있거니와 그것이 그 옛날 사대부의 부인이라는 뜻의 '사녀'로 해석할 것이 아니라, 물론 사녀의 본래의 뜻과는 전혀 다른 것이지만 '선비의 덕을 지닌 여성'이라는 의미의 것으로 해석하는 것이 더욱 좋은 것이 아닐까 한다. 그만큼 한국의 여성은 절조사상이 투철했던 것이니 연암 역시 한국의 네 가지 좋은 점의 하나로 자랑스럽게 한국 여성에 대해서 열거했던 것이다. 한국 여성의 절조사상은 곧 '선비'정신에 통하는 것이니, 우리는 '선비'를 한국인의 이상상으로서 거론함에 있어 결코 남성만의 이상상인 양 협의로 해석해서는 안 되리라고 본다.

이러한 '선비'를 다시금 현대적 시점에서 한국인의 이상상으로서 명확하게 드러낸 교육학자는 허현인데, 그는 「'Sunbi' of Korea」라는 논문에서 그가 이해하는바 '선비'가 무엇인가를 다음과 같이 밝혔다.

그는 '선비'란 '심미적 학자'(the aesthetic scholar)라고 하였고, 선비는 소식하나 술은 그들에 있어 불가결의 것이라고 하였다. 이리하여 같은 '사'자로 표시되는 'sunbi'와 'samurai(무사)'이지만, 전자는 학자요 예지인, 또는 학예인(the man of wisdom or learning)인데 반해서 후자는 전사요 행동인(the man of action)인 것이다. H.G. Wells는 Modern Utopia에서 미래사회의 이상적 인간상을 'samurai'일 것이라고 하였으나, 허현은 'sunbi'일 것이라고 하였는데, 이 점은 미래 사회가 항구평화적인 세계일 것을 목표로 할진대 기사(knight)나 무사(사무라이)의 시대는 그들 스스로가 종언을 선언했던바 평화지향적인 인간상인 '선비'의 시대가 될 것이라는 점에서 역시 저자와 전적으로 동감이다. 뿐만 아니라, '선비'가 지니는 그와 같은 현대 교육철학적 의미의 천명에 있기도 한 것이다.

그는 '선비'를 생각함에 있어 영국인의 이상상인 'gentleman(신사)'을 들었는데. 그의 견해로는 '젠틀맨'이란 육체적으로 강건한 자요, 실업인이요, 자본가요, 정치가라는 것이다. 젠틀맨은 다른 말로는 운동가(sports man)요, 또는 무지인이라고 하였다. 그러나 무지인(ignorant man)이라고 한 부분은 영국의 신사가 J. Lock 이래로 교양교육에 주력했던 교육적 전통에 비추어 보아도 약간 지나친 표현이 아닌가 하는 생각이 든다. 이것은 허현 자신의 언외의 의미가 있어서 한 말이 아닌가 한다. 어떻든 젠틀맨의 철학이 실증주의요, 활동주의임을 지적하였다.12)

그는 말하기를 '선비'는 서양적 감각의 '학자'와도 다르다는 것이다.

---

12) 한국정신문화연구원, 「한국의 사회와 문화」(한국정신문화연구원. 1981), p.120.

즉, 이를테면 '성서'에 정관사와 부정관사가 얼마나 쓰이고 있는지 하는 것을 분석 연구하는 그러한 'scholar'와도 전혀 다르다는 것이다. 그렇다고 흔히 쓰이는(말하는) '시인(poet)'과도 다르다. 그러면 '선비'란 무엇인가? 이상의 것 전부의 것이요, 거기에 '한국인'이라는 것을 보태야 된다는 것이다. 이 어찌 경묘한 표현이 아니겠는가?

그러면 한국의 '선비'의 모습은 어떠한가? 그는 기름기가 없고 말랐으며 창백하며, 허약하게 생겼고, 평상시에는 과묵하다. 도덕률과 심미주의, 이것이 선비를 나타내는 말이라는 것이다. 즉 선비의 최고지는 안심입명, 비이기적이요, 담백하며 결코 흥분하지 않는다. 단적으로 말해서 그는 사랑할 만한 것을 사랑하고 미워해야 할 것을 미워할 줄 아는 것을 배워야 한다는 것이다.

'선비'의 철학은 대학지도이요, 명명덕, 친민, 지어지선임을 지적하는 그는 '선비'란 '덕행인'(moralist)이라고 하였다. 그러나 그것은 융통성 있는 도덕인으로서, sunbi=saram(사람)이라는 것이다. 그러므로 한국인에 있어서는 '사람 같지 않은 자식'(saram katchi annon chasikr=an unmanly man)이라는 말 이상의 모욕적 언사가 달리 없음을 상기시켰다. 확실히 한국인에 있어서는 중심적 관심사가 '사람'에 있는 것으로서, 그러니 '사람다운 사람'이 되어야 한다는 우리나라 사람들의 예부터의 생각은 옳다고 본다. 그가 보는 '선비'란 한편에 있어서는 신선함과 술과 사회와 자연을 즐기며, 또 한편에 있어서는 독서와 시음과 명상을 즐기는 자라는 것이다.

이러한 한국인의 이상상으로서의 '선비'에 대한 관심의 표명은 로마혼, 영국인의 존불(John Bull)혼, 미국인의 양키이즘의 혼 등을 한국인의 한혼, 즉 '선비'의 얼과 대비해서 양언하는 논문도 보인다. 우리는 이러한 일련의 '선비'에 대한 학적 관심에 대하여 크게 주목할 필요가 있는 줄로 안다. 신사도나 무사도, 군자도라는 말을 쓴다면 우리는 '선비의 길'이라는 면에서 한국인의 이상상으로서의 '선비'가 지니는 정신적 결정체에 관한 구명과 재구성의 가능성도 예견할 수 있는 것이 아닌가 한다.

'선비'가 오늘날에 와서도 현대적 의미에서 양언되고 있다는 것은 조지훈의 '선비의 직언'을 보아도 알 수 있듯이 그는 '선비란 지성인이요, 기절인'이라고 보고 있다. 즉, 그는 지성인 곧 '선비'는 나라의 기강이요, 사회정의의 지표이다. 그러므로 한 나라의 기강을 바로잡고 사회정의의 지표를 확립하자면 무엇보다도 먼저 선비가 기절을 숭상함으로써 선비의 명분을 세우지 않으면 안 된다고 하였고, 또 백성들은 이제 절실한 문인, 학자, 교육자, 종교가에게 일말의 기대를 걸고 있다고 하면서 동시에 오늘의 지식인들은 어떤가, 지식인으로서의 명분과 긍지까지도 포기해 버린 느낌이 아닌가 하고, 4·19 직전의 상황 속에서 '선비론'을 폈던 것이다.

"굳건한 기상, 지사적인 풍모, 의연한 기개, 끈질긴 강기는 아무래도 선비의 것이라서 대단한 자랑이자 자부가 되는 것이다. 지훈이 선비라는 용어를 즐겨 썼던 이유도 바로 그러한 선비정신에 매혹되었기 때문이다."13)라고 하고 "지훈을 일러 매천과 만해정신의 계승자라 하고, 또 그가 세상을 버리자 많은 사람들이 '이조적인 선비의 마지막 인물이 사라졌다'고 애통해한 것도 결국은 지훈 역시 시를 짓고 학문을 논하는 한편으로는 나라의 선비답게 우국경세의 붓을 멈추지 않고 참여하고 저항하는 지성의 진면목을 떨친 것이 마치 매천과 만해의 경우를 방불케 하였기 때문이다."

---

13) 조지훈, 『지조론』(서울: 삼중당, 1960), pp.51~52.

이제 다시 한번 현대교육학적 관점에서 '선비'가 무엇인가를 정리해 본다면 이것은 말할 것도 없이 그 옛날의 계급적 지칭이 아님은 물론이거니와 그렇다고 이른바 '지성인'이라 하여 'elité'와 동의어로 해석할 것이 아니라, 도리어 그가 직업이 무엇이고 간에 각계각층에서 초월한 능력자요 도덕인일 때 우리는 그를 '멋있는 사람'이라 부를 수 있을 것이요, 그는 '역사적 의식인'이요 '현대적 선비'라고 하겠다. 이것이 나의 '선비'에 대한 현대 교육학적 해석이다.

제3절 한민족의 한의 심리

우리 한국인의 가장 중요한 심층심리적 특징은 한의 심리(The Hahn)임을 알 수 있다.

한국인의 한은 실로 다양하다. 어릴 때 가난했던 한, 부모님이 일찍 돌아가신 한, 사랑하는 이와 헤어진 한, 가고 싶었던 곳을 못 가본 한, 남들이 부러워하는 좋은 학교에 못 들어간 한……따위와 같이 실로 무수한 한이 우리의 사유를 지배하고 있음을 볼 수 있다.

이러한 한은 우리의 독특한 언어구조를 통해서도 쉽게 찾아볼 수 있다. 우리말 중에는 유독 '풀다'라는 말이 많이 있다. 예를 들면 서로 서먹서먹해진 사이에 만나서 '오해를 풀다', 또 임산부가 몸속에 배고 있던 아기를 낳아 '몸을 풀다', 정치 인사들이 만나 '사회문제를 풀어간다', '문제를 풀어 나가기 위해 대화를 하자', 정신 치료를 하다가도 치료가 잘 안되면 '푸닥거리를 해야겠다'고 한다. 이때 푸닥거리라는 것은 귀신이 와서 그 사람 몸에 붙어 병이 났기 때문에 이 붙어있는 귀신을 푼다는 것을 의미한다. 사돈지간에 사이가 나빴던 것을 딸을 데리고 와 '화풀이를 한다', '어제 저녁 술을 많이 마셨으니 속을 풀어야겠다', '우리 오랜만에 만나서 회포나 좀 풀어 보자', '날씨가 풀리다', '대동강 물이 풀리면 우리 만나자', '한풀이', '살풀이', '액풀이' 등등.

이와 같이 '풀다'라는 개념이 우리나라의 감정과 언어 속에 적지 않게 깔려 있는 것을 볼 수 있는데 이것은 바꾸어 말하면 한국인의 마음속에는 얽혀 있고 맺혀 있는 것이 아주 많다는 것을 유추해 낼 수 있다.

서양 사람도 맺혀 있는 것이 없는 것은 아니지만 그들은 이것을 '갈등'(Conflict)이라고 해석하고 있다. 즉, 서양 사람들은 마음속에서 갈등이 일어나면 가만히 있지를 못하고 마음속에 '역동적 반응'이 일어나서 죽기 아니면 살기로 마음속의 갈등을 표어 나간다. 이에 반해 한국 사람들은 마음속에 풀 게 있지만 일생 동안 무덤까지 가져가는 사람이 있는가 하면, 마음속에 있는 것을 10년 만에 푸는 사람도 있고, 또 1년 만에 푸는 사람도 있다. 이것이 서양 사람과 다른 점이라고 볼 수 있다. 그래서 정신분석학적으로 치료를 하면서 지난 40여 년간을 고찰해 본 결과 모든 한국인의 마음 밑바탕에는 '한'이 있다는 결론에 도달하게 되었다.

모든 한국인은 그가 목사이든 스님이든, 유교주의자이든 국회의원이든 간에 마음의 맨 밑바탕에는 한의 심리가 광범위하고 뿌리 깊게 작용하고 있다는 것을 임상적으로 밝혀낼 수 있었던 것이다. 그래서 모든 한국인의 마음속에는 한이 있는데 서양의 갈등 심리와는 달라서 한국인의 한은 안개와 같다고 볼 수 있다. 한은 정신분석학에서 볼 때 인간의 본능적 욕구를 근원적으로 억압하고 또 억압했을 때에 마음속 깊숙한 곳에 머물게 되는 안개와 같은 찌꺼기라고 할 수 있다. 즉 한의 심리란 고요한 바람(원망)이라 할 수도 있고 마음속에 간직한 슬픔의 근원이라 할 수도 있고, 또 풀지 못한 욕심이라 할 수도 있고, 가슴속에 맺힌 응어리라 할 수도 있다. 이것은 단지 욕망의 억압으로 인한 갈망(Wish)만이 아니라, 열렬한 그리움(Yearning), 뜻을 못 이룬 좌절감(Frustration), 표현해 버릴 수 없는 적개심(Mild hostility) 등 여러 가지 감정의 복합개념이라 할 수 있다. 마음속에 안개처럼 가라앉아 있어 다만 바라기만 할 뿐 결코 이것을 풀어야 한다거나 이 한을 못 풀었다고 발버둥치는 일은 없다. 무엇인가 바라지만 그것이 안 될 적에 인위적으로 반발하거나 기어코 이룩하려고 강박하지 않고 어쨌든 인간의 힘으로서 어쩔 수 없고 숙명과도 같이 인간의 마음속에 오게 되는 것이며 때문에 단지 마음속에 간직한 채 살아갈 수밖에 없다고 보는 것이 한의 심리가 가진 특징이라 하겠다.

이 '한의 심리'는 한국인으로 하여금 전통적으로 운명에의 순응, 고난과 역경이 와도 언제까지나 기다리는 심성 등을 낳게 했던 것이고, 따라서 한은 마음속에서 조용하게 자리 잡게 되었기 때문에 평화로운 한으로 존재하고 있었던 것이다. 그래서 필자는 이것을 '정태적 한' 즉, The static Hanh이라 명명하였다. 바로 이런 특성 때문에 인도의 시성 타고르는 한국을 가리켜 '고요한 아침의 나라'로 표현하기에 이른 듯하다.

그러면 한국인의 한을 프로이드의 학설과 비교해 보자. 프로이드는 1926년에 쓴 논문인 「억압, 증상, 불안(Inhibition, Symptom & Amxety)」에서 서양 사람들이 마음속에 하고 싶은 일이 있을 때에 부모 또는 사회가 억압을 하게 되면 마음속에서 대전쟁이 일어나 결국 미칠 지경으로 싸우게 되어 생겨나는 것이 '불안'이라고 했다. 하고 싶은 욕구와 그것을 억압하는 것이 마음속에서 싸우게 되어 도저히 참지 못하기 때문에 미치지 않을까 해서 생겨나는 것이 불안이다. 그래서 마음속에 불안이 생기다 보면 가슴이 울렁거리게 되고 심장이 급하게 뛰게 되고 더 심하게 되면 뒷목이 뻐근해지고 좀 더 심하게 되면 혈압이 올라가는 현상이 오는 것이라고 프로이드는 보는 것이다. 마음속의 불안이 너무 커지게 되면 마치 한강에 홍수가 나서 둑이 무너져 내려 서울시 전체가 물바다가 되듯, 마음의 둑이 무너져 내리면 불안이 넘쳐흐르게 된다고 보았다.

제4절 한의 발생동인

서양인이나 기타의 나라 사람들의 원죄의식을 가지고 있고, 이것이 불안과 죄악감으로 연결되면 각종 정신방어기제를 통해 정신구조 내에서 활발한 분자운동처럼 움직이는 데 반해서 한국인은 어째서 조용한 한의 심리를 가지게 되었을까?

첫째로 천지인의 조화정신이라 할 수 있다. 한국인은 단군왕검 이래 오늘날까지 수천 년 동안 홍익인간, 화쟁사상, 인내천사상, 으로 천인합일의 경지에 도달함을 강조하여 천·지·인 삼자의 조화정신 속에서 인간은 하늘과 땅의 이치를 따라야 한다는 것 때문에 자신의 욕구를 억압하기 시작했다고 볼 수 있다. 그래서 한국인은 하늘의 뜻, 자연의 법칙, 왕의 명령, 조상의 뜻, 자연의 움직임 등을 숙명처럼 받아들이고 살아왔다고 할 수 있다.

둘째로는 자연에 순응할 수밖에 없는 농경문화에 있다.

왜냐하면 우리나라는 농경문화가 발달해 있었기 때문에 농사가 잘되다가도 벼락이 막 치고 태풍이 불면 하루아침에 다 날아가 버리니까 '하늘에서 하는 일은 아무도 못 말린다'라는 생각을 가지게 된 것이다. 그래서 '하늘은 어쨌든 복종하고 볼 일이다'라는 것이 한국 사람의 마음속에 면면히 내려오고 있는 것이다.

다시 말하자면 서양인이 사막의 유목 민족인데 반해서 한국인은 기마 민족이라고는 하나 점차 농경문화를 정착시켰기 때문에 비와 바람, 폭풍우와 홍수, 태양과 달 등의 자연의 변화를 받아들이는 데 익숙해졌다. 그러므로 자연에 도전하는 게 아니라 자연이 주는 법칙에 순종하며 농사를 짓는 과정에서 오래 참는 법, 자기의 욕구를 억압하는 법을 몸에 익힌 것으로 보인다. 따라서 하늘의 천리, 인간의 도리 등을 강조하게 된 것으로 보인다.

셋째로는 공맹사상에 의한 부모에의 복종에 있다. 효경이라는 책에서 보면, 공자는 효는 모든 덕의 기초이고, 모든 문화의 원천이라는 것을 밝히고 있다. 신체발부는 수지부모라 하여 우리의 머리털 하나라도 전부 부모와 조상이 주신 것이므로 감사히 절대 복종하는 것을 당연한 윤리로 여겼던 것이다.

이 효를 출발점으로 하여 공자는 인간의 모든 행위를 5개의 중요한 관계로 분석하여 이것을 삼강오륜이라 하였다. 즉, 아버지와 아들의 관계(父子有親), 남편과 아내의 관계(夫婦有別), 형과 아우의 관계(長幼有序) 친구와 친구의 관계(朋友有信), 임금과 신하의 관계(君臣有義)를 인간의 가장 기본적인 관계로 규정하여 그 규범들을 '인륜' 또는 '천륜'이라 하였다. 이에 반하여 맹자는 인간으로서 없어서는 안될 심성적 조건으로서 사단의 마음과 관련하여 인·의·예·지의 사덕을 가르쳐 주었다. 또한 유교는 이러한 인간의 도리뿐만 아니라 제

례의식을 통해 조상을 숭배할 것을 가르쳐 주었고, 이것은 우리 고유의 무속신앙(shamanism)과 연결되어 씨를 뿌릴 때, 추수할 때, 질병이나 재난이 발생했을 때, 가물었을 때 조상뿐만 아니라 천신, 지신 등 모든 신에게 제사를 지내는 관습을 낳았다. 종교적인 노래와 춤으로써 하늘과 땅, 신과 인간이 아무런 모순 없이 조화를 이루었다고 할 수 있다. 이 밖에도 공자는 '군자'가 해야 할 일을 가르치는 가운데, 군자는 고요하고 침묵 속에서 하늘의 명령을 기다린다고 했고 사람과 하늘에 원망하지 않는다고도 했다. 홀로 있을 때 자기를 삼간다든지〔신독〕 남을 원망하지 않는 태도에서 어떤 숭고한 종교적 인간의 모습을 볼 수도 있다.

넷째로는 불교의 '아만'을 버려야 한다는 데 있다. 불교는 인간에게 이 세상의 모든 욕심을 끊을 것을 가르쳤다. 자기의 욕심을 참지 못하고 자기가 잘났다고 대들고 하는 것을 불교에서는 '아만'이라고 하여 자기의 욕심대로 사는 것은 천하에 나쁜 탐진치, 즉 탐욕과 증오와 미망의 삼독 중의 하나라고 하였다.

무명과 항, 지에서 연결되는 여러 가지 인연과 욕망의 사이클에서 이를 과감히 끊어 버리고 무욕의 상태로 갈 것을 가르쳤다. 또한 '자기' 또는 '자아'라고 하는 것 때문에 자기만 아는 자기중심주의, 이기주의의 '가아'를 버리고 진아 또는 진여의 세계로 가도록 하여 진정으로 대자유·대자재할 수 있도록 가르쳐 주었다.

다섯 번째로는 주역의 '체념'에 있다. 주역(Iking)에서는 '달도 차면 기운다'라고 하였다. '꽃도 열흘이면 진다', '권부십년'이다, '잘된 게 잘된 것이 아니고, 못된 게 못된 것이 아니다', '그 여자하고 같이 좋다고 도망가지만 언젠가는 너는 싫증을 느낄 것이다', 이런 식으로 주역은 인간에게 체념을 가르쳐 주었다. 예를 들면 동창생들 간에 하나는 대학에 못 가 공장에 취직을 하고 다섯은 대학에 갔다고 했을 때에 대학에 못간 한 사람은 비록 마음이 심란할지라도 주역에 의하면 내가 잘못된 것은 그 다음에 잘되는 길이라 하여 대학 가는 것을 체념하게 된다는 것이다.

여섯 번째로는 대가족 제도의 '포괄적 자아'에 있다. 한국인이 전통적으로 자신의 욕구를 억압하고 자신을 겸양하며 살게 된 또 하나의 이유는 서양인이 양 몇 마리를 앞세워 동서남북으로 헤어져 방황하며 산 데 반해서, 한국인은 모를 심고 거두어들이면서 한 집에서 대가족이 모여서 살았던 것과도 관계가 있는 듯하다. 한 집이나 한 부락에서 조부모, 부모, 자녀, 손자…… 등이 한데 살다 보니까 자연히 웃어른에의 존경과 위계질서가 강조될 수밖에 없었을 것이고 재하자 유구무언(在下者 有口無言)의 가르침이 정착할 수밖에 없었을 것이다. 예를 들어 어떤 마을의 아이가 서울로 가겠다고 하여도 그 마을의 할아버지가 '안돼' 하면 그것으로 끝나 버리는 것이다.

그러므로 대가족 제도라는 것을 정신분석학적으로 말하자면 대가족 제도 속에 묻혀 있는 자아, 즉 포괄적 자아라 할 수 있다. 그래서 한국인의 자아라는 것을 압력을 많이 받기 때문에 클 수가 없었던 것이다. 결국 자기를 양보하고 자기가 하고 싶은 일을 참는 마음이 수백 년 동안 내려올 수 있었던 것이다.

위에서 살펴본 바와 같이 한국인은 자신의 생각과 느낌을 표현하고 행동에 옮김에 있어서도 하늘의 뜻에 어긋나지는 않을까(샤머니즘), 사람의 도리에 맞는 생각을 하는가(유교), 너무 겸손하지 못하고 무엇이나 자기 마음대로 해도 된다는 자기중심주의의 생각은 아닌가(불교), 자연의 섭리에 어긋나는 일은 아닌가(주역) 하는 따위와 같이 동시에 여러 가지 기준에 맞춰 보는 과정이 무의식적으로 일어나게 되어 어떤 생각을 표현하고 행동을 함에 있어 수천 번을 더 참게 되는 것이다. 그러므로 한국인은 단군왕검 이래 수천 년의 역사를 이어오면서 우리의 무의식 속에 수많은 억압이 축적되어 마치 퇴적암처럼 쌓인 고요한 한을 형성하게 되었다.

제 14 장
'한'민족의 정체적 이해

제1절 '한'민족의 역사적 위상

1. 역사 속의 자아개념

나는 누구이고 우리는 어떻게 살고 있으며, 우리 민족의 정체성은 무엇이고, 6천만 민족이 삶의 터전을 잡고 있는 이 땅은 어떤 나라인가? 시간적으로 올해는 한기 9186년, 개천 5886년, 단기 4322년, 서기 1989년, 통일염원 45년의 시점을 지나고 있다. 또한 공간적으로는 남북위도 33도 6분~43도 2분이며, 동서경도 131도 52분~124도 11분 사이에 위치하고 있다. 우리가 살림살이 차려놓고 생활하는 이 땅덩어리는 현재 아무리 늘려 잡아도 남북한을 합쳐서 22만㎢를 넘지 못하고 있다. 세계 육지면적 1억 5천만㎢에 비해서 0.15%에도 미치지 못하고 있는 것이다. 이런 좁다란 한반도에서 세계인구 50억의 1.2%인 6천만 겨레가 공생하고 있다. 어떤 학자는 지하자원이라고는 아무것도 생산되지 않는 박사라고 하였지만 결코 그렇지 않다. 한국은 배온대 중에서 아시아의 동쪽 바닷가에 있다. 이점에서 보면 한국의 위치는 교통이 편리한 문명발달의 적지이다. 일본열도와 대륙 사이에 끼어 있고 지나다니는 길목이어서 좋은 점은 문물수입이 용이하고 문화를 펼치는 데 편리하지만, 또 나쁜 점은 외침이 빈번하여 독립을 지켜 나가기가 여간 어려운 것이 아니었다. 사학계의 일치된 견해로는 원나라 지배 60년, 몽고 30년, 일제 36년을 포함하여 932회의 외침에 시달려 온 민족이고 보면 통일신라 이후부터 치더라도 2년에 한 번꼴의 전쟁을 치른 셈이 된다. 그러다 보니 처음 나라의 터를 잡았던 곤륜산−실크로드−차이탄분지−천산산맥까지의 대륙국경사관은 만주사관으로 줄어지다가 다시 반도사관으로 좁아지다 못해서 38선을 경계로 분단사관으로 반백 년이 가까워오니, 이 역사를 함석헌은 수난의 역사, 고난의 민족으로 규정하였다. 그래서 그는 우리의 금수강산을 외침을 막지 못한 땅이라 하여 금수강산이라고 하다가 분단의 한을 말할 때는 금수강산1)이라고까지 우리의 오늘의 역사를 울분으로 쓰기도 하였다.

　우리가 지금 겪고 있는 지역 간의 갈등, 세대 간의 갈등, 도농 간의 갈등, 노사간의 갈등, 종교 간의 갈등, 계층 간의 갈등, 사제 간의 갈등, 통일의 갈등, 분배의 갈등 등은 모두가 고난의 역사를 벗어나 희망의 길을 걷고자 하는 민족에게 주어지는 사명의 선물이라고 생각해도 된다. 우리가 지난해 올림픽에서 미국 다음으로 세계 제4위를 한 것은 결코 갈등의 민족이 빚어낸 우연한 결과가 아니다.

---

1) 함석헌, 「뜻으로 본 한국 역사」(서울: 제일출판사, 1982), p.85.

갈등(conflict)이라는 말은 사실 서구개념이다. 우리는 그것을 한으로 표현하였다. 이제 한민족은 한을 어떻게 삭이고 풀고 그리고 화합하는가를 규명하는 과제를 안고 있다.

2. '한'민족의 정체성

얼마 전에 남북한 공동체통일방안이 '한민족공동체통일방안'의 이름으로 나온 것이라든가, '한민족체육대회'라는 이름은 그 명칭부터가 매우 잘된 표현이다. 한민족의 '한'의 뜻은 우선 사전적인 의미로 보면 하나(일)라는 뜻을 지니고 있다(예: 한 개, 하나, 한번), 두 번째는 여럿(다)을 뜻한다(예: 허구한 날, 한 아름), 세 번째는 가운데(중)의 의미를 지니고 있다(예: 한복판, 한가운데, 한여름, 한밤중), 네 번째는 큰 것(대)을 뜻한다(예: 한길(차도), 한밭(대전)), 다섯 번째는 대략(략)의 뜻을 가지고 있다(예: 한동안, 한나절), 그 외에도 '한'의 뜻은 정, 광, 고, 광, 풍, 시, 동 등의 다양한 의미를 함의하고 있다. 이러한 '한'의 뜻을 지닌 한민족은 반만년 동안 밥은 한식을 먹으며, 옷은 한복을 입고, 집은 한옥에서, 글은 한글로 배우며, 약은 한약을 먹으며, 병은 한방으로 고치며, 나라는 한국에서 핏줄은 한거레를 이으며, 사상은 '한'사상으로(종교는 한얼교를 믿으며), 한풀이를 하며, 한마당에서, 한결같은 마음으로 한데 모여서 살며, 한동안 한배검(단군)의 자손으로 한살이(일생)를 하여 온 한국인이다. 이중에서 가장 중요한 '한'의 뜻은 일중다이다. 즉 다중일이라 해도 좋다. 일속에 다가 있고, 다속에 일이 있다는 말은 우리 한국인은 일과 다라는 두 개의 서로 다른 의미를 동시에 생각할 줄 아는 민족임을 나타내는 것이다. 사람의 몸은 하나(일)지만 거기에는 눈·코·입·팔·다리 같은 여럿 (다)의 지체가 있다. 즉 우리의 몸은 하나이면서 동시에 여럿이다. 한 국은 하나이지만 거기에는 경상도·전라도·충청도·강원도·경기도 등 여러 도로 구성되어 있다. 이와 같이 우리는 사람을 처음 볼 때도 전체로서 하나를 보는 동시에 그 사람의 다양한 면을 여럿으로 나누 어 본다면 그 사이에 골이 패이거나 감정이 고여 있을 자리가 없다.

동양적 사유의 연원에서도 우리의 '한'적인 방법론은 허다하다. 석가 는 만법귀일(萬法歸一)을 주장하였고, 공자는 오도관일(吾道貫一)을 주장하였는가 하면, 노자는 도생기일(道生其一)을 부르짖었다. 물론 예수도, 주도 하나요 성령도 하나요 믿음도 하나라고 하였으며, 최근 서구 철학자인 브래들리는 인간의 인식이 전체를 하나로서 파악하는 것을 '원초적 신앙'이라고 했고, 칼 ·야스퍼스는 '철학적 신앙'이라고 했으며, 플라톤은 잡다한 사물들을 모은 전체의 '하나'를 이데아(idea) 라고 한 것 등은 동서사상 모두가 '한'적 사고의 방법론을 가졌음을 말 해 주고 있는 것이라 할 수 있다.[2]

이러한 '한'적 사고를 가지고 우리가 안고 있는 잡다한 갈등의 구조 를 보면 매우 역동적(dynamical)인 틀을 발견할 수 있다. 하나는 여 럿(분열)이 되지 않으면 정체되고, 여럿은 하나로 화합되지 않으면 분 열되고 만다는 너무나 당위적인 이치에 도달하게 된다.

3. '한'민족의 한의 밑바닥

한민족을 한민족으로 본 것은 그만한 이유가 있다. 한을 연구하는 학자들

---

2) 졸문, 「한」으로서의 한의 극복, 독서신문(1988. 10. 30일자).

에 의하면 한국적 한의 발생원인과 서구적 갈등의 원인과는 근본적으로 궤
를 달리하고 있다고 보고 있다. 서구적 개념의 갈등(conflict)이 무엇이냐
에 대해서 사회학자들은 대체로 크게 두 가지 측면에서 이야기하고 있다.
하나는 개인의 심리적 원인에서 찾으려고 하고, 다른 하나는 사회적인 원인
에서 찾으려고 한다. 개인적인 원인이든 사회적인 원인이든 우리에게 관심
의 대상으로 갈등이론(conflict theory)이 소개된 60년대를 전후하여 학계
에 쓰이기 시작하면서부터이다. 물론 서구에서의 갈등의 역사적인 연원은
훨씬 더 거슬러 올라간다.

　　Karl Marx의 계급갈등에서부터 T. Parsons, G. Simmel, R.
Dahrendorf, 그리고 최근의 Coser의 갈등기능론으로까지 이어지고
있다. 이들은 사회질서의 바탕으로 이해관심을 달리하는 집단 사이에
서 갈등이 그다지 격렬하지 않고, 자주 일어나지 않는다면 사회적 갈
등은 축적되어 사람들이 긴장이나 불만을 끊임없이 해소할 기회가 적
으므로 이해집단 사이에 극심한 긴장상태를 유발하게 된다는 것이다.
다시 말해서 갈등이 자주 일어나지 않는 사회체계에서도 한번 일어나
면 그 정도가 매우 격렬할 가능성이 크고, 따라서 체계의 변동도 극심
할 공산이 크다고 하였다. 즉, 갈등은 부정적인 면만 있는 것이 아니
라 집단의 통합과 변동에 공헌할 수 있는 긍정적인 측면도 있다는 것
이 갈등기능론자의 입장이다.[3] 마치 분열이 반드시 부정적일 수만은
없다는 '한'적 사유의 변증론적 논리와도 어느 면에서는 상통한다고 할
수 있다.

　　그러나 한국인에 있어서 恨의 연원은 역사와 민족의 면면 속에 함
께 어우러져 있다. 이를테면 불안과 위축의 역사가 숨 돌릴 틈 없이

---

3) 금경동, 「현대의 사회학」(서울: 박영사, 1983), p.98.

계속되었다. 7회의 몽고침입, 3회의 일본침략, 숱한 민란, 동란이 그 것이다. 이런 이유로 한국인이 미국인이나 일본인보다 우울증이 심한 것으로 나타나고 있다는 연구 보고서가 있다.4) 또한 양반, 중서, 상인, 천인, 노비의 계급적 차별, 적서의 구별로 인한 유교적 계층의식이 격심하였다. 노비는 거의 인간 취급을 받지 못한 채 1894년 갑오경장 전까지도 가축과 같이 매매되었다.5) 그리고 남존여비 사상에서의 칠거지악과 삼종지도는 한국여인의 한을 굴종으로 이어지게 하였다. 남편을 기다리는 아내의 마음을 그린 「정읍사」를 비롯하여 이별의 한과 연모의 정한을 그린 고려가사 「가시리」, 「서경별곡」, 「정과정」, 「한중록」, 「계축일기」, 「인현왕후전」, 그리고 한용운의 「님의 침묵」 소월의 「진달래꽃」, 이효석의 「메밀꽃 필 무렵」, 김동인의 「배따라기」 등 여인의 한과 원은 끝없이 이어진다. 웅녀의 한, 논개의 한, 심청의 한, 춘향의 한, 유관순의 한, 이 모든 한의 응어리가 한겨레의 핏줄에 맺히고 서려 있다.

그러나 무엇보다도 민중에 대한 관리의 경제적 수탈을 통한 가학은 더욱 참혹하였다. 연암 박지원은 "천고지사의 한은 무엇보다도 부호들의 토지겸병에 있다"고 탄식하였다.6) 이는 오늘날 우리 사회의 다수 국민의 원성이 되고 있는 토지공개념의 조속한 실시를 바라는 것과 조금도 다를 바 없다. 땅이 없어 살 집을 짓지 못하고 있는 일반백성의 한을 재벌들은 알 리 없을 것이다. 설사 똑같은 역사적인 경험을 가지고 있다손 치더라도 중국과 일본에는 한은 없고 원만 있는데 유독 한국만이 한과 원이 공존하는 데는 그만한 역사적인 이유가 있다.

---

4) 윤태임, 「한국인」(서울: 현암사, 1970), p.275.
5) 서광선, 「한의 이야기」(도서출판 보리, 1988), p.154.
6) 강만길, 「분단시대의 역사인식」(서울: 창작과 비평사, 1981), p.278.

중국의 논어, 맹자, 중용, 대학, 장자, 노자의 문헌 속에는 한이라는 말이 없고 원이라는 글자만 나온다. 예를 들어 논어에는 "빈이무원난 부이무교역(貧而無怨難 富而無驕易)"라고 하였다.7) 즉, 가난하면서 원망하는 일이 없기는 어렵고, 부유하면서 교만하게 구는 일이 없기는 쉽다는 뜻이다. 더욱이 서양에는 한도 원도 없다. 다만 비슷한 의미를 전달하는 말로 regret(유감), resentment(분개), grudge(악의) 정도가 있을 뿐이다. 이와 같이 우리에 있어서 한이 자학의 소산이라면, 원은 가학의 소산이다. 자학은 이별, 슬픔, 기다림, 자탄, 자한, 정한 등 주로 안으로부터 밖으로 발생한 것으로 볼 수 있는데 비해서, 가학은 버림받음, 미움 당함, 짓밟힘, 빼앗김, 억눌림 등으로 밖으로부터 안으로 발생한 것이다. 그러기에 한은 가슴에 맺히는 것으로, 원은 심장에 품는 것이 되고 만다. 이 맺히고 품은 원한들을 우리 민족은 어떻게 해소하면서 생활하여 왔는가를 민족정신사적인 측면에서 논구하여 보고자 한다.

4. 한의 해소

맺힌 한은 풀어 버리면 되지만 심장에 품은 한은 항상 원통, 원망, 원한 등 복수의 의지로 남아 있다. 그래서 우리의 인간관계는 한에서 원으로 발전되지 않도록 자중하여 왔다. 우리는 어떠한 한도 원이 되기 전에 풀어 버리고 살아왔다. 싸움(conflict)은 갈등이기보다는 투쟁의 의미가 강함)을 말릴 때 우리는 곧잘 서로 '풀어 버리라'고 하듯이 억울한 것도 풀고, 분한 것도 풀고, 슬픈 일도 풀고, 하물며 심심

---

7) 「논어」(대양서적), 45면.

한 것도 심심풀이로 풀어 버리고 생활하여 왔다. 이를테면 화풀이, 분풀이, 원풀이, 액풀이가 다 그것이다. 추운 겨울이 가고 봄이 오는 것을 해동(겨울풀이)이라고 하는가 하면, 임부가 새아기를 낳는 것을 해산이라고 하였다. 인간관계가 원만하지 않을 때 '살풀이'를 하고, 무당의 '푸닥거리'는 죽은 영혼의 한을 풀어 준다는 데서 유래된 말이다. 한민족은 전통적으로 어떠한 분쟁도 풀이의 방식을 통하여 해결하였다. 서구의 인간관계 문화가 이치로 따지는 '긴장의 문화'라면 우리는 심정으로 풀리는 '해소의 문화'라 할 수 있다.8) 때문에 풀이는 딱딱하고 모난 논리가 아니고 그것 이전의 상호 융화의 관용이요, 포용의 '원융회통'의 심정적 차원의 가치이다.

우리 민족은 풀이의 천재들이다. 말로나 심정으로 다 풀지 못하면 노래로, 시로, 춤으로, 해학으로, 풍자나 예술의 형식을 빌어서 풀려고 하였다. 서울 올림픽은 단순한 스포츠 행사가 아니다. 미·소와 동·서의 한마당 평화의 '살풀이'다. 동·서가 화풀이를 하는데 남·북이 통일의 한마당 '살풀이'를 못할 리 없다. 영·호남도, 노·사도, 사·제 간도 모두 신명나는 푸닥거리를 하여 갈등의 앙금을 거두어 버려야 한다. 풀어 버리는 방법을 통하여 흥(興)을 돋우어야 하고, 흥이 나면 기가 생기고, 이 기는 바람(風)을 일으킨다. 우리 민족의 정신적 뿌리는 기와 풍에서 찾아보아야 한다. 바람과 기는 알파와 오메가 사이이다. 즉 바람의 뿌리가 기요, 기의 용솟음이 풍이다. 난기류와 한기류가 맞닿는 곳에 폭풍이 일어나듯이 기의 나타남이 풍이요, 풍의 나타남이 기이다. 따라서 우리 한민족의 기혼은 기풍이다.9) 기는 물리학적으로 에너지(energy)요, 심리학적으로는 정감(feeling)이

---

8) 김열규, 「한국인 우리들은 누구인가」(서울: 자유문학사, 1988), p.201.
9) 배영기, 「국민윤리」(서울: 백록출판사, 1988), pp.52~53.

요, 사회학적으로는 힘(power)이요, 민족정신사적으로는 혼(spirit)이다. 이 전체적인 기를 맹자는 호연지기라고 하였다. 이 호연지기가 신바람을 일으켜서 용모로 드러날 때는 풍채 또는 풍자가 되어지고, 도덕을 표현할 때는 풍월(도)이 되며, 지혜로 발현될 때는 풍류가 된다. 현대적인 표현을 빌리면 체·덕·지가 된다. 순수 우리말로는 맵시·마음씨·솜씨가 된다. '씨'는 울이요 울은 알·얼·올의 음가와 음의를 지니는데 그것은 다시 알은 체요, 얼은 혼이요, 올은 지가 된다.10) 풍은 이외에 풍기, 풍물, 풍수, 풍지, 위풍, 풍교 등 우리의 생활풍속 전체를 포괄하고 있다.

이와 같이 우리 민족은 온갖 한을 바람에 날려 보내면서 신명 또는 신풍을 일으키며 살아왔다. 바람이 잘못 불어 개인이나 국가가 한꺼번에 풍기가 문란할 때는 바람을 잡아 두는 지혜도 키워 왔다. 바람을 이용하여 남의 물건을 훔치는 사람을 '바람잡이'라고 하는 것 같이 남녀간의 절도 있는 접합을 위해서 사주를 전달하는 사람을 '함잡이'라고 하며, 사물놀이패를 '사물잡이'라고 하는 것은 모두가 바람을 적당히 잡아두는 역할을 하는 것으로 상징적인 의미가 있다.

그렇다면 우리 민족의 수천 년간 이렇듯 맺혀도 풀고, 꼬여도 풀고, 막혀도 풀고, 박혀도 풀고, 응어리져도 풀고, 풀면서 살아온 '한'의 민족이 남과 북의 분단의 한을 못 풀 리 없고 동과 서의 지역의 응어리를 못 풀 리 없다. 다만 남북이든 동서든 그것이 원으로 악화되지 않도록 해야 한다. 원은 반드시 복수의 악순환을 가져오게 마련이기 때문이다. 통일문제도 광주문제도, 원을 품기 전에 한의 맺힘(매듭)일 때 풀어 버려야 하는데 이것을 오랜 기간 방치하여 두다 보니 원으로

---

10) 배영기, 상게서, p.61.

악화되었다. 이 원의 매듭을 끊고 푸는 열쇠는 물질적 보상이나 법적인 조치만으로는 본질적인 해소가 되지 못한다. '한'의 멋, '한'의 짓, '한'의 꼴11), '한'의 힘, '한'의 기, '한'의 사랑, '한'의 믿음, '한'의 꿈으로, '한'의 회복을 시켜 주어야 한다. 즉 정체성의 동일적 복귀이다. 한데, 한곳에서 한마음으로 한솥밥을 먹으며 한울타리에 하나 되어 살겠다는 공동체 의식이 우리 민족의 기개를 한가운데 모으는 일이다. 이것은 최치원의 표현대로라면 접화군생의 묘합으로의 자기개혁이다. 탄생의 산고를 겪어야 한다.

5. 한의 자기통제역

앞장에서 우리 민족은 사회적 서구개념의 갈등을 한국적 한의 개념으로 바꾸어 보면서 이를 한→해→흥→기→풍→'한'의 단계적 해소방법을 제시하였다. 그런 가운데 현대적 개념의 갈등을 슬기롭게 해소하는 지혜스러움 못지않게 새로운 갈등의 생산을 억제할 수 있는 지혜도 함께 있어야겠다는 데 도달하게 된다. 물론 산업사회의 복합적 이해관계 구조 속에서 필연적 생성갈등이야 불가피한 것이라 치더라도 가학적 원한이 될 만한 욕구적 한이라든가 사회적 한의 조장은 억제되거나 생산이 줄어지는 방향에서 이룩되어야 한다. 최근 우리 사회는 욕구적 한의 폭발로 새로운 계층 간의 갈등을 분출시키고 있다. 영동 어느 고급백화점에서는 아침에 문을 열자마자 여성용 타조가죽 핸드백이 285만 원에 팔려 나가는가 하면, 이탈리아제 넥타이 15만원, 다이아스타킹 14만원, 양변기 950만원, 미제 대형냉장고 300만 원짜

11) 김상일, 「한사상」(온누리, 1988), p.101.

리가 불티나게 팔려 나가고 있다. 그뿐만 아니라 농촌에서는 고춧값 하락으로 울상을 짓고 있는데 강남 고급 아파트촌에서는 일제 된장, 간장, 고추장이 팔리고 있다면 이는 국민의 갈등의 골을 깊게 하는 일이 아닐 수 없다. 미제 젖병, 독일제 유모차, 중국제 돗자리, 이탈리아제 이쑤시개, 프랑스제 속옷은 백화점에 늦게 가면 구경하기조차 어렵다고 한다. 이러한 한국의 과소비성 사치 풍조를 보다 못해 외국 신문에서까지 심층 보도하기에 이르렀다. 미국의 워싱턴포스트지는 89년 9월 21일자 '갈등 겪는 과소비 풍조', '가치체계의 변화로 고통 받는 한국' 등 제목을 달아 한국에서 무분별하게 과열되고 있는 과소비 사치 풍조를 꼬집으면서 '한국이 경제력에 비해 너무 일찍 샴페인을 터뜨린다'고 평하고 있다.12)

지금의 한국경제는 중소제조기업이 문을 닫고, 점심 거르는 초등생이 8천2백 명에 이르고, 소년소녀 가장이 날로 늘고 있는데 호화 접객업소, 골프장, 호화주택은 날로 증가하고 있다. 대지 200평 주택에 950만 원짜리 양변기에 앉아 7만 원짜리 손수건으로 코를 풀고 있다면 이것도 "내 돈 가지고 내 마음대로 쓰는데 누가 뭐래!"라고 한마디로 자기 합리화가 가능할 수 있을까? 부를 과시하려는 욕망이야 인간이면 누구나 가지게 마련이다. 그러나 이를 적절히 억제하고, 과시보다는 선용에 관심을 두는 청부정신이 확고할 때 국민화합은 저변에 끈끈히 흐르게 된다. 그렇다고 청빈한 것이 다 좋다는 것은 아니다. 조선조 5백년은 자본축적이 얕았고 그 결과 가난 속에 한민족이 세계로부터 얼마나 천시와 멸시와 침략을 받았던가를 나는 '한의 연원'에서 알 만큼 밝혔다. 이제 우리 경제의 1인당 GNP가 4천 달러인데 2만

---

12) 동아일보(1989년 9월 23일자) 보도 재인용.

달러의 일본보다 더 씀씀이가 크다면 이는 귀[이]있는 자는 들어봄직하다. 양담배가 1% 미만 팔릴 것이라고 보았던 것이 6%를 상회하기 시작하였다. 우리가 지금 국민의 교육수준에 걸맞은 '욕구적 한'에 대한 자기 통제력을 갖지 못하면 이 한이 원으로 바뀌어 사회적 원으로 폭발하고 '한'의 근본도 흔들린다. '한'의 유연성이 우리 겨레의 핏줄에 흐르기 때문에 결코 절망적이지는 않고 이렇게 발전한다는 사실이다. 욕구적 한에 대한 자기 통제력을 또 한번 발휘하는 날 우리는 산업체, 학교를 포함하여 모든 이익집단에까지 발전의 활화산이 일어날 것이다.

6. 새로운 한민족상의 정립

새로운 한민족의 이상적인 인간상을 하나로 정립하기란 여간 어려운 일이 아니다. 왜냐하면 시대에 따라, 지역에 따라, 그리고 정립하고자 하는 사람에 따라 결코 동일한 것이 아니기 때문이다. 그러나 현재 지구상에는 크고 작은 나라가 무려 180여 개국이 각각 그들 나름의 생활문화를 가지고 살아가고 있다. 그중에서도 지구상에 어엿한 독립국가로 그들 나름의 독특한 문화를 유지하면서 국력을 보유하고 존재하는 국가는 그리 많지 않다. 그런데 이들 중 문화주역 국가는 모두가 독특한 국민혼이나 인간상을 형성하고 있는 것이 하나의 공통적인 특징이다.

이를테면 영국은 신사 정신(gentlemanship)을 매우 존엄하게 여기고 있으며, 신생 미국은 개척자 정신(pioneership)이 양키이즘이 되고 있으며, 프랑스는 학예인(elitemanship)의 자만심이 아직도 대단하다. 독일은 게르만 정신(germanship)이 강하게 작용하고 있다.

이러한 민족우월의식이 너무 지나칠 때는 히틀러와 같은 광기로 발작될 때도 있었다. 이스라엘이 2천 년간 흩어진 유태민족을 다시 결집하여 현재의 이스라엘 공화국을 건설할 수 있었던 것은 시오니즘(zionism)이 있었기 때문이다. 여기에 탈무드의 교육정신도 큰 몫을 하고 있다. 일본은 무사도(samurai)가 있어 일본 국민을 하나로 결집할 수 있다. 중국은 군자지도가 있다. 그렇다면 우리 민족을 이처럼 지구촌의 한 떳떳한 주인공으로 존재케 하는 정신은 무엇인가. '은근과 끈기'의 민족인가, 청초한 '선비정신'인가, 아니면 풍월도인가? 이 문제에 대해서 필자는 앞글에서 한민족에게는 '한'사상이 있다고 이미 규정한 바 있다. '한'은 한국인의 심정이요, 사상이요, 마음이다. 흰 한복을 입고(白衣), 흰밥〔白飯〕 먹기를 즐기며, 흰 산〔白頭山〕마루에서 '한〔桓〕'의 정기를 받으며, 흰집〔白灰〕에서 백수〔白壽(99才)〕를 누리며 면면히 살아온 하얀 씨알의 백민이 곧 한민족이다.

우리 민족의 기질에 대하여 여러 가지 정의를 내린 것이 있는데 그 중에서도 이광수의 『민족개조론』에 보면 "우리 민족은 천부적으로 호양부쟁"이라 하였다.13) 중국은 우리나라를 예의지방이라고 격찬을 하며, 또 평화지민이라고도 칭하고 있다. 또한 동방기인, 군자국인이라고 칭찬하기도 하였다.14)

한국인은 결점도 많다. 조선조의 사색당파가 아직도 사당사색론으로 이어져 신문에 오르내리고, 신라의 삼국통일이 당군의 지원을 받았듯이 남북통일이 아직 미국의 힘에 의존하고 있는 것은 우리의 자주심이 그만큼 허약하다는 증거이다. 우리는 민족 고유의 종교를 갖지 못한 채 외래종교의 경시장을 제공하였다. 고구려에 선인이 있었고, 신

---

13) 이병도, 「한민족 그 불사조」(도서출판 일념, 1985), p.49
14) 함석헌, 전게서, pp.100~103.

라에 화랑이 있었고, 고려 때까지만 해도 국선이 있었는데, 내려오다가 외래사상에 떠밀려 없어진 것은 참으로 부끄러운 일이 아닐 수 없다. 근세에 와서 동학이요, 증산교요, 원불교요, 대종교요 하지만 그것은 밖에서 들어온 남의 사상을 이리 따고 저리 따서 섞어놓은 비빔밥이지, 정말 우리 고유의 종교는 아니다.15)

이렇듯 우리 민족은 그 원형을 규명하기가 매우 어렵다. 인정이 많으면서도 너무 잔인한 면이 있는가 하면, 점잖으면서도 극성스럽고, 겸손한 면도 있으면서 교만하기 이를 데 없고, 대범하면서 참을성이 없으며, 애국지사도 많은 민족이지만 민족반역자도 그만큼 많다. 자기와 생각을 달리하거나 말이나 행동이 자기의 마음에 들지 않는다고 배척하거나 미워하는 사고를 가진 자가 많다. 이런 것들이 아직도 우리 사회의 갈등의 원인을 분출시키는 장본인이다. '공동체'라는 말을 요즘 와서 많이 강조하는 이유도 공동체 밖에서는 공존할 수 있으나 공동체 안에서는 병존할 수 없다는 극단주의적, 반민주적 사고가 팽배하고 있기 때문이다. 우리 민족이 일중다와 다중일의 '한'의 원류를 정확히 인식할 수 있다면 오늘의 산업사회의 다양성, 다원성, 다층성에도 쉽게 적응할 수 있게 된다. 생각이 다른 사람을 미워하거나 눈앞에서 없어지기를 원한다면 이는 농경사회의 울타리 안의 혈연적 부족심리에서 깨어나지 못한 미분화적 존재는 될지언정 확장되는 삶의 터(field)에서 틀(frame)을 세우고 공존과 실존의 자기탈속을 하기에는 거리가 멀다.16)

원융회통의 묘법을 다시 터득하여 마음의 통풍장치를 하여 어떤 다른 종교인, 다른 지역인, 다른 사상인, 다른 이념체제인도 차별 없이

---

15) 함석헌, 전게서, p.112.
16) 배영기, 「전환시대의 정치·교육사상」(서울: 백록출판사, 1989), p.211.

더불어 어울려 살아갈 수 있도록 마음의 벽을 허물고 살아야 한다. 우리 조상들의 아름다운 풍습이었던 계, 향약, 두레와 같은 협동생활의 정신을 오늘의 공동체 생활의 규범윤리로 되살리는 것도 바람직한 것이다. 세계사는 이제 대서양에서 태평양으로 옮겨지고 있다. 토인비도, 게오르규도, 타고르도 하비·콕스도 모두가 서세동점의 회귀를 예언하였다. 그러므로 동양은 다시 창조적인 본래의 모습으로 복원하여 돌아가기를 서둘러야 한다.

필자는 '한'을 중심으로 갈등의 한국적 개념인 한의 극복을 위해서 여러 면에 걸쳐서 한민족의 장점과 결점을 함께 보고자 하였다. 여기서 얻어진 결론은 한국인의 가능성, 잠재력, 그리고 진취성은 무한한 것이라는 사실이었다. 그러나 우리의 내부가 균열되어 서로 복수의 원을 품는다면 역사는 우리에게 가혹한 시련을 과거 역사의 어느 때보다도 크게 피학하리라는 예측을 해볼 수 있었다.

이제 한국인은 주체적 자기 정체성을 그 어느 때보다도 확실히 확립해야 할 때가 되었다. 그렇다고 해서 북한처럼 문을 걸어 잠그고 하향적 평등경제를 강요하면서 '주체사상'을 주장하자는 것은 아니다. 그것은 마치 인큐베이터 안의 신생아와 같아서, 문을 열었을 때는 허무하게 무너지고 만다. 이러한 것은 하나의 사상적, 철학 이전의 생물학적 원리이기 때문에 거부되어야 하지만, 그렇다고 문을 개방하였다고 하여 무엇이든지 다 받아들이기만 해도 된다는 말은 아니다. 언제나 민족의 자주적 중심사상은 고정되어 있어야 한다.

최근, 우리의 건국이념이며, 교육목표인 '홍익인간'의 이념을 없앤다는 말이 있다는 신문보도를 보고, 이제 정말 국민분열의 핵폭탄은 터지겠구나 하는 우려를 하지 않을 수 없었다. 민족사상의 구심점이 흔들리면 이는 민족존립의 자존심이 문제이지 국민갈등의 문제가 아니다. 어떤 특정 종교를 비호 두둔하자는 의도는 추호도 없다. 단재 신채호는 무엇이라고 말했던가를 다시 음미하여 보고자 한다.

> "우리 조선 사람은 항상 이해 이전에 진리를 생각하려 하므로 석가가 들어오면 조선의 석가가 되지 않고 석가의 조선이 되며, 공자가 들어오면 조선의 공자가 되지 않고 공자의 조선이 되며, 무슨 주의가 들어와도 조선의 주의가 되지 않고 주의의 조선이 되려 한다. 그리하여 도덕과 주의를 위하는 조선은 있고, 조선을 위하는 도덕과 주의는 없다. 아! 이것이 조선의 특색이냐, 특색이라면 특색이나 노예적 특색이다."[17]

참으로 국수주의자가 아닌 한 강직한 민족주의자의 일갈이다. 일본은 만약 석가나 예수가 하네다 공항에 입국했을 때 여권이 없으면 일단 출입국관리 위반 혐의로 구속한 뒤 그의 사상을 별도로 연구한다는 것이다.

일본과 대만은 그들 나름의 연역을 쓰고 있어도 아무 생활의 불편을 모르고 사는데 우리는 단기연역을 아는 학생은 가뭄에 콩 나듯 하고, 애국가 4절은 형식뿐이며, 태극기의 내력을 알거나 설명할 수 있는 사람은 전무상태이다. 이런 모든 것이 우리 것에 대한 업신여김에서 나온 자기비하의 교육부재의 한 현상이다.

한국인은 이제 한민족 원형사관으로 돌아가 조상들의 화합을 다시 재현할 수 있기를 바라는 마음 간절하다. 신라의 화백, 조선의 국호를 화녕으로 제정하여 화해를 지향한 점이며, 원효의 화쟁 등은 모두 우리 민족이 화합주의의 민족임을 시사하여 주고 있다.

한겨레가 이 땅에 뿌리를 내려 살기 시작한 것은 지금부터 70만 년

---

17) 송호수, 『위대한 민족』(서울: 보림사, 1989), p.234 재인용.

전 선사시대부터이며, 알려진 사료만도 3~4만 년 전까지 거슬러 올라간다.[18] 해외교포까지 합해서 7천만 겨레가 핏줄을 이어가고 있는 사실을 주목하면 떨어져서는 살지언정 갈라져 살거나 싸울 이유가 전혀 없다.

늦게나마 최근에 상고사에 관심을 쏟는 학자들이 늘어나는 일은 다행한 일이며, 이들이 중국을 학술답사한 후 우리 역사를 다시 써야겠다고 충격을 받은 것은, 늦은 감은 있으나 한민족사의 재정립에 크게 기여하리라고 기대한다.

제2절 전통윤리의 현대적 해석

1. 수평적 윤리로서의 인간윤리

우리의 전통규범은 대체적으로 종직적인 지배관계로 이루어졌기 때문에 산업이 발전하고 생활환경이 급변하면서 우리는 장차 도덕적으로 어려운 상황 속에 빠져 들어가게 되었다. 어떤 사람은 우리가 오늘날 도덕적 암흑시대에 살고 있다고 한다. 그래서 자라나는 청소년들의 도덕교육의 문제는 오늘의 매우 시급하고도 중요한 문제로 등장하게 되었다. 그런데 현대의 산업사회가 도덕적으로 어려운 상황에 빠지게 된 것은 다음과 같은 몇 가지 이유 때문이다. 첫째로는 우리의 생활환

---

18) 손보기, 『한민족의 기원(한민족 제1호)』(서울: 교문사, 1988), p.6.

경이 급속하게 변화함으로써 종래의 도덕적인 규범들이 그 구속력을 잃게 되었다. 둘째로는 오늘날의 물질문명이 정신문화를 압도함으로써 감각적인 가치가 인격적 가치보다 더 열심히 추구되게 되었기 때문이다. 셋째로는 문화의 전통을 불합리한 것으로 생각하고 이를 배척하려는 맹목적인 진보주의와 전통윤리의 구속력을 완전히 벗어나려는 방일한 자유주의의 풍조가 오늘날의 도덕적인 몰락을 가져오는 데 큰 역할을 했다. 물론 이상과 같은 세 가지 이유들은 서로 분리될 수 있는 성격의 것은 아니고 서로 밀접하게 연결될 성격의 것이다. 물질문명의 발전이 우리의 생활환경의 변화를 가져왔고, 이러한 환경의 변화는 자연히 우리의 삶을 전통의 구속에서 멀리 떨어지게 만들었다.

그런데 오늘날 우리가 당면하고 있는 도덕적 몰락의 문제는 인간적으로, 사회적으로, 세계적으로 점점 그 심각성을 더해 가고 있다. 인간적으로는 인간다운 삶을 불가능하게 함으로써 인간소외의 현장을 부채질하고 있고, 사회적으로는 최소한의 윤리적인 질서를 위협함으로써 사회발전과 국가발전을 저해할 뿐만 아니라 하나의 생활권이 된 세계사회 안에서는 인류의 생존을 위해서 필수적인 이해와 협력을 통한 평화의 유지를 어렵게 만들고 있다. 이렇게 해서 도덕적 암흑의 문제는 오늘날 우리에게 있어서 매우 중대한 문제가 되고 있다.

원래 도덕적인 규범이란 전통문화를 기름으로 하고, 삶의 공동체를 울타리로 한 등불의 빛을 말한다. 이 등불은 전통문화의 기름이 떨어지면 꺼져 버리고 그 전통문화를 간직한 삶의 공동체를 떠나도 꺼져 버리는 성격의 등불이다. 우리는 흔히 현대의 지식인으로서 도덕적인 규범의 정당성을 순수이성적인 합리성이나 실천이성적인 효율에서 찾으려고 하지만 이러한 합리성과 효율성은 인간의 행동을 규제할 수 있는 바람직한 가치를 제시해 주지는 못한다. 인간의 생명이 천하보다

고귀하다는 것은 전통문화가 우리에게 가르쳐 주는 것이지 이성적인 합리성이나 실천적인 효율성으로 인해서 보장되는 진리는 아니다. 합리적인 사유나 효율적인 기술은 선한 목적이나 악한 목적을 위해서 함께 봉사할 수 있는 수단에 지나지 않는다. 따라서 과학과 기술은 사람을 죽이고 인류를 멸망시키는 데 이용될 수도 있고, 사람을 살리고 인류를 구원하는 데 이용될 수도 있다. 전통문화를 초월한 합리성이란 기술적인 수단으로서의 합리성에 지나지 않는다. 그리고 삶의 목표를 결정하고 인간의 행동을 규제하는 도덕적인 합리성은 전통문화와의 연결 아래서만 찾아질 수 있는 것이다.19)

만약 도덕적인 규범이 이와 같이 본질적으로 전통문화와 연결되어 있다면 자연히 그 규범의 구속력은 그 전통문화가 지배하는 일정한 삶의 공동체 안에 제한될 수밖에 없다. 도덕적인 규범의 구속력은, 일정한 삶의 공동체 안에서의 상호작용과 상호기대에 의존하기 때문이다.

그러나 우리가 전통문화라고 하는 것은 대체로 인도를 중심으로 한 불교문화와 극동의 유교문화와 그리고 그리스를 거점으로 한 서구문화 등을 말하는데 이들은 함께 기원전 5세기경에 인류역사의 전환기를 이룩한 인류문화를 의미하는 것이다. 그래서 우리가 전통문화라고 하면 그것은 몇몇 중요한 문화권들의 공통성을 연결하는 인류문화를 뜻하기도 하고, 더 나아가서는 하나의 문화권 속에서 발전시켜 온 민족 고유의 특수한 전통문화를 뜻하기도 한다.

그리고 우리가 도덕적인 규범을 반드시 전통문화와 연결시키는 것을 진취성이 없는 보수적인 태도라고 생각하는 것은 잘못된 판단이다. 인류의 정신사를 돌이켜 보면 모든 의의 있는 개혁이나 발전뿐만 아

---

19) 이규호, 『교육과 사상』(서울: 배영사, 1975), p.211.

니라 모든 위대한 혁명은 적어도 그 기본적인 정신은 전통문화에 뿌리박고 있다는 것을 알아야 한다. 모든 혁명적인 정신운동들은 언제나 전통문화 속에 담겨 있는 기본적인 가치들의 새로운 실현을 지향하는 것이었다. 따라서 인간의 삶에 있어서의 어떤 변화도, 어떤 발전도 그것이 전통문화에서 단절되면 참다운 뜻에서의 의미 있는 행복을 가져올 수는 없다는 것을 우리는 알아야 한다. 보수주의와 진보주의의 차이는 다만 전통문화 속에 담겨 있는 바람직한 가치를 실현하기 위해서 보존의 길을 택하느냐, 또는 혁신의 길을 택하느냐의 선택에 달려 있는 것이다.

따라서 우리가 도덕적 위기를 극복하고 도덕적 규범의 등불을 다시 밝히기 위해서는 우리의 전통문화 속에 담겨 있는 도덕적 가치들을 찾아서 되살려야 되겠다. 산업화와 민주화를 통해서 우리의 삶의 환경과 삶의 방식이 크게 변화했고 또 더욱 변화하고 있지만 이러한 변화된 생활환경과 생활방식에 적응하면서 우리의 전통적인 도덕의 가치들을 되살려야겠다는 것이다. 이것이 우리가 오늘날 당면하고 있는 도덕적인 위기를 극복할 수 있는 유일의 길이다. 우리가 여기에서 전통적인 도덕의 가치들을 '되살린다'는 것은 전적인 새로운 해석과 그 새로운 실현을 뜻하는 것이다. 따라서 우리가 여기에서 '되살린다'는 것은 비현실적인 회고주의를 뜻하는 것이 아니고 새로운 삶의 목표의 추구와, 새로운 삶의 형태의 실현을 뜻하는 것이다. 다시 말하면 여기에서 우리가 되살린다는 것은 단순한 보수가 아니고 산업사회에서의 정신적 혁명을 뜻하는 것이다. 물론 전통적인 규범들의 형식들 중에는 매우 불합리한 것들이 많이 있다.

그러한 불합리한 형식들이 타성화되면 우리의 삶이 이른바 현대화를 방해하는 일이 많다. 따라서 우리가 되살린다는 것은 전통문화 속에 담겨있는 논리적인 정신을 합리적인 형식에 담아서 새로운 상황에 적응시키는 것을 뜻한다. 이것은 도덕의 등불을 다시 밝히기 위해서 우리에게 부과된 위대한 과업이다. 그리고 이것은 우리의 도덕교육을 위한 가장 긴요한 과제이기도 하다.

2. 전통윤리의 내면화: 오륜

우리의 전통사회를 지배한 다섯 가지 도덕적 규범들을 우리는 오륜이라고 불렀는데 그것은 군신유의, 부자유친, 부부유별, 장유유서, 붕우유신을 말한다. 여기에서 말하는 여러 가지 인간관계에서의 의(義), 친(親), 별(別), 서(序), 신(信)이 오륜으로써 전통사회에서 우리의 모든 생활을 지배한 도덕적 규범이었다.

흔히 현대인들 중에는 우리의 전통윤리를 봉건적 윤리라고 해서 평등과 자유가 숭상되는 민주주의 사회에서는 전연 의의가 없다고 생각하는 사람들이 있다. 그들은 또한 단순한 도덕적 윤리로서 봉건적 윤리는 종적인 윤리이고, 민주적 윤리는 횡적인 윤리라야 된다고 말한다. 이러한 단순한 인식은 현대의 지식인들 사이에 상당히 보편화되어 있다. 그러나 우리가 깊이 살펴보면 이러한 단순도식의 보편화와 더불어 도덕적 암흑은 넓어져 갔다는 것을 알 수 있을 것이다. 도덕의 기본적인 정신이 사회적인 환경에 구체화되는 과정에서 살펴보면 봉건적 윤리와 민주적 윤리가 떨어져서는 경화된 윤리라고 말할 수 있다. 이미 생명을 잃은 경화된 형태에 있어서만 종적인 윤리와 횡적인 윤리의 구별이 가능하다는 것이다.

군신의 관계나, 부자의 관계나, 부부의 관계나, 장유의 관계나, 그리고 붕우의 관계까지도 곧 모든 인간관계가 명령과 복종의 관계, 종적인 억압의 관계로 경화된다면 그것은 이미 도덕이 아니다. 그리고 또한 국가와 개인의 관계, 부모와 자식의 관계, 남편과 아내의 관계, 선배와 후배의 관계, 친구와 친구의 관계 등을 포함한 모든 인간관계에 있어서 모든 규범의 구속과 이에 따르는 양심의 명령과 이에 대한 윤리적 복종이 배제되면 도덕은 사라진다. 도식은 흔히 우리가 여러 가지 현상들을 구별하는 데 도움이 될 수가 있다. 그러나 또한 도식의 그물은 현상의 본질을 놓쳐 버리게 하는 일이 많다. 종적인 윤리니, 횡적인 윤리니 하는 것은 윤리의 본질을 이해하는 데 도움이 되지 않을 뿐만 아니라 오히려 그것을 방해한다는 것이다. 인간의 사유에 있어서의 도식주의는 흔히 중대한 오류를 범하게 한다.

오늘날 민주주의의 시대에 우리가 지향하는 자유와 평등은 인격의 가치와 인간성의 존중을 전제하고서만 의의가 있는 것이다. 만약 인간의 인격이 무시되고 인간성이 존중되지 않으면 자유와 평등은 아무런 의미가 없다는 것이다. 어떤 의미에서는 자유와 평등은 인격의 가치와 인간성의 존중을 위해서 필요한 사회적인 조건들이라고 말할 수가 있다. 물론 현대사회에서는 인격의 가치가 업신여김을 당하고 인간성의 존중이 소홀히 되면서 제도적인 자유와 제도적인 평등만이 추구되는 일이 많다. 그런데 우리는 이러한 본말전도가 바로 도덕적 암흑을 재촉한다는 것을 알아야 되겠다. 그런데 우리가 깊이 생각해 보면 이러한 본말전도는 종적인 윤리와 횡적인 윤리, 전통적 윤리와 합리적 윤리의 구별과 같은 도식주의 사고방식과 깊이 연결되어 있다는 것을 알 수가 있다.

모든 바람직한 윤리의 기본적인 전제로서의 인격의 가치와 인간성의 존중은 과학적인 합리성의 소산도 아니고 과학적인 합리성에 의해서 정당화될 수 있는 성격의 것도 아니다. 그것은 전통문화의 밑바닥에 주어져 있는 전통적인 가치들이다. 인간에 관한 이 가치들의 확립과 더불어 인류가 비로소 문화생활을 시작한 그러한 성격의 가치들이라는 것이다. 신의 형상으로서의 인간, 인간은 곧 하늘이라는 생각에서 인간의 내면세계에 대한 깊은 통찰과 더불어 서양문화, 동양문화, 인도문화가 시작되었던 것이다. 이러한 인류문화의 기본적인 가치들의 확립과 더불어 인류의 역사는 인간다운 삶을 향한 하나의 큰 전환을 이룩했었다. 우리는 이러한 인류문화의 기본적인 가치들을 재확립하고 이에 근거한 도덕의 기본적인 정신을 되살리고 이에 따르는 도덕적인 규범들을 되새기지 않으면 도덕의 암흑을 극복할 수가 없을 것이다.[20]

물론 윤리가 시대의 구분을 초월한 영원불변의 것은 아니다. 다만 인류문화의 기본적인 가치들을 전제한 윤리적 전통을 떠나서는 도덕은 그 정당성도 보장될 수가 없고 그 구속력도 발휘될 수가 없다는 것이다. 고대의 금욕주의 윤리, 봉건주의 윤리, 근세의 개인주의 윤리, 현대의 합리주의 윤리 등이 모두 그 특징을 가진 것이 사실이다. 그러나 이러한 금욕주의, 봉건주의, 개인주의, 합리주의가 인류문화를 밑받침하고 있는 기본적인 가치들에 근거한 윤리적 전통을 떠나면 도덕의 생명을 잃는 경화된 형식들로 변질하게 될 것이다. 금욕주의가 위선의 형식으로, 봉건주의가 지배의 수단으로, 개인주의가 이기적 형태로, 합리주의가 효용의 구실로 경화되어 버린다는 것이다. 그러므로 도덕적 암흑의 극복과 새로운 윤리의 재건을 위해서 요청되는 것은 전통윤리의 새로운 해석(hermeneutic)과 전통윤리의 새로운 적응(transformation)이다.

군신유의, 부자유친, 부부유별, 장유유서, 붕우유신은 오늘날에 있어서도 역시 우리의 도덕생활의 기본적인 골격이다. 우리는 개인의 가

---

20) 강우철, 『도덕과 교육』(서울: 배영사, 1980), p.205.

치를 아무리 존중해도 국가에 충성할 줄 모르면 결국은 많은 개인들이 인간다운 삶을 보장받지 못할 것이며 따라서 우리의 도덕적인 인격을 인정받을 수가 없을 것이다. 우리가 아무리 자유를 숭상해도 부모에게 효도할 줄 모르면 인간상의 요람으로서의 가정에 금이 가고, 따라서 안정된 인격의 도야가 어려울 것이다. 우리가 아무리 남녀평등을 외쳐도 남녀관계를 분별 있고 절도 있게 규제하지 못하면 도덕적인 타락을 면하지 못할 것이며, 따라서 도덕적인 인격을 인정받지 못하게 될 것이다. 우리가 아무리 능력에 따라서 인간을 평가한다고 해도 삶의 경험을 더 쌓은 세대를 공경하지 못하면 문화적 전통에서 윤리적 예지를 배우기가 어려울 것이며 따라서 도덕적 암흑을 극복하기가 어려울 것이다. 우리가 아무리 변화의 흐름 속에서 공리적으로 적응해야 된다고 해도 인간관계에서 신의를 지키지 못하면 초시간적인 실체로서의 도덕적 인격을 이룩하지 못할 것이다.

국가에 대한 충성, 부모에 대한 효도, 남녀간의 분별 있는 절도, 앞선 세대에 대한 공경, 그리고 붕우에 대한 신의 등은 역시 우리의 도덕 생활의 골격이다. 그것은 이 땅에 나서 이 땅 위에 살아가는 인간의 길이다. 그것은 한국인의 길이고 우리는 이 길을 통해서 인류의 길과 만날 수가 있는 것이다.

제3절 한민족의 원형상

개인의 경우와 마찬가지로 거대한 생명체인 민족에게도 흥망이 있으며, 그 흥망의 되풀이 속에서 우리는 하나의 법칙성(Lawness)을 감지한다. 민족에게는 저마다의 개성, 즉 원형(Archytype)이 있으며, 이것은 유사한 역사적인 장황 속에서 일정한 반응을 되풀이 한다. '역사는 결코 보이지 않는 신의 손'이나 '초월자의 의지가 빚어내는 것이 아니고 바로 민족형이 주체가 되어 전개되어 가는 것'을 원형사관이라고 한다.[1]

그런데 민족원형은 일단 형성되면 민족주체가 그대로 생존하는 한 거의 변치 않는다. 이점에서 민족은 개성을 지닌 거대한 생명체인 것이다. 마치 한 사람의 몸에 수십만 개의 세포가 늘 생과 사를 되풀이하여 개체의 생명을 유지하는 것과 같이 인간은 매일 태어나고 죽으면서 민족이라는 거대한 생명체를 유지하고 있다. 그리고 그 생명체내에는 부동의 민족심성이 있는데 이를 민족원형이라고 하며 이 민족원형의 기반 위에서 민족고유의 문화창조의 主役이 등장하게 된다.

개념 정의상 좀 더 원형(Archytype)의 정의를 살펴볼 필요가 있다.

캇시러는 '이 세상에 존재했던 어떤 민족이라고 하더라도 그 민족의 성립과 더불어 독자적인 신화가 만들어지며 이 신화는 그 민족의 운명이다.[2]'라고 하였으며 칼·융은 '어떤 민족이든 그 민족 나름의 정서, 감정 그리고 사고를 무의식적으로 지배하는 원형의식은 차츰 그 민족의 무의식 속에 자리잡게 되어 원형무의식(Archytype Unconsciousness)의 정향을 이루게 된다'고 하였다. 물론 융의 무의식에 관한 연구는 프로이드의 영향을 받은 것이다. 프로이드는 처음으로 꿈에 나타나는 무의식의 세계가 보편적, 집단적, 선험적인 원형의 심상들과 깊은 관계가 있음을 제시하였다.

즉, 인간이 자신의 원형들을 제대로 깨닫지 못하면 그것들의 의미가 우리들의 꿈과 환상들 속에서 펼쳐진다. 원시 미술, 신화, 심지어는

정신증 환자의 환각들도 우리에게 원형들의 목질에 대해 많은 것을 말해 줄 수 있다고 하였다.[3]

원형에 따른 민족원형이 나오고 민족원형의 역사성을 규명하는 것이 원형사관이다. 이와 같은 맥락에서 한국인의 원형은 무엇인가?

그것은 사상적으로 '한'이요. 민족적으로는 '천손족'이요, 역사적으로는 단군사요, 이념적으로 '홍익인간'일 것이다. 이 전체를 묶어서 원형사적관점에서 살펴보고자 한다.

죽음마저도 '돌아간다'라고 표현할 만큼 강한 회귀성을 가지고 있는 우리 민족의 원형을 지켜 주는 가장 큰 요인은 무엇인가? 우리 민족만큼 남의 침략을 당한 민족도 이 지구상에 없다. 삼국시대 이후 피침의 빈도는 거의 2년에 한번 꼴이었다. 특히 고려시대에 이르러서는 전쟁을 연중행사처럼 치렀다.

증산이 대순의 고향을 할 때도 청일전쟁, 러일전쟁이 일어나면서 한반도를 두고 누가 먼저 먹느냐의 주도권 싸움을 벌일 때이다. 이때 증산은 원시반본(原始返本)을 주창하면서 마음과 정신의 고향으로 돌아가는 길만이 우리 민족의 평화롭게 살 길이라고 보았던 것이다.

이제 우리 민족의 원형을 간파하는 데는 여러 갈래가 있을 수 있다. 그것이 가깝게는 '한'이라고도 하고, 멀리는 '한'이라고도 한다. 문화의 초점을 어디에 맞추느냐에 따라서 원형시각이 다를 수 있다.

민족원형은 민족문화유산의 응집체이므로 민족 혼(魂)이 형성되기까지는 한민족 특유의 생활도구, 즉 문화목록이 작성된다. 이를테면 탈, 쟁기, 언어, 신화, 무당, 춤, 씨족유래, 아리랑, 화랑, 백의, 환경, 자연조건, 문물, 풍수, 문학, 멋, 종교의식, 경전, 민족성…… 등 이루 헤아릴 수 없을 만큼 많은 원형의 질감이 융합되어 있다. 이 원형질감에서 종교, 철학, 사상, 성격, 생활, 행동양식 등이 주형되어 문화양식을 이룬다.

따라서 본론에서는 한민족의 원형의식으로 회귀성 또는 귀소성에 두고 이를 고찰한 후 다음의 章의 증산의 원시반본 사상과 접목시킴으로써 한민족의 원형심성을 논구하고자 한다.

첫째 죽음의 회귀성이다. 우리 민족은 예부터 삶과 죽음을 엄격히 구분 짓지 않았다. 이 두 끝을 넋이 이어준다고 생각하였다. 그래서 넋은 기와 체를 자유롭게 왕래하였다. 죽음은 육신의 허울을 벗고 넋으로 화하는 것이다. 한국인에 있어서 죽음은 삶을 잠시 외면한 상태일 뿐이다. 돌아갔으니 다시 돌아온다. 생과 사의 끊임없는 순환이라고 할 수 있다. 이러한 한국인의 죽음관에는 유·불·도의 죽음관의 영향이 크게 미쳤다.[5]

두 번째 신바람과 풀이를 통한 회귀의식이다. 농악이나 사물패의 절정을 보노라면 절로 춤이 나오면서 목도 돌고, 몸도 돌고, 땅도 돌고, 하늘도 돈다. 또 강강술래가 달과 함께 돌아갔다가 돌아온다.

또한 풀이는 꼬이고, 뒤틀리고, 매듭진 응어리를 시원하게 풀어 버리는 감정의 원초적 발산이다.[6]

봄이 오면 강물이 풀리고, 얼음이 녹으면 해동, 즉 겨울풀이라고 하였으니 자연의 원초적 해탈이다.

여인이 몸을 풀면 해산, 즉 아기를 낳는다고 하였으니 생명의 원초적 창조다. 뜨거웠던 가슴이 풀어지니 시원하여지듯이 말을 풀고, 사연을 풀고, 한을 풀고, 원을 풀어서 물레에서 타래실을 술술 풀어내듯이, 여인네의 치맛자락처럼 알맞게 땅 위에 끌리듯 말 듯한 신명나는 풀이가 우리 혼의 자리매김이다.

셋째, 뜨거움도 시원함으로 돌렸다. 우리는 뜨거운 국물을 혀를 굴려 가며 마시면서도 차가운 물을 마시듯 '시원하다'고 한 것은 '마음이나 가슴이 시원하다', '사건이 시원하게 풀렸다'고 할 때의 시원함은 찬물이나 찬바람의 시원함에 비유하려는 것은 원시시대의 생식, 생육, 생수를 먹던 식성의 발로이다.[7]

넷째, 우리는 무척 많이 알뜰히도 빌면서 살아 왔다. 그런데 손비빔에는 두 가지가 있다. 죄를 지어 용서를 빌 때는 '직선반복의 손비빔'이였지만 천지신명께 소원을 빌 때는 '원형반복의 손비빔'이었다. 바로 여기 후자인 '둥근 손비빔'이 해·달·땅과 같이 원형을 끊임없이 돌리며 반복한 것은 무엇이든지 '해 달라고'하는 귀의〔巢)〕심리의 발로이다.1212

다섯째, 우리는 졸업한 학교를 모교라고 하며, 나라를 떠났을 때 조국 또는 모국이라고 부른다. 근본이 되는 사물을 모체라고 한다. 이러한 명칭은 우리의 심성이 다시 처음 태어난 모태에로의 회귀의식의 강한 충동의 표현이다.[8]

그래서 남자는 평생 세 사람의 어머니를 갖는다고 했다. 첫째는 자신을 낳아 준 어머니, 두 번째는 어머니를 닮은 여인이거나 아내가 된 모상의 어머니, 세 번째는 한 남성이 죽어서 영원히 안기게 될 저 대지라는 이름의 어머니, 말하자면 대지모이다. 이 대지모는 마지막으로 안착해야 할 성소이다.

제 15 장
한국 민주주의와 윤리성

제1절 민주주의의 이해와 실천

1. 민주주의의 이해 접근

오늘날 민주화의 열풍은 세계적 현상이다. 자유민주주의를 채택한 나라이건, 인민민주주의를 채택하고 있는 나라이건을 불문하고 세계 각국, 세계도처에서 민주화를 소리높이 외치고 있다.

중국의 천안문광장에서 셀 수 없이 수많은 사람들이 민주화를 부르 짖다가 쓰러져 갔는가 하면, 헝가리의 부다페스트에서도, 체코슬로바 키아의 프라하에서도, 동독의 베를린에서도, 루마니아의 바르샤바에서 도 민주주의를 목이 터져라 외치고 있으며, 우리 한국에서도 민주화의 요구와 주장이 끊임없이 계속되고 있는데, 이와 같이 민주화, 민주화하고 외치는 이유는 민주화가 되지 않았기 때문이다.

원래 민주주의를 의미하는 영국의 'democracy'라는 용어는 헤로도투스(Herodotus, 482~424 B.C.)가 그의 저서 『역사-Historia』에서 처음 사용한 이래 오늘에 이르기까지 2천 수백 년간이나 오랜 역사를 통해 사용되어 왔으나, 민주주의의 이상을 정치사상에 접합시킨 것은 1789년의 프랑스 대혁명과 1848년의 시민혁명이었으며, 그 이후부터 민주주의라는 용어의 사용이 보편화되었다.

특히 제2차 세계대전에서의 나치즘과 파시즘 등의 반민주적 사상을 대표하는 정치진영의 몰락은 민주주의에 대한 관심을 더욱 촉진시키는 계기가 되어 이제는 세계 각국에서 민주주의와 민주정치를 시행하고 있는 것이다.

그러나 오늘날 세계에서 민주주의라는 용어처럼 다의적으로 사용되고 남용되는 용어도 일찍이 없었다. 자유주의 국가진영은 물론이고 공산주의 국가진영에서도 그들이 채택하고 있는 민주주의가 가장 참된 민주주의요, 최고형태의 민주주의라고 주장하고 있는 실정이다.

이러한 서구적 민주주의(western democracy)와 동구적 민주주의(eastern democracy)가 첨예하게 대립되고 있는 곳이 한국이다. 즉, 두 진영에서 주장하는 민주주의의 개념이 서로 상이함에도 불구하고 같은 용어를 사용함으로써 혼란을 야기하고 있는 것이다.

또한 많은 신생국가에서도 각기 독자적인 민주주의를 표방하며 나서고 있기 때문에 민주주의라는 용어의 개념이 더욱 혼란에 빠지고 있는 느낌이 없지 않다. 더욱이 오늘날에는 민주주의란 용어 앞에 갖가지 형용사를 붙여서 사용하고 있기 때문에 혼란은 더욱 심화되어 가고 있는 형편이다.

그러나 진정한 민주주의가 어떠한 것인가 하는 것을 판별하기 위해서는, ① 국민들이 정부의 시책에 대해 자유롭게, 또는 전적으로 반대 의사를 표명한다 할지라도 심신의 안전을 보장받을 수 있는가 없는가, ② 정부의 시책에 반대되는 정책을 표방하는 조직을 자유롭게 조직할 수 있는가 없는가, ③ 집권당에 대해서 자유롭게 반대투표를 할 수 있는가 없는가, ④ 투표로서 정부를 권력의 자리에서 물러나게 할 수 있는가 없는가, ⑤ 그리고 이와 같은 문제를 결정짓는 선거가 일정기간 또는 일정조건하에서 실시될 수 있는 입헌적인 조치가 되어 있는가 없는가를 물었을 때 "그렇지 않다"는 대답이 하나라도 나온다면 그것은 민주주의 정치체제가 아닌 것이다.1) 민주정치란 한마디로 요약해서 '국민에 의한 정치'를 의미하며, 민주주의의 최고의 목표인 '인간에 의한 인간의 지배가 없는 사회를 실현하는' 정치이다.

민주주의의 목표는 자유와 평등의 실현 없이는 달성할 수 없으므로, 자유와 평등은 민주주의의 최고의 목표와 이념을 실현하기 위한 수단 내지 조건이라 하겠다.2) 그런데 오늘날 민주화를 외치는 많은 나라들의 사례를 보면, 이와는 반대의 현상을 나타내고 있는 것이다. 물론 우리 한국도 예외는 아니다. 바로 여기에 문제의 심각성이 도사리고 있는 것이다.

2. 한국 민주주의의 발자취

1945년 8월 15일 일본 식민지통치로부터의 해방은 우리 한민족에게 벅찬 환희와 감격을 안겨 주었으나, 그렇게 간절하게 바라고 기다

---

1) R.M. MacIver, *The Ramparts We Guard*(New York, The MacMillan Company, 1956), p.97.
2) 차기벽, 「민주주의의 이념과 역사」(서울: 한길사, 1980), p.16.

리던 완전자주독립은 어디 가고 꿈에도 생각하지 않았던 미군정이 시작되었다.

미군정은 아놀드 장군('45. 9~'45. 12), 러어취 장군('45. 12~'47. 11), 딘 장군('47. 11~'48. 8) 등 3군정 장관하에 2년 11개월간 계속되었다.

미군정은 수많은 민주화정책을 한국에 시행하였는바, 입법의 민주화, 사법의 민주화, 교육의 민주화, 노동행정의 민주화가 그것이다. 미군정은 1945년 10월 9일 일제치하에서 이루어졌던 악법들을 전부 폐지하였으며, 사회복지의 증진을 위하여 경제적 민주화를 저해하는 토지개혁을 단행함으로써 토지가 없는 소작인들에게 토지를 분배하여 주었다.

미군정은 한국을 법치국가로 지향시키기 위한 당면과제로서 인권보장의 방법으로 인신보호 영장제도를 이식시켰으며, 사법권의 독립을 보장하기 위하여 법원조직법을 공포하였고, 교육의 민주화를 위하여 일제식민지 교육정책을 폐지하고 미국식 민주주의이념을 기초로 한 교육정책을 채택·실시하였는가 하면, 그들의 노동정책에 따라 노동조합을 자유로이 조직하는 노동운동을 장려하였고 노동조건도 개선하였으며, 중앙노동조정위원회의 설치를 통하여 노동행정의 민주화를 촉진하였다.

이렇듯 미군정은 전통적으로 유교의 종적 사회인 한국에, 횡적 사회인 미국의 민주주의를 이식시켰다. 오랜 세월동안 유교의 정치문화와 일제의 전제적 권력통치하에서 살아온 한국인에게 서구의 민주주의사상을 도입한 미군정의 민주화정책은 일종의 혁명적 사실로서, 많은 우여곡절과 시행착오를 거듭하였지만 한국 민주주의의 출발임엔 틀림없다고 하겠다. 1946년 미국의 트루만 대통령은 연두교서를 통하여,

"민주적 한국정부가 수립되는 대로 미군정의 기능을 될 수 있는 대로 빨리 한국정부로 옮기겠다."고 한 내용을 볼 때 미군정의 기능이 한국의 민주정부수립에 있었음을 알 수 있다.

미군정은 1948년 8월 15일 대한민국정부가 수립되면서 그 막을 내리고 제1공화국이 탄생하였다. 대통령인 이승만 박사는 미국에서 수십 년간 미국식 교육과 민주주의를 배워 왔으나 그의 통치유형은 철저한 카리스마적 권위주의형이었다. 정부와 의회는 불편한 관계를 심화시켰고, 의회민주주의는 변질되어 가기 시작했다. 대통령의 행정권은 강화되고 그에 의해서 헌법에 규정된 의원내각제 요소들은 효력을 잃어갔다. 이와 같은 국회 대정부의 대결은 이른바 신 대통령제 또는 절대주의형태3)로서 독재에로의 길을 막을 수가 없었다.

이런 과정은 6.25로 인하여 나라의 운명이 풍전등화와 같던 부산 피난시절에도 간단없이 계속되어 국회와 정부의 관계는 극도로 악화된 상태였다. 당시 대통령은 국회에서 간접선거로 선출되도록 헌법에 규정되어 있었기 때문에 재선이 가능한 직접선거제의 헌법개정을 추진한바, 저 유명한 '부산정치파동'을 몰아 왔고, 그 결과 소위 '발췌개헌'이 1952년 7월 4일 국회에서 기립표결에 의하여 통과되었으니 이것이 제1차 헌법개정이다.4)

이제는 또다시 대통령의 중임제한을 철폐하는 헌법개정을 추진하였으니 그것이 이른바 '사사오입개헌'이다. 이로써 자유당의 영구집권이 헌법적으로 보장되었으며, 이 헌법에 따라 1960년 3월 15일 제3기

---

3) Karl Lowenstein, *Political Power and the Governmental Process*(Chicago: The Univ. of Chicago press, 1957,) p.65
4) 제1차 헌법개정내용은 ① 국회의 양원제, ② 정·부통령 직선제, ③ 국회의 국무위원 불신임권 등이다.

집권을 위한 정부통령선거에서 행정력을 총동원한 부정선거를 실시한 것 때문에 동년 4월 19일의 학생의거에 의하여 자유당정부는 붕괴되었다.

대통령제 정부형태로 인하여 독재정치가 자행되어 왔다고 생각한 민주당은, 독재를 막고 국민의 기본권을 보장하는 유일한 방법은 의원내각제를 실현하는 것이라고 믿고, 허정 과도정부와 협의한 선개헌, 후해산의 원칙대로 1960년 6월 15일 의원내각제개헌안을 통과시키고 국회를 해산했다. 1960년 7월 29일 총선거의 실시로 8월 8일 개원된 국회에서, 8월 19일 국무총리의 인준을 받았으나, 민주당정부는 출발 당시부터 파쟁으로 불안정하였고, 성급한 대중의 혁명과업수행의 촉구와 학생·청년층의 끊임없는 압력, 경제적 역조 등의 여건하에 있었음에도 불구하고 정치적으로는 건국하 가장 뚜렷한 민주주의제도와 지방분권과 민주신장에의 장치를 마련한 것이었다. 그러나 정치적 지도정과 정치적 감각이 이에 부적응하여 집권 9개월 동안 혼란과 무질서의 극을 이루었다.[5]

민주당정부의 집권 9개월간에 총 시위 수는 1,835회로서 1일 평균 7회를 넘었으며, 1960년 10월 11일에는 의정 사상 그 유례를 볼 수 없는 학생의 '의사당 점거'가 발생하는 등 하루도 편할 날이 없었다.[6]

이러한 혼미가 계속되는 가운데 1961년 5월 16일의 군사혁명으로 제2공화국은 무너지고 헌정은 중단되었으며, 국가재건회의가 삼권을 장악, 국가재건비상조치법에 의거 국정이 집행되는 군정이 실시되었다.

군정은 스칼라피노(R.A. Scalapino)가 지적한 바와 같이 재정시

---

5) 박문옥, 「한국정부론」(신영사, 1982), p.313.
6) 민주당정부는 시위규제법을 구상한 바 있었다. 경향신문(1960년 10월 11일 및 13일자).

정치제도와 이념형태로 복귀하는 대신 한국사회의 본질 및 필요에 적합한 행정적 민주주의(administrative democracy)를 추구하였던 것이다.7) 제5차 헌법개정은 1962년 12월 26일 군정에 의하여 실시된 국민투표에서 확정되었고, 이 헌법에 의거 실시된 대통령선거에서 박정희 후보가 당선되어 1963년 12월 17일 제5대 대통령에 취임함으로써 제3공화국이 수립되었다. 이 당시는 행정 국가적 경향의 강화로 행정권, 특히 대통령의 권한집중화가 이루어진 동시에 상대적으로 의회의 기능과 권한이 약화되어 국회의 시행방침이 대통령 연두기자회견으로 대행되었다.8)

제3공화국의 헌법도 예외 없이 대통령의 임기는 1차에 한하여 재임할 수 있도록 규정되어 있었기 때문에 박 대통령은 종래의 여러 번에 걸쳐 표명하였던 불개헌의 의사를 철회하고 1969년 10월 21일 제6차 헌법개정을 통하여 정권의 연장을 가능하게 하였으며, 1972년 10월 17일에는 국력의 조직화, 능률의 극대화, 능동적인 국제정세에의 대처, 한국적 민주주의의 토착화 등을 내세우면서 비상계엄을 선포하고, 국회를 해산하며 정치활동을 금지하는 위헌불법조치를 감행함과 동시에 10월 27일엔 유신헌법안을 공고하고, 11월 21일엔 국민투표를 실시하여 이를 확정하고, 1972년 12월 23일 통일주체국민회의에서 박정희 후보가 대통령으로 당선됨에 따라 제4공화국이 수립되었다.

1979년 10월 26일 소위 10.26사태라고 불리는 박 대통령 살해로 제4공화국이 무너지고 12월 6일 통일주체국민회의에서 최규하 대통령 권한대행이 정식으로 대통령에 당선되었으나 확고한 정책도 제시하지

---

7) Robert A. Scalapino, Which Route for Korea. *Asian Survey*, *Vol. 11*, No. 7, September, 1962, p.2.
8) 박문옥, 전게서, p.323.

못한 채 1980년 봄에 이르러 정부의 불투명한 민주화 일정을 규탄하는 학생들의 시위만 날로 심해져서 5월 17일 비상계엄을 전국에 확대 선포하였으며 5월 18일부터 광주에서 학생 시민들이 들고 일어나 일대시위를 벌이자 27일 계엄군이 시내에 진입하여 무력으로 진압하는 과정에서 많은 살상자가 발생하였다.

1980년 8월 16일 최 대통령의 사임으로 8월 27일 역시 통일주체 국민회의에서 전두환 후보가 대통령에 선출되었고, 대통령은 헌법에 따라 개헌안을 9월 29일에 발의 공고하여 10월 22일에 국민투표에 붙여 확정, 10월 27일 공포하였으니 이것이 제8차 헌법개정이다. 1981년 1월 24일 비상계엄이 전면 해제되었으며 2월 21일 새 헌법에 따른 대통령선거인단의 선거가 있었고, 2월 25일 선거인단에 의해 전대통령이 12대 대통령으로 선출되었다. 제5공화국은 강권통치의 시대로 오늘날 5공청산 문제가 6공에 이르러서 여·야 간의 가장 큰 정치쟁점화 되어 있다.

1987년 6.29선언과 10월 27일 대통령 직선제 개헌(제9차 헌법개정)에 의거, 노태우 대통령이 취임한 1988년 2월 25일부터 헌법시행이 이루어져서 이른바 제6공화국이 시작되었다.

3. 한국 민주화의 문제요인

서구식 민주주의를 이식한 많은 나라들에 있어서 민주화를 실현하지 못하고 진통을 거듭하고 있는 이유는 나라마다 다르고 견해에 따라 다르겠으나 우리나라에 있어서 민주화가 토착화되지 못한 원인을 살펴본다면 대체적으로 다음과 같이 요약할 수 있겠다.

첫째는, 정치적 요인으로 민주주의를 실현시킬 정치적 조건이 충족되어 있지 않다는 점이다.

민주주의 또는 민주정치가 성공하기 위해서는 국민이 정치를 선택할 수 있는 능력이 있어야 하는데 그러한 능력이 부족하였고, 국민이 정권이나 정당에 반대할 수 있는 자유가 보장되어야 하고 반대의 결과(투표에서 다수를 차지하게 되면)에 승복하여 평화적 정권교체가 이루어져야 하는데 이러한 자유가 보장되지 않았을 뿐 아니라 반대도 선거도 자기의사대로 결정하지 못할 만큼 강압 받아온 것이다. 그 대표적인 예가 1960년의 3.15부정선거라 할 수 있다.

국민이 주권을 가지고 정치에 참여하는 국민주권과 국민자치의 원리가 적용되어 국민대표의 정책결정과 선거 및 기타 일체의 정치활동에 걸쳐서 부당한 압력을 받지 않는 정치적 자유가 보장되어야 하는데, 지난날 우리의 정치사를 돌아볼 때 정치의 자유와 참정권의 보장은 고사하고 너무나 많은 부당한 압력과 간섭을 받아 왔다.

한마디로 우리의 40년 헌정사는 개헌사였고, 이러한 개헌사는 정권 연장사였다. 정치 지도자들의 무분별하고 지나친 정권욕에 의하여 우리의 선량한 국민들의 자유와 권리가 짓밟혀 온 것이 사실이며 이와 같은 정치풍토 속에서는 민주정치가 꽃필 수 없다.

둘째는 경제적 요인으로, 빈곤의 문제를 들 수 있다.

민주주의의 성공과 발전을 위해서는 자립경제가 확립되어야 한다. 의·식·주와 같은 기본조건도 갖추지 못한 빈곤의 악순환 속에서는 민주주의가 건전하게 육성될 수 없다. 그러므로 민주주의가 발전되기 위해서는 생활의 윤택이라는 경제적 조건이 충족되어야 한다.

우리나라는 '60년대와 '70년대에 걸쳐 경제 제1주의적 국가정책으로 절대빈곤에서 벗어났지만 그 이전까지만 해도 빈곤에 허덕여야만 하는 상황이었기 때문에 민주주의는 사실상 공허한 것이었다. 또한 민주정치는 빈부의 차가 격심하여 계급대립이 격화되고 거대한 재벌과 독점기업이 지배하는데, 다른 한편에서 굶주림에 허덕이는 국민이 있는 사회에서는 민주주의가 성공하기 어렵다. 바람직한 민주주의가 이루어지기 위해서는 법률적·형식적으로 자유, 평등, 권리를 규정하는 것만으로는 부족하며 경제적으로도 인간으로서 최저한 반수준의 생활이 보장되어야 하고, 공통의 이해와 동질성에 의해서 결합될 수 있어야 한다. 따라서 국민생활이 경제적으로 안정되고 국민 스스로의 노력에 의해서 그들의 생활수준이 향상될 수 있다는 희망과 포부가 있어야 하는 것은 민주주의 성공의 전제 조건이다.9)

민주정치는 토론에 의한 정치인데, 토론은 평등한 사람들 사이에서 행해질 수 있는 것이므로 토론을 원활히 진행시키기 위해서는 평등한 사회적·경제적 조건이 갖추어져야 할 것이며10) 이러한 이유에서 민족적 동질성(national homogeneity)과 사회적 동질성(social homogeneity)이 필요한 것이다.

그런데 우리의 현실은 어떠한가? 절대빈곤은 어느 정도 해결되었으나 상대적 빈곤으로 인한 계층간의 갈등, 노사간의 갈등, 도농간의 갈등으로 사회적·경제적 동질성이 이루어지지 않고 있어, 민주주의의 정착이 어려운 형편이다.

세 번째는 사회적 요인으로, 전통적 사회풍토를 들 수 있다.

우리 사회에는 아직도 전통적 요인이 남아 있다. 즉, 봉건적·전제적인 요소들이 사회 각 곳에 도사리고 있다.

---

9) 李宇鉉, 「정치학원사」(서울: 법문사, 1966), pp.268~269.
10) Ernest Barkar, *Retlections Government*(London: Oxford Univ Press), pp.60~70.

전제적인 사회구조가 제거되지 않으면 민주주의는 토착화될 수 없다. 한국의 전통적 정치이념은 백성을 충성의 의무로 국가에 종속시킨 것이므로, 국가를 사회와 개인에게 종속시킨 서구의 정치이념과는 상반된다. 그런데 서구정치전통의 산물인 민주주의를 그와 같은 정치전통을 갖지 못한 한국에 정착시킨다는 것은 매우 어려운 것이다.

또 하나 우리가 청산해야 할 것은 유교적 권위주의이다. 유교주의적인 상하 주종관계에서 결합되어 온 신분적 요소가 그대로 잔유하고 있는 상태하에서는 민주주의가 성공하기 어렵다. 아직도 우리나라에서는 일제의 잔재를 비롯하여 봉건적·전제적 요인들이 남아 있어서 민주주의가 토착화되는 데 많은 장애요소가 되고 있는 것이 사실이다.

4. 한국 민주화의 윤리적 과제

앞에서 살펴 본 한국민주화의 문제요인에서 나타난 바와 같이 민주주의가 토착화할 수 있는 정치적·경제적·사회적 전제조건이 마련되지 않는 상태에서 서구적 정치전통의 산물인 민주주의제도를 너무 급격히 이식한 것이 큰 문제점이다. 문예부흥이나 종교개혁과 같은 정신적 혁명을 수반하지 않고 생소한 서구의 제도만을 직수입한 관계로 기존의 토착적 제 전통과의 융화가 곤란하며 그 운용이 제대로 이루어지지 않은 것이 사실이다.

그러나 그러한 요인과 더불어 오늘의 한국 상황에서 더욱 중요한 문제로 대두된 것은 윤리의 부재현상이다. 그리하여 여기서는 정치적·경제적·사회적 측면에 따른 윤리적 과제를 살펴보고자 한다.

(1) 정치윤리적 과제

대한민국 정부는 건국 이후 오늘날까지 자유민주주의를 공식적 이데올로기로 받들어 왔을 뿐 그 원리를 액면 그대로 실천해 왔던 것은 아니었다. 오히려 자유민주주의라는 표면적인 명분과 권위주의체제라는 실제적 내용 간의 괴리가 역대정권의 정통성을 약화시켜 왔으며 그것이 만성적인 정치·사회불안의 원인이 되어 왔다. 이러한 명분과 내용 간의 불일치가 정치적 정통성을 약화시킴으로써 마르크스주의적 국가이론에 대한 저항력을 저하시켜왔다.11)

왜 그렇게 되었을까를 생각할 때, 이것은 정치권력을 잡은 정치인들이 정치윤리와 정치도의 그리고 인간으로서의 기본적 상식을 도외시하고 너무 정권욕에 사로잡혀 있었기 때문이라고 할 수 있다.

이와 같은 정치인들 특히 정치지도자들의 윤리성과 상식을 초월한 권력욕으로 인하여 한국의 헌정사는 만신창이가 되었고, 이에 따라 국민들의 희생은 말할 수 없이 컸으며, 한국의 민주주의는 아직도 정착되지 못한 채 방황과 진통을 거듭하고 있는 것이다.

우리나라가 민주화되려면 정치지도자들의 이러한 지나친 이기심과 권력욕이 자제되어야 하는데 아직도 자제와 반성이 부족한 것 같다. 진정한 민주정치는 국민을 위한, 국민에 의한 정치이므로 진실로 민주정치를 하겠다는 의지가 있으면 정치인들 자신을 위한 정치를 하지 말고 국민을 위한 정치를 하여야 한다. 국리민복을 위한 정치보다 사리사욕의 당리당략을 위한 정치가 되었기 때문에 장기집권과 억압정치가 자행되었던 것이다.

우리나라가 민주화되려면 정치지도자들이 이기주의에서 벗어나 이

---

11) 한승조, 「한국의 정치사상」(일념, 1989), pp.231~232.

타주의로, 애기주의에서 벗어나 애타주의로 일대혁신을 해야 하며 이러한 자기변혁을 통하여 자기희생적 마음과 자세로 정치를 해야 할 것이다.

일찍이 인류의 선각자 공자는, "정치(政治)는 정치(正治)"라고 하였다. 그리고 정치에서 제일 중요한 것은 믿음이라고 하였다. 그러므로 민무신(民無信)이면 불립(不立)이라 하여, 정부에 대한 백성의 신뢰성이 무너지면 정부도 설 수 없기 때문에 백성으로부터 신뢰성을 잃어서는 안 된다고 강조하였다. 국민들의 지지는 국민 대중들로부터 신뢰를 받을 때만 가능하며, 그러자면 정치지도자들이 국민 대중과의 약속을 반드시 지켜야 한다. 그들의 대국민 공약이 공약화한다면 국민들은 그들 정치지도자를 믿지 않게 된다. 따라서 정치지도자는 정직해야 하며, 자신이 행한 행동과 언동에 대하여는 어떠한 경우라도 반드시 책임을 져야 한다. 그러한 때 책임정치는 구현된다.

오늘날 정치지도자에 대한 국민의 불신은 위험수위를 넘어서고 있다.[12] 우리 국민은 정치가(statesman)와 정략가(political)를 구별할 줄 알아야 한다. "정치가는 다음에 오는 세대를 생각하지만 정략가는 다음에 오는 선거를 생각한다."고 하였다. 과연 우리나라에 진정한 정치가는 있는가, 없는가?

또한 정치지도자와 정치인들 상호간에도 정직정과 신뢰성, 그리고 도덕성이 확립되어야 한다. 서로 불신하고 모략하며 약속을 違約하는 한, 민주화의 길은 요원한 것이다. 정치인들에게 요구되는 또 하나 중

---

12) 1989년 7월 28일부터 8월 12일까지 한국갤럽조사연구소에서 조사한 전국 4년제 대학 전임강사 이상 대학교수 830명을 대상으로 한 「대학교수 의식조사」에서 나타난 것을 보면, 차기선거에서 "1로3금은 물러난다"가 64.7%로 나타나고 있다.

요한 것은 소신 있는 행동이다. 지난 1년간 온 나라가 술렁이고 극렬 운동권의 무분별한 통일론과 과격 시위가 매일같이 벌어지고 각목과 화염병과 최루탄이 맞서 난장판이 되었을 때, 과연 어느 정당 어느 정치인이 목소리를 높여 무분별한 욕구의 자제와 폭력의 진정을 호소한 적이 있었던가! 재야 강경세력과 과격 학생집단의 눈치를 보면서 시류에 편승하고 인기에만 영합하여 소신껏 행동하지 못하기 때문에 '오늘의 정치, 이대로는 안 된다'는 분노의 외침이 메아리치고 있는 것이다.

민주화의 민생을 외면한 채 개인의 대권과 욕망만을 생각하는 정치인이 되어서는 안 된다. 민주화는 급변하는 세계사의 대세이며 시대적 요청이다. 국민 모두는 사사로운 이기심과 야망을 버리고 온 몸을 불태워 민주화를 이룩하고자 하는 그러한 정치인을 갈망하고 있음을 정치인들은 스스로 깨닫고, 구태에서 탈피하여 시대정신에 동참하여야 한다. 지금 민주화의 대열 맨 뒤에 처져, 앞서가는 국민을 허덕이며 따라가고 있는 사람들이 다름 아닌 정치인들임을 여야정치인들은 깨달아야 한다. 이와 함께 국민들의 의식구조도 민주화되어야 함은 당연하다. 민주화가 보다 빨리 이룩되려면 국민의 정치의식이 향상되어 현실정치와 정치인에 대한 올바른 비판을 가해야 하며, 다른 한편으로는 자유와 권리에 따르는 책임과 의무를 완수하고 법과 질서를 존중함은 물론 정치를 판단함에 있어서 지나친 감정적 요소가 나타나지 않도록 하는 이성적·객관적 태도를 견지하여야 하겠다.

(2) 경제윤리적 과제

빈곤이 악순환하는 상태에서는 민주주의가 정착할 수 없지만 빈부의 격차가 심하여 계층 간의 갈등이 빚어지는 상황에서도 역시 민주주의는 토착화되기 어렵다. 즉 민주주의의 경제적 기반은 산업화와 그 결실의 공정한 배분이다.

한국에서 민주주의를 토착화시키려면 산업화와 민주화를, 또는 적극적 자유와 소극적 자유를 동시에, 그리고 조화 있게 추구해야 한다. 산업화가 효율적으로 추진되려면 경제건설에 있어서 국민의 자발적인 참여가 있어야 하고, 국민의 자발적인 참여의식은 공정한 배분을 통해서 앙양되는 것이기 때문에 산업화를 보다 빨리 이룩하기 위해 산업화가 보다 더 확실히 요청되는 것이다.

이와 같이 산업화와 민주화는 우선순위가 없이 동시에 실현됨이 바람직한 것이다. 우리는 지난 4반세기 동안 오로지 산업화에만 치중하는 경제 제1주의정책을 추진하여 온 결과, 가난 없는 나라의 건설 '산업화'에는 어느 정도 성공하였으나, 자유 있는 나라의 건설 '민주화'에는 성공하지 못하였다.

그리하여 오늘날 나라 곳곳에서 계층 간, 노사간, 지역간, 도농간 갈등이 심화되고, 이에 따라 반민주적인 급진좌경 사상의 도전에 직면하게 된 것이다. 상대적 빈곤으로 인한 갈등을 해소하기 위한 것이 바로 경제윤리의 확립이며 경제적 민주화의 실현이다.

정부는 공정한 소득의 재분배를 통하여 빈부의 격차를 최소화하고, 기업은 영리추구에만 급급하지 말고 돈을 벌게 해준 사회에 이윤을 환원하는 기업의 사회적 책임을 다해야 할 것이며, 모든 국민은 근검·절약하는 생활을 영위해야 한다. "재산권의 행사는 공공논리에 적합하도록 해야 한다"는 헌법정신을 바탕으로 가진 사람들이 베풀어주는 아량을 가져야 한다. 투기는 어떠한 종류와 형태이든 간에 근절되어야 하며, 불로소득은 법률적·제도적으로 막아야 한다. 물질만능주의가 팽배하는 한 한국의 민주화는 실현되기 어렵다.

(3) 사회윤리적 과제

지난날의 경제 제1주의정책은 오늘의 한국사회를 정신적·편리적 황폐화를 만들어 놓고 말았다. '잘 살아 보세'가 '잘 놀아 보세'로 되었고, "잘 놀아 보세"는 쾌락주의로 급변하여 윤리의 부재, 도덕의 부재, 인간성의 부재인 사회로 타락시켜 버렸으며, 관능과 쾌락이 넘치는 환락의 사회로 만들고 말았다.

한국의 오랜 역사와 전통을 통해서 계승·발전되어 온 아름다운 미풍양속, 생활감정과 민족의 슬기는 오늘을 사는 한국인의 정신적 기조를 이루어야 함에도 불구하고 우리는 급변하는 사회변동에 적응해 가는 과정에서 전통의 단절을 초래하였을 뿐만 아니라 오히려 전통적인 가치관을 낡은 시대적 유물로 취급하는 사회풍조가 되고 말았다.

청빈은 미덕이 아니라 악덕이고 죄이며, 탁부이든 오부이든 간에 부는 미덕이 되는 사회가 되고 말았다. 가난하지만 정직하고 성실하게 살아가는 사람은 바보 취급을 당하고, 수단과 방법이 비윤리적·비도덕적·비인간적이라 할지라도 부자가 되면 대우받는 사회가 되었다.

매일같이 신문 사회면과 방송에는 목불인견의 사회상이 보도되고 있다. 인간이기를 거부한 사람이라고 부르기조차 부끄러운 자들이 저지르고 있는 만행이야말로 오늘의 사회현실을 단적으로 말해주고 있는 것이다. 우리가 일반적으로 막되어 가는 세상을 개탄할 때에 "윤리도덕이 땅에 떨어졌다."는 말을 하지만, 한국사회는 윤리도덕이 땅에 떨어진 정도가 아니다.

민주주의는 법치주의이다. '법에 의한 지배(rule of law)'를 원칙으로 삼는 것이기 때문에 민주국가에 사는 모든 국민은 법을 지켜야 할 의무가 있다. 탈법하고 위법하며, 범법하는 곳에는 질서가 있을 수 없다. 세상이 무질서한 상태를 무법천지라고 하는 이유가 여기에 있다.

사회가 무질서한 것은 법을 지키지 않기 때문이다. 법은 상식과 같은 것으로 상식이 통하는 사회는 법이 강제하지 않아도 된다. 법이 그 능력을 잃는 사회라면 그 사회는 둘 중의 하나이다. 무법천지이거나 도덕천지일 것이다. 그런데 우리 사회는 불행하게도 도덕천지가 아니고 무법천지가 되고 말았다.

여기에 바로 사회윤리의 확립을 내세우는 이유가 있다. 바람직한 사회윤리의 재건과 올바른 가치형의 정립 없이는 민주화의 실현이란 기대하기 어렵다.

인간의 존엄성과 정신적 가치가 무시되고 물질이 숭상되는 사회풍토 속에서는 윤리와 도덕이 발붙일 곳이 없다. 인본주의 아닌 물본주의, 이타주의 아닌 이기주의가 지배하는 한 사회정의의 구현과 민주화의 실현은 불가능하다.

이제까지 한국 민주주의의 발자취와 민주화가 토착되지 못한 원인, 그리고 한국 민주화의 발전적 방안모색을 위한 윤리적 과제를 살펴보았거니와 우리나라는 해방이후 자유민주주의를 국본이념으로 삼아 나라를 다스려 왔으나 바람직한 민주화를 성취하지 못한 채 오늘에 이르게 된 것은 민주주의가 정착되는 데 필요한 제반 여건이 미흡한 상태에서 민주주의제도를 급격히 이식한 요인과 더불어 정치지도자들의 지나친 권력욕과 이기심, 그리고 국민 대중의 정치의식과 민주주의에 대한 이해부족 등이 복합적으로 작용한 결과라 하겠다.

그러므로 정치적으로 정치지도자들이 지나친 이기심과 권력욕, 당리당략을 버리고 국가가 민족을 위한 정치를 하는 동시에 정치력을 발휘하여 당면과제인 5공청산을 마무리 짓고, 시대적 요청인 정치적 민주화를 이룩하는 데 혼신의 노력을 경주해야 할 것이며, 정부와 기업, 그리고 모든 국민은 합심단결하여 경제윤리의 확립을 통한 경제적 민주화를 성취하여 계층 간의 갈등을 해소하고, 올바른 가치관의 정립을 통한 사회적 민주화를 구현함으로써 살기 좋고 행복한, 건전한 민주사회를 건설하는 것이야말로 국민의 민주화를 앞당기는 지름길이다.

제2절 자유와 평등의 양립화 문제

1. 평등개념의 이해

근대적 의미의 '평등'개념이 민주주의의 기본가치 덕목으로 처음 등장한 것은 1789년 프랑스 혁명의 3대 슬로건인 '자유, 평등, 박애'에서였다. 그러나 그동안 사람들은 자유개념의 구현에만 너무 지나친 관심을 쏟아온 나머지 평등문제에 대해서는 다소 소홀하여 온 것도 사실이다. 그리하여 1848년의 '파리 소요'를 계기로 사회주의 사상적 평등개념에도 관심을 가지는 경향파가 생기게 되었다. 이를 기점으로 오늘날까지 자유주의와 사회주의는 자유와 평등문제로 양대 진영으로 분열·대립되기에 이르렀다. 역사적으로 자유주의는 사유재산을 바탕으로 개인주의와 결부되어 자유방임주의(the principle laissez faire)로 치우치게 되자 궁극에는 자본주의로 발전·변모하기에 이르렀다. 그리하여 산업혁명과 같은 자본주의는 제4계층이라는 노동자와 절대빈곤층을 많이 파생했던 것도 사실이다. 여기에 반사적으로 칼·마르크스는 절대다수의 프롤레타리아의 정치적 자유의 형식화가 경제적 불평등을 초래케 한다는 실질적인 문제점을 간파하게 되었다. 결국 인류사회가

18세기에 정치적 자유주의를 발견했다면, 19세기는 경제적 평등주의를 확보하기 위하여 끊임없는 투쟁이 계속된 역사였다. 이제 20세기는 이 두 사조를 어떻게 공부공조할 수 있는 새로운 사상을 창출해 내느냐에 고심하고 있다. 그런데 대체적으로 합의된 답안은 민복주의또는 복지주의로 귀결되고 있는 것 같다.

역사적인 경험에 의하면 자유주의도 평등주의도 다같이 자기모순을 지니고 있다. 그래서 일찍이 독일의 문호 괴테는 "입법자이든 혁명가이든 자유와 평등을 한꺼번에 약속한다는 것은 공상가가 아니면 망상가일 것이다. 만약 자유와 평등을 한꺼번에 실현하려고 하지 않고 우선순위로 현실화하려고 한다면 사회주의는 평등을 먼저 실현하려고 하고, 민주주의는 자유를 먼저 실현하려고 한다. 왜냐하면 사회적으로 개인주의를 반대하기 때문이다."라고 하였다. 이 말에서 우리는 중요한 시사를 받는다. 그것은 첫째, 자유와 평등은 서로 불가분의 관계로 연결되어 있다는 사실이며, 둘째, 자유와 평등은 우리가 흔히들 생각하는 것처럼 서로 상극적인 관계가 아니라 사회적인 생활대상에서 실현되어야 할 긴요한 가치덕목이라는 사실이다. 따라서 본 논의에서는 지면관계와 주어진 논제에 따라서 평등개념에 한정해서 이것이 한국 민주주의와 관련하여 어떻게 이해되고 있는지 알아보고, 또한 몇 가지 오인되고 있는 점을 지적하고자 한다.

(1) 평등개념의 정착화

한국 민주주의는 이상과 현실의 괴리 사이에서 전환기적 진통을 근 30년간 겪고 있다. 정확히 1961년 이래 우리 국민에게는 한국 민주주의가 추구해야 할 정치적 목표로 민주화가 설정되었으며, 이 민주화라는 신기루를 향해서 온갖 국력을 소모하여 달려왔다. 이에 맞서기라도 하듯 정권 담당자들은 안보논리로, 때로는 국민의 정치수준과 경제 개발을 빙자해서 그 흐름에 단호히 대처해 왔다. 이 두 흐름은 마치 마주보고 달리는 기관차처럼 힘과 몸으로 부딪혔다. 이러한 와중에서 민주화는 한국 민주주의의 가장 높은 기본 가치로 고양되어, 그 성취를 위해서는 힘에는 힘으로 대항해야 하고, 어떠한 수단과 방법을 통해서든 민주화를 위하는 것이라면 정당화된다는 인식이 일반 국민에 널리 스며들게 되었다. 즉, 민주화라는 이름으로 온갖 비민주적 폭력이 난무하고 있는 것이 오늘의 한국 민주주의의 현주소이다. 우리는 이제부터 민주화라는 신화에 가려진 그 이름의 허위성이나 그 수단의 윤리성을 다시 검토해야 할 시기에 왔다고 생각한다.

특히 한국사회의 구조적 모순을 개혁하려는 민중민주화론을 주장하는 사람들은 소위 그들이 규정하는 기층민중들을 혁명적 극단논리로 자극시켜, 각종 소요를 유발케 하여 기존 유산계급을 해체시키고 민중이 주인이 되는 민중해방론으로 이어지게 하고 있다. 그리하여 궁극적으로 사회주의적 평등사회를 도래케 하는 데 그들의 민중운동의 이상적 목표를 삼고 그 일을 담당하고 있다.

여기서 민중론자들의 이론을 일일이 비관하거나 대변할 필요는 없다. 다만 운동권을 비롯한 많은 지식인들이, 한국사회는 상대적으로 사회주의 체제를 정치이념으로 하는 북한사회보다 원천적으로 불평등 구조를 이루고 있을 뿐만 아니라 평등에 대한 가치의식조차 기피하며, 이를 시정하려는 노력도 게을리 하고 있다는 시각을 가지고 있는 데 문제가 있다. 마치 평등화는 사회주의의 독점물이고 자유화는 자유민주주의의 독점물인 것처럼 극단적인 해석을 하고 있다. 또 우리 사회의 많은 사회과학도까지도 자유와 평등은 상보관계가 아니라 상극관계나 상충관계로 인식하고 있는 현상을 보이고 있다. 물론 한국사회의 구조적 배분모순이 없는 것은 아니다. 그러나 우리 헌법에는 모든 국민은 누구나 법률 앞에 평등하며, 재산권 행사를 비롯한 국민의 5대 의무를 균등주의에 입각하여 부여하려는 정신을 담고 있다. 그 외에도 많은 행정조치를 통하여 국민의료보험 시행, 고등교육의 대중화, 토지의 공개념화, 노동권의 강화를 통한 임금인상 등으로 수혜와 수혜의 균형을 기하려는 노력을 하고 있는 것은 한국 민주주의의 기본가치로 평등 개념이 정치적 자유 못지않게 과감하게 도입되고 있다는 증거들이다.

우리는 평등이나 자유의 개념을 이해함에 있어서 이는 모두가 인간생활에 있어서 한계가 있는 가치들이라는 사실을 인식할 필요가 있다. 자본주의는 경제적 평등을 소유의 상향조정을 통하여 이상을 추구하려고 하다보니 그 속도가 다소 느리게 느껴지는 반면, 계획경제하의 사회주의는 평등을 하향조정을 통하여 달성하려고 하기 때문에 그 속도가 매우 빠르게 이루어지고 있는 것 같다. 그러나 여기에서 '평등의 질'의 격차가 다시 대두되게 된다. 자유 없는 평등, 소수의 자유, 기계적인 평등은 모두가 우리가 바라는 가치일 수 없기 때문이다.

(2) 평등의 사회적 실천

한국 민주주의가 순조롭게 진행되기 위해서 빈부격차, 상대적 빈곤, 부의 정당성 문제, 빈곤의 책임귀속성, 절대빈곤의 해소문제 등 80년대에 문제제기가 시작된 것은 90년대에는 반드시 중요한 해결과제로 대두될 것이다. 이를 해결하기 위해서 평등이념의 인식 못지않게 절차에 있어서 공정, 기회에 있어서 공개, 배분에 있어서 공평이 선행되어야 할 것이다. 이러한 3공이 우리 사회에 널리 정착된 풍토 위에 평등은 모든 인간으로서의 독립된 인격에 상응하게 주어지는 것이지 개개인의 소질과 능력의 차이에 관계없이 상응하는 것은 결코 아니다. 즉, 인격적인 평등을 질적인 평등이라고 한다면 사회적 평등은 양적인 평등이라고 규정할 수 있다. 그러므로 양을 위주로 하는 사회적 평등이 너무 불평등하면 질적인 인격의 평등도 위협을 받게 되어 불평등을 가져올 수 있다는 것도 항상 고려해야 한다. 마치 인권의 공정한 대우를 획득하려면 경제적으로 공평한 배분이 뒷받침되어야 하는 것과 같다. 지금 한국 민주주의에 있어서 정치적 평등은 정치적 자유 못지않게 신장되어 있는 상태다. 다만 경제적 불평등, 다시 말해서 양적인 평등이 필요한 만큼 배분되지 않고 있는 데서 아우성을 치고 있다. 절대빈곤은 국가나 사회가 어느 정도 책임을 져야 할 일이지만 경제적인 평등을 위해서 모든 재부를 균등하게 분배해야 한다면 그것은 마술적인 방법으로도 불가능한 것이다. 설사 인위적인 강권에 의해서 산술적으로 이루어 놓았다 하더라도 지속적으로 유지되기는 매우 어렵다. 그렇다고 양적인 불평등에 대한 불만의 목소리를 외면할 수는 없는 것이다.

경제적인 평등을 기할 수 있는 차선의 방법은 첫째, 3공정책의 민주적 정착을 이룩하는 일이며, 두 번째는 혼합정책의 사회적 시행이다. 즉, 인간의 생존과 인간다운 생활을 위한 최소한의 부는 모든 인간에게 필요에 따라서 평등하게 분배하고, 그 이상의 분배는 생산수준의 향상에 공헌한 정도에 따라서 양적배분을 하는 방법이다.

한국 민주주의 발전에 평등개념이 올바로 이해되기 위해서는 이를 단순히 정치적·경제적 제도의 문제로만 생각하기에 앞서, 사회구조의 복잡화에 따라서 가치판단의 기준이 다양화됨으로써 평등의 윤리적 인식도 함께 요구되고 있음을 간과해서는 안 된다. 일부 급진세력의 혁명적 논리에 의한 평등의 달성도 보장되기 어렵고, 질적인 평등의 명분론에 안일하게만 있을 수도 없는 것이다. 따라서 90년대 한국 민주주의의 순탄한 발전을 실현하기 위해서는 상당히 높은 수준의 윤리·도덕·문화가 함께 전제되는 과감한 정책이 펼쳐져야 한다. 그러기 위해서 우선 권력을 가진 자와 재부를 많이 누리고 있는 사람부터 솔선하여 사회윤리 의식을 가져야 할 것이다.

끝으로 본 논의에서 범위를 넘치는 것이지만 평등개념 문제에 있어서 현대 미국의 규범윤리학자인 J. Rowls의 "공평성으로서의 정의(justice as fairness)"의 이론은 한국 민주주의의 기본가치 설정에 많은 시사점을 제공하리라 여겨진다.

2. 자유개념의 이해

(1) 자유와 민주주의와의 관계

오늘의 우리나라에서 민주주의를 거론하게 되는 경우에는 거의 언제나 우리의 민주화가 당면한 핵심과제로서 권위주의의 청산과 사회정의의 실현을 앞세우는 경향이 있다. 우리나라는 해방과 더불어 미국을 통해서 민주주의를 수용했고, 그것을 자유민주주의라는 형태로 지켜왔는데 현실정치에 있어서는 언제나 자유민주주의와 거리가 멀었던 것이 숨김없는 사실이었다. 그렇게 된 까닭이 근본적으로 위정자들의 사악한 음모에 있었건 아니면 일반 국민의 민주주의적 의식수준이 충분히 성숙하지 못한 데 있었건 어쨌든 한국정치의 현대사는, 헌법에 성문화된 국가이념으로서의 자유민주주의와 현실정치의 기본형태로서의 권위주의적 억압체제에 서로 걸맞지 않는 불합리한 괴리요 모순이었다.

또한 본래 민주주의라는 것이 말의 뜻대로 인민대중의 권력·지배를 말하며, 모든 민중이 자유롭고 평등한 입장에서 정치에 참여하는 정치형태요 그와 같은 정치를 작동시키는 정치원리라고 한다면, 지난 날의 군주나 귀족이 정치를 독점하던 시대나 체제와는 달리 절대다수의 인민대중의 행복과 복지를 충족·증진·향상시키는 데 가장 큰 관심과 역점이 주어져야 옳음에도 불구하고, 일부의 특수계층에게만 부나 권력이나 명예와 같은 삶의 가치들이 집중 부여되어 왔다는 것은 민주주의가 지향하는 기본적인 정의에 어긋나는 일이라는 데 다른 의견이 있기 어렵다.

그래서 여러 가지 역사적인 곡절과 정치적인 비극을 겪어 오는 동안에 마침내 민주화에의 욕구와 의지가 조직적으로 폭발하게 됨으로써, 자연스럽고 순조로운 과정을 통해서 실현되는 민주주의의 정착과 확산이 아니라 지극히 시끄럽고 요란한 광기의 분출을 통해서 앞당겨져야 하는 민주주의의 급조요, 속성 배양일 수밖에 없게 된 것이라고 본다. 그렇지만 민주주의는 일시적인 감정의 발산에 그칠 일이 아니다. 냉철한 이성적 판단을 통해서 차근차근 쌓아가야 될 발전적 과제라는 성격이 강하다.

민주주의는 간단하게 말할 수 있는 것이 아니라 어떻게 보면 너무 복잡해서 어리둥절하게 만드는 것이기도 하다. 그래서 여러 가지 민주주의의 문제와 과제가 있지만 여기서는 특별히 민주주의의 기본가치라는 문제를 생각해 보려고 한다.

(2) 한국 민주주의의 기본가치

민주주의의 기본가치에 대해서 논의를 한다는 것은 적어도 오늘의 우리나라의 형편에서는, ① 기왕에 우리가 수용해서 보존·유지해 왔던 자유민주주의가 여러 가지 현실적·정치적 굴절, 왜곡, 변형, 변질에도 불구하고 본질적 가치라는 점에서 그대로 회복·재생·복귀시킴으로써 발전시켜 나가야 될 것인가 아니면 ② 아주 다른 형태의 민주주의를 발굴·계발·정착·확산시켜야 될 것인가라는 문제로 귀결된다고 본다.

물론 기왕에 있어 온 자유민주주의를 본래의 모습으로 갈고 다듬어 나가는 쪽으로의 선택이라면 몰라도 아주 다른 형태로 바꾸어 버리는 것이 더 좋다는 쪽으로의 선택을 하게 되는 경우에는 역사적 연속성과 단절성의 공과와 장단에 대한 깊은 연구, 검토가 광범하고 철저하게 이루어지고 각계각층의 여론을 통해서 국민적 합의를 형성해야 될 것이다.

자유민주주의를 그대로 지키면서 그것을 올바른 형태로 키워나가는 쪽으로의 선택은 일단 지난번의 대통령선거와 국회의원선거를 통해서 국민적 합의가 그대로 다시 확인된 셈이지만, 그래서 구태여 재론할 필요와 여지가 없다고도 말할 수 있지만, 무시해도 좋을 정도의 예외적인 소수자가 아닌 상당히 목소리 높은 사람들이 개인적으로나 집단적으로 계속해서 심각한 이의제기를 하고 있기 때문에 자유민주주의에 대한 현실적·이념적 대안으로 내세우는 이른바 비자유민주주의적 사상·제도의 체계 쪽의 가치지향도 살펴보는 것이 좋을 것으로 생각하는 것이다.

이제 문제의 핵심을 말하자면, 한국 민주주의가 앞으로 발전해 나가는 데 있어서 가장 우선시해야 될 가치지향이 무엇이겠느냐 하는 것이다. 그것은 더 구체적으로 말하자면 자유냐 평등이냐로 제시되어 있다. 꼭 그렇게만 볼 수 있다거나 그래야만 된다는 뜻이 아니라 일단 그렇게 문제를 정리해 본 것이다. 필자는 우선 주어진 문제의 틀에 따라 자유를 우선해야 된다는 쪽에서 문제에 접근해 보려 한다.

한국 민주주의의 핵심가치는 자유우선이 되어야 한다는 견해의 바탕은 대체로 세 가지 측면에서 찾아볼 수 있다.

첫째로, 한국정치의 현대사라는 맥락에서 자유가 지니는 특별한 의미를 생각해서이다. 특히 우리가 받아들인 민주주의의 역사를 냉정하게 들여다보면, 1945년의 나라와 겨레의 일제로부터의 해방은 다른 민족에 의한 억압과 속박으로부터의 자유라는 형태로 우리가 처음으로 자유를 맛보고, 그 여세를 타고 자유의 신장과 정착을 얼마나 바라고 원했는가가 바로 미국적 가치가 자유에 바탕을 두었다는 이해와 실제로 미국을 통해서 해방을 얻게 되었다는 역사적 연관 때문에 미국식 자유민주주의에 대한 초기의 열렬한 민족적 환영으로 나타났으며, 그 이후에도 줄곧 계속해서 반복되는 굴절·왜곡·변형·변질에도 불구하고 끝내 포기하지 않고 지켜온 자유민주주의에 대한 집착을 입증하는 것이었다고 말할 수 있다.

자유는 우리 민족의 염원이요, 목표요, 이상이었다. 그것은 개인의 자유와 민족 집단의 자유와 국민국가의 자유가 한데 엉긴 것이었지만 가만히 들여다보면 한국 민족의 일원으로서 일제식민통치 밑에서 겪을 수밖에 없었던 부자유(속박·제한·구속·간섭 등등)에의 처절한 항거였으며 민족과 국가의 자율적 의사결정과 행동반경을 희구하는 목멘 절규였다. 그렇기 때문에 우리는 해방 이후의 정치사에서 굵직한 주류를 이루는 주제음을 찾는다면, 설사 미국을 통해서 수용된 자유민주주의와의 우연한 인연이 아니었다고 해도 자유야말로 그것일 수밖에 없었을 것이라고 생각된다.

민주주의가 원래 대두, 형성, 발전되었던 본거지인 유럽에서는 왕족이나 귀족의 억압이나 속박이나 간섭으로부터 자유를 확보·보장하기 위한 피비린내 나는 투쟁을 통해서 이른바 자유주의적 가치지향이 틀

잡히게 되었고, 그것이 전혀 성격이 다른 사회주의의 도전 앞에서 평등주의적 가치지향이 강했던 민주주의와 결합함으로써 공동방어전선을 구축하는 가운데 이른바 자유민주주의라는 것이 형성·정착되게 되었지만, 우리의 경우에는 일본제국주의의 식민통치로부터의 해방이라는 역사적 계기를 통해서 곧바로 미국식 자유민주주의를 받아들이게 된 자유와의 인연이 각별했다고 말할 수 있을 것이다.

그런데 그 자유에의 염원이 훌륭하게 결실하기 전에 역대정권의 정권강화 또는 그 연장을 위한 기만적 술책으로 남용된 안보논리나 경제성장의 명분 등으로 자유를 유보시키는 강력한 억압체제가 유지되어 오는 동안에 거기에 대한 반발과 저항이 결국 자유보다 운동의 열기에 더 실존적 공감을 느끼게 되는 정치풍토를 빚어내고 말았다. 사실을 말하자면 권위주의적 억압체제에의 대안은 자유민주주의밖에 없는데 자유민주주의 자체가 지난날의 권위주의적 억압체제와 동일시되고 자유민주주의보다 이질적인 사회민주주의나 인민민주주의 또는 민중민주주의가 오히려 심리적 동조를 받고 있는 형편이 되었다.

그러나 어떤 형태의 민주주의가 어떤 내용의 주장을 해도 민주주의가 자유지향성을 상실하게 되면 결국 민주주의라는 이름의 전체주의나 권위주의적 억압체제로 변질될 수밖에 없다는 것은 우리의 현대정치사가 주는 교훈이다.

둘째로, 민주주의에 내재하는 평등주의적 충동에 대한 균형적 견제작용이 절대로 필요하다는 점에서 민주주의의 가치지향에 있어서의 우선순위는 자유 쪽에 주어져야 올바른 민주주의로 발전할 수 있다는 것을 말하지 않을 수 없다.

원래 민주주의가 절대다수의 인민대중이 권력을 가지는 동시에 그 권력을 스스로 행사하는 정치형태, 또는 지배방식이다 보니 평등주의적 경향이 자연히 증대하게 되고 다수 민중의 힘의 무게로 말미암아 밑으로부터의 수평화 압력이 작용하게 되기 마련이다. 그렇게 되면 인간의 생활 전반에 걸쳐서 전체적인 평균화·균일화·규격화·표준화의 추세가 거역하기 어려운 바람으로 나타나게 되고, 은연중에 평등의 압력으로 나타나게 되어 개인의 자유의 폭은 줄어들게 되는 것이다.

그렇지 않아도 현대사회가 첨단과학기술의 고도조직화와 정보시스템의 고능률 조직 확대로 인간의 사고와 행동의 자유의 진폭이 말할 수 없이 축소되고, 거기서 기계연관의 인간 지배현상이 가속화되며 비인간화의 비극적 상황전개가 만연되는 결과를 예측할 수 있는 때에 인간의 개체적·인격적·실존적 존엄과 가치의 최후의 보루요 요새라고 말할 수 있는 자유가 고갈·질식된다면 어떤 세상이 될 것인가를 생각해 보면 무엇보다도 민주주의가 자유지향을 잃지 않도록 유념하지 않으면 안 된다.

원래 오늘날의 이른바 대중민주주의의 정치풍토에서 인간의 자유의 수호는 비단 지난날처럼 국가권력의 자의적인 남용뿐만 아니라 경제적 부를 미끼로 하는 강제력이나 대중의 다수가 갖는 중력으로 말미암은 압력에 대한 저항을 요청하는 것이다. 자유는 민주주의의 혼이며, 평등은 민주주의에 수반되는 내재적 동력이다. 민주주의는 제1차적으로 누가 권력을 잡느냐가 문제이기 때문에 일단 인민대중이 권력의 주체가 되면 어떤 가치나 이상이나 목적에도 부합될 수 있는, 좋게 말하면 신축성을, 그러나 나쁘게 말하면 변덕성을 가지게 된다고 볼 수 있다. 그것이 궁극적으로 다양한 인간의 능력과 염원과 삶을 계발·육성·향상시키는 올바른 민주주의가 되게 하려는 자유를 우선가치로 설정해야 된다고 말하는 이유가 바로 여기에 있다.

셋째로, 우리의 지난날의 현실정치가 너무 많은 사람들에게 아픔과 슬픔과 괴로움을 주었기 때문에 거기서 빚어진 상처와 원한과 분노가 정치의 극단적인 심리화를 강화시킴으로써 냉철한 이성적 판단을 어렵게 만들었고, 그래서 무조건적인 거부반응이나 반발심리를 증폭시키고 있지만 여러 가지 형태의 비자유민주주의적 민주주의는 결코 자유민주주의의 현실적·이념적 대안이 될 수 없다.

자유민주주의가 내세우는 자유의 가치지향이 가령 부르주아들만의 자유라느니 착취와 약탈의 자유에 지나지 않는다느니, 라고 비판·매도하면서 자기들 쪽만이, 가난하고 짓밟힌 민중들에게 참다운 자유를 보장할 수 있다고 주장하지만, 만약 그렇다면 어째서 일찍이 그와 같은 사상과 제도를 도입해서 실시 적용해 온 사회주의, 공산주의 선진국들이 한결같이 사상적·이념적 궤도수정을 스스로 결행하면서 비능률성·비효과성·비현실성을 비판 분석하고 자유민주주의적 제도와 장치를 도입 채용하려고 하겠는가?

반드시 같은 이야기는 아니지만 자유민주주의가 자본주의와 관련이 깊다고 볼 수 있을 때 자본주의의 강점이 잘 살아날 수 있는 조건이 자유민주주의적 정치형태에서 성숙될 수 있다는 점은 대단히 중요하다. 자본주의가 사회주의나 공산주의와 연결될 수는 없으니 말이다. 그러나 민주주의가 자유지향을 상실하면 자본주의가 굴절되고 편향됨으로써 국가독점자본주의를 비롯한 여러 가지 형태의 변형·변태로 둔갑되고 말기 때문에 정치형태로서의 민주주의나 경제형태로서의 자본주의나 결국 기본적인 자유지향성이 밑받침되지 않으면 제대로의 기능수행이 어려워진다는 것이 중요하다.

(3) 사회정의와 자유의 문제

이제 마지막으로 개인의 자유도 중요하지만 사회정의의 문제가 훨씬 더 중요한데, 그것의 실현을 위해서는 본질적으로 개인주의적 성향이 강한 자유보다 평등을 앞세워야 된다는 논의에 대해서 생각해 보기로 하겠다.

가령 개인의 자유는 설사 자유로운 개개인이 모두 선의의 개인들이기 때문에 악착같은 축재의 귀신들이 아니라고 해도 철저한 자유경쟁을 통해서 시장원리에 따라 우승열패가 결정되고 '적자생존·열자도태'의 현상을 빚어내며, 마침내 결과적으로 '빈익빈·부익부'의 사회적 모순을 가져오게 되면 그것은 사회적 공동생활에 필요한 공정성이라는 의미에서의 정의에 어긋나지 않느냐라는 문제가 제기된다. 약자나 불리한 자가 약하고 불리한 자리에서, 강하고 유리한 자리에 있는 자들과 자유롭게(아무런 제약 없이) 싸우고 겨루면 당연히 지게 마련인데 그렇게 애초부터 뻔한 경쟁을 시켜 놓고 경쟁에 졌다는 이유만으로 소외·도태·패배의 자리에 묶어 두는 것이 과연 올바른 일인가라는 물음 앞에서, 그렇다고 대답할 수 있는 사람은 적어도 오늘의 우리나라에서는 있기 어려울 것이다. 그것은 우리의 현실적 사회통념이 납득하지 않는다.

그러나 문제는, 그렇기 때문에 가진 자나 강한 자나 유리한 자의 가진 것, 강한 것 또는 유리한 것을 빼앗아서 못 가진 자나 약한 자나 불리한 자에게 내 주어야 되느냐 또는 그렇게 하면 모든 문제가 해결되느냐라는 것이다. 여기서 적어도 세 가지 사항을 고려해 보아야 한다.

첫째로, 자유민주주의가 우선가치로 내세우는 자유는 흔히 말하는 경제적 자유방임(laissez-faire)과는 전혀 다른 개념이라는 것이다. 자유민주주의가 말하는 자유는 소위 '규율 있는 자유', '질서 있는 자유'로서, 분방한 욕망의 분출을 의미하는 르네상스적 자유가 아니라, 자제와 책임을 강력하게 요구하는 자기규제적인 종교개혁적 자유를 말한다. 그렇기 때문에 한쪽에서 굶는 사람이 있는데 한쪽에서는 배터져 죽는 사람이 있다는 식의 무분별한 부의 편재는 결코 자유민주주의의 자유하고는 아무런 관계가 없다는 점을 인식할 필요가 있다.

둘째로, 설사 '빈익빈·부익부'의 모순이 사회정의에 어긋난다는 것이 누구나 인정하는 사실이라고 해도 그렇다고 해서 민주주의의 우선가치가 평등으로 설정되면 그것이 궁극적으로 해결된다고 보기는 어렵다는 점이다. 물론 평등의 원칙에 따라서 강력한 평등화(gleichschaltung)의 강행자가 빼앗고 나누어 줌으로써 일시적으로 평형이 이루어졌다고 해도 그 상태가 얼마나 그리고 과연 계속될지 확실치 않으며, 계속해서 나누어 줄 빵이 늘어나거나 적어도 현상태가 유지되어야 하고 그렇게 되려면 남보다 부지런히 더 일하고 더 뛰는 사람의 불평등한 (그래서 자유로운) 활동의욕이 작동되어야 하는데 평등의 원칙으로 묶어버리면 그것이 불가능하거나 잘 되지 않는다는 것이다. 그것이 바로 오늘의 소련이나 중국에 있어서의 생산의욕의 상실 또는 생산성 저하의 문제이다. 역시 자유가 먼저 있고, 그래서 격차가 났을 때 효율적인 평등원리에 따라 사후 조정하는 방법으로 정의를 구현하는 것이 현실적인 것이다.

셋째로, 자유 없는 평등은 인간의 평등이 아니라 기계 또는 동물의 평등이다. 인간은 자유라는 점에서 동물이나 기계와 다르다. 그냥 평등을 이루려면 인간을 동물이나 기계처럼 다루면 간단하다. 그러나 인간은 자기의사의 자율성과 자기행위의 자기결정성과 자기행위의 결과에 대한 자기책임성이라는 구체적인 내용으로 이루어지는 자유를 지니게 될 때 그때야 인간다운 인간이 된다. 그런데 그런 자유가 보장되지 않은 상태에서 타율적으로(부르주아의 반발을 분쇄하기 위해서 프롤레타리아 독재가 프롤레타리아 민주주의에는 절대 필수적이라고 말하는 것은 철저한 타율성의 본보기이다.) 실현시키는 평등은 절대적으로 우세한 (불평등한) 힘(개인 또는 집단의 권력 또는 폭력)을 필요로 하고, 한번 그렇게 해서 이룩한 평등을 지키려면 더 큰 힘이 필요하게 되므로 결국 자유의 여지가 완전히 없어진 절대권력의 억압체제(일당독재)가 자리를 굳게 잡아야 할 것이다.

그러므로 결국 올바른 민주주의의 발전에는 자유가 우선가치로서 필수불가결이다. 더구나 한국 민주주의의 발전방향을 생각해 보는 자리에서 21세기에 우리가 이룩하기를 간절히 바라는 더욱 인간화되고, 개방화되고, 다원적이면서 인권과 평화와 행복이 보장되는 사회의 건설을 위해서는 자유민주주의의 정착, 향상, 세련이 무엇보다도 절실하게 요청된다고 말할 수 있다.

제3절 민주시민으로서의 직장생활

보통 때는 이런 문제를 생각해 보지 않고 지내는 것이 많은 사람들의 직장생활의 흔한 모습이겠지만, 때때로 이런 문제에 부닥치게 되는 것 또한 직장인의 생태에서 볼 수 있는 보편적인 현상이다.

하기야 사람이 직장을 갖게 되는 이유나 동기가 사람마다 서로 다르다는 측면에서만 본다면 천차만별로 갈라지는 개별적 차이의 궤적을 빠짐없이 더듬어 볼 수도 없는 일이고 해서 감히 일반론이나 유형론을 거론하는 것 자체가 그렇게 큰 뜻은 없겠지만, 그래도 가느다란 희망을 가지고 이런 문제를 다루려는 것은 커다란 경향이나 추세라는 것을 읽어볼 수 있을 것이기 때문이다. 대체로 사람은, 무슨 일이나 다 그렇겠지만, 자기에게 이익이 되거나 쾌감을 가져다주거나 좋게 생각되기 때문에 그것을 해야겠다는 마음이 생기게 되는 것이다. 그래서 행동의 동기나 이유가 가령 이해관계나 쾌감원칙이나 넓은 의미에 있어서의 명예가치의 추구라는 세 가지의 기본 축을 중심으로 맴도는 범위 안에서 이루어지는 경우가 흔하다는 생각을 해볼 수 있다.

그렇다면 사람이 직장을 갖게 되는 것도 직장을 통해서 일정한 소득 또는 수입을 얻게 되고, 정신적, 육체적으로 안락한 생활을 꾸려나가며, 어떤 지위를 갖게 됨으로써 명예 욕구를 채우려는 것으로 볼 수밖에 없다.

그런데 문제는 직장이란 여러 사람이 모여 있는 곳이기 때문에 거기에 모인 사람들이 추구하는 이익과 쾌감과 명예가 서로 어울려지고 겹쳐지는 가운데서 때로는 협력의 화음이 아름답게 울려 퍼질 수 있지만 때로는 말할 수 없이 거친 불협화음의 고통을 전파하게 될 수도 있다. 그것은 어쩌면 사람이 모여 살게 되는 경우에 모면할 수 없는 운명적 상황이라고 말해야 할 것 같은데, 어떤 심리학자는 '고슴도치의 딜레마'라는 말로 그 안타까운 형편을 표현하기도 했다.

옛날에 고슴도치 두 마리가 서로 멀리 떨어져 각각 살았다고 한다. 그런데 따로따로 떨어져 사는 것이 너무나 외롭고 쓸쓸해서 어떻게 연락을 취하고 약속을 해서 만나게 되었다. 지난날의 외로움이 너무 견디기 어려웠던 터에 마침내 서로 만나게 된 것이 반가운 나머지 앞뒤 따질 것도 없이 힘껏 껴안고 뜨거운 감격을 나누었다. 피차의 돋아난 가시바늘에 찔려서 힘껏 껴안으면 껴안을수록 서로는 아파할 수밖에 없었다.

하는 수 없이 잠깐 떨어졌다가 또 다시 포옹을 시도해 보았지만 여전히 가시바늘에 찔리는 고통을 어떻게 해소시킬 방도가 없었다. 아쉽지만 적당한 거리를 두고 사는 수밖에 별도리가 없다는 냉혹한 삶의 현실을 그렇게 해서 깨달았다는 것이다.

직장이란 분명히 고슴도치의 딜레마와 같은 측면이 있다 혼자서는 도저히 실현시키기 어려운 이익과 쾌감과 명예를 직장을 통해서 획득할 수 있겠지만, 거기에 모여 있는 사람들이 저마다 지니고 있는 이기심이나 자존심이나 편견이나 고정관점이라는 가시바늘 때문에 날마다 가까이에서 부딪치다 보면 아픈 상처를 받게 되지 않을 수 없는 경우가 있게 마련이기 때문이다.

그래서 필요 이상의 정신적·심리적 상처를 받지 않고 비교적 평화롭고 긍정적인 분위기 속에서 직장생활을 영위하려면 어떻게 하는 것이 좋은가라는 문제가 심각하게 논의되지 않을 수 없는 것이다. 그리고 그것은 결국 사람에 관련된 문제이기 때문에 어쩔 수 없이 사람과 사람이 어울려 지내는 데 있어서의 원만한 관계설정의 문제로 귀착되게 마련이다.

제4절 인연을 소중히 여기는 삶의 자세

직장이란 대체로 여러 사람이 모여서 함께 일을 하게 되는 곳이다. 그런데 사람이란 정말 가지가지이다. 어떤 때는 세상에 저런 사람도 있나 싶을 정도의 충격적 차이를 느끼게 하는 사람도 있기 마련이다.

그렇기 때문에 세상 사람들이 모두 자기 마음 같은 줄로 생각했다간 낭패를 당하기 일쑤다. 그래서 자기 나름의 생활철학을 세워 두고 그 길을 꿋꿋하게 걸어 나간다고 하는, 자기 삶의 위치와 방향을 세워야 할 필요가 있다. 그렇게 하지 않고 그냥 그때그때의 기분이나 형편이나 바람에 따라서 흔들리고 쫓기다가는 느끼는 충격과 당하는 낭패 때문에 스스로의 삶을 비참하게 뭉개 버릴 가능성이 있기 때문이다.

그렇다면 오늘날처럼 여러 잡다한 유형의 사람들이 급격하게 변동을 거듭하는 상황 속에서 서로 다른 목적 실현을 위해서 전력투구하는 각자의 생활을 있는 힘을 다해서 영위해야 하고, 그것이 일정한 생활공간 속에서 밀집된 상호관계 속에 얽혀 있을 수밖에 없는 직장인간에게 현실적으로 가장 필요하면서도 건설적인 효과를 나타낼 수 있는 철학은 어떤 것일까?

많은 훌륭한 사람들이 여러 가지 좋은 가르침을 제시했고 그것들이 모두 옳은 말씀들이지만 요즘처럼 가치관이나 인생관이나 세계관이 분열되고 서로 대립되는 시대적 상황 속에서는 그와 같은 분열과 대립을 뚫고 그 밑바탕을 이루고 있는 원초적 실존의 지평으로 돌아가서 정말 참다운 삶의 올바른 모습을 비추어 보고, 거기서 너와 나와 그의 삶 모두 함께 알차게 엮어질 수 있는 바탕이 어디서 찾아질 수 있는가를 곰곰이 살펴보지 않으면 안 될 것이며, 그렇게 함으로써 우리 모두의 삶이 누구의 희생이나 손해 위에 혜택이나 이익이 취득되는 것이 아니라 각자의 이익과 쾌감과 명예가 조금씩 억제·조정되면서도 두루 공평하게 실현될 수 있는 길이 어느 방향에서 발견될 수 있는가를 샅샅이 뒤져보지 않을 수 없는 것이다.

나를 둘러싸고 있는 모든 사람은 나와 어떤 관계를 맺고 있던지 소중한 역사적 존재임을 인정한다면 오늘의 같은 장소에서의 공간적인 만남은 필연적인 삶의 연속선상에서 같은 시대에 같은 직장에서 함께 일을 하게 되었다는 인연—다른 것은 모두 회의하거나 부정한다고 해도 그렇게 된 인연이라는 엄연한 삶의 얽힘—을 소중하게 여기고, 같은 값이면 그와 같은 인연을 될 수 있는 데까지 값지고 아름답고 의미 있는 것으로 가꾸고 다듬기 위해서 피차 노력하자는 공동의 다짐이, 모든 생각과 온갖 행동의 원초적인 토대를 이루게 된다는 마음가짐과 생활 철학이 확립되고 확산되고 내면화되는 데 있다고 믿어진다.

동일한 직장에서 함께 일하게 되었다는 인연을 소중하게 여기는 철학은 개개인의 삶의 보람과 뜻을 키우고 가꾸는 터전과 양분을 공급해 줄 뿐만 아니라, 함께 추구하는 이익과 쾌감과 명예의 상충에서 빚어질 수 있는 시기나 질투나 증오의 가시바늘을 부드럽게 감싸서 아픈 상처를 내지 않게 해 주는 솜 담요의 구실을 할 수 있을 것이다. 어쩌다 소맷자락만 스쳐도 전생에 쌓은 좋은 인연의 결과라는데, 한 직장에서 함께 일하게 되었다는 인연이야 얼마나 좋은 인연의 결과요, 동시에 앞으로 전개될 무궁한 인연의 시작인가를 생각해 보는 마음씨는 확실히 건설적인 인간관계의 기본원리가 될 수 있다고 여겨진다.

오늘의 세계에는 사랑에서 삶의 원동력을 발견하는 사람이 있는가 하면 반대로 증오가 기폭제가 되어 펼쳐지는 삶을 살아가는 사람도 있다. 직장에서 볼 수 있는 사람의 유형에도 창조적인 동기를 가진 사람이 있는가 하면 어떤 한이나 원망이나 오기로 살아가는 사람이 있다. 그런데 사랑과 증오가 서로 엇갈리고 맞부딪쳐서 생기는 갖가지 슬픔과 아픔과 괴로움을 이겨내고 어떻게 해서라도 직장생활의 내용과 분위기를 보람 있게 만들기 위해서는, 사랑과 증오라는 정반대로 작용하는 인간심리의 역학이 어쩔 수 없이 얽혀 있는 삶의 인연이라는 찐득찐득한 바탕 위에서 용해되는 열기를 받아야 한다. 따로따로 떨어진 삶은 차갑고 날카로워도, 얽혀서 감싸는 삶에서는 뜨거운 체온의 열기가 발생할 수 있기 때문이다. 혼자서 산다면 몰라도 여럿이서 함께 살자면 얽힘의 터전을 망쳐서는 안 된다.

제5절 생활과 희망의 공동체

가정도 그렇지만 생활시간의 대부분이 그곳에서 보내어지는 직장은 밝은 미래에 대한 희망을 지니고 오늘을 그 희망의 실현을 위해서 건설적으로 살아가는 사람들로 구성되어 있는 경우와 어둡고 찌그러진 과거에 대한 회한과 후회와 원망 때문에 오늘의 생활 속에서 그늘진 자포자기만을 계속해 가는 사람들이 구성되어 있는 경우는 하늘과 땅 차이만큼이나 커다란 간격이 생기게 된다. 사람은 자기가 살아가는 환경의 영향을 벗어나기 힘들다. 혼자 있을 때 독하게 마음먹고 자기 나름의 생활설계를 세우고 거기에 따라 살아가려고 노력한다고 해도, 날마다 겪게 되는 경험과 계속해서 얽히게 되는 인간관계의 성격에 따라 결국 자기의 삶의 색깔도 거기에 따라서 채색되지 않을 수 없기 때문에, 생활의 커다란 부분을 거기서 보내야 하는 직장이라는 것이 직장인에게 있어서는 인간조건을 규정하게 되는 중대한 의미를 지닐 수밖에 없지 않은가?

그렇기 때문에 직장이 직장인에게 있어서 지니게 되는 의미를 깊이 음미하는 입장에서 직장구성원들의 공동의 노력의 방향과 과제를 몇 가지로 생각해 볼 필요가 있을 것 같다.

첫째로, 직장인에게 있어서 직장이 단순히 생활에 수반되는 개인적 필요(소득과 쾌감과 명예)의 충족에서 끝나지 않고, 밝은 내일로 이어지는 오늘의 보람과 의미와 희열의 토대를 꾸준히 세워 나가고 다져 나가는 뜻 깊은 과정이 되어야겠다는 것이다. 그것은 누구 한 사람의 지시나 제의를 다른 사람들이 따르거나 받아들이는 식으로 이루어지는 것이 아니라, 날마다 그리고 여러 곳에서 각기 다른 형태로 시도되고 쌓여지는 작은 생각과 실천들이 모여서 비로소 성과를 거두게 되는 성질의 것이기 때문에, 누구라도 빨리 시작해서 그것이 저항과 오해와 거부를 감싸 나가면서 확산·심화되어 가야 하는 것이다.

둘째로 사람의 가치는 얼마나 높은 자리에 올라갔는가에 의해서 평가되지 않고 얼마나 많은 사람들에게 직접·간접으로 도움이 되는가에 따라서 헤아려진다는 건전한 인간평정의 기본준거가 정착되고 합의될 필요가 절실하다. 그리고 그와 같은 분위기의 형성·확립은, 결국 직장공동체의 지도급 인사들이 스스로 실천을 해 나가는 가운데서 시범을 보이고, 그것이 많은 직장구성원들에 의해서 선의로 받아들여지게 될 때 확실하게 자리 잡게 되는 것이다. 일을 해 나가기 위하여 필요한 기능수행상의 역할분담이 있어야 하고, 거기서 불가피하게 생기는 위계질서를 겸허한 마음으로 존중하고, 그와 같은 바탕 위에서 서로 돕고 아끼는 인간관계가 성립되는 것이 무엇보다도 중요한 직장생활의 기본조건이 개선되는 길이기 때문이다.

셋째로, 직장은 결국 밝은 미래를 서로 확신케 해 주는, 경험과 행동의 터전 위에 세워지는 희망의 공동체가 되어야 한다. 사람은 과거에 의해서 영향을 받는다. 그래서 과거에 어떻게 살아왔느냐가 대단히 중요한 오늘의 지표다. 그러나 요즘처럼 급격하게 변동되어 가는 상황 속에서는 과거보다 미래가 오늘을 결정하는 힘이 더 강하다고 보아야 된다. 그가 어떤 미래를 그리고 있느냐에 따라 그가 살아가는 오늘이 결정되는 측면이 훨씬 더 중요하다. 그래서 같은 직장에서 함께 일을 하게 되었다는 인연이 밝고 환한 공동의 미래창조를 위한 건설적인 협동노력과 결합되는 곳에서는, 여러 가지 실망과 실의와 좌절과 실패를 이기고 넘어선 꿋꿋하게 전진을 거듭할 수 있는 활력과 사기가 끊임없이 생겨날 수 있다고 생각된다. 훌륭한 경영관리자는 이와 같은 희망을 직장구성원들에게 심어줄 수 있는 능력에서 판단되는 것이며, 그와 같은 희망을 힘을 합쳐 가꾸고 키워서 직장생활이 저마다의 인생에 염원과 가치와 향수의 구심점이 될 수 있을 때 자기 직장에 대해서 더없는 긍지를 느끼는 떳떳하고 구김살 없는 직장인이 형성될 수 있는 것이다.

직장이 불가피한 고역이 되는 곳에서는 위선적이거나 기만적인 직장인은 나올 수 있을지 모르지만 기품 있는 직장인은 생기지 않는다. 우리 사회가 필요로 하는 인간유형이 여러 가지 있겠지만, 떳떳하고 구김살 없는 직장인이 각각의 서로 다른 직장영역에서 각기의 보람과 矜持를 느끼면서 자기직업에 충실하게 정진할 때 우리의 나라와 사회는 건전하고 명랑하게 발전하고 번영해 갈 것이다. 올바른 직장 인간론이 활발하게 거론될 필요가 절실히 느껴지는 때가 바로 지금이다.

제 16 장
시민공동체와 환경윤리

제1절 공동체를 형성하는 시민의식

오늘날 급속한 사회·경제적 발전에 따라서 도시주민의 생활요구가 말할 수 없이 다원화·고도화되어 가고 있다. 그러면서도 그 요구들이 개별적·산발적인 불만의 표시에서 그치지 않고 상당한 정도의 조직화 경향(가령 매스컴을 타고 효과적으로 집약·표출되는 것 같은 현상)을 보이고 있다. 그것은 또한 소위 전통적인 공동체(에프 튜니스가 말하는 Gemeinschaft)적 결속에 의한 요구의 표시방법을 지양하고 새로운 지역적 결합의 논리에 입각한 것이다.

공동체라는 오래 전부터 사용되어 온 어휘가 새로운 개념으로 쓰이게 된 연유는 ① 현대사회는 모든 부분에 너무나 깊숙이 침투된 과도의 대중사회적 상황 때문에 상실된 인간성을 가까운 이웃과의 인간적

접촉을 통해서 회복하고 싶다는 일종의 정서적 욕구의 발로이고, ②
동일지역에 거주하게 되었다는 사실에서 정신적 안정의 근거를 찾아
보자는 현대인의 공속의식(we-feeling)에 있다고 하겠으며, ③ 똑같
은 지역에 거주하는 사람들이 개별적인 생활상의 이해를 추구하면서
도 어차피 그 지역사회에 존재하는 사회적 자원(또는 넓은 의미에서
의 생활환경 시설)을 함께 사용하지 않으면 생활유지가 곤란하다는
것을 인식해야 한다는 이른바 '공동이해의 의식'의 필요성 등에서 나온
것이다. 모든 주민이 그와 같은 욕구와 의식과 인식을 투철하게 갖게
될 때 그러한 공동체의 분위기 안에서 어떤 공통의 가치관이 형성되
기에 이르는 것이다.

　이러한 새로운 개념의 공동체를 건설하자는 생각이 아름답고 살기
좋은 청주시의 건설을 지향하는 청주시민의 기본적 의식구조가 되어야
한다고 믿는다. 다시 말하면 아름답고 살기 좋은 청주시의 건설을 위해
서는 거기서 살고 있거나 앞으로 살게 될 주민들의 의식 속에 청주시라
는 토지사회가 한낱 '우연한 인간의 집합'이라든가 '개체적 이해관계의
경쟁장' 또는 '인생역정의 정류장' 등등의 이익사회(Gesellsehaft)적
사고방식이 지양되고, 어디까지나 '어쨌든 함께 살게 된 이웃', '너를
희생시키고는 결국 나도 마음 편하게 살 수 없는 공동운명체', '청주가
아름답고 살기 좋게 되면 그 속에서 사는 내가 유쾌하고 행복하게 된
다.'는 사고구조가 우세하게 되지 않으면 안 된다는 것이다.

　청주시에서 삶을 영위하는 주민들의 의식구조가 새로운 공동체 건
설의 방향으로 짙게 물들여지는 정도에 따라서 그만큼 청주시는 잘못
된 도시화의 중압 밑에서 질식당한 인간상을 희생시키고, 메마른 정서
적 무감각 상태에 이른 인간의 심정에 온정과 상인의 단비를 촉촉이
내리게 하며, 나아가 일찍이 토마스 홉스가 말한 바와 같이 '사람이 사

람에게 늑대(home homini luus)'처럼 되어 버린 이해와 가치관의 전투장을 극복하고 상호보완적인 개체의 이해와 가치가 조화를 이루고, 공통 가치관의 체계를 세울 수 있으며, 훈훈한 인정이 감도는 인간의 도시가 되는 것이다. 그렇기 때문에 또한 아름답고 살기 좋은 청주시의 건설은 다름 아닌 인간의 도시로 발전시켜 나가는 방향에서 이루어져야 한다는 둘째 명제가 필요하게 되는 것이다.

제2절 도시화와 인간의 생명

'인간의 도시'(anthropolis)는 인간다운 인간들이 사는 도시이다. 인간이 거대한 기계의 톱니바퀴 같은 존재로서 그저 전체 메커니즘에 소속되어 있는 것이 아니라, 숨을 쉬며 먹고 마시고 기쁨과 슬픔을 느끼며 희망과 기대를 가지고 미래를 꿈꾸면서 구체적으로 살아가는 참다운 인간—스페인의 철학자 미구엘 데 우나무노가 말하는 '살과 뼈를 가진 실존적 인간'(hombre de carney hueso)—이 살고 있는 도시를 말하는 것이다. 우주보다도 더 귀중한 생명을 가진 인간들이 허울 좋은 통계자료의 숫자로 환원되어 버리지 않고 모든 계획과 설계와 행정이 거기에 사는 주민들의 인간으로서의 행복과 보람을 최대한으로 보장하는 것을 지상의 목표로 삼는 그런 도시가 인간의 도시이다.

이때까지 도시가 발전되어 온 역사는 한 마디로 규모의 확대요, 물리적 시설의 확충이다. 그리스의 소규모 도시국가(polis)는 도심지 도시(Metropolis), 확대도시(Megapolis), 그리고 현대에 와서는 세계

도시(Ecumenpolis)로까지 발전해 가는 과정에 있다. 그러나 이러한 발전은 그 속에서 살고 있는 인간을 무시한 물량적 증대에 불과했기 때문에 결국 말로 다할 수 없는 부정적·병리적 반작용을 가져오고 말았다. 인간의 생존 자체가 위협을 당하게 되고 따라서 도시의 의미와 기능이 심각한 회의의 대상이 되고 말았다. 인간이 무시한 도시의 발전이 이러한 시각에서 심각한 문제의식을 불러일으키게 되었기 때문에 버냄 엠 그로스가 '오늘의 문제는 신이 죽었으냐 아니냐가 아니다. 오늘날의 정말 심각한 문제는 과연 인간이 탄생하느냐 하는 것이다'라고 말했을 때 그것이 진진한 호소력을 가지게 되는 것이다.

우리는 이제 사물의 시대(age of things)는 지나고 바야흐로 인간이 탄생하는 시대가 왔다고 엄숙히 선언해야 한다. 그리고 우리는 인간의 도시를 창조하는 일을 우리의 세대적 과업으로 삼아야 한다고 믿는다. 그러면 아름답고 살기 좋은 청주시가 지향해야 할 인간의 도시는 어떤 구체적 특징을 가진 것일까?

첫째로 인간의 도시는 구체적·실존적 인간이 사는 곳이기 때문에 어떤 표준화된 최적환경상을 설계·설정해 놓고 그것을 행정적으로 하향 강행해 나가는 것이어서는 안 된다고 보는 것이다. 다각적인 과정과 통로를 통해서 주민들의 다양하고 구체적인 욕구와 필요가 충분히 그러나 전체의 조화를 충분히 지켜나갈 수 있는 테두리 안에서 집약되고 분석되어 언제나 거기서 거주하는 인간들을 위주로 하는 도시환경을 조성하도록 모든 에너지를 투입해야 한다는 것이다.

지리적 조건만을 중시한 공학일변도적 도시계획에 의해서 설계·분할된 기하학적 공간에다가 인간을 억지로 '수용·정착'시키는 식의 도시환경조성은 참다운 의미에 있어서의 인간의 도시가 아니라 어디까지나 '사물의 도시'의 정리 작업에 지나지 못하는 것이다.

이러한 의미에서 아름답고 살기 좋은 청주시의 건설은 순전히 토목 공학적으로 다룰 기술문제만이 아니고 인간과 환경과의 종합적 상호관계라는 각도에서 연구해야 할 생태학적 문제요, 더 나가서 이것을 인간사회의 국면에 연결시켜서 역동적으로 고찰하는 사회과학의 여러 분야로부터의 지혜를 필요로 하는 인간사회의 문제라는 것을 인식하지 않으면 안 된다.

둘째로 인간의 도시는 시설의 물량적 확충만이 아니라 평범한 인간들의 구체적 필요들이 효과적으로 충당되도록 배려를 더해 가는 방향으로 발전해야 한다. 절대다수의 주민들이 개인과 직장의 생활 활동을 영위함에 있어서 편리하고 유쾌한 분위기에 마음 흐뭇함을 느낄 수 있고, 학습연령기에 있는 아동과 젊은이들이 밝고 환한 꿈을 키우면서 배움에 전념할 수 있고 모든 교통기관들이 주민의 필요와 욕구에 따라 유쾌하고 신속하게 이동할 수 있도록 되며, 남녀노소가 다함께 마음 놓고 맑고 깨끗한 공기와 물을 마실 수 있는 그런 도시가 인간의 도시이다. 진정한 인간의 도시는 거대한 규모의 물리적 시설들이 즐비한 '고층건물과 굴뚝과 아스팔트의 왕국'이 아니라 시민의 평범한 쾌감과 자그마한 편의가 채워지는 생활분위기가 확립된 곳이어야 한다.

셋째로 인간의 도시에는 인간의 정신을 승화시키는 꿈과 동경이 있고 삶의 의미와 보람을 창조하는 예술과 종교가 있어야 한다. 해를 몇 번씩 바꾸면서도 청주시에서 기쁨을 노래하고 더욱 아름다운 청주시를 꿈꾸는 주민의 축제가 있어 본 일이 있었던가? 청주시민이기에 느껴 볼 수 있는 음악과 시와 미술의 전당이나 또한 행사에 대한 순수한 긍지를 가져 볼 수 있었던가? 무심천의 낭만은 도나우 강의 그것에 비해서 본질적으로 열등하기 때문에 '푸른 무심천'의 왈츠곡을 작곡해 줄 요한 슈트라우스를 갖지 못했던 것일까?

하비콕스(Havey Cox)는 20세기의 물질문명이 축제와 환상을 상실했다고 개탄한 바 있지만 인간의 도시에는 인간의 인간됨을 찬미하고 내일에의 꿈을 아름답게 키우는 축제와 환상이 있어야 한다.

마지막으로 인간의 도시에는 상징이 있어야 한다. 어떤 구체적 형태를 갖춘 것이라도 좋고 무형의 정신적인 것이라도 좋다. 아테네시에는 소크라테스와 플라톤 그리고 아리스토텔레스가 있고 뉴욕에는 자유의 여신상이 있으며, 옥스포드와 케임브리지에는 각각 세계에서 가장 자랑할 만한 대학이 있다. 내가 미주에 여행을 하던 도중 세인트루이스 시에 들어서면서 목격했던 아취나 워싱톤 DC의 4월의 벚꽃은 얼마나 아름다운 상징들이었는지 나의 뇌리에 지금도 잊을 수 없는 인상을 남겨 놓았던 것이다.

인간이란 때로는 어떤 상징을 위해서 생을 바칠 수도 있는 것이다. 가령 조국수호의 격전지에서 흔쾌한 청춘을 불사르는 애국용사들에게 있어서의 국기나 국가 같은 경우는 상징이 갖는 위대한 힘을 웅변으로 말해 주고 있다. 그리스도교인들이 십자가에서 엄숙한 정신적·신앙적 의미를 찾는 것도 그것이 생명을 바치기까지 하는 희생과 봉사의 동력이 될 수 있다는 점에서 동일한 상징적 위력의 증좌가 된다.

아름답고 살기 좋은 청주시의 건설을 위해서도 청주시민의 꿈과 염원을 한데 묶은 어떤 상징이 있었으며 좋겠다. 그것은 반드시 기념비나 탑이어야 할 필요는 없다. 대다수 시민들이 이것이 좋다고 결정하는 것이면 아무것이나 좋다. 다만 모든 시민이 의식적으로 단합의 구심점이 될 수 있고, 거기에서만이 정말 바람직한 민주시민의 적극적이고 활기찬 참여의식의 기반이 마련될 수 있기 때문이다.

제3절 환경철학의 태두

아름답고 살기 좋은 청주시의 건설이 인간의 도시를 창조하는 방향에서 이루어져야 한다고 볼 때 그 속에서 살고 또 앞으로 살게 될 청주시민의 의식구조가 올바른 환경 철학으로 밑받침되지 않으면 안 된다. 그리고 올바른 환경 철학은 최근에 발전된 생태학적 시각이 현저하게 부각된 다원학적(multi-disciplinary) 연구결과에 기초를 둔 것이어야 한다. 그렇다면 올바른 환경 철학이란 구체적으로 어떤 내용을 갖는 것인가?

첫째로 올바른 환경 철학은 인간이 '환경내 존재'임을 인식하는 것이다. 인간이 환경내 존재라 함은 인간이 영위하는 삶이 그 환경과 떨어질 수 없이 서로 얽혀있다는 것을 말한다. 이 얽힘은 필연적인 것이기 때문에 인간의 삶과 환경과는 분리시켜서 생각할 수조차 없다는 의미이다. 따라서 아름답고 살기 좋은 청주시를 건설하기 위해서 우리가 지녀야 할 올바른 환경 철학의 출발점은, 우리의 삶은 곧 청주시라는 생활환경과 떼어서 생각할 수 없다는 것과 우리의 삶이 엮어내는 갖가지 의식과 행동은 우리 삶의 환경으로서의 청주시를 형성해 가는 데 중대한 영향을 끼치게 되므로 우리의 삶과 필연적으로 얽혀 있는 청주시라는 환경에 주게 될 영향을 깊이 인식해서 행동에 신중을 기해야 한다는 것을 인식하는 데 있어야 한다. 이러한 의식이 청주시민의 생활 철학의 기반을 이루게 된다면 참다운 의미에 있어서의 아름답고 살기 좋은 청주시의 건설을 위해서 확고한 초석이 세워지는 셈이다.

둘째는 올바른 환경 철학이란 주어진 조건을 최대한으로 활용하는 여백의 미학이다. 참으로 아름답고 살기 좋은 인간의 도시는 도심지만 깨끗한 고층건물과 아스팔트만 구비되어 있으면 되는 것이 아니라, 고층건물 속에 있는 화장실이 깨끗해야 하고 아스팔트의 여기저기에 깨진 틈이 없어야 하며, 뒷골목에서도 불쾌한 악취가 나지 않아야 하는 것이다. 필요와 편리와 이윤이 메우고도 남는 공간의 조각들에는 조그마한 잔디밭이나 꽃밭이라도 만들고 넓은 교차로의 한복판에는 두어 그루 나무라도 심어서 회색으로 메말라 가는 도시민의 심장에 녹색의 활력소를 공급해 줄 수 있는 배려가 행정적 차원에서 꾸준히 베풀어져야 한다.

그러나 더 필요한 것은 청주시민의 의식 속에 다만 한 뼘의 빈터라도 우선 자기 주변부터 아름답게 가꾸어 나가야겠다는 마음가짐이 육성되지 않으면 안 되겠다는 것이다. 거창한 화원이나 대대적인 미화작업이 아니라, 이것저것 다하고 남은 아주 작은 빈터에다 자기가 좋아하는 꽃나무 한 포기를 심는 태도가 중요하다는 것이다. 이러한 마음가짐으로 우리의 집둘레와 학교와 교회와 상점의 주위를 가꾸어 나갈 때 그것은 곧 청주시의 전체적 미화를 가장 알차게 추진하는 것이 된다. 이러한 여백의 미학은 공간적인 의미를 넘어서서 우리의 삶 전체에도 그대로 적용되어야 할 개념이다.

여러 가지 생업에 종사하면서 정말 분주하게 지내는 동안에 가끔 생기는 틈을 건전하고 아름다운 꿈을 키우는 데 보내도록 노력하는 마음이 우리의 삶을 더욱 보람차게 만들고 그러한 삶은 그 환경을 더 아름답고 살기 좋은 곳으로 만드는 데 원동력이 되는 것이다. 그래서 인간의 도시에는 시와 그림과 음악이 있어야 하고 축제와 환상이 필요하다고 했던 것이다.

마지막으로 올바른 환경 철학은 새로운 가치관이다. —그것은 생태학적 균형을 중시하는 가치관이다. 모든 가치는 개인생활이 얼마만큼 이익이 되느냐에 따라서 결정되는 것이 아니라 함께 살도록 마련된 환경을 아름답고 살기 좋게 유지하는 데 얼마나 보익이 되느냐에 따라서 결정되어야 한다.

내가 말하고 싶은 것은 새로운 가치위계로서, 높은 가치를 지닌 것을 택해야 할 때는 거기에 신중한 보장을 항시 고려하고 필요한 대책을 세워야 한다는 것뿐이다. 그리고 이러한 가치위계의 최상층에는 인간과 환경의 전체적 조화를 가능케 하는 이른바 생태학적 균형을 파괴하지 말아야 한다는 명제가 놓여야 한다. 왜냐하면 그것이 파괴되면, 인간도 그리고 다른 생명체도 모두 생존할 수 없게 되기 때문이다. 여러 가지 도시병리적 현상들도 이러한 가치관에 입각한 올바른 환경 철학이 확립될 때 근본적으로 해결의 길이 열릴 수 있는 것이다.

일찍이 성 어거스틴은 그의 『신의 도시』(De Cilitate Dei)에서 '순례자의 도시(the city of pilgrims)'와 '승리자의 도시(the city of triumphast)'를 말했다. 이 두 가지의 도시는 논리적으로는 나눌 수 있으나 실제로는 나눌 수 없는 신의 도시의 두 면이라는 것이다. 인간의 도시에도 두 면이 있다. '승리한 인간의 도시는 거기서 사는 주민들이 안정과 형제애와 자기존중과 타인의 존경을 즐기고 전체주민의 행복과 안녕을 최대한으로 보장하기 위해서 필요한 경제력과 그것을 건설적으로 사용하는 지혜를 성취할 때 이루어지는 것이다.

그것은 다름 아닌 물질주의에 대한 승리요, 그것은 자기실현·자기충실·자기발전의 생활을 모두 함께 조화 있게 영위해 가는 인간들의 살기 좋은 아름다운 도시이다. 그리고 '순례하는 인간의 도시'는 바로 그와 같은 승리하는 인간의 도시를 향해서 끊임없이 노력하고 투쟁하는 인간들의 숭고한 바람이 서린 공동의 광장이다. 이것은 이미 목적지에 도달한 인간들이 아니라 도달하려고 애쓰는 인간들의 도시이다. 이렇게 한편에서 애쓰고 노력하고 투쟁하는 순례자의 도시와 다른 한편에서 성취해 놓은 위업을 찬미하는 승리자의 도시가 정말 아름답고 살기 좋은 도시공동체의 건설을 지향해야 한다.

제4절 직업윤리와 생명윤리

생명은 씨올이다. 씨올은 생명의 본질이요 존재의 본체이다. 그러므로 씨올사상에 있어서 '씨'와 '올'은 하나인 동시에 둘이요, 둘인 동시에 하나이다. 왜냐하면 씨는 시간적인 생명의 원초요, 올은 공간적인 생명의 자리매김이기 때문이라는 대전제에서 씨와 올은 분리될 수 없는 혼적인 공유를 하고 있기 때문이다.

또한 '씨'는 바람을 일으키는 원동력이기도 하다. 태풍의 '눈'이라고 할 때 이 '눈'은 태풍의 '씨'를 말한다. 따라서 여기서 말하는 바람은 단순히 기상학적인 바람(wind)의 소극적인 의미를 넘어서 풍을 의미한다. 풍이라는 글자 속에는 충(虫)이라는 생명체의 원초적인 단위를 포용하고 있으므로 풍은 곧 씨를 의미한다. 따라서 바람과 씨는 기의 부리가 되며, 기의 나타남이 풍이요, 풍의 생명체가 씨로 전달되어 온다.

여기서 잠시 바람과 씨올의 관계를 좀더 깊이 살펴보고자 한다.

우리는 노래나 시의 훌륭한 작품을 풍월이라고 한다. 또한 이러한 시가를 능숙하게 멋을 부릴 때 풍류라고 한다. 이 풍류를 즐기는 멋있는 선비를 풍채가 좋은 분이라고 하였다. 모두가 풍자로 표현한다.

이렇듯 우리 민족은 바람으로 생명의 씨를 삼고 가꾸고 그리고 맥을 이어왔다. 신라의 최치원은 옛 화랑도를 풍월도라고 부른 것은 참으로 의미심장한 표현이 아닐 수 없다. 여기서 풍은 spirit요, energy요, Soul이다. 따라서 바람의 씨는 생명의 씨인 동시에 기혼의 씨이다. 그러기에 지금도 기분이 좋으면 '신바람'이 난다고 하거나, 새로운 정신운동을 신풍운동이라고 하며 남녀간의 정기를 내뿜는 바람을 바람쟁이라고 부르는가 하면 남의 호주머니를 노리는 모리꾼을 돕는 사람을 바람잡이라고 한다. 비록 그 바람의 의미가 다소 부정적인 의미로 쓰이든 긍정적인 의미로 쓰이든 모두가 바람은 씨의 원초를 잉태하고 있다.

다시 말하면 풍월은 덕이며, 풍류는 지이며, 풍체는 체이다. 이 3풍에서 덕지체가 담겨져 있다. 다시 덕에서 마음씨가, 지에서 솜씨가 체에서 맵시가 우러나온다. 이 3씨는 생명씨의 본질적 발현으로 나타나며 우주의 형상을 닮은 존재의 이상이기도 하다. 모든 씨가 둥근 원형이거나 타원형을 지니고 있는 것도 그 인간생명의 원형이 우주와 생명의 축소된 모형을 갖추고 있기 때문이다.

다음으로 씨올사상에서 올은 공간성을 확보하고 있다. 우선 올에서 가장 핵심 되는 내용은 〈·〉이다. 이〈·〉은 '아', '어', '오'의 음가를 가진다. 이 음가에 따라 '알'은 체요, '얼'은 지요 '올'은 덕을 나타낸다. 여기서 일반적으로 '알'과 '얼'과 올은 ·에서 비롯되므로 공간을 점유하는 앎의 집이다.

또 '씨'는 아버지의 혈통으로 이어지는 시간성과 '알'은 어머니의 태반으로 마련되는 공간성으로 보거나, '얼'은 부모로 '알'을 자식으로 해석하는 견해를 가지는 학자도 있다(정호완, 『우리말의 상상력』, 정신세계사. 1991: p.148). 물론 부모를 '얼'로 보고, 자식을 '알'로 보는 입장에 대해서 일부는 동의할 수 있으나 올사상의 입장에서는 다소

거리를 두는 견해이기도 하다. 그러나 '알'의 원형적인 뜻은 '시작', '생명' '자식'으로 보는 견해와 '씨올'과 '씨앗', '씨알', '씨알', '씨알'이 같은 낱말의 음절구조라는 관점에 대해서는 올사상의 진가를 드러내는 좋은 풀이가 된다.

그러므로 올은 천·인·지 3재사상과도 무관하지 않다. 요즘 동서양이 공히 올림픽을 위시한 큰 행사에는 ·-U를 그려내고 있는 것은 우연의 일치가 아니다. 씨올사상을 제창하신 함석헌 선생님이 특별히 '알'을 '올'로 표기하는 데는 ㅇ / · / ㄹ / 의 각각의 철학을 넘어선 우주적 생명사상이 담겨져 있기 때문이다.

우주를 어떻게 보느냐에 따라서 씨올관과 생명관의 엄청난 변화와 격차가 있을 것은 당연하다. 우주는 모든 종교, 생명, 존재를 담고 있는 만물의 총체적 그릇이기 때문에 이를 어떠한 입장에서 어떻게 볼 것인가는 모든 문제를 푸는 매우 중대한 관건이 되고 있다.

우선 우주를 씨올사상에 입각해서 우주본성, 우주법칙, 우주구조 3가지로 나누어 살펴볼 필요가 있다. 우주의 본성은 그 생명의 법칙에 따라서 항동성, 항변성, 항적성을 가진다. 이러한 동·변·적은 우주 안에 존재하는 모든 생명체로 하여금 서로 종불절, 횡불리, 종불멸로 관계를 맺고 조직적으로 운행을 계속한다. 종이 +요, 횡은 -다. 이 +-가 만나는 ㅇ은 생명의 자리매김의 시초가 된다.

우주의 법칙도 결코 생명의 원형질을 벗어날 수 없다. 생명의 본질은 곧 우주의 법칙과 긴밀한 관계 속에 놓여 있다.

그 각각의 관계적인 존재양식의 고유영역에서 상호간에 불식성(不息性), 부동성(不動性), 불무성(不無性)을 가진다. 즉, 이것은 우주본성과 마찬가지로 불식, 부동, 불무를 우주 안의 모든 생명체와 함께 끊임없이 작용을 계속한다. 이 작용은 종부절, 횡불리, 종불멸이라는 씨올의 원초적 단위에 기초하고 있다.

끝으로 우주구조는 호킹 박사의 '블랙홀'을 형성하는 것으로 보거나 스므트 박사의 '물질파동'(Ripples of Matter)으로 보든가 우주는 끊임없이 팽창, 수축, 평면 등의 작용과 반작용을 계속한다고 현대 물리학은 조심스럽게 관측과 추측을 적당히 융합하여 가설을 세우는 단계에 왔다. 어쨌든 간에 150억 년 전에 티끌만한 점으로부터 시작한 우주는 이제 그 반경이 150억조㎞인 거대우주로 성장한 것만은 사실이다.

어떻든 간에 결국 우주구조는 능, 용, 체라는 상호역동관계 속에서 끊임없이 충수, 충인, 충추 작용을 한다는 사실만은 분명하다. 이것 역시 궁극적으로는 생명의 본원이 시간적으로 종불적, 공간적으로는 횡불리, 생명적으로 종불멸의 씨올인 〈·〉에서부터 〈·〉으로 귀착하게 되는 것만은 자명한 사실로 받아들여야 할 때가 아닌가?

생명을 어떤 입장에서 보는 것이 가장 생명의 진수를 도출할 수 있는가는 매우 다의적이기 때문에 한 마디로 결론 내리기 어렵다. 그러나 앞의 글에서 나는 씨올사상 입장에서 '씨'는 시간적으로 종불절, '올'은 공간적으로 횡불리 하며 시간과 공간이 교차되는 곳, 종과 횡이 만나는 〈⊕〉에 '씨올'의 참값이 자리매기는 진동이 울리며 우주가 '빅뱅' 하는 극치를 이룬다고 하였다. 이것이 씨올적인 입장에서 본 생명관이다.

다만 본 논의에서 생명을 윤리학적인 측면에서 도입하여 본다면 그것은 당연히 맹자의 사생취의를 들지 않을 수 없다. 맹자는 '생명도 내가 원하는 것이고 정의도 내가 원하는 것이다. 그러나 둘 다 동시에 취할 수 없을 때는 나는 단연코 생명을 버리고 정의를 취한다'고 하였다. 이러한 생명관은 안중근에게도 그대로 전달되어 견위수명, 견리사의를 역설하게 되었다. 여기서 생물학적인 생명은 사회적인 정의에 비해서 매우 가벼운 것이 되고 만다.

그러나 최근의 생명윤리학에서는 생과 의를 경중으로 판단하는 것을 보류한다. 왜냐하면 생명 그 자체는 다른 것과 비교우위의 대상으로 취급되어질 수 없다는 것이다. 즉, 생명은 절대가치이지 상대적 개념으로 파악될 수 없다는 것이다. 그런 면에서 동물들이 인간에 의해 고통과 죽음을 당하지 않을 권리가 있는지 어떤지는 윤리학의 미해결의 문제로 남아 있다. 슈바이처의 '생명외경' 사상을 전적으로 받아들인다 해도 인간에 해로움을 주는 벌레나 박테리아를 외경대상에 포함되어야 하는지도 윤리적 문제로 남게 된다. 만약 이를 거부하는 입장이라면 생명은 인간을 기준으로 하여 유용한가, 아니면 무용한가의 이분법에서 벗어날 수 없는 한계상황에 직면하게 된다.

따라서 씨올생명적인 윤리학에서는 이러한 이분법적 생명관을 극복하기 위해서 불교사상에서 보는 자성사상을 현대적 개념인 상생급상연사상에 입각한 공동체 생명관을 존중할 필요가 있다.

숨쉬는 것은 모두가 생명이다. 생명 있는 것은 모두가 사랑이오니 사랑하는 생명은 모두가 올을 깨치고 나오는 참값인 '우주생명'이다. 씨올이 둘이면서 하나이듯이 우주와 생명은 결코 둘이 아니라 하나이다. 우주 안에 생명씨가 있고, 생명 안에 우주올이 집을 짓고 있다.

제 17 장
상생문화와 노동윤리

제1절 서 론

노동을 제공하는 노동자에게는 '노동의 윤리'(Ethos of Labor)가 있어야 하고, 기업을 경영하는 사용자에게는 '기업의 윤리'(Ethos of Enterprise)가 있게 마련이다. 그런데 노동자의 입장과 기업가 또는 사용자의 입장이 서로 다르기 때문에 두 입장을 조화롭게 상생(相生)하기란 그리 쉬운 일이 아니다. 따라서 두 입장의 공통기반을 마련하기 위하여 일찍이 직업윤리(Vocational Ethos)가 필요로 하기에 이르렀다. 그러므로 노동윤리와 기업윤리와 직업윤리는 매우 유기적인 관계를 맺으면서 보완관계를 지니고 있는 것이다.

본 논문에서는 연구의 범위를 노동윤리(Labor Ethos)가 한정하여 논구하고자 하며, 특히 최근의 노종윤리의 상생적 책임의식이 제기되면서 노동문제, 노동자의 책임, 노동윤리의 방향에 대하여 새로운 학적 조명이 제기되고 있어 이를 규명하여 이론적 정립과 실천적 과제를 함께 제공함으로서 노사간의 윤리적 갈등을 해소하는 데 있으며 나아가 지식 정보화 시대를 맞이하여 힘든 육체적 노동보다는 지식이 생산의 주체로 부각되는 때에 지식노동자(Knowledge Worker)의 윤리의식과 관계 정립에 대해서 논구하는데 연구의 의의를 두고자 한다.

노동윤리의 다양한 변화에도 불구하고 모든 사람은 삶의 질을 추구하는 보편적 노동가치와 노동정신을 통하여 자아실현의 생활조건을 충족시키는데 공동체적 연대의식을 형성하고 있다. 자칫 노동윤리가 노동자에게 일방적으로 강요됨으로서 노동통제의 규범으로 변질되는 역사적 경험을 반추하지 않을 수 없게 된다. 따라서 노동윤리의 상생론적 정립이야말로 글로벌 시대의 노동윤리의 보편적 가치 규범을 창출하는 크리테리아를 제공하는 것이 본 연구의 차별화를 기하는데 역점을 두었다.

제2절 노동윤리의 이론적 배경

1. 노동에 대한 주체적 인식

노동의 역사는 인간의 역사만큼이나 오래되었으며 노동은 동물의 본능적인 행위와는 근본적으로 구별된다. 그러므로 인간에 의한 노동은 자주적이며, 창조적이며, 자연개조적이다. 자연을 개조하여 온 장구한 역사는 사람들이 주어진 환경을 자기의 요구에 맞게 변화시키고 자연적 재료에 기초하여 새로운 대상과 과정을 끊임없이 창조하여 온 역사로 보고 있다.1)

인간은 노동을 통하여 자연과 사회에 대한 지식을 넓히면서 삶의 질을 향상시키려는 욕구를 분출시키고 있다. 이러한 생물적인 요구를 사회적으로 확대시키기 위하여 고립적인 존재로 생활할 수 없다. 따라서 노동은 그 과정과 산물이 인간 상호간의 관계를 조화시키고 공통의 이로움에 기여하고 그리고 노동자와 그 가족의 품위 있는 생활과 발전을 보장하는 정도에 따라 그 가치를 인식하게 된다. 물질적 부를 생산하는 노동의 주체인 인간은 노동 과정에서 맺어지는 인간관계를 원만히 함으로서 갈등의 소지를 해소하며, 자유로운 노동의 주체성을 확립하기에 이른다. 이러한 노동에 대한 주체성은 소비생활을 촉진하는 원인이 됨으로서 더욱 노동의 신성성을 인식하게 된다.2)

현대사회에서의 노동의 인간화와 함께 인간의 노동화는 함께 추구되어야 할 삶의 목표가 되고 있다. 따라서 노동의 인간화는 인간이 노동의 주인이 되어야 하며, 노동의 제 조건이 인간성을 파괴해서는 안된다는 윤리적 당위성에 당도하게 도니다. 이러한 당위적 노동관의 역사적 사실임에도 불구하고 노도의 대부분은 노동계약 또는 고용계약에 의해서 노동의 주체로부터 노동의 객체 또는 노동의 지배 및 종속으로 전락되어 있는 현실적 모순을 가지고 있다. 즉 노동이란 삶의 수단인 동시에 삶을 보람 있게 하기 위한 창조적 행위임에도 불구하고 노동의 주체인 인간은 자기 마음대로 일을 하지 못하고 남이나 사회

---

1) J. Buchanan. The Limits of Liberty. University of Chicago Press, 1980. p.42
2) A. Gabor, Hard work and Common Sense. The Book Review(1998.2.8).

가 시키는 대로 수동적으로 움직이는 하나의 기계에 불과하였다. 이는 자본주의적 생산양식에 문제의 본질이 숨어 있음을 최초로 발견한 Hegel은 그의 '노동의 개념'에서 정곡을 지적하였다. 그에 의하면 '법 개념의 실질적 실체는 재산이며 재산은 자유의 외적 영역이며, 소유권은 자유로운 주체의 힘에 기초하며, 동시에 자유로운 인격의 본질에서 유도된다. 이 자유로운 주체의 자유 의지적 행위가 창조적 노동의 중심에 서 있음을 확인하였다.[3]

노동은 인간행위의 전체이며 이 전체가 합목적적일 때 하나의 완성된 것으로 받아들여지며, 이 경우에 노동만이 하나의 통일된 대상으로 파악되어질 수 있으며 전체적 인간 생활을 혁신적으로 진전시킬 수 있는 창조 행위의 실천과제인 것이다. 만약 인간의 노동의 본질이 노예적인 생산수단이라면 이기적 개별성은 부정되고 말 것이기 때문에 자유와 자유의지는 상실되고 말 것이다. 즉 맹목적 도덕성, 맹종적 이성은 노동자의 인격을 손상시키거나 형식적인 가치를 양산하는 화석에 불과한 것이 되고 만다.

2. 금욕적 노동윤리의 태동

금욕적 노동윤리(Ascetic Labor Ethos)는 직업을 소명(Calling)으로 보며 직업에 대한 금욕적 헌신이 영원한 자아실현의 본질로 인식한다. 금욕적 노동윤리는 다음과 같은 특성을 갖는 것을 전제로 하고 있다.

---

3) 임석진, 『헤겔의 노동의 개념』, 지식산업사, 1990. P86

① 개인의 자아실현을 목표로 하기 때문에 이를 위해서 최선의 성과를 얻을 수 있는 창조적 노력이 존중된다.

② 직업에의 몰아적 헌신을 위하여 금욕(Asceticism)의 대상인 향락욕, 소비욕, 부정, 착취와 같은 인간적인 약점을 최대한 억제(Self-restraint)되어야 한다.

③ 개인은 자유로이 직업, 단체, 조직을 선택할 수 있고, 조직 내의 개인의 위치는 능력과 노력에 의하여 결정되며 특정 단체와의 종속적 관계로부터 행방되어야 한다.

M. Weber는 노동윤리의 유형으로 유기적 노동윤리와 금욕적 노동윤리로 구분한 바 있다.

유기적 노동윤리는 개인의 유기체의 세포와 같은 존재이며 전체 유기체의 부분집단의 존속 발전에 헌신함으로서 간접적으로 전체 사회의 안녕에 기여함이 올바른 노동윤리라고 보았다.4)

집단의 존속, 번영이 개인의 안녕과 복지의 근원이 된다고 보는 것은 집단주의 사상의 표현이라 할 수 있다. 즉 중세 가톨릭, 기독교의 루터파, 인도의 카스트 윤리관에서 유기적 노동윤리의 뿌리를 두고 있다. 반면에 노동윤리는 개인의 각고의 노력이나 근검절약의 생활을 통하여 행복과 안녕을 누린다는 측면에서 개인주의 사상을 바탕에 깔고 있다. 비록 개인주의적이긴 하나 도덕적 토대 없이 부를 추구하는 것은 천민자본주의의 공허함을 드러내는 경우가 많다고 했다. 왜냐하면 오늘날 고도 산업 사회에서의 조직의 거대화, 업무의 세분화, 집단의 다원화, 이익의 경합화, 사회구조의 복잡화 등으로 인하여 개인주의적

---

4) Max weber, The Protestant Ethic and Spirit of Capitalism, Trans, Talcott Parsons, N.Y.: Scribner's 1958. P.104

노동윤리와 금욕주의적 노동윤리에 있어서도 커다란 변화를 가져왔다. 즉, 거대한 조직 속의 개인은 원자적 노예노동(Atomic slave worker)으로 전락하여 비인간화(Dehumanization)됨으로써 인간소외의 현상을 가져왔다. 이에 반사적 인간회복 운동이 노동자의 집단행동을 불러오게 되었고, 이는 오늘날 기업윤리의 투명성과 민주성을 요구하기에 이르렀다.5) 따라서 노사가 기본적으로 대등한 파트너로 분배의 공정성을 확대함으로서 공존의 법칙(Common Rule)을 형성하여 상생(相生)의 도덕률로 발전시켰다.

금욕적 노동윤리는 자본주의 발전의 정신적 기저를 이룩하는 데 커다란 공헌을 한 것에 대해서는 누구도 부인하기 어렵지만 노사의 이해관계가 첨예하게 대립의 양상을 보이는 현대에서 직업을 소명이나 사명으로 보기보다는 노동의 대가는 삶을 즐기는 수단적 가치로 보는 데서 노동윤리의 새로운 정립이 요구되고 있다.

3. 산업 노동윤리의 전기(轉機)

19세기 중엽 이래 노동운동의 방향은 새로운 전기를 맞이하게 된다. 대량생산체제 하에서의 노동력은 상품생산 과정에서 노동자가 받는 임금보다 더 많은 가치를 창출한다는 사실과 그 생산된 상품가치로부터 자신은 오히려 더 소외되고 있다는 사실을 자각하게 된다. 그리하여 노동운동은 점증하는 산업노동자들(Industrial Workers)의 자기 각성과 함께 단체교섭, 단체결성이라는 공동의 노동조건과 생활개선의 차

---

5) Peter Drucker, The Concet of the Corporation, N.Y.: John Day, 1996. P.157.

원으로 발전하였다. 여기서 자본주의적 시장경제와 의회 민주적 정치 질서 하에서 노동운동은 근로자들의 인권과 인간다운 생활 조건을 현저히 개선하였을 뿐만 아니라 고도 산업사회를 예견하는 사회정의와 민주적 이념의 전 생활영역에까지 확장되는 전기를 마련하는 토대를 이루게 된다. 그리하여 노동운동은 정치권에 진입하기에 이르러 정치 영역의 주체로서의 권리와 의무 및 책임성을 지게 되었다.6)

산업노동자의 정치적 진출로 말미암아 노동자 자신의 자유의지대로 행할 수 있는 것과 행할 수 없는 것 사이에서 긴장과 갈등관계가 인식되면서 노동자의 윤리 문제가 제기되었다. 즉 노동자 자신의 주관적 이익과 객관적 공동체의 이익 사이에 윤리적 판단이 요구되었다. 모든 인간은 사회적 존재이기에 자신만을 위해 살지 않고 이웃들과 함께 살며 그런 사회적 삶을 통해서 인간 본성(Human Nature)을 구현시킬 수 있기 때문이다. 정치적 존재로서의 인간은 이성적(Logos) 존재인 동시에 비이성적(Pathos)인 정열도 동시에 소유하고 있기 때문에 옳고 그름의 판단은 인간이 얼마나 독립적으로 자유를 억제하며, 욕망을 극복할 수 있느냐의 마음의 자세와 태도가 윤리의 준거가 된다.7)

산업노동윤리는 정치적 결정과 법적 규정을 자발적으로 받아들이고 실천하는 태도와 겸손이 자신의 권리를 주장함과 동시에 이웃의 아픔과 고통을 나의 것으로 받아들이고 함께 극복하려는 준비성이 선행되어야 한다. 이러한 성품과 태도는 산업노동윤리의 새로운 패러다임의 전환을 요청받게 된다. 인간이 자신의 노동을 통하여 자기계발과 자기

---

6) Hesiod, Works and Days, Trans M.L. West, Oxford University Press, 1988. P.37.
7) Aristotle, Politice, in the Complete works of Aristotle, Trans, J. Barnes, Princeton University Press, 1984, P.211.

완성을 기할 수 있다는 확신에 기초하여 근로의욕을 북돋우는 노동환경을 조성해야 할 필요성이 제기된다. 아직도 착취 계급 투쟁식으로 전부 아니면 전무라는 혁명적 노동운동 방식은 노사가 함께 국가 붕괴라는 실험을 통하여 실패의 역사로 끝났기 때문에 더 이상 소모적인 과격 노동은 지양(止揚)되어야 한다. 따라서 산업노동윤리는 민주정치에 의한 시민들의 성숙한 공동체 의식과 책임 윤리의 수반을 전제로 하는 것은 재론의 여지가 없다. 아리스토텔레스에 의하면 정치 공동체는 우정의 공동체이며 동시에 축제 공동체이므로 시민은 축제에 초대받은 손님이요 주인인 것이다. 이를 상생의 노동윤리로 한 차원 높은 단계로 성숙시키는데 산업노동윤리의 과제가 주어지고 있다. 이런 가능성의 노동윤리를 넘어서기 위해서 인간적 신뢰와 희망에 기초하여 '희망 없는 인내는 고역이며, 인내 없는 희망은 망상으로 쉽게 폭력적 행위로 이행된다'는 명제에 유념할 필요가 있다.

제3절 노동윤리의 상생론적 접근

1. 상생윤리의 조화(造化)적 패러다임

최근 들어서 상생(相生: Mutural Life)이라는 용어는 정치에서뿐만 아니라 경제 , 교육, 노동, 문화에 이르기까지 갈등이 있는 데라면 어디든지 누구에게나 인구에 회자되는 일상적인 의미로 사용되고 있다. 필자는 '상생윤리의 체계적 접근'을 통하여 '상생'의 철학적 의미와 사

회 과학적 개념을 함의 한 바 있다. 상생과 유사한 개념을 지니고 있
는 용어로 공생, 공존, 공영이 있음에도 불구하고 사람들이 '상생'을 즐
겨 쓰거나 조심스럽게 언급하는 것은 그 의미가 매우 철학적이기 때문
이다. 즉 공생공존은 '나'를 '너'에 앞세우는 데 반해서 상생은 '너'를
'나'에 앞세우거나 '너'가 존재치 않으면 '나'의 존재도 무의미 하다는 데
서 출발하고 있는 것이 근본적 차이점이다. 사용자는 상대인 노동자가
있을 때만이 존재의 의미가 있으며, 노동자도 상대인 사용자가 있을
때만이 존재의 의미가 있다는 인식을 전제로 한다면 상호간에 인식의
차원은 현격하게 창조적으로 달라질 수밖에 없다.

상생의 어원은 음양론에서 발원되었으며, 음양의 조화(Creative Cosmos)
야말로 단순히 인간과 인간, 인간과 조직, 조직과 조직 간의 갈등의 조
화(Harmony)를 넘어서 모든 존재의 상극관계를 해소하는 천. 지. 인
3재의 순환적 진생명(眞生命)을 서로 살려주지 않으면 독생(獨生)적
삶이 불가능한 존재의 원초적 본능이다.[8]

상생윤리는 전술한 바와 같이 기본적으로 독생(獨生)이 아니라 상대
방의 생존을 전제로 하기에 서로가 동등한 인격으로 존중해야 하며 역
지사지(易地思之)를 배려하는 것을 우선시한다. 이는 '사람'을 '인간'이
라고 부르는 데서 연유하고 있다. 인간은 사이적인 존재인 동시에 관
계적인 존재이며 또한 사회적인 존재로 심화, 발전, 확대해 가는 것이
상생적인 삶의 본질이기 때문이다. 그렇다면 인간관계의 유형으로 나
와 너의 병립관계, 나와 우리의 동행관계, 그리고 나와 우리와 자연은
다같이 더불어 사는 여생관계로 대별하여 볼 수 있다. 물론 병립, 동
행, 여생의 관계성에 따라서 삶의 방식, 삶의 질, 삶의 양상, 삶의 깊

---

8) 배영기, 『상생윤리의 체계론적 연구』, 『국민윤리연구』 제51집(2002. 12), 한
국국민윤리학회, P.P.50-51.

이, 삶의 영역이 다양한 형태를 띠게 된다.

김중은 나와 네가 하나의 인격체로 병립할 때 인(仁)을 베풀며 의(義)를 실천하게 된다고 하였다. 이때 인은 3가지 수수법칙(授受法則)에 의해서 베풀게 되는데 첫째 순서상으로 먼저 주어야 하는 선수의 법칙(先授法則), 두 번째는 시간적으로 항상 주어야 하는 항수의 법칙(恒授法則), 그리고 마지막으로 장소상으로 어떤 경우에도 빈속을 채워 주어야 한다는 공수의 법칙(空授法則)이다.9) 이를 그림으로 요약하면 다음과 같이 관계설정이 이루어진다.

<나, 너 우리의 상생관계>

구분	나	너	우리
탄생	나는 너와 우리로부터	너는 나와 우리로부터	우리는 나와 너로부터
사건	나로부터 시작하고	너를 통해 조화되고	우리는 나와 너를 결실 시킨다.
성사	나는 기본이 되고	너는 합리작용을 하고	우리는 창조를 실천한다.
생활	나는 너를 위해 살고	너는 나와 우리를 위해 살고	우리는 너와 나를 위해 산다.
소임	나는 불식의 소임을 하고	너는 부동의 소임의 하고	우리는 불무의 소임을 한다.
역할	나는 뿌리의 역할을 하고	너는 가지의 역할을 하며	우리는 열매의 역할을 한다.
위치	나는 먼저 주는 위치	너는 교량 역할의 위치	우리는 나에게 돌아오게 한다.
윤리	나는 자주 자립하고	너와 나는 병립하며	우리는 동행해야 한다.
효율	나만을 생각하면 이기주의가 되어 불성한다.	너를 먼저 생각하면 회합이 성숙된다.	우리를 생각하면 미래가 열린다.

---

9) 김중, 『상생원리』, 한국상생원리 연구회. 1990. P.38

2. 노동윤리의 상생론적 이해

상생이론은 현대 사회가 안고 있는 여러 가지 갈등구조를 푸는데 매우 적절한 키워드가 될 뿐만 아니라 특히 노사간의 갈등구조를 해소하는 윤리적 준거 틀을 제시하는데 의의가 있다. 노사간의 극한적 대립으로 폭력을 수반하는 경우는 'All or Nothing'이라는 상극적 구도가 이해의 중심에 있기 때문이다. 인간은 파괴적 본능도 가지고 있지만 반대로 인간은 서로 도우면서 상생을 추구하는 속성도 지니고 있음을 밝히고 있다. 그 외에도 '자기실현적 인간'의 특성을 주장한 것을 비롯하여 상생의 잠재의식을 개발만 하면 얼마든지 수준 높은 평화의 노동윤리 의식을 유용할 수 있다고 하였다.[10]

최근 상생윤리의 사회적 확산이 이루어지도록 유네스코가 상생윤리 교육의 프로그램을 개발하여 널리 실시하고 있다. 남을 배려하는 마음(Care Mind), 남을 섬기는 마음(Respect Mind), 남과 함께 나눔의 마음(Allocational Mind)이 없이는 지구촌에 살고 있는 지구가족의 구성원의 자격을 상실하고 있다고 규정하고 있다.

상생은 시간적으로 과거, 현재, 미래, 공간적으로 거기, 여기, 저기, 그리고 존재적으로 나, 너, 우리에 걸쳐 범재론(汎在論)적으로 확산되어 가고 있다. 이러한 상생의 화두(Key Word)는 최근 UNESCO의 산하단체인 APCEIU(아시아 태평양 국제이해 교육센터)에서 영문 계간지로 발간되고 있는 ≪SANG SAENG≫(상생)은 부제로 'Living Together, Helping Each Other'(서로를 도우며 더불어 살아가기)를 달고 있어 상생의 내용을 세계화 하는 데 큰 기여를 하고 있다.

---

10) 배영기, 『한국문화와 직업사회』, ok press, 2004. P.P.137-138

Castro에 의하면 상생을 위한 노동윤리의 덕목으로 ① Disarmament(비무장) ② Nonviolent(비폭력) ③ Human Right(인권) ④ Human Solidarity(인간유대) ⑤ Development Justice(정서의 발전) ⑥ Democratization(민주화) ⑦ Sustainable Development(지속적 발전) 등을 들고 있다. 또한 평화교육의 발전을 위한 가지 태도의 내면화를 위해서 ① Self-Respect(자존) ② Respect for others(타인존중) ③ Respect for life(생명존중) ④ Global Concern(지구사랑) ⑤ Ecological Concern(생태사랑) ⑥ Cooperation(협동심) ⑦ Openess/Tolerance(개방과 아량) ⑧ Social Responsibility(사회적 책임) ⑨ Positive Vision(긍정적 비전)을 들고 있다.[11]

동물의 세계도 얼핏 보기에는 양육강식 적자생존으로 구축되어 있는 것 같지만 좀더 자세히 관찰하여 보면 경쟁보다는 협동을 넘어 상생이 지배하는 구조를 이루고 있음을 알 수 있다. 이를테면 세포 내 소화기관들이 세포를 이루고, 그 세포가 근육, 신경, 혈관 등의 조직을 형성하고, 조직이 심장, 위 등의 기관을 이루고, 이 기관이 다시 순환기, 소화기 등의 계통을 형성한다. 이 여러 계통들이 개체생명으로 통합되어 생태계를 형성하며, 개체생명은 생태계와 자신의 주위 환경에 서로 의존하지 않고서는 자신의 생명을 지탱할 수 없다. 따라서 모든 생명은 스스로 자족적으로 존재할 수 없으므로 전체생명(Holistic Life)이 있음으로써 비로소 존재할 수 있다.

이와 같이 상생론적 노동윤리의 핵심인 노·사·정 전체의 구성원이 모두 Win-Win할 수 있는 높은 합의에 이를 때 참 노동문화가 꽃피울 수 있다. 그러기 위해서 상생정신에 입각해서 상생의 본질인 비움-나눔-섬김에까지 노동윤리 의식을 고양할 필요성이 제기된다.

---

11) 『SANG SAENG』(相生), 한국 유네스코(2001년 가을호). P.31-32.

상생윤리적 입장에서 보면 개체 생명을 둘러싸고 있는 온 생명과의 관계는 상호불가분의 상생관계를 구성하고 있다. 그중에서도 인간의 생명은 이 둘을 함께 함의하고 있는 특성을 지니고 있다. 즉 개개의 인간은 그 중추신경계를 이루는 신경 세포들의 활동에 의해 몸 전체를 자신이라는 의식 주체를 생명의 바탕으로 서로의 관계를 정보적으로 연결하는 문화공동체를 이루고 있는 온 생명으로서의 확대된 주체가 복합적으로 존재하고 있어 이를 '우리'라는 개념을 사용하게 되었다.12)

따라서 노동윤리에서의 환경생명 및 환경윤리의 초점은 '생명가치'의 기준을 어떻게 설정할 것인가에 의해서 큰 진폭이 나타난다. 인간은 누구나 본능적이면서 일차적으로 '자신의 생명'에 각인되어 있음과 동시에 다소 자신의 생명보다는 덜 소중하지 않더라도 상대생명의 가치도 매우 소중하다는 것을 느낄 수 있도록 생명의 등가성(等價性)을 보편적으로 인식하는 것이다. 생명의 동등성에 대한 인식의 간격을 좁혀 나가는 과정이야말로 인간 본능의 선의지(善意志)의 계발만큼이나 노력이 요구되며 이를 반영하는 사회적 장치가 바로 노동윤리의 일차적 과제인 것이다.

생명의 등가성, 생명의 동등성, 생명의 보편성, 생명의 상관성을 나와 네가 서로 역지사지적 입장에서 이해의 공유를 바탕으로 느끼고, 행동하고, 실천할 때 노동윤리의 '황금률(Golden Code)'은 정립되리라 본다.

3. 노동윤리의 상생론적 변이

H.S Samuel은 '결혼을 성공시키는 데는 두 사람의 합의가 필요하다. 그

---

12) 배영기, 상게서(재인용) P.138.

러나 실패시키는 데는 한 사람이면 충분하다'고 하였다.13) 이는 성공의 상생과 실패의 상극이라는 말과 같은 맥락을 지니고 있다. 노사관계는 대립보다는 상생관계를 이루는 인식의 바탕 위에서 기업의 경쟁력을 제고하는 방향으로 변화하지 않고는 세계화의 무한경쟁에서 생존할 수 없게 된다. 그러기 위해서 경영자는 경영실적을 솔직히 공개·공평·공정이라는 3공의 원칙에 입각하여 투명한 경영을 할 수 있는 기업윤리관을 가져야 한다.

따라서 올바른 기업윤리는 성실한 직업 윤리관에서 나오며, 성실한 직업윤리관은 상생의 노동윤리를 낳는 원동력으로 작용한다. 만약 노사 어느 한쪽이 생산성 향상의 과실을 부당하게 독차지하거나 불균형을 초래한다면 이는 민주적 절차에 의해서 시정되어야 한다. 즉 합리적 타협과 공개적 토론에 의하여 임금, 생산성, 물가라는 3개의 방정식을 풀어야 한다. 산업평화는 노·사·정이라는 3차 연립 방정식을 풀어야 함에도 불구하고 어느 일방의 감성적 태도로 풀려고 한다면 상생 구도는 흔들리고 말 것이다.14)

상생 구도를 견고하게 만들려면 산업사회에 걸맞은 상생적 인간화(人間化) 문제가 노동윤리의 중심 내용이 되어야 한다. '노동윤리의 상생적 인간화 방안'은 세계화 시대의 노·사·정이 함께 풀어야 할 최고가치 목표가 되고 있다. 이를 위해서 역할의 상생적 분담이 이루어져야 한다. 먼저 사용자의 상생적 역할은 다음과 같다.

첫째, 기업을 통한 가치창조의 궁극적 주체화는 투철한 책임의식을 가져야 한다.

---

13) H.S Samuell The History of American Working, Green Wood Pub, 1968. P.173.
14) 탁희준, 『노동의 윤리』(현대 한국의 사회윤리, 아산 사회복지사업 재단) 1990. P.181.

둘째, 국가 사회의 경제발전의 주도적 원동력이라는 자각과 그에 따른 책임이 따라야 한다.

셋째, 자유민주주의와 자본주의 시장 경제 체제를 유지, 발전시키는 최강, 최대의 세력기반이라는 인식과 그에 따르는 응분의 책임을 감내해야 한다.

넷째, 다양한 사회집단과 협력하여 사회 발전을 이룩해 나가야 할 신뢰의 파트너로서의 인식과 책임을 느껴야 한다.15)

다음으로 근로자의 상생적 역할은 다음과 같다.

첫째, 사회적 책임을 개인적 이익보다 우선적으로 앞세우는 행동을 보여야 한다.

둘째, 단순한 풍요보다는 일을 통한 삶의 질을 더욱 존중하는 가치관을 가져야 한다.

셋째, 인간 소외를 적극적으로 지양시킬 끊임없는 자기 노력과 인내를 감수해야 한다.

넷째, 기업이 살아야 내가 살 수 있다는 상생적 희생을 감내할 용기와 의지를 지녀야 한다.

다섯째, 노동운동은 체제개혁보다는 체제 내에서 극한적 대립보다는 협상에 의한 타결을 이루도록 최선을 다해야 한다.16)

마지막으로 정부의 상생역할은 다음과 같다.

첫째, 정부는 산업평화를 이룩하기 위한 기업윤리와 노동윤리를 중재할 수 있는 직업윤리의 준거 틀을 제정하는 데 유연성을 보여야 한다.

둘째, 기업의 사회적 책무와 근로자의 복리적 요구가 공공의 이익에 함께 부합되도록 합리적 자제(또는 규제)를 끌어내는 데 노력을 기울

---

15) 상게서, P.201.
16) 상게서, P.184.

여야 한다.

셋째, 기업체에서 훈련, 정보, 동기부여, 도덕적 권위 등이 부족할 경우에 협동이 필요한 모든 사람들의 편에서 업무수행의 효과를 위해 정부의 규제가 적절히 가해져야 한다.

넷째, 정부는 기업 활동이나 근로자의 노동행위를 적극 제재하는 소급입법을 제정하거나 공공의 선을 해치는 긴급조치를 취하는 것에 대해서 최대한 자제의 인내력을 발휘해야 한다.17)

이상에서 살펴본 노동윤리의 상생적 변화를 위한 노·사·정은 지금까지의 양 위주의 의식, 체질, 제도, 관행에서 과감히 벗어나 나 자신부터 질 위주로 변함으로써 너와 나 그리고 우리 모두가 21세기 선진 한국으로 진입하여 질이 높은 삶을 누리는 데 그 가치를 두고자 한다.

제4절 노동윤리의 정책적 과제

1. 노동행정의 리더십

국가가 개입주의적 역할에서 벗어나 '인내와 지원의 역할'에 충실하면서 중장기적으로 노사 자율의 노사관계를 구축해 나가기 위해서는 노동행정이 개혁적 리더십이 필요하다. 개혁적 리더십이 해야 할 우선 과제는 정부가 직접 갈등해결에 나서지 않고 노동위원회를 최대한 활용하는 것이어야

---

17) T.C. Schelling, Command and Control in Ethical Theory and Business, Prentice Hall, 1979. P.218.

한다. 그리고 노사관계제도 선진화 연구위원회가 제시한 조정제도의 개혁과 노동위원회의 기능 확대를 통하여 노동위원회를 보다 전문적이고 공정하며 풍부한 경험을 가진 제도적 갈등해결 채널로 정비하는 것이다.18)

이러한 방향으로의 노동개혁을 추진하기 위해서는 정부의 개혁적 리더십이 확고하게 확립되어 있어야 한다. 특히 노사의 리더십 구조가 매우 취약하고 노동개혁에 대한 공통의 비전이 마련되어 있지 않은 상황에서 노동개혁에 대한 정부 이니셔티브는 매우 중요하다. 정부의 개혁적 리더십은 우선 정부 내에서 노동개혁에 대한 대체적인 합의를 이끌어낼 수 있어야 하고 노사의 단기적인 기회주의적 행태를 제어할 수 있어야 한다.

이런 관점에서 보았을 때 참여정부의 개혁리더십은 한 가지 결함을 갖고 있다. 개혁리더십을 행사할 주체가 뚜렷하지 않다는 점이다. 그렇기 때문에 노사정위원회가 설사 개혁방안을 마련한다 하더라도 정부 내의 부처간 이견을 조정해 낼 능력이 없으며 이를 실행할 권한도 없다. 노동부도 어느 정도 이러한 한계를 갖고 있다고 하겠다. 그러나 노동부의 경우에는 개혁의 지속성이 더 문제가 될 수 있다. 87년 이래 노동부가 주도하는 노동개혁이 없었던 것은 자율적인 노동 행정 혁신의 어려움도 있었지만 개혁의 지속성이 보장되지 못했던 것이다.19)

2. 사용자 조직의 인프라 시스템

개별 기업 업종 간의 매출순위 경쟁은 분발의 형태를 취했으나 노사관계 조건의 차이로 인한 통일적인 대응에는 소극적이었다. 따라서 개

---

18) 노순규, 『산업민주주의 실천방안』, 민족지성사, 1990. P.45.
19) 노사정위원회, 『노사관계 발전을 위한 정책과제』, 2003. P.101.

별적으로 자기 그룹 회사에서만 문제가 일어나지 않도록 대응할 것이
아니라 재계가 공동으로 노사관계 시스템 그 자체를 개혁해야 한다는
생각을 가져야 한다. 그동안 개별 사용자들은 노사문제에 대해 때로는
물리력 대결을 통해 때로는 노조의 분배적 교섭 요구를 수용하는 양보
를 통해 일시적으로 해결해 왔다. 그러나 타협은 일시적이었고 대립과
갈등은 보다 근본적이었다. 따라서 전체 노사관계 시스템을 바꾸지 않
는 한 과거는 반복될 것이다. 노사관계 시스템을 바꾸는 일은 전체 경
제를 위한 공공재를 생산하는 것이라는 인식이 필요하다.[20]

　기업체는 왜 노사관계 개선을 위한 주도적인 역할을 방기하며 정부
의존적인 태도를 취해 왔을까. 우선 재계가 노사관계에서 오랫동안 정
부에 의존했던 타성을 벗어나지 못했기 때문이다. 오히려 노사대립의
중요한 계기마다 재계는 경제 5단체의 명의로 노동계를 성토하고 정부
의 엄정한 법 집행만을 요구하는 성명전에 의존해 왔다. 정부가 개입하
기 이전에 경제단체는 노동단체와 협력하여 해당 분규사업장의 교섭을
지원하는 서비스를 제공하는 노력은 거의 하지 않았다. 사업장에서 많은
논란을 빚고 있는 교섭구조 개선을 위해 재계 스스로 노동조합과 협의를
한다든지 노사협력 지원사업을 한다든지 하는 독자적인 노사관계 개선
노력을 소홀히 해 왔다. 이러한 정부 의존적 타성으로 인하여 재계는 노
사관계에 대한 보다 강한 리더십 확립을 소홀히 해 왔다고 하겠다. 이러
한 현상은 선진화된 시장경제국가에서 찾아보기 힘든 사례이다.[21]

　우리의 노사갈등은 '저 신뢰 사회', 부의 축적에 대한 부정적 태도,
강한 평등주의, 타협보다는 명분의 중시, 원칙을 무시한 단기적 이익

---

20) Widmuller, Employers Association and Industrial Relation, Clarendon
　　Press, 1984. P.103.
21) 배규식, 『노사관계의 한국형 발전모델』, 한국노동연구원, 2003. P.156.

추구 등 공정한 게임의 룰이 적용되기 어려운 사회적 토양에서 비롯된다. 노사관계의 대립과 경직성은 현상적으로는 노조의 전투적 실리주의, 작업장 통제, 노사의 물리적 대결과 기회주의 등으로부터 비롯되는 것처럼 보이지만 실제로는 불신이 낳는 경직성과 대립이다. 이처럼 빈약한 사회적 인프라가 노사관계를 갈등구도로 몰아가는 기저의 요인이 된다면, 결국 재계는 이러한 사회적 인프라를 중장기적으로 재구축함으로써 노사관계를 근본적으로 안정화시켜 나가야 할 것이다. 더구나 이제는 단순히 노사분규가 없는 것으로는 노동윤리가 잘 정착되었다고 볼 수 없다. 사회적 인프라 구축은 우리 산업이 질적 고도화와 품질 경쟁력을 갖추기 위해서 그리고 현장 노동자들의 마음과 성의(Winning the Hearts and Mind)를 얻기 위해서도 긴요하다. 단순히 선진기술의 도입과 모방만으로는 경쟁할 수 없다. 이러한 사회적 인프라는 정부보다 기업의 체계적이고 지속적인 노력으로 서서히 갖추어야 한다.[22]

3. 노동운동의 비전 개발

노사분규가 없다고 해서 노사관계가 협력적이고 정상적인 것은 아니다. 많은 무노조 기업에서 노동자들의 목소리 대변기능이 없는 것을 이용하여 사용자는 노동자들의 요구나 기대를 무시하고 일방적으로 결정하고, 지시하는 형태의 작업장체제가 유지됨으로써 많은 불만이 누적된 상태로 유지되고 있다. 노조가 없어 노사분규로 발전하지는 않으나 이처럼 노동자들의 불만이 누적되고 의사소통이 되지 않는 곳에서 좋은 품질

---

22) 상게서, P.160

의 제품과 높은 생산성을 노동자들에게서 기대할 수 없다. 사기가 저하된 곳에서는 생명이 무기력한 채 시들어 가는 모습을 보일 뿐이다.[23]

최근 노사가 수평적 관계를 유지하기 위한 조치로써 CEO와 함께 '생맥주 마시기', '등산대회' 등은 노동운동을 무기력하게 하기 위한 액션이 아니라 노동운동의 방향을 결정짓는 중요한 시사점을 주는 것이라고 할 수 있다.

노동운동의 내부의 이해 조정과 이해 총괄을 강화하기 위하여 기존의 투쟁적 방식을 벗어나야 한다. 그러기 위해서 노조 내부의 민주주의, 의제설정, 의제 논의, 의사결정, 의사집행 등에 있어서 위원장 중심의 구조가 아닌 구성원의 자율적 참여로 교섭, 참가, 협의의 모델에 충실해야 한다. 만약 위원장의 결정에 따라 곧바로 파업, 집회, 시위로 이어진다면 조합원의 정책역량이 소진되어 더 이상 앞으로 나가기 어려운 경우에 처하게 된다.[24]

이와 같은 노조 정책역량의 강화는 노조의 변화 거부나 비현실적 요구를 줄일 수 있을 것이며, 오히려 대안적 정책개발을 통해 외부 환경의 변화를 수용하면서도 조합원들의 이익을 지키고 조직률을 높일 수 있는 전략적 개입과 참여의 방안을 마련하는 데 기여할 것이다. 이렇게 될 때 노동운동은 다양한 정책참가와 비전 개발이 가능하게 된다.

제5절 결론

산에 떨어진 낙엽은 썩어야 함에도 불구하고 이듬해에도 썩지 않아

---

23) 김윤환, 『노동윤리와 기업윤리』, 대한상공회의소. 1995. P.39.
24) 노순규, 『노동자의 근로윤리』, 노사신문사, 1999. P.76.

서 생태계의 문제가 되고 있다. 반면에 땅에 떨어지지 않고 썩지 않아야 할 도덕, 윤리, 교육, 사법, 종교 등은 고고히 인류의 양심의 촛불을 밝혀야 함에도 불구하고 방부제는커녕 촉부제(促腐劑) 역할을 하고 있는 설정이다. 특히 노동자를 대변하여야 할 노조가 최근 기업체를 상대로 거액의 '취업 장사'를 하였다 하여 최소한의 노동윤리마저 저버리게 됨으로써 그들의 투쟁구호가 얼마나 허위의식이었는지를 알게 되었다.

노조의 타락과 노조의 비대화는 서로 비례한다. 노조의 비대화, 노조 간부의 귀족화, 노조원의 표를 담보로 한 정치적 흥정은 정경의 부정부패를 뺨칠 정도이다. 노조간부가 열악한 비정규직 저임의 노동자를 착취하였다는 것은 노조권력의 새로운 권력형 비리의 형태라고 볼 수 있다.

참고 문헌

고려대학교 민족문화연구소 편(1980). **한국민속대관**. 고려대학교 민족
　　　문화연구소.

高範瑞(1986). **변혁기의 사회윤리**. 한림대학교출판부.

高承濟(1983). 한국농촌사회의 협동 연구, **한국학 입문**. 학술원.

高永復(1976). 산업사회와 인간교육. **국민윤리연구 제5호**. 국민윤리학회편.

琴鍾友譯(1976). **직업으로서의 정치**. 서문당.

金璟東(1979). 일과 직업에 대한 태도. 서울대학교 사회과학연구소.

金璟東(1979). 직업평가에 의한 기회구조의 인식. 서울대학교 사회과학
　　　연구소.

金璟東(1983). 직업관과 사회구조. 서울대학교 사회과학연구소.

金光日(1984). **한국전통문화의 정신분석**. 시인사.

金南植(1972). **칼빈주의 연구**. 백합출판사.

金道洙(1977). **사회교육의 개념**(사회교육의 동향과 좌표). 배영사.

金道洙譯(1983). **사회교육계획과 시설**. 빅벨사.

金道洙외(1986). **한국사회교육요원의 실태에 관한 연구**(현대의 사회교
　　　육). 정민사.

金斗憲(1949). **조선가족제도연구**. 을유문화사.

金三守(1964). **한국사회경제사연구**. 박영사.

金杉潤(1972). 서울대학교 학생들의 직업관념에 대한 가설적 연구, 서
　　　울대학교 문리대학보 제27호

金尙培(1978). 마르크스의 인간관과 소외문제. **자유아카데미논총 제7집**.

金昇漢(1981). **평생교육입문**. 정민사.

金烈圭(1971). **한국민속과 문학연구**. 일조각.

金烈圭(1988). **한국인 우리들은 누구인가**. 자유문학사.

金仁會(1983). **한국교육사상연구**. 집문당.

金仁會(1979). **한국인의 가치관**(무속과 교육철학). 문음사.

金宗西(1983). **평생교육개념의 탐색**. 법문사.

金泰吉(1977). **소설문학에 나타난 한국인의 가치관**. 일지사.

金泰吉(1982). **한국인의 가치관연구**. 문음사.

金宅圭(1979). **민족부락의 구조연구**. 일조각.

金海淳(1956). **한국풍속지**. 동인문화사.

金侮宗(1981). 한국전통사회의 직업윤리 (산업사회의 직업윤리). 아산
　　　사회복지사업 재단.

南延杰(1988). **사회교육행정론**. 교육과학사.

蘆儀一(1974). 칼빈의 교육사상이 서구근대사회의 자본형성에 미친 영
　　　향. 연세대학교 교육대학원.

盧鍾淑(1983). 요한 칼빈의 인간이해. 한신대 신학대학원.

대한교육문화연구소 편(1977). **현대인의 충효사상**. 대한교육문화연구소.

孟勇吉(1976). **기독교윤리학입문**. 대한기독교출판사.

문교부 편(1972). **생활예절**. 문교부.

朴鍾鴻(1968). **한국사상적 방향**. 박영사.

裵茂基(1979). 직업만족도 결정요인과 직업윤리관계노동정책분석. 서
　　　울대학교 사회과학연구소.

서울특별시교육위원회(1988). 미래지향의 가정교육. 서울특별시교육위원회.

孫仁銖(1987). **한국인의 가치관**. 문음사.

孫仁銖(1987). **한국교육사상사**. 문음사.

孫仁銖(1988). **한국인의 가훈**. 문음사.

孫仁銖(1988). **한국인의 道와 미풍양속**. 문음사.

尹怏憲(1978). 실존철학의 교육학적 의의에 관한 연구. 건국대학교 대학원.

李奎浩(1980). **인간의 사회화와 사회의 인간화**. 배영사.

李茂根(1978). 생애교육과 평생교육. 한국사회교육학회.

李文雄. 비교문화론적 관점에서 본 미풍양속. 한국정신문화연구원.

李丙燾(1965). **한국사**(고대편). 을유문화사.

李珥. **율곡전서**. 해주향약조.

李鍾守譯(1985). **막스 베버의 학문과 사상**. 한길사.

李海明. **고도산업사회의 교육과정 및 평가**. 교육과학사.

張德順(1973). **한국문학의 이해**. 일지사.

張鍾哲(1967). 칼빈의 소명관에서 본 Max Weber의 직업윤리. 연세대 연
    신원

張眞鎬(1985). **평생교육과 사회교육**. 대은출판사.

丁若鏞. **목민심서**. 교민조

鄭鍾復(1981). **유교철학사상개설**. 형설출판사.

趙芝薰(1964). **한국문화사서설**. 탐구당.

池元溶(1961). **루터의 사상**. 컨콜디아사.

崔文煥(1981). **막스 베버연구**. 삼영사.

崔成吉(1982). 무속에 있어서 집과 명성. 고려대학교 민족문화연구소.

崔昌圭(1973). **한국의 사상**. 서문당.

한국국민윤리학회 편(1989). **사회사상과 윤리**. 한국국민윤리학회.

한국정신문화연구원 편(1978). **한국의 민족문화**. 한국정신문화연구원.

한국정신문화연구원 편(1979). **전통적 가치관과 새 가치관 정립**. 한국
    정신문화연구원.

한국정신문화연구원 편(1980). **한국사상과 윤리**. 한국정신문화연구원.

한국정신문화연구원 편(1980). **한국사회의 규범문화**. 한국정신문화연구원.

한국정신문화연구원 편(1982). **현대사회와 윤리**. 한국정신문화연구원.

한국정신문화연구원 편(1983). **철학사상의 제 문제**. 한국정신문화연구원.

한국정신문화연구원 편(1983). **한국사회의 규범문화**. 한국정신문화연구원.

한국정신문화연구원 편(1983). **한국인의 윤리관**. 한국정신문화연구원.

한국정신문화연구원 편. **역사적 맥락에서 본 현대한국문화의 방향**. 한
    국정신문화연구원.

韓基彦(1963). **한국교육사**. 박영사.

玄相允(1949). **조선유학사**. 민중서관.

洪致模(1985). **칼빈의 經濟倫理**. 성광문화사.

黃性模(1964). 막스·베버의 「자본주의정신」의 변위실태. **이상백 박사 회갑 기념논총**.

黃源泳(1985). **교육철학**. 대은출판사.

黃源泳(1986). **교육사회학**. 교육과학사.

黃宗建(1978). **한국의 사회교육**. 교육과학사.

Alan Gewirth(1978). *Reason and Morality*. University of Chicago Press.

Baldridge, J. V.(1975). *Sociology*. New York: Wiley Co.

Betcke, W.(1934). *Luther's Socioethic*. Gueterslon Publishing.

Bieler André(1964). *The Social Humanism of Calvin*. Trans by P. Fuhrmann. John Knox Press.

Bollow, O. F.(1961). *Existentialism and Education*. Translated by Bolfore, The Free Press.

Brunner, E.(1951). *The Divine Imperative*. Lutter Press.

Calhoun. C. C.(1976). *Vocational and Career Education*. Wardworth Publishing Co.

Calhoun, R. L.(1960). *Work and Vocation in Christian History*. Trans by Nelson, The Free Press.

Calvin John(1967). *Institutes of The Christion Religion*. Trans, John. T. Mcneil, The Westminstter Press.

Don Martindale(1981). *The Nature and Types of Sociological Theory*. 2nd ed, Houghton Mifflin Co.

Drucker, P. F.(1974). *Management*. New York: Book Center.

Durkheim. E.(1956). *Education and Sociology* Translated by Talcott Parsons, The Free Press.

Erikson, E. H.(1958). *Young Man Luther*. New York: W. W. Norton & Co.

Fisk, Milton(1980). *Ethics and society*: A Marxist interpretation of Value, N. Y.: University Press.

Flelcher, Joseph(1952). *Moral Responsibility*: Situation Ethics at work. The West Minster Press

Foot, Philippa(1968). *Theories of Ethics*. Oxford University Press.

Fromm. E.(1946). *From Max Weber, Essay in Sociology*. Translated by H. H. Gerth & C. W. Nills, N. Y.: Oxford University Press.

Fromm. E.(1947). *Man for Himself*: An inquiry into the Psychology of Ethics. N. Y.: Rinehart and Company.

Gross, E.(1965). *Industry and Social life*. Brown Co.

Gross, E.(1961). *General Economic History*. Translated by Frank, H. Knight, N. Y: Collier Book.

Harrick. N. Q.(1981). *The Means and End of Work*. "Human Relation"(No.7).

Harris. O. J.(1976). *Managing People at Work*. Wiley & Sons.

Hodgetts. R. M.(1986). *Management*. Har court Brace Jovanovich.

Holwerda, David E.(1976). *Explorin the Heritage of J. Calvin*. Baker Book House.

Hoyt. K. B.(1972). Career Education: What is and How to Do it. Salt Lake: Olympus Publishing Co.

Kast / Rosenberg(1985). *Organization and Management*. McGrow-Hill Co.

Kluchhohn. C.(1951). Values and Value-Orientation in theory of action. in T. Parsons and E. A. Shils, Harvard University Press.

Kostlio. J.(1983). *Life of Luther*. Elberfield Co.

Leroy, Edward. L.(1967). *A Sarvey of Christian Ethics*. N. Y.: Oxford University Press.

Lindeman, E. C.(1970). *The Meaning of Adult Education*. UNESCO.

McNeil, John, T.(1962). *The History and Character of Calvinism*. N. Y: Oxford.

Miller, David(1976). *Social Justice.* N. Y.: Oxford University Press.

Miller, David(1954). *Max Weber Law in Economy and Society.* Translated by Edward. A. Shils and Max Rheinstein, Cambridge: Harvard University Press.

Morgan, Kambel(1970). *Hand book for Bible Teachers and Preachers.* Baker Book House.

Parson, T.(1954). *Essay in Socioloical Theory.* N. Y.: The Free Press, 2nd ed.

Parson, T.(1961). *Theories of Society.* N. Y.: The Free Press.

Reece. B. L.(1987). Effective Human Relations in Organization. Houhgton Mifflin Co.

Riesman, David(1950). *The Lonely Crowd.* A Study of the Changing American Character. New Haven, Yale University Press.

Rogers. Carl.(1969). *Freedom to Learn.* Charles. E. Merril Publishing Co.

Rosenberg. M.(1957). *Occupations and Values.* The Free Press.

Schmiebert. E. G.(1950). *Luther, and his. Times.* St. Luise: Concordia Publishing House.

Stammer, Otto(1959). *Max Weber and Sociology Today.* N. Y.: Harper & Row.

Steinmetz, L. L.(1979). *Human Relation*: People and Work. N. Y.: Harper & Row.

Stevenson John(1973). *An Introduction to Career Education.* Charles. A. Johnes Publishing Co.

Stevenson John(1947). *The theory of Social and Economics Organization.* Translated by A. M. Henderson & Talcott Parsons, N. Y: Oxford University Press.

Stevenson John(1949). *The Metholoy of The Social Science.* Translated by E. A. Shils & Henry. A. Finch, The Free Press.

Stevenson John(1950). *The Protestant Ethic and The Spirit of Capitalism.*

Translated by Talcott Parsons, New York: Charles Scribner's Son's.

Stevenson John(1952). *The Religion of china*: Confucianism and Taoism, Translated by H. H. Gerth, The Free Press.

Stevenson John(1955). *The Sane Society*. New York: Renehart & Company.

Taylor Robert, E.(1972). *Career, Education*: Persperctive and Promise, Charles. E. Mrrill Pub. Co.

Weber, M.(1946). *From Max Weber*: Essay in Socioloy, Translated by H. H. Gerth and C. Wright Mills, New York: Oxford University Press.

Weber, M.(1958). *The Protestant Ethic and The Spirit of Capitalism*. Charles Scribner's sons.

Weber, M.(1924). *Wissenschaft als Beruf*. Tübingen. J. C. B. Mohr.

Whyte, W. H.(1956). *The Organization Man*. N. Y.: Simon & Schuster.

Wiggles David (1975). *Career, Educationk*. New York: Harper & Row Publishing Inc.

Zaccaria. J. S.(1970). *Theories of Occupational choice and Vocational Development*. Boston: Houghton Mifflin Co.

찾아보기

<인명찾아보기>

Kinght ; 200
Landmann ; 46, 54
Locke ; 51
Luther ; 175, 176, 177, 180,
181, 200, 242, 360, 361,
362
Marcuse ; 65, 66, 96, 220
Marx ; 6, 59, 63, 64, 65,
66, 67, 68, 279, 361
Maslow ; 106, 237
McGregor ; 106
Monson ; 54
Parsons ; 182, 210, 225,
239, 279, 360, 361,
362, 363
Plessner ; 46, 221
Rawls ; 76, 82, 91, 93
Plathon ; 76
Portmann ; 46

Price ; 76
Prichard ; 76
Rothancker ; 46
Scheler ; 46, 221
Simmel ; 279
Socrates ; 46, 224
Tauler ; 188
Terentius ; 46
Toffler ; 10, 205
Toynbee ; 97
Vocatio ; 36, 87, 176, 182,
186, 188, 190, 360, 363
Weber ; 178, 182, 183, 187,
189, 190, 192, 193, 199,
200, 202, 203, 207, 239,
243, 359, 361, 362, 363
Wells ; 263
Whyte ; 210, 363
Zaccaria ; 214, 363

<내용찾아보기>

●저 자 소 개●

·배 영 기·

건국대학교(법학사)·서울대학교 대학원(교육학석사)·단국대학교 대학원(교육학박사)·상명대학교·서울교대·한국방통대·서울보건대·단국대학교 교육대학원·경기대 등에서 강사 역임·현재 숭의여대 교수 및 도서관장으로 재직중임.

학회활동으로는 우리문화연구소장, 한국국민윤리학회 부회장, 단군학회 부회장, 통일부 정책연구관 및 통일교육 전문위원, 한국효(孝)학회 서울시 지회장, (사)한국문화콘텐츠학회 종교분과위원장, 배달학회 부회장, 한국미래교육학회 편집위원 등을 역임.

사회활동(NGO)으로는 평통자문위원, 교총규칙분과위원, 정신개혁시민협의회 공동대표, 개천절 남북공동행사 학술위원장, 효세계화 운동본부 운영위원, 부정부패 추방실천시민회 행정대책위원장, 한반도 평화운동본부 운영위원, 동학민족통일회 운영위원, 민족희망포럼 공동대표 등으로 활동하고 있음.

연구실적으로는 『현대사회와 종교』, 『인간에 관한 종합적 이해』, 『산업사회와 직업윤리』, 『지성인의 명저교양강좌』, 『죽음학의 이해』, 『윤리학과 윤리교육』, 『한국문화와 직업사회』 등 30여 권의 저서가 있으며, 논문으로는 『생명윤리에 관한 생태학적 접근』, 『한국적 공동체의식의 현황과 과제』, 『동학이념과 통일』, 『상생윤리의 체계적 연구』, 『노동윤리의 상생론적 접근』 등 80여 편을 학회·학술지 등에 발표하였음.

한국인의 직업윤리

• 초판 인쇄	2006년 2월 1일
• 초판 발행	2006년 2월 1일
• 지 은 이	배영기
• 펴 낸 이	채종준
• 펴 낸 곳	한국학술정보㈜
	경기도 파주시 교하읍 문발리
	파주출판문화정보산업단지 526-2
	전화 031) 908-3181(대표) · 팩스 031) 908-3189
	홈페이지 http://www.kstudy.com
	e-mail(e-Book사업부) ebook@kstudy.com
• 등 록	제일산-115호(2000. 6. 19)
• 가 격	38,000원

ISBN   89-534-4518-3 93330 (paper-book)
       89-534-4519-1 98330 (e-book)